本书获得海关总署决策咨询重大课题“全球贸易风险监测预警研究”
国家社会科学基金一般项目“一带一路”沿线国家投资风险的统计研究（19BTJ036）
共同资助

中国国际进口博览会主宾国贸易指数报告

刘永辉　周　昀　张建新◎主编

THE TRADE INDEX REPORT OF THE GUEST OF HONOR OF CHINA INTERNATIONAL IMPORT EXPO

中国经济出版社
CHINA ECONOMIC PUBLISHING HOUSE
北京

图书在版编目（CIP）数据

中国国际进口博览会主宾国贸易指数报告 / 刘永辉，周昀，张建新主编. —北京：中国经济出版社，2021. 12

ISBN 978-7-5136-6791-3

Ⅰ. ①中… Ⅱ. ①刘… ②周… ③张… Ⅲ. ①国际贸易-进口贸易-博览会-对外贸易价格指数-研究报告-中国 Ⅳ. ①F752. 75

中国版本图书馆 CIP 数据核字（2021）第 268869 号

责任编辑 王骏雄
责任印制 马小宾
封面设计 久品轩

出版发行 中国经济出版社
印 刷 者 北京力信诚印刷有限公司
经 销 者 各地新华书店
开　　本 787mm×1092mm 1/16
印　　张 17. 75
字　　数 336 千字
版　　次 2022 年 1 月第 1 版
印　　次 2022 年 1 月第 1 次
定　　价 98. 00 元
广告经营许可证 京西工商广字第 8179 号

中国经济出版社 **网址** www. economyph. com **社址** 北京市东城区安定门外大街 58 号 **邮编** 100011

编委会

前言

2021年11月5日至10日，第四届中国国际进口博览会（以下简称进博会）在上海如期举办。作为世界上首个以进口为主题的国家级展会，进博会已成为中国与世界各国分享发展机遇的平台，以及各国共享中国巨大市场的新窗口。

在第四届进博会开幕式上，国家主席习近平以视频方式出席并发表题为《让开放的春风温暖世界》的主旨演讲，强调“中国扩大高水平开放的决心不会变，同世界分享发展机遇的决心不会变，推动经济全球化朝着更加开放、包容、普惠、平衡、共赢方向发展的决心不会变”，再次向世界宣示中国扩大开放、与世界共享市场机遇的坚定信心和决心。

据商务部数据，第四届进博会企业展共设6个展区，展区总面积达36.6万平方米。来自127个国家和地区的2900多家参展商亮相，58个国家和3个国际组织参加线上国家展。本届进博会意向成交金额达707.2亿美元，线上线下共有来自55个国家的640家展商、766家采购商参会，达成合作意向273项。此外，本届进博会举办了17场投资推介会和80场集中签约活动。全球62家国际知名企业在新品发布专区发布123项新品和服务，全球首发占比较高，进博会溢出效应凸显。

进博会的举办标志着中国初步完成了从出口国向进口国角色的转换，主动扩大进口是适应中国经济发展新形势、推动贸易自由化和经济全球化的政策选择。持续扩大进口不仅可以满足人民群众对消费升级、享受美好生活的向往，也为世界各国分享中国发展红利提供了机遇。在倡导创新、协调、绿色、开放和共享发展的同时，中国将更重视发展质量和效益，强调进出口平衡发展，促进贸易大国向贸易强国的转变。

为衡量进博会的溢出效应，也为给进博会的国内进口商、国外出口商提供决策依据，上海对外经贸大学“一带一路”经贸指数研究院，以首届进博会12个主宾国（巴西、加拿大、德国、墨西哥、匈牙利、印度尼西亚、南非、俄罗斯、英国、埃及、巴基斯坦、越南）为例，编制了包括贸易竞争力指数、贸易活力指数、贸易效率指数与贸易关注度指数在内的四大经贸指数。相承于《中国-中东欧贸易指数报告（2017）》《中国-其他金砖国家贸易指数报告（2017）》和《中国-东盟贸易指数报告》，本书也是“一带一路”经贸指数研究院的系列成果之一。

本书共分为三篇：第一篇为中国国际进口博览会主宾国贸易指数系列，介绍了包括贸易竞争力指数、贸易活力指数、贸易效率指数与贸易关注度指数在内的“四大指数”，阐述了中国与主宾国的贸易概况；第二篇为国家画像，描述了中国与各主宾国的双边贸易状况；第三篇为产品画像，阐述了中国与各主宾国在不同产品上的贸易状况。

本书具有以下两个特点：一是本书不仅编制了出口贸易指数，还编制了进口贸易指数。基于进博会视角，从进口的角度重点分析中国与主宾国的贸易状况，帮助我们更好地了解中国从主宾国进口产品的市场占有率、显示性比较优势、贸易相似性等指标的发展趋势，有助于更好地扩大进口，促进双边贸易。二是本书不仅介绍了主宾国的国家概况，还详细描绘了中国与各主宾国在不同产品上的贸易情况。为深入反映进博会溢出效应下的中国与各主宾国在不同产品上的进出口贸易总量、贸易结构、贸易优势的发展变化，本书所介绍的贸易指数不仅包括国家间的贸易指数，还包括《商品名称及编码协调制度的国际公约》下不同分类产品的贸易指数，以期能及时、准确、深刻地对中国与主宾国的双边贸易状况进行细致刻画。

上海对外经贸大学“一带一路”经贸指数研究院的师生，在刘永辉院长的带领下，秉承团结合作的精神，经过集体攻关、合作研究、深化认识，共同完成了本书的编写工作。周昀博士作为主笔提出了该书的总体设计，孙辞海博士和潘文捷同学收集整理了中国与主宾国双边贸易数据并计算指数，研究院的全体老师和同学对指数计算结果进行了多次的深入讨论，提供了大量建设性的意见和建议。

周昀博士、潘文捷同学和赵晓晖同学共同创作了本书第一篇的内容；周昀博士、李瑞囡博士、李佩瑾博士、赵晓晖同学和马亚婷同学共同创作了本书第二篇的内容；周昀博士、赵晓晖同学和马亚婷同学共同创作了本书第三篇的内容。刘永辉院长、周昀博士、张建新副教授对全书进行了统稿。在指数研制和书稿写作过程中，“一带一路”经贸指数研究院的周平博士提出了许多建设性的意见。此外，特别感谢上海对外经贸大学国际经贸学院黄建忠院长，正是在黄院长的鼓励和帮助下，才使本书的编制工作得以顺利完成。最后，我们还要感谢上海对外经贸大学国际经贸学院高运胜副院长，上海对外经贸大学“一带一路”国家经贸关系与合作高等研究院尚宇红副院长，以及上海对外经贸大学特聘教授、教育部统计学类专业教学指导委员会原主任委员、厦门大学曾五一教授，以及海关总署全球贸易监测分析中心（上海）的相关人员为本书所提出的一系列具有建设性的参考意见。在此，对各位专家、教授、老师和同学的辛苦工作表示感谢！

刘永辉　周昀　张建新

2021 年 12 月 13 日

目 录

第一篇 中国国际进口博览会主宾国贸易指数系列

第二篇　国家画像

第三篇　产品画像

第一篇

中国国际进口博览会主宾国贸易指数系列

本篇介绍中国国际进口博览会主宾国贸易指数系列的4个核心指数，包括贸易竞争力指数、贸易活力指数、贸易效率指数和贸易关注度指数。基于中国与各主宾国的双边贸易数据，从进口与出口两个维度计算了四大相关指数，对中国与各主宾国的贸易竞争力、贸易活力、贸易效率和贸易关注度进行了深入分析，提出了进一步深入发展中国与各主宾国双边贸易的对策与建议。

第一章　贸易竞争力指数

一、出口贸易竞争力

（一）指数框架

中国国际进口博览会主宾国（除特殊说明，下文均简称“主宾国”）出口贸易竞争力指数（Export Trade Competitiveness Index，EXTCI）衡量的是中国向各主宾国出口货物并保持持续增长的能力，包括出口市场占有率、交叉出口市场占有率、出口显示性比较优势、交叉出口显示性比较优势以及出口贸易相似性 5 个特征指标（如图 1-1 所示）。

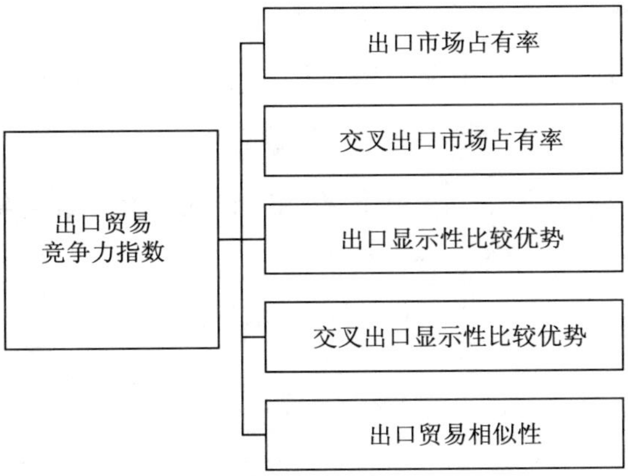

图 1-1　“中国—主宾国”出口贸易竞争力指数

1. 出口市场占有率（Export Market Share，EXMS）

$$EXMS_i = \frac{EX_{Ci}}{EX_{CW}} \tag{1-1}$$

其中，$EXMS_i$ 表示中国向第 i 个国家的出口占中国向世界出口的比重，该指标越大，说明第 i 个国家更有可能成为中国的出口目的地。EX_{Ci} 表示中国向第 i 个国家的出口，

EX_{CW} 表示中国向世界的出口。

$$EXMS_i^k = \frac{EX_{Ci}^k}{EX_{CW}^k} \tag{1-2}$$

其中，$EXMS_i^k$ 表示中国向第 i 个国家的出口第 k（$k=1, 2, \cdots, 21$）类货物占中国向世界出口第 k 类货物的比重，该指标越大，说明第 i 个国家越有可能成为中国第 k 类货物的出口目的地。EX_{Ci}^k 表示中国向第 i 个国家出口的第 k 类货物的出口额，EX_{CW}^k 表示中国向世界出口的第 k 类货物的出口额。

2. **交叉出口市场占有率（Cross Export Market Share，CEXMS）**

$$CEXMS_i = \frac{EX_{Ci}}{IM_{iW}} \tag{1-3}$$

其中，$CEXMS_i$ 表示中国向第 i 个国家的出口占第 i 个国家从世界进口的比重，该指标越大，说明中国越有可能成为第 i 个国家的进口来源国。EX_{Ci} 表示中国向第 i 个国家的出口，IM_{iW} 表示第 i 个国家从世界的进口。

$$CEXMS_i^k = \frac{EX_{Ci}^k}{IM_{iW}^k} \tag{1-4}$$

其中，$CEXMS_i^k$ 表示中国向第 i 个国家出口第 k（$k=1, 2, \cdots, 21$）类货物占第 i 个国家从世界进口第 k 类货物的比重，该指标越大，说明中国越有可能成为第 i 个国家第 k 类货物的进口来源国。EX_{Ci}^k 表示中国向第 i 个国家出口的第 k 类货物的出口额，IM_{iW}^k 表示第 i 个国家从世界进口的第 k 类货物的进口额。

3. **出口显示性比较优势（Export Revealed Comparative Advantage，EXRCA）**

（1）单类货物出口显示性比较优势：

$$EXRCA_i^k = \frac{\dfrac{EX_{Ci}^k}{EX_{Ci}}}{\dfrac{EX_{CW}^k}{EX_{CW}}} \tag{1-5}$$

其中，$EXRCA_i^k$ 衡量中国向第 i 个国家出口第 k（$k=1, 2, \cdots, 21$）类货物占中国向第 i 个国家出口总值的份额与中国向世界出口第 k 类货物占中国向世界出口总值的份额的比重，该指标越大，中国向第 i 个国家出口第 k 类货物的优势越大于中国向世界出口第 k 类货物的平均水平。EX_{Ci}^k 表示中国向第 i 个国家（$i=1, 2, \cdots, 16$）出口第 k 类货物的出口额，EX_{Ci} 表示中国向第 i 个国家的总出口额，EX_{CW}^k 表示中国向世界出口第 k 类货物的出口额，EX_{CW} 表示中国向世界的总出口额。

（2）中国向第 i 个国家出口的显示性比较优势：

$$EXRCA_i = \sum_{k=1}^{21} \omega_k \, EXRCA_i^k \tag{1-6}$$

$$\omega_k = \frac{EX_{Ci}^k}{EX_{Ci}} \tag{1-7}$$

其中，$EXRCA_i$ 可以衡量中国向第 i 个国家出口的显示性比较优势。该指标越大，中国向第 i 个国家出口的优势越大于中国向世界出口的平均水平。

4. 交叉出口显示性比较优势（Cross Export Revealed Comparative Advantage，CEXRCA）

（1）单类货物交叉出口显示性比较优势：

$$CEXRCA_i^k = \frac{\dfrac{EX_{Ci}^k}{EX_{Ci}}}{\dfrac{IM_{iW}^k}{IM_{iW}}} \tag{1-8}$$

其中，$CEXRCA_i^k$ 衡量中国向第 i 个国家出口第 k（$k=1$，2，…，21）类货物占中国向第 i 个国家出口总值的份额与第 i 个国家从世界进口第 k 类货物占第 i 个国家从世界进口总值的份额的比重，该指标越大，中国向第 i 个国家出口第 k 类货物的优势越大于第 i 个国家从世界进口第 k 类货物的平均水平。EX_{Ci}^k 表示中国向第 i 个国家（$i=1$，2，…，16）出口第 k 类货物的出口额，EX_{Ci} 表示中国向第 i 个国家的总出口额，IM_{iW}^k 表示第 i 个国家从世界进口第 k 类货物的进口额，IM_{iW} 表示第 i 个国家从世界的总进口额。

（2）中国向第 i 个国家出口的交叉显示性比较优势：

$$CEXRCA_i = \sum_{k=1}^{21} \omega_k \, CEXRCA_i^k \tag{1-9}$$

$$\omega_k = \frac{EX_{Ci}^k}{EX_{Ci}} \tag{1-10}$$

其中，$CEXRCA_i$ 衡量中国向第 i 个国家出口的交叉出口显示性比较优势。该指标越大，中国向第 i 个国家出口的优势越大于第 i 个国家从世界进口的平均水平。

5. 出口贸易相似性（Export Trade Similarity，EXTS）

出口贸易相似性通过测算中国的出口货物结构与第 i 个国家的进口货物结构的重合度来衡量两国间贸易互补程度：

$$EXTS_{i,t}=\frac{\sum_{k=1}^{21}\min\left(EX_{k,C,t},\ IM_{k,i,t}\right)}{\sum_{k=1}^{21}\max\left(EX_{k,C,t},\ IM_{k,i,t}\right)} \tag{1-11}$$

其中，$EXTS_{i,t}$ 为第 t 期中国向第 i 个国家出口的贸易相似性指标。$EX_{k,C,t}$ 为第 t 期中国第 k 类货物的出口额；$IM_{k,i,t}$ 为第 t 期第 i 个国家第 k 类货物的进口额。

该指标介于 0 与 1 之间，当指标值越接近于 1 时，表示中国的出口货物结构与第 i 个国家的进口货物结构互补程度越高；当指标值越接近于 0 时，表示中国的出口货物结构与第 i 个国家的进口货物结构互补程度越低。

（二）指数对比分析

基于“中国—主宾国”出口贸易竞争力指数构建框架，利用 2010 年 1 月至 2018 年 3 月中国与各主宾国进出口的月度数据，我们测算得到 2016 年 1 月至 2018 年 3 月“中国—主宾国”出口贸易竞争力指数。“中国—主宾国”出口贸易竞争力指数介于 0 到 100，指数值越接近于 100，表明中国向各主宾国出口货物保持增长的能力越强；指数值越接近于 0，表明中国向各主宾国出口货物保持增长的能力有待提高。

1. 中国向各主宾国出口货物并保持增长的能力有待提高

表 1-1 显示，2018 年 3 月，“中国—主宾国”出口贸易竞争力指数均低于 50 点，这说明中国向各主宾国出口货物并保持增长的能力普遍偏弱。具体来看，“中国—德国”的数值最高，达到 49.86 点，略低于 50 点，而“中国—匈牙利”的数值最低，仅为 13.83 点。

表 1-1　“中国—主宾国”出口贸易竞争力指数（2018 年 3 月）

“中国—主宾国”	指数（点）	排名
“中国—德国”	49.86	1
“中国—越南”	36.63	2
“中国—英国”	35.68	3
“中国—墨西哥”	33.21	4
“中国—加拿大”	32.61	5
“中国—俄罗斯”	27.62	6
“中国—巴基斯坦”	26.42	7
“中国—巴西”	26.11	8
“中国—埃及”	25.99	9

续表

“中国—主宾国”	指数（点）	排名
“中国—印度尼西亚”	24.41	10
“中国—南非”	22.34	11
“中国—匈牙利”	13.83	12

2. 各主宾国排名基本稳定，“中国—德国”出口贸易竞争力指数位于前列

表 1-2 给出了 2016 年 1—3 月以及 2018 年 1—3 月“中国—主宾国”的出口贸易竞争力指数排名。该表显示，中国对各主宾国的出口贸易竞争力指数排名分布具有一定的稳定性。具体来看，在研究区间内，“中国—德国”在“中国—主宾国”中基本稳定在第一位。在多数时间内，“中国—越南”在“中国—主宾国”中排名第二，在个别时间位于第三或者第四。在多数时间内，“中国—墨西哥”与“中国—英国”在“中国—主宾国”中的排名均位于前五。此外，图 1-2 给出了“中国—主宾国”出口贸易竞争力指数均值排名的结果，“中国—德国”依然排名最靠前。这说明，相较于其他主宾国，中国向德国出口的产品具有较强的竞争力。

中国向德国出口的商品之所以具有一定的竞争优势，究其原因可归纳为以下两方面：一是德国联邦统计局公布的 2018 年德国对外贸易情况显示，中国是德国最大的商品供应商。从进出口额综合来看，2018 年中国已连续第三年成为德国最重要的贸易伙伴。二是德国在出口市场占有率、交叉出口市场占有率、出口显示性比较优势、交叉出口显示性比较优势以及出口贸易相似性等特征指标上发展均衡，各指标基本维持在主宾国的前列。

表 1-2　“中国—主宾国”出口贸易竞争力指数排名分布情况

排名	2016 年 1 月	2016 年 2 月	2016 年 3 月	2018 年 1 月	2018 年 2 月	2018 年 3 月
1	“中国—德国”	“中国—德国”	“中国—德国”	“中国—德国”	“中国—德国”	“中国—德国”
2	“中国—英国”	“中国—墨西哥”	“中国—越南”	“中国—越南”	“中国—墨西哥”	“中国—越南”
3	“中国—越南”	“中国—英国”	“中国—墨西哥”	“中国—英国”	“中国—加拿大”	“中国—英国”
4	“中国—墨西哥”	“中国—加拿大”	“中国—英国”	“中国—加拿大”	“中国—越南”	“中国—墨西哥”
5	“中国—巴西”	“中国—越南”	“中国—加拿大”	“中国—墨西哥”	“中国—俄罗斯”	“中国—加拿大”
6	“中国—加拿大”	“中国—俄罗斯”	“中国—俄罗斯”	“中国—巴基斯坦”	“中国—巴基斯坦”	“中国—俄罗斯”
7	“中国—巴基斯坦”	“中国—印度尼西亚”	“中国—巴基斯坦”	“中国—俄罗斯”	“中国—印度尼西亚”	“中国—巴基斯坦”

续表

排名	2016 年 1 月	2016 年 2 月	2016 年 3 月	2018 年 1 月	2018 年 2 月	2018 年 3 月
8	"中国—印度尼西亚"	"中国—巴基斯坦"	"中国—印度尼西亚"	"中国—印度尼西亚"	"中国—巴西"	"中国—巴西"
9	"中国—俄罗斯"	"中国—巴西"	"中国—巴西"	"中国—埃及"	"中国—埃及"	"中国—埃及"
10	"中国—南非"	"中国—南非"	"中国—埃及"	"中国—南非"	"中国—南非"	"中国—印度尼西亚"
11	"中国—埃及"	"中国—埃及"	"中国—南非"	"中国—巴西"	"中国—英国"	"中国—南非"
12	"中国—匈牙利"	"中国—匈牙利"	"中国—匈牙利"	"中国—匈牙利"	"中国—匈牙利"	"中国—匈牙利"

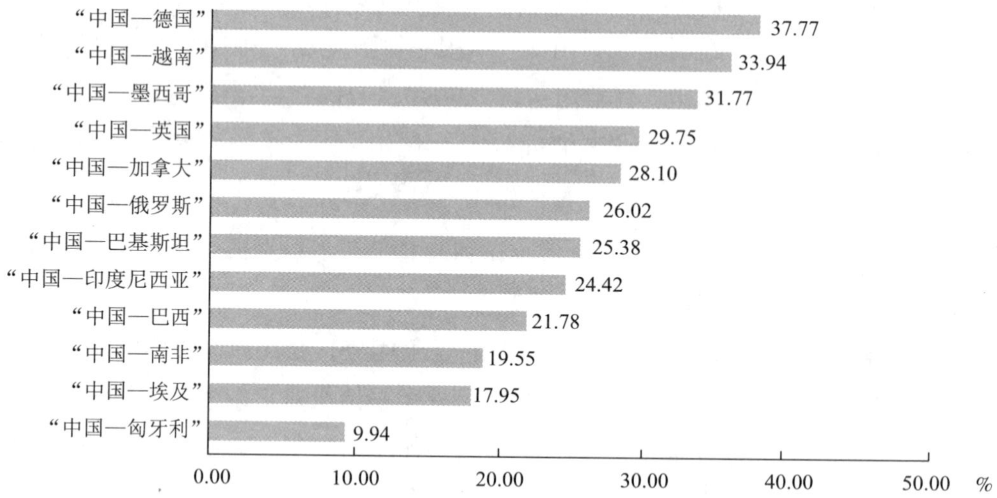

图 1-2 "中国—主宾国"出口贸易竞争力指数均值排名

(基于 2016 年 1 月至 2018 年 3 月的均值)

(三)特征指标对比分析

1. 出口市场占有率

(1)多数主宾国尚未成为中国的主要出口目的地，贸易水平有待提升。表 1-3 显示，2018 年 3 月，"中国—主宾国"出口市场占有率偏低。在研究区间内，除了"中国—德国"的数值外，其余计算出的数值都低于 5%，这说明中国向多数主宾国出口占中国向世界出口的比重偏低，多数主宾国尚未成为中国的主要出口目的地。具体来看，在研究区间内，"中国—德国"的出口市场占有率最高，达到了 5.81%。多数"中国—主宾国"的出口市场占有率，介于 1%~4%。此外，"中国—南非""中国—巴基斯坦""中国—埃及"与"中国—匈牙利"的出口市场占有率偏低，均低于 1%。

表 1-3　“中国—主宾国”出口市场占有率（2018 年 3 月）

“中国—主宾国”	占有率（%）	排名
“中国—德国”	5.81	1
“中国—越南”	3.84	2
“中国—墨西哥”	3.43	3
“中国—英国”	2.75	4
“中国—加拿大”	2.59	5
“中国—俄罗斯”	2.31	6
“中国—印度尼西亚”	1.66	7
“中国—巴西”	1.48	8
“中国—南非”	0.78	9
“中国—巴基斯坦”	0.71	10
“中国—埃及”	0.39	11
“中国—匈牙利”	0.29	12

（2）各主宾国的排名基本稳定，“中国—德国”出口市场占有率位于前列。表 1-4 给出了 2016 年 1—3 月以及 2018 年 1—3 月“中国—主宾国”的出口市场占有率排名。该表显示，中国对各主宾国的出口市场占有率排名分布具有较强的稳定性。具体来看，在研究区间内，“中国—德国”在“中国—主宾国”中的排名稳定在第一位。在多数时间内，“中国—墨西哥”在主宾国中排名第二，仅在个别时间位于第三。在多数时间内，“中国—英国”和“中国—越南”在“中国—主宾国”中的排名均在前 5。此外，图 1-3 给出了“中国—主宾国”出口市场占有率均值排名情况，“中国—德国”依然排名最靠前。这说明，相较于其他主宾国，德国更有可能成为中国的主要出口目的地。

表 1-4　“中国—主宾国”出口市场占有率排名分布情况

排名	2016 年 1 月	2016 年 2 月	2016 年 3 月	2018 年 1 月	2018 年 2 月	2018 年 3 月
1	“中国—德国”	“中国—德国”	“中国—德国”	“中国—德国”	“中国—德国”	“中国—德国”
2	“中国—英国”	“中国—墨西哥”	“中国—墨西哥”	“中国—越南”	“中国—墨西哥”	“中国—越南”
3	“中国—墨西哥”	“中国—英国”	“中国—英国”	“中国—墨西哥”	“中国—加拿大”	“中国—墨西哥”
4	“中国—越南”	“中国—加拿大”	“中国—越南”	“中国—加拿大”	“中国—俄罗斯”	“中国—英国”
5	“中国—加拿大”	“中国—俄罗斯”	“中国—加拿大”	“中国—英国”	“中国—越南”	“中国—加拿大”
6	“中国—印度尼西亚”	“中国—印度尼西亚”	“中国—俄罗斯”	“中国—俄罗斯”	“中国—印度尼西亚”	“中国—俄罗斯”
7	“中国—巴西”	“中国—越南”	“中国—印度尼西亚”	“中国—印度尼西亚”	“中国—巴西”	“中国—印度尼西亚”

续表

排名	2016 年 1 月	2016 年 2 月	2016 年 3 月	2018 年 1 月	2018 年 2 月	2018 年 3 月
8	“中国—俄罗斯”	“中国—巴西”	“中国—巴西”	“中国—巴西”	“中国—南非”	“中国—巴西”
9	“中国—南非”	“中国—南非”	“中国—巴基斯坦”	“中国—南非”	“中国—巴基斯坦”	“中国—南非”
10	“中国—巴基斯坦”	“中国—巴基斯坦”	“中国—南非”	“中国—巴基斯坦”	“中国—埃及”	“中国—巴基斯坦”
11	“中国—埃及”	“中国—埃及”	“中国—埃及”	“中国—埃及”	“中国—匈牙利”	“中国—埃及”
12	“中国—匈牙利”	“中国—匈牙利”	“中国—匈牙利”	“中国—匈牙利”	“中国—英国”	“中国—匈牙利”

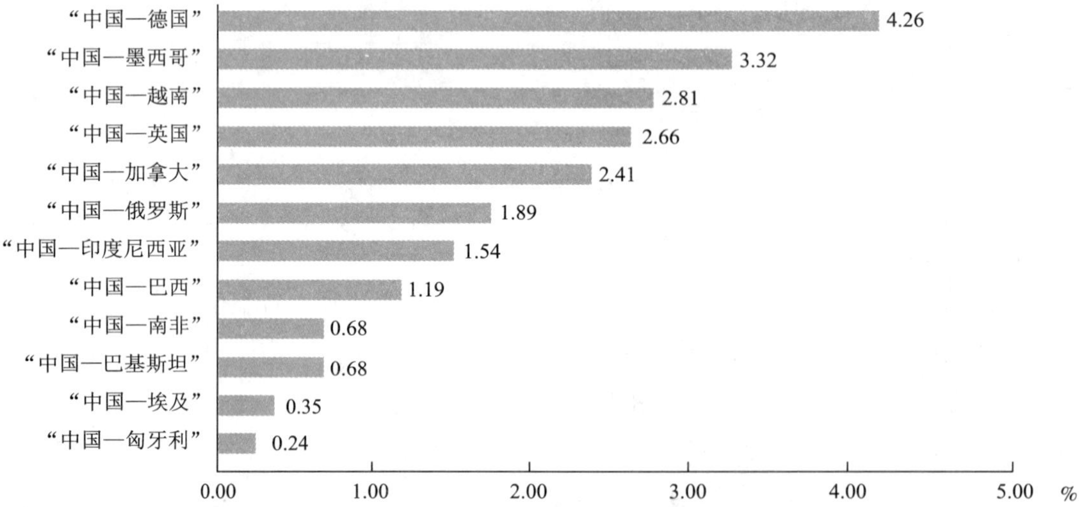

图 1-3 “中国—主宾国”出口市场占有率均值排名

（基于 2016 年 1 月至 2018 年 3 月的均值）

2. 交叉出口市场占有率

（1）中国已逐渐成为多数主宾国的主要进口来源国，现有贸易水平仍需巩固发展。表 1-5 显示，2018 年 3 月，“中国—主宾国”交叉出口市场占有率较高。在研究区间内，除了“中国—德国”“中国—英国”和“中国—匈牙利”的数值外，其余计算出的数值都高于 10%，这说明中国向多数主宾国出口占这些主宾国从世界进口的比重较高，中国已逐渐成为多数主宾国的主要进口来源国。具体来看，“中国—越南”的交叉出口市场占有率最高，达到了 37.45%。“中国—匈牙利”的交叉出口市场占有率最低，仅为 4.81%。

表 1-5　“中国—主宾国”交叉出口市场占有率（2018 年 3 月）

“中国—主宾国”	占有率（%）	排名
“中国—越南”	37.45	1
“中国—巴基斯坦”	23.46	2
“中国—印度尼西亚”	20.00	3
“中国—俄罗斯”	19.39	4
“中国—巴西”	18.66	5
“中国—南非”	18.13	6
“中国—墨西哥”	15.80	7
“中国—埃及”	11.57	8
“中国—加拿大”	11.09	9
“中国—德国”	8.91	10
“中国—英国”	7.97	11
“中国—匈牙利”	4.81	12

（2）各主宾国排名基本稳定，“中国—越南”排名第一。表 1-6 给出了 2016 年 1—3 月以及 2018 年 1—3 月“中国—主宾国”的交叉出口市场占有率排名。该表显示，中国对各主宾国的交叉出口市场占有率排名分布具有较强的稳定性。具体来看，在研究区间内，“中国—越南”在“主宾国”中基本稳定在第一位。在多数时间内，“中国—巴基斯坦”在“主宾国”中排名第二，仅在个别时间位于第一。“中国—印度尼西亚”和“中国—俄罗斯”紧随其后，在“主宾国”中的排名分列第三和第四。此外，图 1-4 给出了“中国—主宾国”交叉出口市场占有率均值排名的结果，“中国—越南”依然是排名最靠前的国家。这说明，相较于其他主宾国，中国更有可能成为越南的主要进口来源国。

表 1-6　“中国—主宾国”交叉出口市场占有率排名分布情况

排名	2016 年 1 月	2016 年 2 月	2016 年 3 月	2018 年 1 月	2018 年 2 月	2018 年 3 月
1	“中国—巴基斯坦”	“中国—巴基斯坦”	“中国—越南”	“中国—越南”	“中国—越南”	“中国—越南”
2	“中国—越南”	“中国—越南”	“中国—巴基斯坦”	“中国—巴基斯坦”	“中国—巴基斯坦”	“中国—巴基斯坦”
3	“中国—印度尼西亚”	“中国—印度尼西亚”	“中国—印度尼西亚”	“中国—印度尼西亚”	“中国—印度尼西亚”	“中国—印度尼西亚”
4	“中国—俄罗斯”	“中国—俄罗斯”	“中国—俄罗斯”	“中国—俄罗斯”	“中国—俄罗斯”	“中国—俄罗斯”

续表

排名	2016 年 1 月	2016 年 2 月	2016 年 3 月	2018 年 1 月	2018 年 2 月	2018 年 3 月
5	“中国—巴西”	“中国—南非”	“中国—墨西哥”	“中国—南非”	“中国—南非”	“中国—巴西”
6	“中国—南非”	“中国—墨西哥”	“中国—巴西”	“中国—巴西”	“中国—墨西哥”	“中国—南非”
7	“中国—墨西哥”	“中国—巴西”	“中国—埃及”	“中国—墨西哥”	“中国—巴西”	“中国—墨西哥”
8	“中国—埃及”	“中国—埃及”	“中国—南非”	“中国—埃及”	“中国—埃及”	“中国—埃及”
9	“中国—加拿大”	“中国—加拿大”	“中国—加拿大”	“中国—加拿大”	“中国—加拿大”	“中国—加拿大”
10	“中国—德国”	“中国—德国”	“中国—德国”	“中国—德国”	“中国—德国”	“中国—德国”
11	“中国—英国”	“中国—英国”	“中国—英国”	“中国—英国”	“中国—英国”	“中国—英国”
12	“中国—匈牙利”	“中国—匈牙利”	“中国—匈牙利”	“中国—匈牙利”	“中国—匈牙利”	“中国—匈牙利”

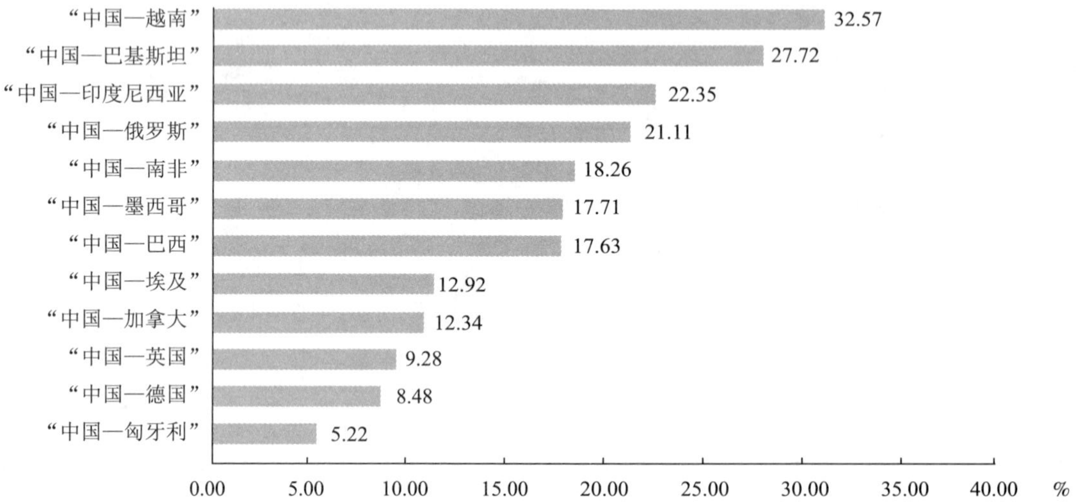

图 1-4 “中国—主宾国”交叉出口市场占有率均值排名

（基于 2016 年 1 月至 2018 年 3 月的均值）

3. 出口显示性比较优势

（1）中国向主宾国出口具有较大的优势，高于中国向世界出口的平均水平。表 1-7 显示，2018 年 3 月，“中国—主宾国”出口显示性比较优势较高。在研究区间内，计算法的数值都高于 1，这说明中国向多数主宾国出口货物具有较大的优势，高于中国向世界出口的平均水平。具体来看，在研究区间内，“中国—埃及”的出口显示性比较优势最大，达到了 2.75。而“中国—德国”的出口显示性比较优势最小，仅为 1.20。

表 1-7　“中国—主宾国”出口显示性比较优势（2018 年 3 月）

“中国—主宾国”	数值	排名
“中国—埃及”	**2.75**	**1**
“中国—墨西哥”	2.16	2
“中国—巴基斯坦”	2.04	3
“中国—越南”	1.93	4
“中国—印度尼西亚”	1.45	5
“中国—英国”	1.43	6
“中国—巴西”	1.34	7
“中国—匈牙利”	1.30	8
“中国—南非”	1.29	9
“中国—加拿大”	1.27	10
“中国—俄罗斯”	1.24	11
“中国—德国”	1.20	12

（2）各主宾国排名波动性较大，“中国—埃及”的出口显示性比较优势基本位于前列。表 1-8 给出了 2016 年 1—3 月以及 2018 年 1—3 月“中国—主宾国”的出口显示性比较优势排名。该表显示，中国对各主宾国的出口显示性比较优势排名分布具有一定的波动性。具体来看，在研究区间内，排名第一的主宾国变动较为明显，“中国—埃及”出现的次数为 2 次，其余各国仅出现 1 次。“中国—墨西哥”与“中国—巴基斯坦”的排名变动也较为明显，但基本保持在前 3 的位置。此外，图 1-5 给出了“中国—主宾国”出口显示性比较优势均值排名的结果，“中国—埃及”依然排名最靠前。这说明，相较于其他主宾国，中国向埃及出口的产品具有较强的比较优势。

表 1-8　“中国—主宾国”出口显示性比较优势排名分布情况

排名	2016 年 1 月	2016 年 2 月	2016 年 3 月	2018 年 1 月	2018 年 2 月	2018 年 3 月
1	“中国—巴西”	“中国—越南”	“中国—巴基斯坦”	“中国—埃及”	“中国—墨西哥”	“中国—埃及”
2	“中国—印度尼西亚”	“中国—墨西哥”	“中国—越南”	“中国—墨西哥”	“中国—埃及”	“中国—墨西哥”
3	“中国—墨西哥”	“中国—印度尼西亚”	“中国—墨西哥”	“中国—巴基斯坦”	“中国—巴基斯坦”	“中国—巴基斯坦”
4	“中国—巴基斯坦”	“中国—埃及”	“中国—埃及”	“中国—越南”	“中国—越南”	“中国—越南”
5	“中国—越南”	“中国—巴基斯坦”	“中国—印度尼西亚”	“中国—印度尼西亚”	“中国—南非”	“中国—印度尼西亚”

续表

排名	2016 年 1 月	2016 年 2 月	2016 年 3 月	2018 年 1 月	2018 年 2 月	2018 年 3 月
6	“中国—埃及”	“中国—南非”	“中国—南非”	“中国—巴西”	“中国—巴西”	“中国—英国”
7	“中国—匈牙利”	“中国—匈牙利”	“中国—匈牙利”	“中国—匈牙利”	“中国—印度尼西亚”	“中国—巴西”
8	“中国—南非”	“中国—巴西”	“中国—英国”	“中国—英国”	“中国—英国”	“中国—匈牙利”
9	“中国—英国”	“中国—英国”	“中国—巴西”	“中国—南非”	“中国—匈牙利”	“中国—南非”
10	“中国—俄罗斯”	“中国—加拿大”	“中国—加拿大”	“中国—俄罗斯”	“中国—俄罗斯”	“中国—加拿大”
11	“中国—德国”	“中国—俄罗斯”	“中国—俄罗斯”	“中国—德国”	“中国—加拿大”	“中国—俄罗斯”
12	“中国—加拿大”	“中国—德国”	“中国—德国”	“中国—加拿大”	“中国—德国”	“中国—德国”

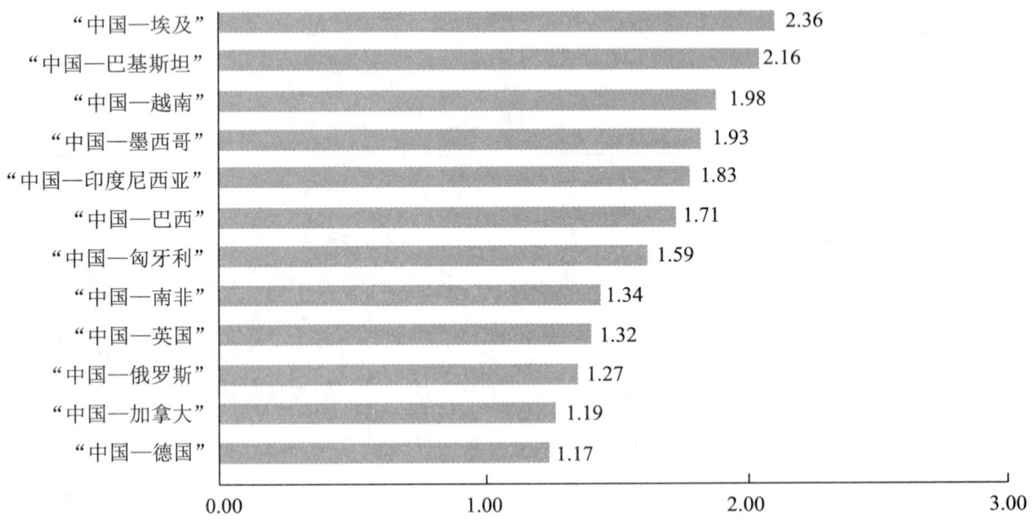

图 1-5 “中国—主宾国”出口显示性比较优势均值排名

（基于 2016 年 1 月至 2018 年 3 月的均值）

4. 交叉出口显示性比较优势

（1）中国向主宾国出口具有较大的优势，高于这些国家从世界进口的平均水平。表 1-9 显示，2018 年 3 月，“中国—主宾国”交叉出口显示性比较优势较高。在研究区间内，绝大多数计算出的的数值都高于 1，这说明中国向多数主宾国出口货物具有较强的优势，高于这些国家从世界进口的平均水平。具体来看，在研究区间内，“中国—埃及”的交叉出口显示性比较优势最大，达到了 2. 74。而“中国—越南”的交叉出口显示性比较优势最小，仅为 0. 96。

表 1-9　“中国—主宾国”交叉出口显示性比较优势（2018 年 3 月）

“中国—主宾国”	数值	排名
“中国—埃及”	2.74	1
“中国—英国”	2.36	2
“中国—加拿大”	2.14	3
“中国—巴基斯坦”	2.09	4
“中国—德国”	2.00	5
“中国—匈牙利”	1.99	6
“中国—南非”	1.97	7
“中国—巴西”	1.93	8
“中国—俄罗斯”	1.62	9
“中国—印度尼西亚”	1.62	10
“中国—墨西哥”	1.58	11
“中国—越南”	0.96	12

（2）“中国—印度”交叉出口显示性比较优势排名位于前列，“中国—俄罗斯”交叉出口显示性比较优势排名位于最后。表 1-10 给出了 2016 年 1—3 月以及 2018 年 1—3 月“中国—主宾国”的交叉出口显示性比较优势排名。该表显示，中国对各主宾国的交叉出口显示性比较优势排名分布具有较高的稳定性。具体来看，在研究区间内，“中国—埃及”在“中国—主宾国”中基本稳定在第一位。在多数时间内，“中国—英国”在“中国—主宾国”中排名第二，仅在个别时间位于第一。在多数时间内，“中国—加拿大”在“中国—主宾国”中的排名均在前 4。此外，图 1-6 给出了“中国—主宾国”基于交叉出口显示性比较优势均值排名的结果，“中国—埃及”依然排名最靠前。这说明，相较于其他主宾国，中国向埃及出口的产品具有较强的比较优势。

表 1-10　“中国—主宾国”交叉出口显示性比较优势排名分布情况

排名	2016 年 1 月	2016 年 2 月	2016 年 3 月	2018 年 1 月	2018 年 2 月	2018 年 3 月
1	“中国—埃及”	“中国—埃及”	“中国—英国”	“中国—埃及”	“中国—埃及”	“中国—埃及”
2	“中国—英国”	“中国—英国”	“中国—埃及”	“中国—英国”	“中国—英国”	“中国—英国”
3	“中国—巴西”	“中国—加拿大”	“中国—加拿大”	“中国—南非”	“中国—加拿大”	“中国—加拿大”
4	“中国—加拿大”	“中国—匈牙利”	“中国—匈牙利”	“中国—加拿大”	“中国—南非”	“中国—巴基斯坦”
5	“中国—匈牙利”	“中国—德国”	“中国—德国”	“中国—巴基斯坦”	“中国—巴西”	“中国—德国”
6	“中国—德国”	“中国—巴西”	“中国—南非”	“中国—德国”	“中国—巴基斯坦”	“中国—匈牙利”

续表

排名	2016年1月	2016年2月	2016年3月	2018年1月	2018年2月	2018年3月
7	“中国—南非”	“中国—南非”	“中国—巴西”	“中国—巴西”	“中国—德国”	“中国—南非”
8	“中国—巴基斯坦”	“中国—巴基斯坦”	“中国—巴基斯坦”	“中国—匈牙利”	“中国—匈牙利”	“中国—巴西”
9	“中国—俄罗斯”	“中国—俄罗斯”	“中国—俄罗斯”	“中国—俄罗斯”	“中国—俄罗斯”	“中国—俄罗斯”
10	“中国—印度尼西亚”	“中国—墨西哥”	“中国—印度尼西亚”	“中国—印度尼西亚”	“中国—印度尼西亚”	“中国—印度尼西亚”
11	“中国—墨西哥”	“中国—印度尼西亚”	“中国—墨西哥”	“中国—墨西哥”	“中国—墨西哥”	“中国—墨西哥”
12	“中国—越南”	“中国—越南”	“中国—越南”	“中国—越南”	“中国—越南”	“中国—越南”

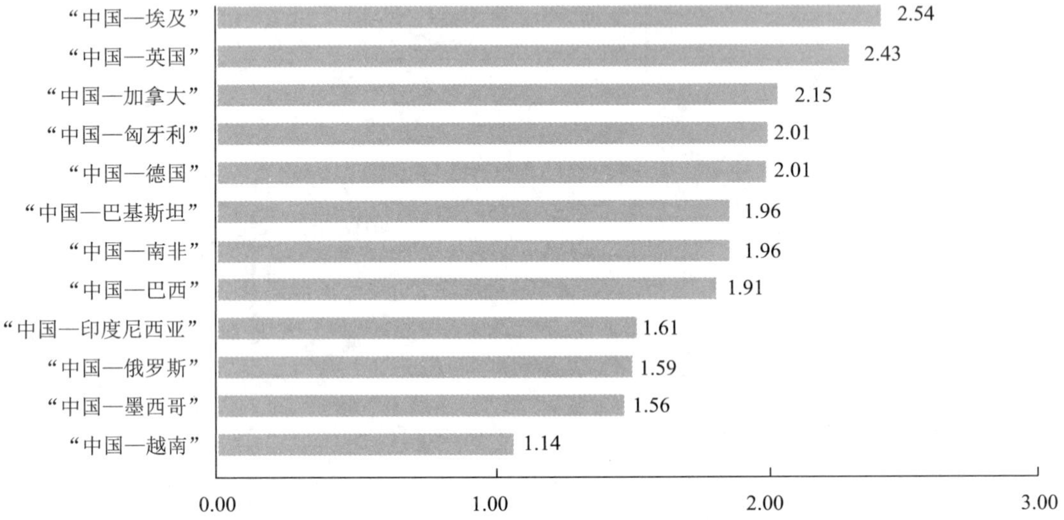

图1-6 “中国—主宾国”交叉出口显示性比较优势均值排名

（基于2016年1月至2018年3月的均值）

5. 出口贸易相似性

（1）中国出口产品结构分别与德国、英国、加拿大和墨西哥进口产品结构的互补程度较高。表1-11显示，多数“中国—主宾国”出口贸易相似性偏低。在研究区间内，除了“中国—德国”“中国—英国”“中国—加拿大”和“中国—墨西哥”的数值外，其他计算出的数值均低于20%，这说明中国出口产品结构与多数主宾国进口产品结构的互补程度偏低，仍需细致挖掘主宾国的进口需求。具体来看，“中国—德国”“中国—英国”“中国—加拿大”和“中国—墨西哥”的数值均高于20%，分别为42.67%、25.54%、20.38%和20.30%。而“中国—巴基斯坦”的数值最小，仅为 2. 94%。

表 1-11　“中国—主宾国”出口贸易相似性（2018 年 3 月）

“中国—主宾国”	数值（%）	排名
“中国—德国”	42. 67	1
“中国—英国”	25. 54	2
“中国—加拿大”	20. 38	3
“中国—墨西哥”	20. 30	4
“中国—俄罗斯”	11. 35	5
“中国—越南”	9. 81	6
“中国—印度尼西亚”	8. 01	7
“中国—巴西”	7. 82	8
“中国—匈牙利”	6. 06	9
“中国—南非”	4. 20	10
“中国—埃及”	3. 14	11
“中国—巴基斯坦”	2. 94	12

（2）各主宾国排名基本稳定，“中国—德国”出口贸易相似性位于前列。表 1-12 给出了 2016 年 1—3 月以及 2018 年 1—3 月“中国—主宾国”的出口贸易相似性排名。该表显示，中国对各主宾国的出口贸易相似性排名分布具有一定的稳定性。具体来看，在研究区间内，“中国—德国”在“中国—主宾国”中稳定在第一位。在多数时间内，“中国—英国”在“中国—主宾国”中排名第二。在多数时间内，“中国—加拿大”在“中国—主宾国”中排名第三。此外，图 1-7 给出了“中国—主宾国”出口贸易相似性均值排名的结果，“中国—德国”依然排名最靠前。这说明，相较于其他主宾国，中国出口产品结构与德国进口产品结构的互补程度较高。

表 1-12　“中国—主宾国”出口贸易相似性排名分布情况（2016 年 1—3 月与 2018 年 1—3 月）

排名	2016 年 1 月	2016 年 2 月	2016 年 3 月	2018 年 1 月	2018 年 2 月	2018 年 3 月
1	“中国—德国”	“中国—德国”	“中国—德国”	“中国—德国”	“中国—德国”	“中国—德国”
2	“中国—英国”	“中国—英国”	“中国—英国”	“中国—英国”	“中国—加拿大”	“中国—英国”
3	“中国—加拿大”	“中国—墨西哥”	“中国—加拿大”	“中国—加拿大”	“中国—墨西哥”	“中国—加拿大”
4	“中国—墨西哥”	“中国—加拿大”	“中国—墨西哥”	“中国—墨西哥”	“中国—俄罗斯”	“中国—墨西哥”
5	“中国—越南”	“中国—俄罗斯”	“中国—越南”	“中国—越南”	“中国—巴西”	“中国—俄罗斯”

续表

排名	2016 年 1 月	2016 年 2 月	2016 年 3 月	2018 年 1 月	2018 年 2 月	2018 年 3 月
6	“中国—巴西”	“中国—巴西”	“中国—俄罗斯”	“中国—俄罗斯”	“中国—印度尼西亚”	“中国—越南”
7	“中国—印度尼西亚”	“中国—印度尼西亚”	“中国—巴西”	“中国—印度尼西亚”	“中国—越南”	“中国—印度尼西亚”
8	“中国—俄罗斯”	“中国—越南”	“中国—印度尼西亚”	“中国—巴西”	“中国—匈牙利”	“中国—巴西”
9	“中国—匈牙利”	“中国—匈牙利”	“中国—匈牙利”	“中国—匈牙利”	“中国—南非”	“中国—匈牙利”
10	“中国—南非”	“中国—南非”	“中国—南非”	“中国—南非”	“中国—埃及”	“中国—南非”
11	“中国—埃及”	“中国—埃及”	“中国—埃及”	“中国—巴基斯坦”	“中国—英国”	“中国—埃及”
12	“中国—巴基斯坦”	“中国—巴基斯坦”	“中国—巴基斯坦”	“中国—埃及”	“中国—巴基斯坦”	“中国—巴基斯坦”

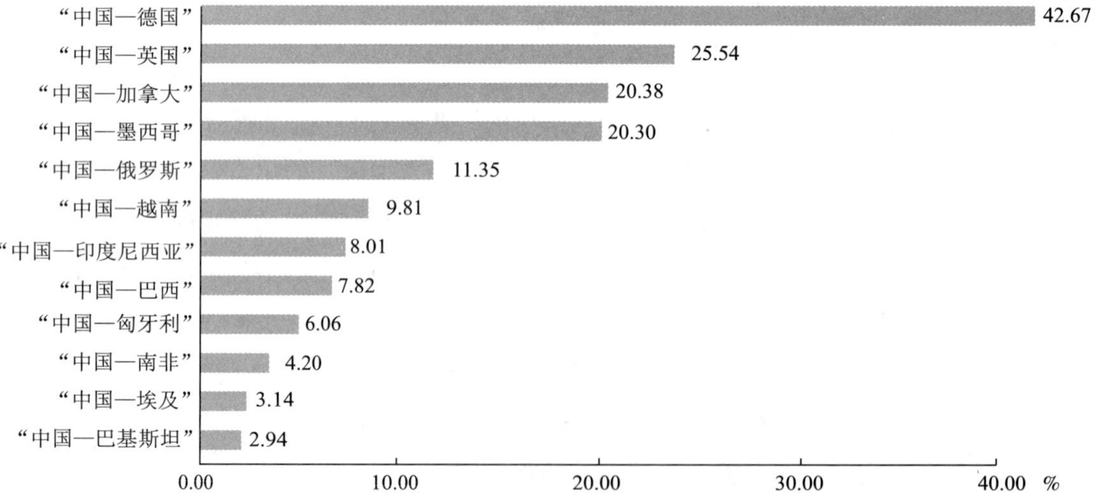

图 1-7 “中国—主宾国”出口贸易相似性排名（基于 2016 年 1 月至 2018 年 3 月的均值）

二、进口贸易竞争力

（一）指数框架

“中国—主宾国”进口贸易竞争力指数（Import Trade Competitiveness Index，IMTCI）衡量的是中国从各主宾国进口货物保持增长的能力，包括进口市场占有率、交叉进口市场占有率、进口显示性比较优势、交叉进口显示性比较优势以及进口贸易相似性 5 个特征指标（如图 1-8 所示）。

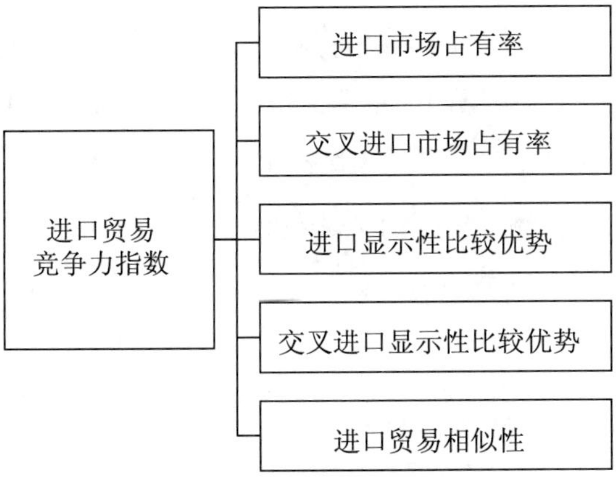

图 1-8　“中国—主宾国”进口贸易竞争力指数

1. 进口市场占有率（Import Market Share，IMMS）

$$IMMS_i = \frac{IM_{Ci}}{IM_{CW}} \tag{1-12}$$

其中，$IMMS_i$ 表示中国从第 i 个国家的进口占中国从世界进口的比重，该指标越大，说明第 i 个国家越有可能成为中国的进口来源国。IM_{Ci} 表示中国从第 i 个国家的进口，IM_{CW} 表示中国从世界的进口。

$$IMMS_i^k = \frac{IM_{Ci}^k}{IM_{CW}^k} \tag{1-13}$$

其中，$IMMS_i^k$ 表示中国从第 i 个国家进口的第 k（$k = 1, 2, \cdots, 21$）类货物占中国从世界进口第 k 类货物的比重，该指标越大，说明第 i 个国家越有可能成为中国第 k 类货物的进口来源国。IM_{Ci}^k 表示中国从第 i 个国家进口的第 k 类货物的进口额，IM_{CW}^k 表示中国从世界进口的第 k 类货物的进口额。

2. 交叉进口市场占有率（Cross Import Market Share，CIMMS）

$$CIMMS_i = \frac{IM_{Ci}}{EX_{iW}} \tag{1-14}$$

其中，$CIMMS_i$ 表示中国从第 i 个国家的进口占第 i 个国家向世界出口的比重，该指标越大，说明中国越有可能成为第 i 个国家的出口目的地。IM_{Ci} 表示中国从第 i 个国家的进口，EX_{iW} 表示第 i 个国家向世界的出口。

$$CIMMS_i^k = \frac{IM_{Ci}^k}{EX_{iW}^k} \tag{1-15}$$

其中，$CIMMS_i^k$ 表示中国从第 i 个国家进口的第 k（$k=1，2，\cdots，21$）类货物占第 i 个国家向世界出口第 k 类货物的比重，该指标越大，说明中国越有可能成为第 i 个国家第 k 类货物的出口目的地。IM_{Ci}^k 表示中国从第 i 个国家进口第 k 类货物的进口额，EX_{iW}^k 表示第 i 个国家向世界出口的第 k 类货物的出口额。

3. 进口显示性比较优势（Import Revealed Comparative Advantage，IMRCA）

（1）单类货物进口显示性比较优势：

$$IMRCA_i^k = \frac{\dfrac{IM_{Ci}^k}{IM_{Ci}}}{\dfrac{IM_{CW}^k}{IM_{CW}}} \tag{1-16}$$

其中，$IMRCA_i^k$ 衡量中国从第 i 个国家进口第 k（$k=1，2，\cdots，21$）类货物占中国从第 i 个国家进口总值的份额与中国从世界进口第 k 类货物占中国从世界进口总值的份额的比重，该指标越大，中国从第 i 个国家进口第 k 类货物的优势越大于中国从世界进口第 k 类货物的平均水平。IM_{Ci}^k 表示中国从第 i 个国家（$i=1，2，\cdots，16$）进口第 k 类货物的进口额，IM_{Ci} 表示中国从第 i 个国家进口的总额，IM_{CW}^k 表示中国从世界进口第 k 类货物进口的总额，IM_{CW} 表示中国从世界进口的总额。

（2）中国从第 i 个国家进口的显示性比较优势：

$$IMRCA_i = \sum_{k=1}^{21} \omega_k \, IMRCA_i^k \tag{1-17}$$

$$\omega_k = \frac{IM_{Ci}^k}{IM_{Ci}} \tag{1-18}$$

其中，$IMRCA_i$ 衡量中国从第 i 个国家进口的显示性比较优势。该指标越大，中国从第 i 个国家进口的优势越大于中国从世界进口的平均水平。

4. 交叉进口显示性比较优势（Cross Import Revealed Comparative Advantage，CIMRCA）

（1）单类货物交叉进口显示性比较优势：

$$CIMRCA_i^k = \frac{\dfrac{IM_{Ci}^k}{IM_{Ci}}}{\dfrac{EX_{iW}^k}{EX_{iW}}} \tag{1-19}$$

其中，$CIMRCA_i^k$ 衡量中国从第 i 个国家进口第 k（$k=1, 2, \cdots, 21$）类货物占中国从第 i 个国家进口总值的份额与第 i 个国家向世界出口第 k 类货物占第 i 个国家向世界出口总值的份额的比重，该指标越大，中国从第 i 个国家进口第 k 类货物的优势越大于第 i 个国家向世界出口第 k 类货物的平均水平。IM_{Ci}^k 表示中国从第 i 个国家（$i=1, 2, \cdots, 16$）进口第 k 类货物的进口额，IM_{Ci} 表示中国从第 i 个国家进口的总额，EX_{iW}^k 表示第 i 个国家对世界出口第 k 类货物的总出口额，EX_{iW} 表示第 i 个国家对世界的总出口额。

（2）中国从第 i 个国家进口的交叉显示性比较优势：

$$CIMRCA_i = \sum_{k=1}^{21} \omega_k CIMRCA_i^k \tag{1-20}$$

$$\omega_k = \frac{IM_{Ci}^k}{IM_{Ci}} \tag{1-21}$$

其中，$CIMRCA_i$ 衡量中国从第 i 个国家进口的交叉显示性比较优势。该指标越大，中国从第 i 个国家进口的优势越大于第 i 个国家向世界出口的平均水平。

5. 进口贸易相似性（Import Trade Similarity，IMTS）

贸易相似性通过测算第 i 个国家出口货物结构与中国进口货物结构的重合度来衡量两国间的贸易互补程度：

$$IMTS_{i,t} = \frac{\sum_{k=1}^{21} \min(IM_{k,C,t}, EX_{k,i,t})}{\sum_{k=1}^{21} \max(IM_{k,C,t}, EX_{k,i,t})} \tag{1-22}$$

其中，$IMTS_{i,t}$ 为第 t 期中国从第 i 个国家进口的贸易相似性指标。$IM_{k,C,t}$ 为第 t 期中国第 k 类货物的进口额；$EX_{k,i,t}$ 为第 t 期第 i 个国家第 k 类货物的出口额。

该指标介于 0 与 1 之间，当指标值越接近于 1 时，表示第 i 个国家出口货物结构与中国进口货物结构互补程度越强；当指标值越接近于 0 时，表示第 i 个国家出口货物结构与中国进口货物结构互补程度越弱。

（二）指数的对比分析

基于“中国—主宾国”进口贸易竞争力指数构建框架，利用 2010 年 1 月至 2018 年 3 月中国与各主宾国进出口的月度数据，我们测算得到 2016 年 1 月至 2018 年 3 月“中国—主宾国”贸易竞争力指数。“中国—主宾国”进口贸易竞争力指数为［0, 100］，指数值越接近于 100，中国从各主宾国进口货物保持增长的能力越强；指数值越接近于 0，中国从各主宾国进口货物保持增长的有待提高。

1. 中国从各主宾国进口货物保持增长的能力有待提高

表 1-13 显示，2018 年 3 月，“中国—主宾国”进口贸易竞争力指数均低于 50 点，这说明中国从各主宾国进口货物保持增长的能力有待提高。具体来看，“中国—越南”的数值最高，达到 36.02 点，而“中国—匈牙利”的数值最低，仅为 4.44 点。

表 1-13　“中国—主宾国”进口贸易竞争力指数（2018 年 3 月）

“中国—主宾国”	数值	排名
“中国—越南”	36.02	1
“中国—巴西”	32.34	2
“中国—德国”	28.90	3
“中国—俄罗斯”	20.23	4
“中国—印度尼西亚”	18.62	5
“中国—英国”	14.61	6
“中国—加拿大”	14.22	7
“中国—墨西哥”	13.65	8
“中国—巴基斯坦”	12.97	9
“中国—南非”	12.35	10
“中国—埃及”	6.73	11
“中国—匈牙利”	4.44	12

2. “中国—越南”进口贸易竞争力指数排名位于前位

表 1-14 给出了 2016 年 1—3 月以及 2018 年 1—3 月“中国—主宾国”的进口贸易竞争力指数排名。该表显示，中国对各主宾国的进口贸易竞争力指数排名分布具有一定的波动性。具体来看，在研究区间内，“中国—德国”与“中国—越南”排名前列，其中“中国—德国”从第一位逐渐下滑至第二位，“中国—越南”从第四位逐渐上升至第一位，这说明“中国—越南”进口贸易竞争力指数逐渐升高。此外，图 1-9 给出了“中国—主宾国”基于进口贸易竞争力指数均值排名的结果，“中国—越南”依然排名最靠前。这说明，相较于其他主宾国，中国从越南进口的产品具有较强的竞争力。

中国从越南进口的商品之所以具有一定的竞争优势，究其原因可归纳为以下两方面：一是中国继续成为越南最大贸易伙伴。越南工商会胡志明市分会的数据显示，2018 年中越双边贸易额达 1060 亿美元，越南已超过马来西亚成为中国在东盟地区最大贸易伙伴。二是越南在进口市场占有率、交叉进口市场占有率、进口显示性比较优势、交叉进口显示性比较优势以及进口贸易相似性等特征指标上发展均衡，各指标基本保持在主宾国的前列。

表 1-14　“中国—主宾国”进口贸易竞争力指数排名分布情况

（2016 年 1—3 月与 2018 年 1—3 月）

排名	2016 年 1 月	2016 年 2 月	2016 年 3 月	2018 年 1 月	2018 年 2 月	2018 年 3 月
1	“中国—德国”	“中国—德国”	“中国—巴西”	“中国—越南”	“中国—越南”	“中国—越南”
2	“中国—越南”	“中国—巴西”	“中国—德国”	“中国—德国”	“中国—德国”	“中国—巴西”
3	“中国—巴西”	“中国—俄罗斯”	“中国—俄罗斯”	“中国—俄罗斯”	“中国—巴西”	“中国—德国”
4	“中国—俄罗斯”	“中国—越南”	“中国—越南”	“中国—巴西”	“中国—俄罗斯”	“中国—俄罗斯”
5	“中国—加拿大”	“中国—加拿大”	“中国—英国”	“中国—印度尼西亚”	“中国—印度尼西亚”	“中国—印度尼西亚”
6	“中国—印度尼西亚”	“中国—印度尼西亚”	“中国—印度尼西亚”	“中国—加拿大”	“中国—加拿大”	“中国—英国”
7	“中国—英国”	“中国—巴基斯坦”	“中国—加拿大”	“中国—英国”	“中国—巴基斯坦”	“中国—加拿大”
8	“中国—巴基斯坦”	“中国—英国”	“中国—巴基斯坦”	“中国—墨西哥”	“中国—墨西哥”	“中国—墨西哥”
9	“中国—南非”	“中国—埃及”	“中国—南非”	“中国—南非”	“中国—南非”	“中国—巴基斯坦”
10	“中国—墨西哥”	“中国—墨西哥”	“中国—墨西哥”	“中国—巴基斯坦”	“中国—埃及”	“中国—南非”
11	“中国—埃及”	“中国—南非”	“中国—埃及”	“中国—匈牙利”	“中国—匈牙利”	“中国—埃及”
12	“中国—匈牙利”	“中国—匈牙利”	“中国—匈牙利”	“中国—埃及”	“中国—英国”	“中国—匈牙利”

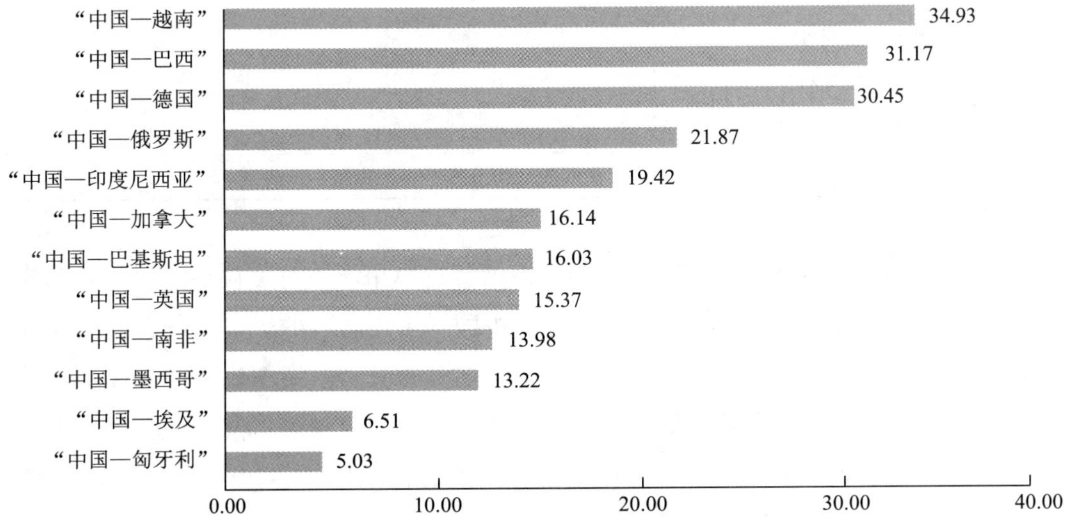

图 1-9　“中国—主宾国”进口贸易竞争力指数均值排名

（基于 2016 年 1 月至 2018 年 3 月的均值）

（三）特征指标的对比分析

1. 进口市场占有率

（1）多数主宾国尚未成为中国的主要进口来源国，贸易水平有待提升。表1-15显示，2018年3月，“中国—主宾国”进口市场占有率偏低。在研究区间内，除了“中国—德国”的数值外，其余的数值都低于5%，这说明中国从多数主宾国进口占中国从世界进口的比重偏低，多数主宾国尚未成为中国的主要进口来源国。具体来看，在研究区间内，“中国—德国”的进口市场占有率最高，达到了5.44%。5个主宾国的进口市场占有率，介于1%～4%。此外，6个主宾国的进口市场占有率低于1%，尤其是“中国—埃及”仅为0.08%。

表1-15 “中国—主宾国”进口市场占有率（2018年3月）

“中国—主宾国”	占有率（%）	排名
“中国—德国”	5.44	1
“中国—巴西”	3.09	2
“中国—俄罗斯”	2.28	3
“中国—越南”	2.16	4
“中国—印度尼西亚”	1.40	5
“中国—英国”	1.27	6
“中国—加拿大”	0.96	7
“中国—南非”	0.47	8
“中国—墨西哥”	0.35	9
“中国—匈牙利”	0.14	10
“中国—巴基斯坦”	0.10	11
“中国—埃及”	0.08	12

（2）主宾国的排名基本稳定，“中国—德国”进口市场占有率位于前列。表1-16给出了2016年1—3月以及2018年1—3月“中国—主宾国”的进口市场占有率排名。该表显示，中国对各主宾国的进口市场占有率排名分布具有一定的稳定性。具体来看，在研究区间内，“中国—德国”在“中国—主宾国”中稳定在第一位。在多数时间内，“中国—巴西”或者“中国—越南”在“中国—主宾国”中排名第二。“中国—俄罗斯”在“中国—主宾国”中的排名稳定在第三的位置。此外，图1-10给出了“中国—主宾国”进口市场占有率均值排名的结果，“中国—德国”依然排名最靠前。

这说明，相较于其他主宾国，德国更有可能成为中国的主要进口来源国。

表 1-16　“中国—主宾国”进口市场占有率排名分布情况（2016 年 1—3 月与 2018 年 1—3 月）

排名	2016 年 1 月	2016 年 2 月	2016 年 3 月	2018 年 1 月	2018 年 2 月	2018 年 3 月
1	“中国—德国”	“中国—德国”	“中国—德国”	“中国—德国”	“中国—德国”	“中国—德国”
2	“中国—越南”	“中国—巴西”	“中国—巴西”	“中国—越南”	“中国—越南”	“中国—巴西”
3	“中国—俄罗斯”	“中国—俄罗斯”	“中国—俄罗斯”	“中国—俄罗斯”	“中国—俄罗斯”	“中国—俄罗斯”
4	“中国—英国”	“中国—英国”	“中国—英国”	“中国—巴西”	“中国—巴西”	“中国—越南”
5	“中国—巴西”	“中国　加拿大”	“中国—越南”	“中国—印度尼西亚”	“中国—印度尼西亚”	“中国—印度尼西亚”
6	“中国—加拿大”	“中国—印度尼西亚”	“中国—加拿大”	“中国—英国”	“中国—加拿大”	“中国—英国”
7	“中国—印度尼西亚”	“中国—越南”	“中国—印度尼西亚”	“中国—加拿大”	“中国—南非”	“中国—加拿大”
8	“中国—南非”	“中国—南非”	“中国—南非”	“中国—南非”	“中国—墨西哥”	“中国—南非”
9	“中国—墨西哥”	“中国—墨西哥”	“中国—墨西哥”	“中国—墨西哥”	“中国—匈牙利”	“中国—墨西哥”
10	“中国—匈牙利”	“中国—匈牙利”	“中国—匈牙利”	“中国—匈牙利”	“中国—巴基斯坦”	“中国—匈牙利”
11	“中国—巴基斯坦”	“中国—巴基斯坦”	“中国—巴基斯坦”	“中国—巴基斯坦”	“中国—英国”	“中国—巴基斯坦”
12	“中国—埃及”	“中国—埃及”	“中国—埃及”	“中国—埃及”	“中国—埃及”	“中国—埃及”

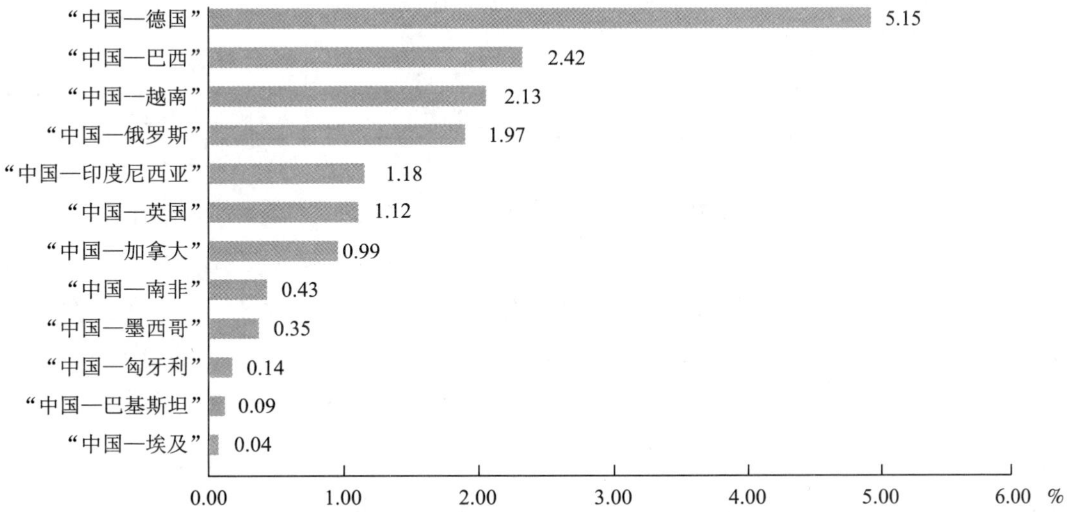

图 1-10　“中国—主宾国”进口市场占有率均值排名

（基于 2016 年 1 月至 2018 年 3 月的均值）

2. 交叉进口市场占有率

（1）中国已逐渐成为多数主宾国的主要出口目的地，现有贸易水平仍需巩固发展。表 1-17 显示，2018 年 3 月，“中国—主宾国”交叉进口市场占有率差距较大。在研究区间内，“中国—越南”“中国—巴西”“中国—印度尼西亚”“中国—俄罗斯”和“中国—南非”的数值均高于 10%，其余的数值均低于 10%，这说明中国从多数主宾国进口占这些主宾国向世界出口的比重较高，中国已逐渐成为多数主宾国的主要出口目的地。具体来看，在研究区间内，“中国—越南”的交叉进口市场占有率最高，达到了 37.45%。“中国—墨西哥”的交叉进口市场占有率最低，仅为 1.60%。

表 1-17　“中国—主宾国”交叉进口市场占有率（2018 年 3 月）

“中国—主宾国”	占有率（%）	排名
“中国—越南”	37.45	1
“中国—巴西”	27.33	2
“中国—印度尼西亚”	16.05	3
“中国—俄罗斯”	10.95	4
“中国—南非”	10.28	5
“中国—巴基斯坦”	7.80	6
“中国—德国”	6.78	7
“中国—埃及”	6.01	8
“中国—英国”	5.02	9
“中国—加拿大”	4.47	10
“中国—匈牙利”	2.26	11
“中国—墨西哥”	1.60	12

（2）各主宾国排名基本稳定，“中国—越南”排名第一。表 1-18 给出了 2016 年 1—3 月以及 2018 年 1—3 月“中国—主宾国”的交叉进口市场占有率排名。该表显示，中国对各主宾国的交叉进口市场占有率排名分布具有一定的稳定性。具体来看，在研究区间内，“中国—越南”在“中国—主宾国”中基本稳定在第一位。在多数时间内，“中国—巴西”在“中国—主宾国”中排名第二，仅在个别时间排第一。“中国—印度尼西亚”和“中国—俄罗斯”紧随其后，在“中国—主宾国”中的排名基本稳定在第三和第四。此外，图 1-11 给出了“中国—主宾国”交叉进口市场占有率均值排名的结果，“中国—越南”依然排名最靠前。这说明，相较于其他主宾国，中国更有可能成为越南的主要出口目的地。

表 1-18　“中国—主宾国”交叉进口市场占有率排名分布情况

排名	2016 年 1 月	2016 年 2 月	2016 年 3 月	2018 年 1 月	2018 年 2 月	2018 年 3 月
1	“中国—越南”	“中国—巴西”	“中国—巴西”	“中国—越南”	“中国—越南”	“中国—越南”
2	“中国—巴西”	“中国—越南”	“中国—越南”	“中国—巴西”	“中国—巴西”	“中国—巴西”
3	“中国—印度尼西亚”	“中国—印度尼西亚”	“中国—俄罗斯”	“中国—印度尼西亚”	“中国—印度尼西亚”	“中国—印度尼西亚”
4	“中国—俄罗斯”	“中国—俄罗斯”	“中国—印度尼西亚”	“中国—俄罗斯”	“中国—俄罗斯”	“中国—俄罗斯”
5	“中国—南非”	“中国—巴基斯坦”	“中国—南非”	“中国—南非”	“中国—巴基斯坦”	“中国—南非”
6	“中国—巴基斯坦”	“中国—南非”	“中国—巴基斯坦”	“中国—德国”	“中国—南非”	“中国—巴基斯坦”
7	“中国—德国”	“中国—德国”	“中国—德国”	“中国—巴基斯坦”	“中国—德国”	“中国—德国”
8	“中国—英国”	“中国—加拿大”	“中国—英国”	“中国—英国”	“中国—埃及”	“中国—埃及”
9	“中国—加拿大”	“中国—英国”	“中国—加拿大”	“中国—加拿大”	“中国—加拿大”	“中国—英国”
10	“中国—埃及”	“中国—匈牙利”	“中国—埃及”	“中国—埃及”	“中国—英国”	“中国—加拿大”
11	“中国—匈牙利”	“中国—墨西哥”	“中国—匈牙利”	“中国—匈牙利”	“中国—匈牙利”	“中国—匈牙利”
12	“中国—墨西哥”	“中国—埃及”	“中国—墨西哥”	“中国—墨西哥”	“中国—墨西哥”	“中国—墨西哥”

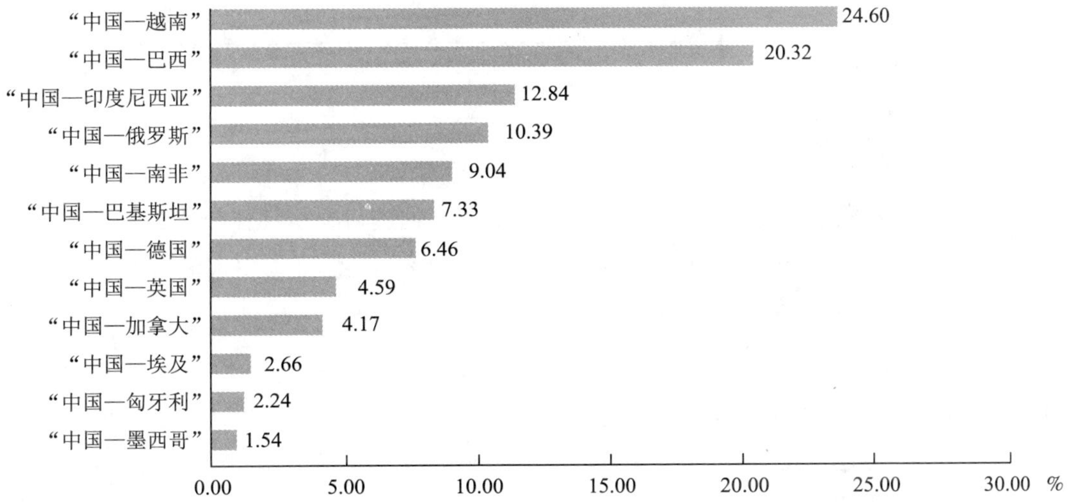

图 1-11　“中国—主宾国”交叉进口市场占有率均值排名

（基于 2016 年 1 月至 2018 年 3 月的均值）

3. 进口显示性比较优势

（1）中国从主宾国进口具有较大的优势，高于中国从世界进口的平均水平。表 1-

19 显示，2018 年 3 月，“中国—主宾国”进口显示性比较优势很大。在研究区间内，计算出的数值都高于 1，这说明中国从多数主宾国进口货物具有很高的优势，高于中国从世界进口的平均水平。具体来看，在研究区间内，“中国—巴基斯坦”的进口显示性比较优势最大，达到了 69.49。而“中国—德国”的进口显示性比较优势最小，仅为 2.96。

表 1-19 “中国—主宾国”进口显示性比较优势（2018 年 3 月）

“中国—主宾国”	数值	排名
“中国—巴基斯坦”	69.49	1
“中国—巴西”	16.18	2
“中国—英国”	13.10	3
“中国—埃及”	10.15	4
“中国—南非”	9.59	5
“中国—印度尼西亚”	7.96	6
“中国—加拿大”	7.30	7
“中国—匈牙利”	6.06	8
“中国—俄罗斯”	4.52	9
“中国—墨西哥”	4.39	10
“中国—越南”	4.05	11
“中国—德国”	2.96	12

（2）各主宾国排名波动性较大，“中国—埃及”的进口显示性比较优势基本位于主宾国前列。表 1-20 给出了 2016 年 1—3 月以及 2018 年 1—3 月主宾国的进口显示性比较优势排名。该表显示，中国对各主宾国的进口显示性比较优势排名分布具有一定的波动性。具体来看，在研究区间内，排名第一的主宾国较为稳定，“中国—巴基斯坦”出现的次数最多，为 5 次。排名第二的国家变动较大，其中“中国—埃及”出现次数最多，为 2 次。“中国—巴西”与“中国—南非”的排名变动也较为明显，但基本保持在前 5 的位置。此外，图 1-12 给出了“中国—主宾国”进口显示性比较优势均值排名的结果，“中国—巴基斯坦”依然排名最靠前。这说明，相较于其他主宾国，中国从巴基斯坦进口的产品具有较强的比较优势。

表 1-20　“中国—主宾国”进口显示性比较优势排名分布情况

排名	2016 年 1 月	2016 年 2 月	2016 年 3 月	2018 年 1 月	2018 年 2 月	2018 年 3 月
1	“中国—巴基斯坦”	“中国—埃及”	“中国—巴基斯坦”	“中国—巴基斯坦”	“中国—巴基斯坦”	“中国—巴基斯坦”
2	“中国—埃及”	“中国—巴基斯坦”	“中国—埃及”	“中国—加拿大”	“中国—南非”	“中国—巴西”
3	“中国—南非”	“中国—越南”	“中国—巴西”	“中国—南非”	“中国—加拿大”	“中国—英国”
4	“中国—越南”	“中国—印度尼西亚”	“中国—南非”	“中国—埃及”	“中国—印度尼西亚”	“中国—埃及”
5	“中国—印度尼西亚”	“中国—南非”	“中国—越南”	“中国—印度尼西亚”	“中国—埃及”	“中国—南非”
6	“中国—加拿大”	“中国—匈牙利”	“中国—印度尼西亚”	“中国—匈牙利”	“中国—匈牙利”	“中国—印度尼西亚”
7	“中国—俄罗斯”	“中国—巴西”	“中国—俄罗斯”	“中国—巴西”	“中国—巴西”	“中国—加拿大”
8	“中国—巴西”	“中国—俄罗斯”	“中国—加拿大”	“中国—俄罗斯”	“中国—墨西哥”	“中国—匈牙利”
9	“中国—匈牙利”	“中国—加拿大”	“中国—英国”	“中国—英国”	“中国—俄罗斯”	“中国—俄罗斯”
10	“中国—英国”	“中国—英国”	“中国—匈牙利”	“中国—墨西哥”	“中国—英国”	“中国—墨西哥”
11	“中国—德国”	“中国—德国”	“中国—德国”	“中国—越南”	“中国—德国”	“中国—越南”
12	“中国—墨西哥”	“中国—墨西哥”	“中国—墨西哥”	“中国—德国”	“中国—越南”	“中国—德国”

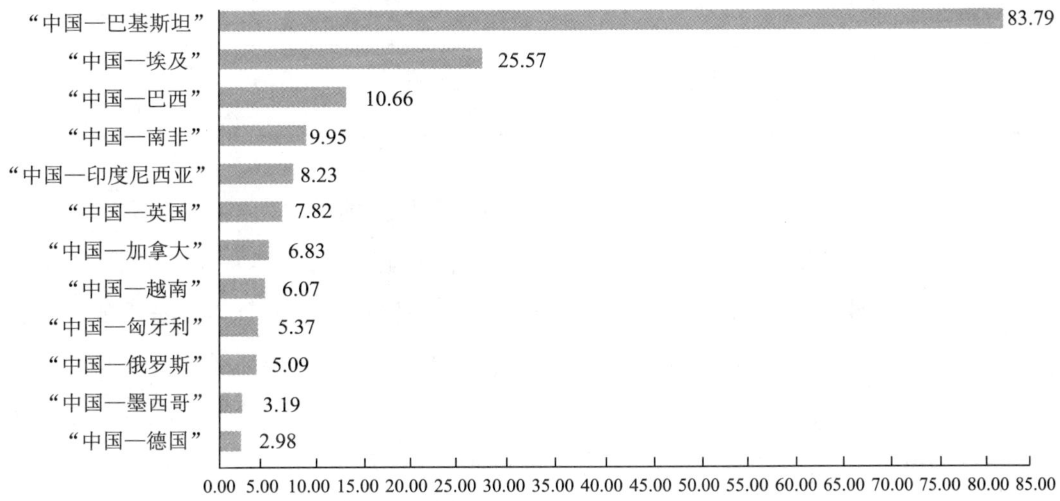

图 1-12　“中国—主宾国”进口显示性比较优势均值排名

（基于 2016 年 1 月至 2018 年 3 月的均值）

4. 交叉进口显示性比较优势

（1）中国从主宾国进口具有较大的优势，高于这些国家向世界出口的平均水平。表1-21显示，2018年3月，“中国—主宾国”交叉进口显示性比较优势较大。在研究区间内，计算出的数值都高于1，这说明中国从多数主宾国进口货物具有较强的优势，高于这些国家向世界出口的平均水平。具体来看，在研究区间内，“中国—墨西哥”的交叉进口显示性比较优势最大，达到了13.62。而“中国—越南”的交叉进口显示性比较优势最小，仅为1.00。

表1-21　“中国—主宾国”交叉进口显示性比较优势（2018年3月）

“中国—主宾国”	数值	排名
“中国—墨西哥”	13.62	1
“中国—加拿大”	4.40	2
“中国—南非”	4.35	3
“中国—埃及”	3.70	4
“中国—巴基斯坦”	3.31	5
“中国—巴西”	2.19	6
“中国—俄罗斯”	1.97	7
“中国—印度尼西亚”	1.87	8
“中国—匈牙利”	1.79	9
“中国—英国”	1.62	10
“中国—德国”	1.28	11
“中国—越南”	1.00	12

（2）“中国—墨西哥”交叉进口显示性比较优势位于前列，“中国—越南”交叉进口显示性比较优势的排名出现下滑。表1-22显示，给出了2016年1—3月以及2018年1—3月主宾国的交叉进口显示性比较优势排名。该表显示，中国对各主宾国的交叉进口显示性比较优势排名分布具有一定的波动性。具体来看，在研究区间内，“中国—墨西哥”在“中国—主宾国”中稳定在第一位。“中国—加拿大”的排名出现一定的上升趋势，2018年前3个月基本稳定在第二位。而“中国—越南”下滑趋势较为明显，2018年前3个月基本稳定在最末的位置。此外，图1-13给出了“中国—主宾国”交叉进口显示性比较优势均值排名的结果，“中国—墨西哥”依然排名最靠前。这说明，相较于其他主宾国，中国从墨西哥进口的产品具有较强的比较优势。

表 1-22　"中国—主宾国"交叉进口显示性比较优势排名分布情况

排名	2016 年 1 月	2016 年 2 月	2016 年 3 月	2018 年 1 月	2018 年 2 月	2018 年 3 月
1	"中国—墨西哥"	"中国—墨西哥"	"中国—墨西哥"	"中国—墨西哥"	"中国—墨西哥"	"中国—墨西哥"
2	"中国—加拿大"	"中国—埃及"	"中国—埃及"	"中国—加拿大"	"中国—南非"	"中国—加拿大"
3	"中国—埃及"	"中国—加拿大"	"中国—南非"	"中国—巴基斯坦"	"中国—加拿大"	"中国—南非"
4	"中国—南非"	"中国—南非"	"中国—加拿大"	"中国—南非"	"中国—巴基斯坦"	"中国—埃及"
5	"中国—巴基斯坦"	"中国—巴西"	"中国—巴基斯坦"	"中国—埃及"	"中国—埃及"	"中国—巴基斯坦"
6	"中国—巴西"	"中国—巴基斯坦"	"中国—越南"	"中国—巴西"	"中国—巴西"	"中国—巴西"
7	"中国—英国"	"中国—英国"	"中国—巴西"	"中国—英国"	"中国—英国"	"中国—俄罗斯"
8	"中国—越南"	"中国—越南"	"中国—英国"	"中国—印度尼西亚"	"中国—印度尼西亚"	"中国—印度尼西亚"
9	"中国—俄罗斯"	"中国—匈牙利"	"中国—俄罗斯"	"中国—匈牙利"	"中国—匈牙利"	"中国—匈牙利"
10	"中国—印度尼西亚"	"中国—俄罗斯"	"中国—印度尼西亚"	"中国—俄罗斯"	"中国—俄罗斯"	"中国—英国"
11	"中国—匈牙利"	"中国—印度尼西亚"	"中国—匈牙利"	"中国—德国"	"中国—德国"	"中国—德国"
12	"中国—德国"	"中国—德国"	"中国—德国"	"中国—越南"	"中国—越南"	"中国—越南"

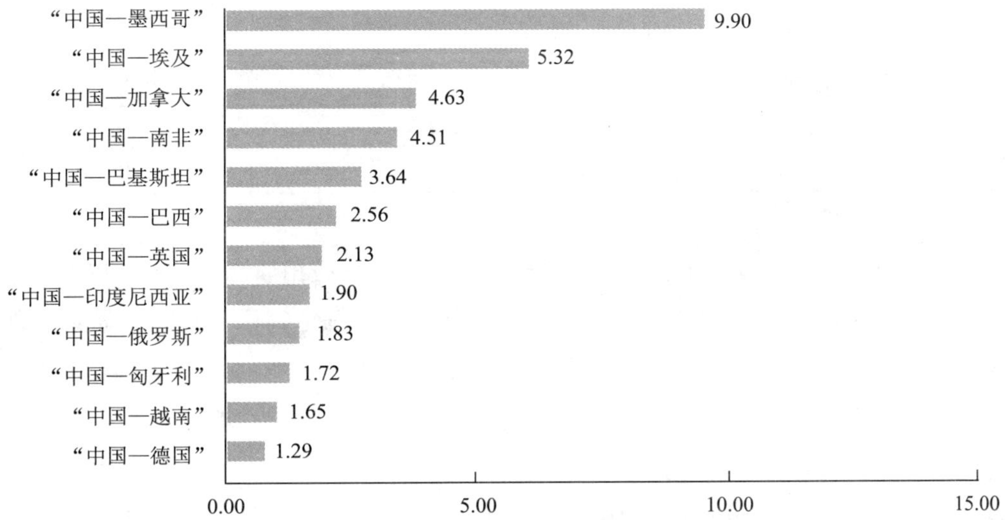

图 1-13　"中国—主宾国"交叉进口显示性比较优势均值排名

（基于 2016 年 1 月至 2018 年 3 月的均值）

5. 进口贸易相似性

（1）中国进口产品结构分别与德国、英国、加拿大和俄罗斯出口产品结构的互补程度较高。表1-23显示，中国与多数主宾国的进口贸易相似性偏低。在研究区间内，除了“中国—德国”“中国—英国”“中国—加拿大”和“中国—俄罗斯”的数值外，其他计算出的数值均低于20%，这说明中国进口产品结构与多数主宾国出口产品结构的互补程度偏低，仍需细致挖掘中国对主宾国的进口需求。具体来看，“中国—德国”“中国—英国”“中国—加拿大”和“中国—俄罗斯”的数值均高于20，分别为39.56、20.91、20.59和20.03。而“中国—巴基斯坦”的数值最小，仅为1.07%。

表1-23 “中国—主宾国”进口贸易相似性（2018年3月）

“中国—主宾国”	数值	排名
“中国—德国”	39.56	1
“中国—英国”	20.91	2
“中国—加拿大”	20.59	3
“中国—俄罗斯”	20.03	4
“中国—墨西哥”	18.36	5
“中国—巴西”	10.03	6
“中国—印度尼西亚”	7.77	7
“中国—匈牙利”	6.27	8
“中国—越南”	5.70	9
“中国—南非”	4.61	10
“中国—埃及”	1.38	11
“中国—巴基斯坦”	1.07	12

（2）各主宾国排名基本稳定，“中国—德国”进口贸易相似性位于主宾国前列。表1-24给出了2016年1—3月以及2018年1—3月“中国—主宾国”的进口贸易相似性排名。该表显示，中国对各主宾国的进口贸易相似性排名分布具有一定的稳定性。具体来看，在研究区间内，“中国—德国”在“中国—主宾国”中稳定在第一位。在多数时间内，“中国—加拿大”或“中国—英国”在“中国—主宾国”中排名第二或者第三。此外，图1-14给出了“中国—主宾国”进口贸易相似性均值排名的结果，“中国—德国”依然排名最靠前。这说明，相较于其他主宾国，中国进口产品结构与德国出口产品结构的互补程度较高。

表 1-24　“中国—主宾国”进口贸易相似性排名分布情况

排名	2016 年 1 月	2016 年 2 月	2016 年 3 月	2018 年 1 月	2018 年 2 月	2018 年 3 月
1	“中国—德国”	“中国—德国”	“中国—德国”	“中国—德国”	“中国—德国”	“中国—德国”
2	“中国—加拿大”	“中国—英国”	“中国—英国”	“中国—加拿大”	“中国—加拿大”	“中国—英国”
3	“中国—英国”	“中国—加拿大”	“中国—加拿大”	“中国—英国”	“中国—俄罗斯”	“中国—加拿大”
4	“中国—墨西哥”	“中国—墨西哥”	“中国—墨西哥”	“中国—俄罗斯”	“中国—墨西哥”	“中国—俄罗斯”
5	“中国—俄罗斯”	“中国—俄罗斯”	“中国—俄罗斯”	“中国—墨西哥”	“中国—巴西”	“中国—墨西哥”
6	“中国—巴西”	“中国—巴西”	“中国—巴西”	“中国—越南”	“中国—印度尼西亚”	“中国—巴西”
7	“中国—越南”	“中国—印度尼西亚”	“中国—越南”	“中国—巴西”	“中国—越南”	“中国—印度尼西亚”
8	“中国—印度尼西亚”	“中国—匈牙利”	“中国—印度尼西亚”	“中国—印度尼西亚”	“中国—匈牙利”	“中国—匈牙利”
9	“中国—匈牙利”	“中国—越南”	“中国—匈牙利”	“中国—匈牙利”	“中国—南非”	“中国—越南”
10	“中国—南非”	“中国—南非”	“中国—南非”	“中国—南非”	“中国—英国”	“中国—南非”
11	“中国—巴基斯坦”	“中国—埃及”	“中国—埃及”	“中国—埃及”	“中国—埃及”	“中国—埃及”
12	“中国—埃及”	“中国—巴基斯坦”	“中国—巴基斯坦”	“中国—巴基斯坦”	“中国—巴基斯坦”	“中国—巴基斯坦”

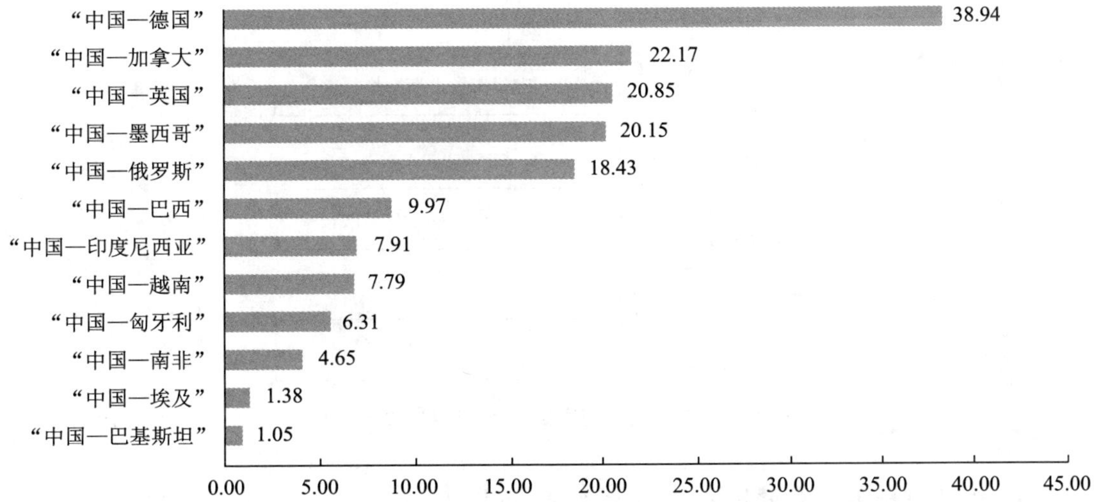

图 1-14　“中国—主宾国”进口贸易相似性均值排名

（基于 2016 年 1 月至 2018 年 3 月的均值）

第二章　贸易活力指数

一、出口贸易活力

（一）指数框架

根据学者对“经济活力”的诠释，考虑到出口是一国经济活动的主要组成部分之一，我们认为“出口贸易活力”主要表现为出口贸易的成长性。基于这样的认识，我们编制了“中国—主宾国”出口贸易活力指数（Export Trade Vitality Index，EXTVI），该指数使用发展速度来衡量中国对各主宾国出口贸易的成长性。基于综合性、层次性以及可行性原则，“中国—主宾国”出口贸易活力指数选取出口市场占有率增长率、交叉出口市场占有率增长率和出口增长率反映中国对各主宾国出口贸易的成长性（如图2-1所示）。

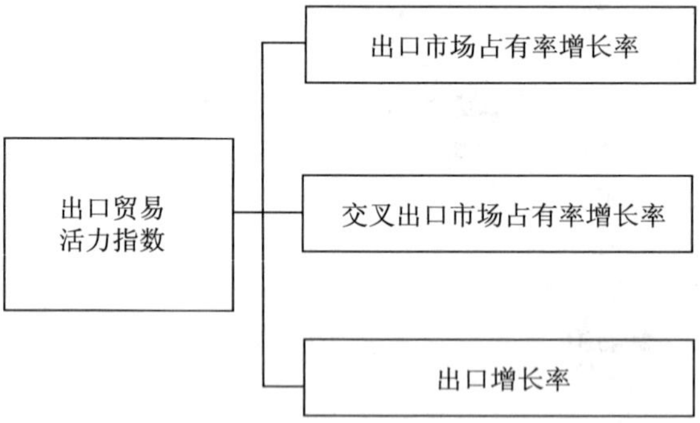

图2-1　“中国—主宾国”出口贸易活力指数

1. 出口市场占有率增长率（Export Market Share Growth Rate，EXMSGR）

出口市场占有率增长率指当年出口市场占有率相比上一年同期出口市场占有率的相对变化率，即同比增长率。

$$EXMSGR_{ki} = (EXMS_{ki} - EXMS_{k(i-1)})/EXMS_{k(i-1)}$$

$EXMSGR_{ki}$ 为第 k 国第 i 期出口市场占有率增长率，$EXMS_{ki}$ 为第 k 国第 i 期出口市场占有率，$EXMS_{k(i-1)}$ 为第 k 国上一年同期出口市场占有率。

2. 交叉出口市场占有率增长率（Cross Export Market Share Growth Rate，CEXMSGR）

交叉出口市场占有率增长率指当年交叉出口市场占有率相比上一年同期交叉出口市场占有率的相对变化率，即同比增长率。

$$CEXMSGR_{ki} = (CEXMS_{ki} - CEXMS_{k(i-1)})/CEXMS_{k(i-1)}$$

$CEXMSGR_{ki}$ 为第 k 国第 i 期交叉出口市场占有率增长率，$CEXMS_{ki}$ 为第 k 国第 i 期交叉出口市场占有率，$CEXMS_{k(i-1)}$ 为第 k 国上一年同期交叉出口市场占有率。

3. 出口增长率（Export Growth Rate，EXGR）

出口增长率指中国向他国出口货物或服务的同比增长率，反映中国对该国或该地区货物或服务贸易的出口规模的发展速度。

$$EXGR_{ki} = (EX_{ki} - EX_{k(i-1)})/EX_{k(i-1)}$$

$EXGR_{ki}$ 为中国向第 k 国的出口额第 i 期增长率，EX_{ki} 为中国向第 k 国第 i 期的出口额，$EX_{k(i-1)}$ 为中国向第 k 国上一年同期的出口额。

（二）指数的对比分析

基于“中国—主宾国”出口贸易活力指数构建框架，利用 2010 年 1 月至 2018 年 3 月中国与各主宾国进出口的月度数据，我们测算得到 2016 年 1 月至 2018 年 3 月“中国—主宾国”出口贸易活力指数。“中国—主宾国”出口贸易活力指数为［0，100］，指数值越接近于 100，中国向各主宾国出口货物的成长能力越强；指数值越接近于 0，中国向各主宾国出口货物的成长能力越弱。

1. 中国向主宾国出口货物的成长能力偏弱，有待挖掘新的出口贸易增长点

表 2-1 显示，2018 年 3 月，“中国—主宾国”出口贸易活力指数均低于 50 点，这说明中国向各主宾国出口货物的成长能力偏弱。具体来看，“中国—德国”的数值最高，为 37.30 点；而“中国—巴基斯坦”的数值最低，为 18.18 点。

表 2-1　“中国—主宾国”出口贸易活力指数（2018 年 3 月）

“中国—主宾国”	指数（点）	排名
“中国—德国”	37.30	1
“中国—南非”	32.19	2
“中国—巴西”	26.33	3

续表

“中国—主宾国”	指数（点）	排名
“中国—埃及”	25.42	4
“中国—俄罗斯”	24.55	5
“中国—加拿大”	23.75	6
“中国—英国”	21.95	7
“中国—匈牙利”	21.85	8
“中国—墨西哥”	21.73	9
“中国—越南”	21.29	10
“中国—印度尼西亚”	19.90	11
“中国—巴基斯坦”	18.18	12

2. “中国—主宾国”出口贸易活力指数的排名变化较大

表 2-2 给出了 2016 年 1—3 月以及 2018 年 1—3 月中国对各主宾国的出口贸易活力指数排名。该表显示，中国对各主宾国的出口贸易活力指数排名分布具有显著变化。为了更好地显示 2016 年 1 月至 2018 年 3 月中国对各主宾国出口贸易活力指数的变化，我们绘制了“中国—主宾国”出口贸易活力指数均值的条形图。图 2-2 显示，样本期间内“中国—主宾国”出口贸易活力指数均值的排名，排名前 3 的为：“中国—越南”“中国—俄罗斯”和“中国—巴基斯坦”。这进一步说明，中国向越南出口货物的能力较强。

表 2-2 “中国—主宾国”出口贸易活力指数排名分布情况

排名	2016 年 1 月	2016 年 2 月	2016 年 3 月	2018 年 1 月	2018 年 2 月	2018 年 3 月
1	“中国—巴基斯坦”	“中国—墨西哥”	“中国—巴基斯坦”	“中国—越南”	“中国—印度尼西亚”	“中国—德国”
2	“中国—埃及”	“中国—俄罗斯”	“中国—越南”	“中国—加拿大”	“中国—德国”	“中国—南非”
3	“中国—墨西哥”	“中国—德国”	“中国—印度尼西亚”	“中国—印度尼西亚”	“中国—俄罗斯”	“中国—巴西”
4	“中国—德国”	“中国—加拿大”	“中国—墨西哥”	“中国—南非”	“中国—埃及”	“中国—埃及”
5	“中国—印度尼西亚”	“中国—巴基斯坦”	“中国—埃及”	“中国—德国”	“中国—巴西”	“中国—俄罗斯”
6	“中国—英国”	“中国—印度尼西亚”	“中国—德国”	“中国—埃及”	“中国—南非”	“中国—加拿大”
7	“中国—匈牙利”	“中国—匈牙利”	“中国—俄罗斯”	“中国—俄罗斯”	“中国—墨西哥”	“中国—英国”

续表

排名	2016 年 1 月	2016 年 2 月	2016 年 3 月	2018 年 1 月	2018 年 2 月	2018 年 3 月
8	“中国—俄罗斯”	“中国—英国”	“中国—匈牙利”	“中国—巴西”	“中国—巴基斯坦”	“中国—匈牙利”
9	“中国—南非”	“中国—埃及”	“中国—英国”	“中国—墨西哥”	“中国—匈牙利”	“中国—墨西哥”
10	“中国—加拿大”	“中国—南非”	“中国—加拿大”	“中国—匈牙利”	“中国—越南”	“中国—越南”
11	“中国—越南”	“中国—越南”	“中国—南非”	“中国—巴基斯坦”	“中国—加拿大”	“中国—印度尼西亚”
12	“中国—巴西”	“中国—巴西”	“中国—巴西”	“中国—英国”	“中国—英国”	“中国—巴基斯坦”

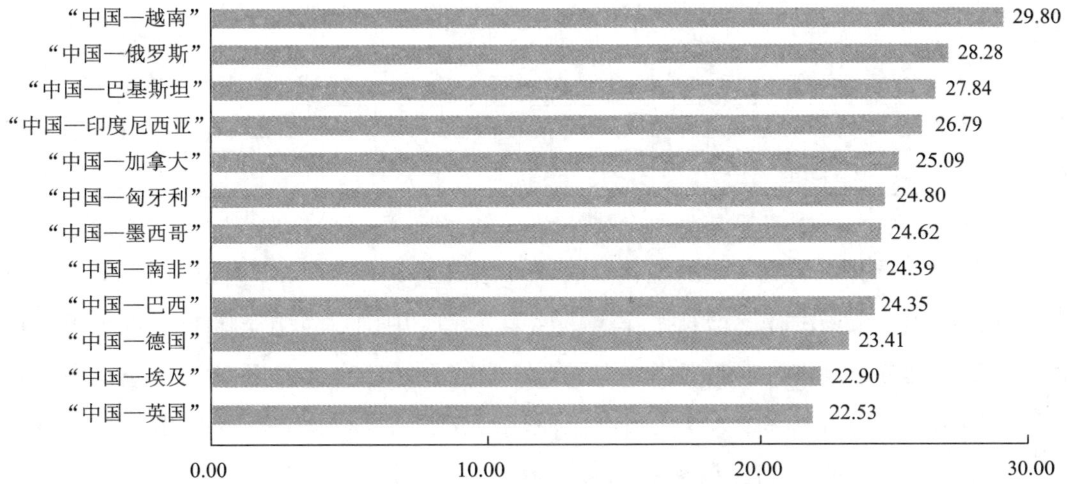

图 2-2　“中国—主宾国”出口贸易活力指数均值排名

（基于 2016 年 1 月至 2018 年 3 月的均值）

（三）特征指标的对比分析

1. 出口市场占有率增长率

（1）“中国—主宾国”出口市场占有率增长率较高。表 2-3 显示，2018 年 3 月，“中国—主宾国”出口市场占有率增长率较高。在研究区间内，除了“中国—印度尼西亚”与“中国—巴基斯坦”的数值之外，其余计算出的数值均高于 10%。具体来看，“中国—德国”的数值最高，达到了 63.06%；而“中国—巴基斯坦”的数值最低，仅为 3.63%。

表 2-3 “中国—主宾国”出口市场占有率增长率（2018 年 3 月）

“中国—主宾国”	增长率（%）	排名
“中国—德国”	63.06	1
“中国—南非”	44.31	2
“中国—埃及”	38.15	3
“中国—巴西”	27.11	4
“中国—俄罗斯”	27.06	5
“中国—加拿大”	21.24	6
“中国—匈牙利”	18.16	7
“中国—越南”	14.98	8
“中国—英国”	14.72	9
“中国—墨西哥”	13.12	10
“中国—印度尼西亚”	9.94	11
“中国—巴基斯坦”	3.63	12

（2）主宾国排名具有一定的变化。表 2-4 给出了 2016 年 1—3 月以及 2018 年 1—3 月主宾国的出口市场占有率增长率排名。该表显示，中国对各主宾国的出口市场占有率增长率排名分布具有一定的变化。为了更好地显示 2016 年 1 月至 2018 年 3 月中国对各主宾国出口市场占有率增长率的变化，我们绘制了“中国—主宾国”出口市场占有率增长率均值的条形图。图 2-3 显示，样本期间内“中国—主宾国”出口市场占有率增长率均值的排名，排名前 3 的为：“中国—越南”“中国—俄罗斯”与“中国—巴基斯坦”，这说明，中国向越南出口占中国总出口的份额增长较快。

表 2-4 “中国—主宾国”出口市场占有率增长率排名分布情况

排名	2016 年 1 月	2016 年 2 月	2016 年 3 月	2018 年 1 月	2018 年 2 月	2018 年 3 月
1	“中国—巴基斯坦”	“中国—墨西哥”	“中国—巴基斯坦”	“中国—越南”	“中国—印度尼西亚”	“中国—德国”
2	“中国—埃及”	“中国—俄罗斯”	“中国—越南”	“中国—加拿大”	“中国—德国”	“中国—南非”
3	“中国—墨西哥”	“中国—德国”	“中国—墨西哥”	“中国—德国”	“中国—埃及”	“中国—埃及”
4	“中国—德国”	“中国—巴基斯坦”	“中国—印度尼西亚”	“中国—南非”	“中国—俄罗斯”	“中国—巴西”
5	“中国—匈牙利”	“中国—加拿大”	“中国—匈牙利”	“中国—印度尼西亚”	“中国—巴西”	“中国—俄罗斯”
6	“中国—英国”	“中国—匈牙利”	“中国—德国”	“中国—埃及”	“中国—南非”	“中国—加拿大”

续表

排名	2016年1月	2016年2月	2016年3月	2018年1月	2018年2月	2018年3月
7	“中国—印度尼西亚”	“中国—印度尼西亚”	“中国—俄罗斯”	“中国—俄罗斯”	“中国—匈牙利”	“中国—匈牙利”
8	“中国—俄罗斯”	“中国—英国”	“中国—英国”	“中国—匈牙利”	“中国—墨西哥”	“中国—越南”
9	“中国—加拿大”	“中国—埃及”	“中国—埃及”	“中国—巴西”	“中国—巴基斯坦”	“中国—英国”
10	“中国—越南”	“中国—南非”	“中国—加拿大”	“中国—墨西哥”	“中国—加拿大”	“中国—墨西哥”
11	“中国—南非”	“中国—越南”	“中国—南非”	“中国—英国”	“中国—越南”	“中国—印度尼西亚”
12	“中国—巴西”	“中国—巴西”	“中国—巴西”	“中国—巴基斯坦”	“中国—英国”	“中国—巴基斯坦”

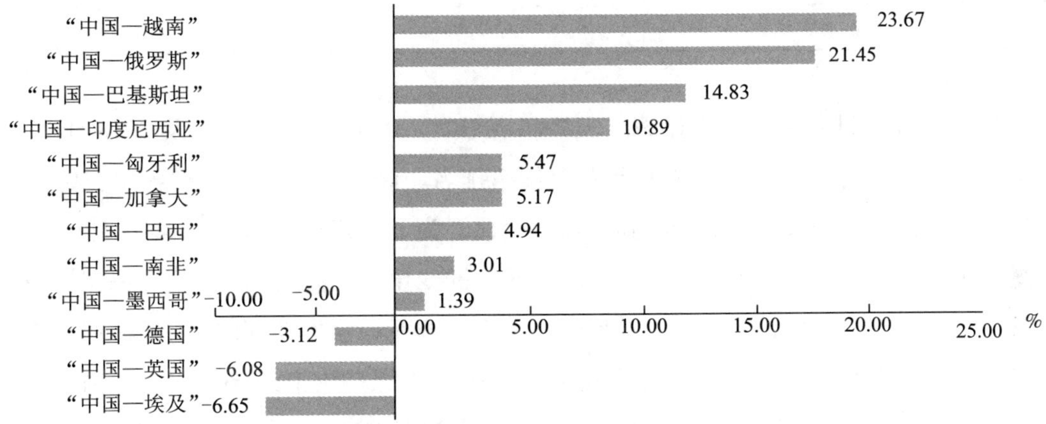

图 2-3　“中国—主宾国”出口市场占有率增长率均值排名

（基于 2016 年 1 月至 2018 年 3 月的均值）

2. 交叉出口市场占有率增长率

（1）“中国—主宾国”交叉出口市场占有率增长率波动明显，个别国家出现负增长。表 2-5 显示，2018 年 3 月，“中国—主宾国”交叉出口市场占有率增长率两极分化明显。在研究区间内，除了个别国家的交叉出口市场占有率增长率低于 0，其余主宾国的交叉出口市场占有率增长率均高于 0。具体来看，“中国—德国”的交叉出口市场占有率增长率最高，达到了 37.02%；而“中国—巴基斯坦”的交叉出口市场占有率增长率最低，仅为-5.03%。

表 2-5　“中国—主宾国”交叉出口市场占有率增长率（2018 年 3 月）

“中国—主宾国”	增长率（%）	排名
“中国—德国”	37.02	1
“中国—南非”	28.81	2
“中国—巴西”	14.87	3
“中国—加拿大”	6.92	4
“中国—俄罗斯”	5.14	5
“中国—墨西哥”	4.43	6
“中国—英国”	3.89	7
“中国—越南”	0.00	8
“中国—匈牙利”	-0.30	9
“中国—埃及”	-1.84	10
“中国—印度尼西亚”	-2.31	11
“中国—巴基斯坦”	-5.03	12

（2）主宾国排名变化较为显著。表 2-6 给出了 2016 年 1—3 月以及 2018 年 1—3 月中国对主宾国的交叉出口市场占有率增长率排名。该表显示，中国对各主宾国的交叉出口市场占有率增长率排名分布具有显著变化。为了更好地显示 2016 年 1 月至 2018 年 3 月中国对主宾国交叉出口市场占有率增长率的变化，我们绘制了“中国—主宾国”交叉出口市场占有率增长率均值的条形图。图 2-4 显示，样本期间内“中国—主宾国”交叉出口市场占有率增长率均值的排名，排名前 3 的为：“中国—越南”“中国—俄罗斯”与“中国—巴西”，这说明中国向越南出口占越南进口的份额增长较快。

表 2-6　“中国—主宾国”交叉出口市场占有率增长率排名分布情况

排名	2016 年 1 月	2016 年 2 月	2016 年 3 月	2018 年 1 月	2018 年 2 月	2018 年 3 月
1	“中国—埃及”	“中国—墨西哥”	“中国—巴基斯坦”	“中国—墨西哥”	“中国—印度尼西亚”	“中国—德国”
2	“中国—巴基斯坦”	“中国—印度尼西亚”	“中国—印度尼西亚”	“中国—印度尼西亚”	“中国—德国”	“中国—南非”
3	“中国—南非”	“中国—德国”	“中国—埃及”	“中国—巴西”	“中国—俄罗斯”	“中国—巴西”
4	“中国—印度尼西亚”	“中国—加拿大”	“中国—墨西哥”	“中国—南非”	“中国—巴基斯坦”	“中国—加拿大”
5	“中国—墨西哥”	“中国—俄罗斯”	“中国—德国”	“中国—俄罗斯”	“中国—墨西哥”	“中国—俄罗斯”

续表

排名	2016 年 1 月	2016 年 2 月	2016 年 3 月	2018 年 1 月	2018 年 2 月	2018 年 3 月
6	“中国—俄罗斯”	“中国—巴基斯坦”	“中国—俄罗斯”	“中国—德国”	“中国—英国”	“中国—墨西哥”
7	“中国—德国”	“中国—南非”	“中国—越南”	“中国—加拿大”	“中国—南非”	“中国—英国”
8	“中国—英国”	“中国—英国”	“中国—匈牙利”	“中国—越南”	“中国—越南”	“中国—越南”
9	“中国—巴西”	“中国—越南”	“中国—加拿大”	“中国—匈牙利”	“中国—巴西”	“中国—匈牙利”
10	“中国—匈牙利”	“中国—匈牙利”	“中国—巴西”	“中国—埃及”	“中国—加拿大”	“中国—埃及”
11	“中国—加拿大”	“中国—埃及”	“中国—南非”	“中国—巴基斯坦”	“中国—埃及”	“中国—印度尼西亚”
12	“中国—越南”	“中国—巴西”	“中国—英国”	“中国—英国”	“中国—匈牙利”	“中国—巴基斯坦”

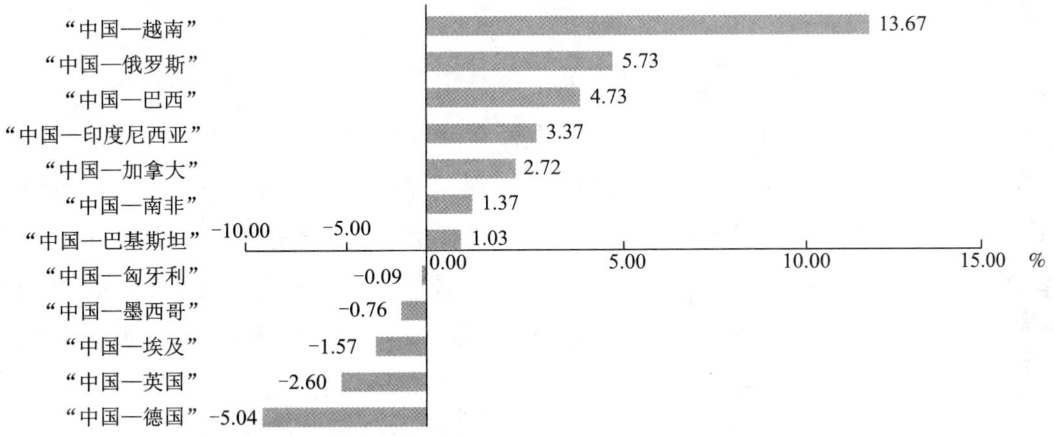

图 2-4　“中国—主宾国”交叉出口市场占有率增长率均值排名

（基于 2016 年 1 月至 2018 年 3 月的均值）

3. 出口增长率

（1）“中国—主宾国”出口增长率波动明显，个别主宾国出现负增长。表 2-7 显示，2018 年 3 月，“中国—主宾国”出口增长率较高。在研究区间内，除了“中国—巴基斯坦”的数值之外，其余计算出的数值均高于 0。具体来看，“中国—德国”的数值最高，达到了 57.29%；而“中国—巴基斯坦”的数值最低，仅为-0.04%。

表 2-7　“中国—主宾国”出口增长率（2018 年 3 月）

“中国—主宾国”	增长率（%）	排名
“中国—德国”	57.29	1
“中国—南非”	39.20	2

续表

“中国—主宾国”	增长率（%）	排名
“中国—埃及”	33.26	3
“中国—巴西”	22.62	4
“中国—俄罗斯”	22.57	5
“中国—加拿大”	16.95	6
“中国—匈牙利”	13.97	7
“中国—越南”	10.91	8
“中国—英国”	10.66	9
“中国—墨西哥”	9.12	10
“中国—印度尼西亚”	6.05	11
“中国—巴基斯坦”	-0.04	12

（2）主宾国排名具有一定的变化。表2-8给出了2016年1—3月以及2018年1—3月中国对主宾国的出口增长率排名。该表显示，中国对各主宾国的出口增长率排名分布具有一定的变化。为了更好地显示2016年1月至2018年3月中国对主宾国出口增长率的变化，我们绘制了“中国—主宾国”出口增长率均值的条形图。图2-5显示，样本期间内“中国—主宾国”出口增长率均值的排名，排名前3的国家按照从前到后的顺序依次为：“中国—越南”“中国—俄罗斯”与“中国—巴基斯坦”，这说明，中国向越南出口具有较快的增长。

表2-8 “中国—主宾国”出口增长率均值排名分布情况

排名	2016年1月	2016年2月	2016年3月	2018年1月	2018年2月	2018年3月
1	“中国—巴基斯坦”	“中国—墨西哥”	“中国—巴基斯坦”	“中国—越南”	“中国—印度尼西亚”	“中国—德国”
2	“中国—埃及”	“中国—俄罗斯”	“中国—越南”	“中国—加拿大”	“中国—德国”	“中国—南非”
3	“中国—墨西哥”	“中国—德国”	“中国—墨西哥”	“中国—德国”	“中国—埃及”	“中国—埃及”
4	“中国—德国”	“中国—巴基斯坦”	“中国—印度尼西亚”	“中国—南非”	“中国—俄罗斯”	“中国—巴西”
5	“中国—匈牙利”	“中国—加拿大”	“中国—匈牙利”	“中国—印度尼西亚”	“中国—巴西”	“中国—俄罗斯”
6	“中国—英国”	“中国—匈牙利”	“中国—德国”	“中国—埃及”	“中国—南非”	“中国—加拿大”

续表

排名	2016 年 1 月	2016 年 2 月	2016 年 3 月	2018 年 1 月	2018 年 2 月	2018 年 3 月
7	“中国—印度尼西亚”	“中国—印度尼西亚”	“中国—俄罗斯”	“中国—俄罗斯”	“中国—匈牙利”	“中国—匈牙利”
8	“中国—俄罗斯”	“中国—英国”	“中国—英国”	“中国—匈牙利”	“中国—墨西哥”	“中国—越南”
9	“中国—加拿大”	“中国—埃及”	“中国—埃及”	“中国—巴西”	“中国—巴基斯坦”	“中国—英国”
10	“中国—越南”	“中国—南非”	“中国—加拿大”	“中国—墨西哥”	“中国—加拿大”	“中国—墨西哥”
11	“中国—南非”	“中国—越南”	“中国—南非”	“中国—英国”	“中国—越南”	“中国—印度尼西亚”
12	“中国—巴西”	“中国—巴西”	“中国—巴西”	“中国—巴基斯坦”	“中国—英国”	“中国—巴基斯坦”

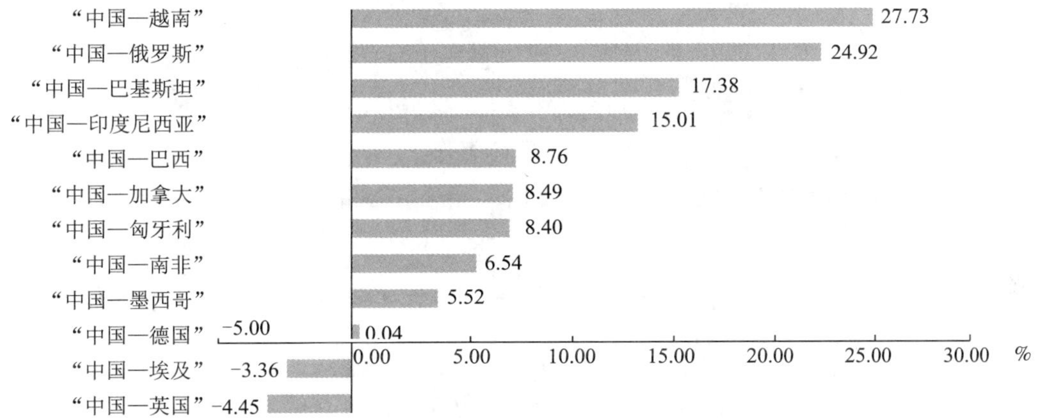

图 2-5　“中国—主宾国”出口增长率均值排名（基于 2016 年 1 月至 2018 年 3 月的均值）

二、进口贸易活力

（一）指数框架

根据学者对“经济活力”的诠释，考虑到进口也是一国经济活动的主要组成部分之一，我们认为“进口贸易活力”主要表现为进口贸易的成长性。基于这样的认识，我们编制了“中国—主宾国”进口贸易活力指数（Import Trade Vitality Index，IMTVI），该指数使用发展速度来衡量中国对各主宾国进口贸易的成长性。基于综合性、层次性以及可行性原则，“中国—主宾国”进口贸易活力指数选取进口市场占有率增长率、交叉进口市场占有率增长率和进口增长率反映中国对各主宾国进口贸易的成长性（如图 2-6所示）。

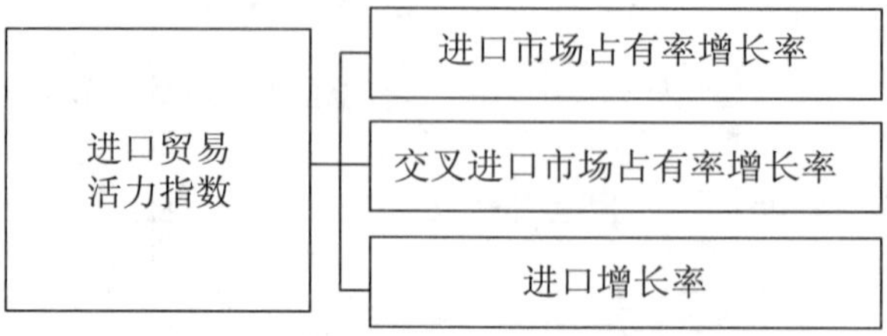

图 2-6　“中国—主宾国”进口贸易活力指数

1. 进口市场占有率增长率（ImportMarket Share Growth Rate，IMMSGR）

进口市场占有率增长率指当年进口市场占有率相比上一年同期进口市场占有率的相对变化率，即同比增长率。

$$IMMSGR_{ki} = (IMMS_{ki} - IMMS_{k(i-1)})/IMMS_{k(i-1)}$$

$IMMSGR_{ki}$ 为第 k 国第 i 期进口市场占有率增长率，$IMMS_{ki}$ 为第 k 国第 i 期进口市场占有率，$IMMS_{k(i-1)}$ 为第 k 国上一年同期进口市场占有率。

2. 交叉进口市场占有率增长率（Cross Import Market Share Growth Rate，CIMMSGR）

交叉进口市场占有率增长率指当年交叉进口市场占有率相比上一年同期交叉进口市场占有率的相对变化率，即同比增长率。

$$CIMMSGR_{ki} = (CIMMS_{ki} - CIMMS_{k(i-1)})/CIMMS_{k(i-1)}$$

$CIMMSGR_{ki}$ 为第 k 国第 i 期交叉进口市场占有率增长率，$CIMMS_{ki}$ 为第 k 国第 i 期交叉进口市场占有率，$CIMMS_{k(i-1)}$ 为第 k 国上一年同期交叉进口市场占有率。

3. 进口增长率（Import Growth Rate，IMGR）

进口增长率指中国从他国进口货物或服务的同比增长率，反映中国对该国或该地区货物或服务贸易的进口规模的发展速度。

$$IMGR_{ki} = (IM_{ki} - IM_{k(i-1)})/IM_{k(i-1)}$$

$$IMGR_{ki} = (IM_{ki} - IM_{k(i-1)})/IM_{k(i-1)}$$

$IMGR_{ki}$ 为中国从第 k 国的进口额第 i 期的增长率，IM_{ki} 为中国从第 k 国第 i 期的进口额，$IM_{k(i-1)}$ 为中国从第 k 国上一年同期的进口额。

（二）指数的对比分析

基于“中国—主宾国”进口贸易活力指数构建框架，利用 2010 年 1 月至 2018 年 3

月中国对各主宾国进出口贸易的月度数据，我们测算得到 2016 年 1 月至 2018 年 3 月“中国—主宾国”进口贸易活力指数。“中国—主宾国”进口贸易活力指数为［0，100］，指数值越接近于 100，中国从各主宾国进口货物的成长能力越强；指数值越接近于 0，中国从各主宾国进口货物的成长能力有待提高。

1. 中国从各主宾国进口货物的成长能力有待提高

表 2-9 显示，2018 年 3 月，“中国—主宾国”进口贸易活力指数均低于 50 点，这说明中国从各主宾国进口货物的成长能力有待提高。具体来看，“中国—埃及”的数值最高，为 32.29 点；而“中国—加拿大”的数值最低，为 10.63 点。

表 2-9　“中国—主宾国”进口贸易活力指数（2018 年 3 月）

“中国—主宾国”	指数（点）	排名
“中国—埃及”	32.29	1
“中国—巴基斯坦”	17.56	2
“中国—南非”	14.41	3
“中国—印度尼西亚”	14.26	4
“中国—英国”	13.05	5
“中国—俄罗斯”	12.70	6
“中国—匈牙利”	12.58	7
“中国—德国”	12.51	8
“中国—墨西哥”	12.06	9
“中国—越南”	11.90	10
“中国—巴西”	11.14	11
“中国—加拿大”	10.63	12

2. “中国—主宾国”进口贸易活力指数排名变化较大

表 2-12 给出了 2016 年 1—3 月以及 2018 年 1—3 月中国对各主宾国的进口贸易活力指数排名。该表显示，中国对各主宾国的进口贸易活力指数排名分布具有显著变化。为了更好地显示 2016 年 1 月至 2018 年 3 月中国对各主宾国进口贸易活力指数的变化，我们绘制了“中国—主宾国”进口贸易活力指数均值的条形图。图 2-7 显示，样本期间，“中国—主宾国”进口贸易活力指数均值的排名，排名前 3 为：“中国—越南”“中国—埃及”和“中国—印度尼西亚”。这进一步说明，中国从越南进口货物具有较强的成长能力。

表 2-10 “中国—主宾国”进口贸易活力指数排名分布情况

排名	2016 年 1 月	2016 年 2 月	2016 年 3 月	2018 年 1 月	2018 年 2 月	2018 年 3 月
1	“中国—埃及”	“中国—俄罗斯”	“中国—埃及”	“中国—越南”	“中国—埃及”	“中国—埃及”
2	“中国—越南”	“中国—匈牙利”	“中国—越南”	“中国—俄罗斯”	“中国—巴基斯坦”	“中国—巴基斯坦”
3	“中国—英国”	“中国—巴西”	“中国—匈牙利”	“中国—德国”	“中国—印度尼西亚”	“中国—南非”
4	“中国—匈牙利”	“中国—越南”	“中国—俄罗斯”	“中国—印度尼西亚”	“中国—越南”	“中国—印度尼西亚”
5	“中国—加拿大”	“中国—加拿大”	“中国—巴西”	“中国—匈牙利”	“中国—俄罗斯”	“中国—英国”
6	“中国—巴西”	“中国—德国”	“中国—墨西哥”	“中国—巴西”	“中国—德国”	“中国—俄罗斯”
7	“中国—墨西哥”	“中国—印度尼西亚”	“中国—加拿大”	“中国—墨西哥”	“中国—南非”	“中国—匈牙利”
8	“中国—俄罗斯”	“中国—英国”	“中国—印度尼西亚”	“中国—英国”	“中国—加拿大”	“中国—德国”
9	“中国—德国”	“中国—墨西哥”	“中国—德国”	“中国—加拿大”	“中国—匈牙利”	“中国—墨西哥”
10	“中国—印度尼西亚”	“中国—巴基斯坦”	“中国—巴基斯坦”	“中国—巴基斯坦”	“中国—巴西”	“中国—越南”
11	“中国—南非”	“中国—南非”	“中国—南非”	“中国—南非”	“中国—墨西哥”	“中国—巴西”
12	“中国—巴基斯坦”	“中国—埃及”	“中国—英国”	“中国—埃及”	“中国—英国”	“中国—加拿大”

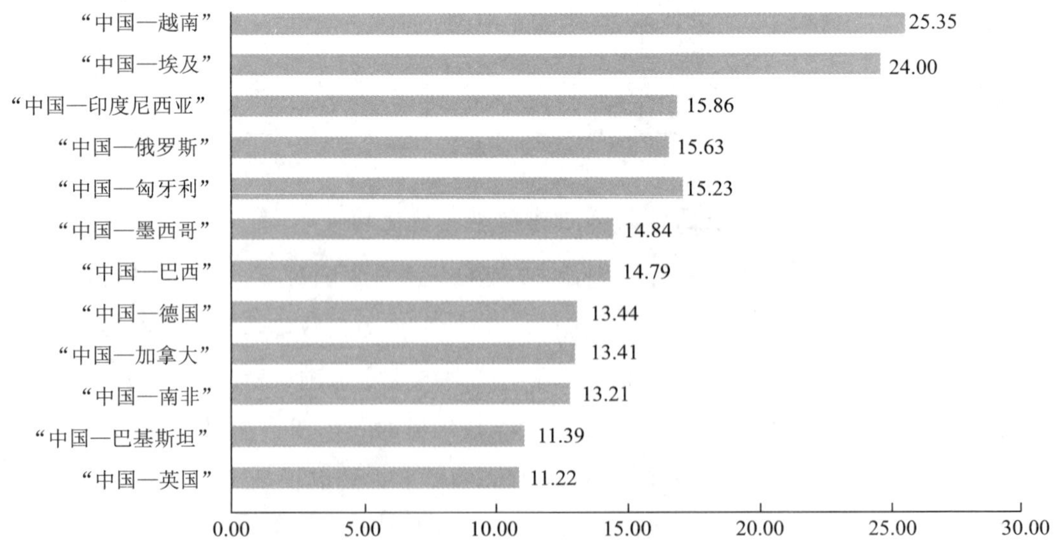

图 2-7 “中国—主宾国”进口贸易活力指数均值排名

（基于 2016 年 1 月至 2018 年 3 月的均值）

（三）特征指标的对比分析

1. 进口市场占有率增长率

（1）“中国—主宾国”进口市场占有率增长率波动明显，个别主宾国出现负增长。表 2-11 显示，2018 年 3 月，“中国—主宾国”进口市场占有率增长率两极分化明显。在研究区间内，除了个别主宾国的数值外，其余计算出的数值均高于 0。具体来看，“中国—埃及”的数值最高，达到了 133.95%；而“中国—加拿大”的数值最低，仅为-15.06%。

表 2-11 “中国—主宾国”进口市场占有率增长率（2018 年 3 月）

“中国—主宾国”	增长率（%）	排名
“中国—埃及”	133.95	1
“中国—巴基斯坦”	36.80	2
“中国—南非”	9.30	3
“中国—印度尼西亚”	8.64	4
“中国—英国”	4.70	5
“中国—俄罗斯”	2.62	6
“中国—德国”	0.11	7
“中国—匈牙利”	-0.22	8
“中国—墨西哥”	-4.15	9
“中国—越南”	-5.58	10
“中国—巴西”	-12.73	11
“中国—加拿大”	-15.06	12

（2）主宾国排名具有一定的变化。表 2-12 给出了 2016 年 1—3 月以及 2018 年 1—3 月中国对各主宾国的进口市场占有率增长率排名。该表显示，中国对各主宾国的进口市场占有率增长率排名分布具有一定的变化。为了更好地显示 2016 年 1 月至 2018 年 3 月中国对各主宾国进口市场占有率增长率的变化，我们绘制了“中国—主宾国”进口市场占有率增长率均值的条形图。图 2-8 显示，样本期间内“中国—主宾国”进口市场占有率增长率均值的排名，排名前 3 的国家按照从前到后的顺序依次为：“中国—越南”“中国—埃及”与“中国—印度尼西亚”，这说明，中国从越南进口占中国总进口的份额增长较快。

表 2-12 “中国—主宾国”进口市场占有率增长率排名分布情况

排名	2016 年 1 月	2016 年 2 月	2016 年 3 月	2018 年 1 月	2018 年 2 月	2018 年 3 月
1	“中国—埃及”	“中国—俄罗斯”	“中国—埃及”	“中国—越南”	“中国—埃及”	“中国—埃及”
2	“中国—越南”	“中国—匈牙利”	“中国—越南”	“中国—俄罗斯”	“中国—越南”	“中国—巴基斯坦”
3	“中国—英国”	“中国—巴西”	“中国—匈牙利”	“中国—德国”	“中国—巴基斯坦”	“中国—南非”
4	“中国—匈牙利”	“中国—越南”	“中国—巴西”	“中国—印度尼西亚”	“中国—印度尼西亚”	“中国—印度尼西亚”
5	“中国—加拿大”	“中国—加拿大”	“中国—俄罗斯”	“中国—匈牙利”	“中国—俄罗斯”	“中国—英国”
6	“中国—巴西”	“中国—德国”	“中国—墨西哥”	“中国—巴西”	“中国—德国”	“中国—俄罗斯”
7	“中国—墨西哥”	“中国—英国”	“中国—加拿大”	“中国—加拿大”	“中国—南非”	“中国—德国”
8	“中国—德国”	“中国—印度尼西亚”	“中国—印度尼西亚”	“中国—英国”	“中国—加拿大”	“中国—匈牙利”
9	“中国—印度尼西亚”	“中国—墨西哥”	“中国—德国”	“中国—墨西哥”	“中国—匈牙利”	“中国—墨西哥”
10	“中国—俄罗斯”	“中国—巴基斯坦”	“中国—巴基斯坦”	“中国—巴基斯坦”	“中国—巴西”	“中国—越南”
11	“中国—巴基斯坦”	“中国—南非”	“中国—南非”	“中国—南非”	“中国—墨西哥”	“中国—巴西”
12	“中国—南非”	“中国—埃及”	“中国—英国”	“中国—埃及”	“中国—英国”	“中国—加拿大”

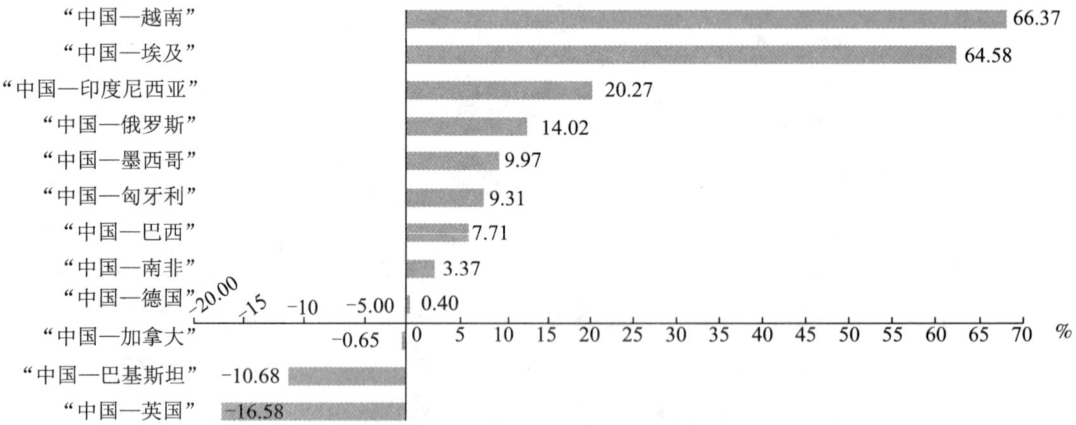

图 2-8 “中国—主宾国”进口市场占有率增长率均值排名

（基于 2016 年 1 月至 2018 年 3 月的均值）

2. 交叉进口市场占有率增长率

（1）“中国—主宾国”交叉进口市场占有率增长率波动明显，中国对个别主宾国出现负增长。表 2-13 显示，2018 年 3 月，“中国—主宾国”交叉进口市场占有率增长率两极分化明显。在研究区间内，除了个别主宾国的数值低于 0，其余计算出的数值均高于 0。具体来看，“中国—埃及”的数值最高，达到了 117.19%；而“中国—加拿大”的数值最低，仅为-6.02%。

表 2-13　“中国—主宾国”交叉进口市场占有率增长率（2018 年 3 月）

“中国—主宾国”	增长率（%）	排名
“中国—埃及”	117.19	1
“中国—巴基斯坦”	25.84	2
“中国—南非”	18.50	3
“中国—印度尼西亚”	17.01	4
“中国—匈牙利”	2.51	5
“中国—英国”	2.28	6
“中国—德国”	0.78	7
“中国—墨西哥”	0.19	8
“中国—越南”	0.00	9
“中国—俄罗斯”	-0.28	10
“中国—巴西”	-0.95	11
“中国—加拿大”	-6.02	12

（2）主宾国排名变化较为显著。表 2-14 给出了 2016 年 1—3 月以及 2018 年 1—3 月各主宾国的交叉进口市场占有率增长率排名。该表显示，中国对各主宾国的交叉进口市场占有率增长率排名分布具有显著变化。为了更好地显示 2016 年 1 月至 2018 年 3 月中国对各主宾国交叉进口市场占有率增长率的变化，我们绘制了“中国—主宾国”交叉进口市场占有率增长率均值的条形图。图 2-9 显示，样本期间内“中国—主宾国”交叉进口市场占有率增长率均值的排名，排名前 3 的为：“中国—埃及”“中国—印度尼西亚”与“中国—墨西哥”，这说明，中国从埃及进口占埃及出口的份额增长较快。

表 2-14　“中国—主宾国”交叉进口市场占有率增长率排名分布情况

排名	2016 年 1 月	2016 年 2 月	2016 年 3 月	2018 年 1 月	2018 年 2 月	2018 年 3 月
1	“中国—埃及”	“中国—俄罗斯”	“中国—埃及”	“中国—俄罗斯”	“中国—埃及”	“中国—埃及”
2	“中国—巴西”	“中国—匈牙利”	“中国—俄罗斯”	“中国—印度尼西亚”	“中国—巴基斯坦”	“中国—巴基斯坦”
3	“中国—俄罗斯”	“中国—越南”	“中国—匈牙利”	“中国—德国”	“中国—印度尼西亚”	“中国—南非”

续表

排名	2016年1月	2016年2月	2016年3月	2018年1月	2018年2月	2018年3月
4	“中国—英国”	“中国—加拿大”	“中国—越南”	“中国—越南”	“中国—俄罗斯”	“中国—印度尼西亚”
5	“中国—加拿大”	“中国—巴西”	“中国—巴西”	“中国—巴西”	“中国—南非”	“中国—匈牙利”
6	“中国—越南”	“中国—印度尼西亚”	“中国—墨西哥”	“中国—匈牙利”	“中国—德国”	“中国—英国”
7	“中国—匈牙利”	“中国—德国”	“中国—印度尼西亚”	“中国—墨西哥”	“中国—加拿大”	“中国—德国”
8	“中国—印度尼西亚”	“中国—英国”	“中国—加拿大”	“中国—英国”	“中国—越南”	“中国—墨西哥”
9	“中国—墨西哥”	“中国—墨西哥”	“中国—德国”	“中国—巴基斯坦”	“中国—巴西”	“中国—越南”
10	“中国—德国”	“中国—巴基斯坦”	“中国—南非”	“中国—南非”	“中国—匈牙利”	“中国—俄罗斯”
11	“中国—南非”	“中国—南非”	“中国—巴基斯坦”	“中国—加拿大”	“中国—英国”	“中国—巴西”
12	“中国—巴基斯坦”	“中国—埃及”	“中国—英国”	“中国—埃及”	“中国—墨西哥”	“中国—加拿大”

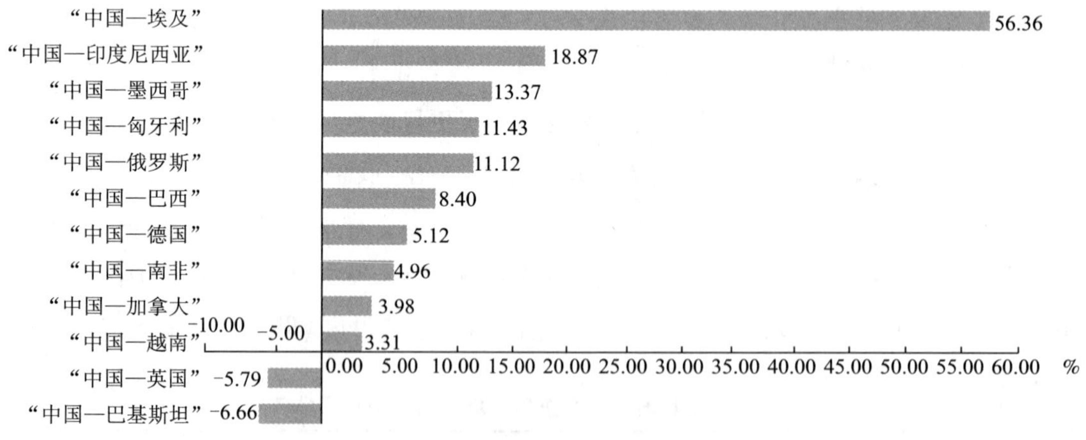

图 2-9 “中国—主宾国”交叉进口市场占有率增长率均值排名

（基于 2016 年 1 月至 2018 年 3 月的均值）

3. 进口增长率

（1）“中国—主宾国”进口增长率波动明显，个别主宾国出现负增长。表 2-15 显示，2018 年 3 月，“中国—主宾国”进口增长率较高。在研究区间内，除“中国—巴西”与“中国—加拿大”的数值外，其余计算出的数值均高于 0。具体来看，“中国—埃及”的数值最高，达到了 167.58%；而“中国—加拿大”的数值最低，仅为-2.85%。

表 2-15　“中国—主宾国”进口增长率（2018 年 3 月）

“中国—主宾国”	增长率（%）	排名
“中国—埃及”	167.58	1
“中国—巴基斯坦”	56.47	2
“中国—南非”	25.01	3
“中国—印度尼西亚”	24.25	4
“中国—英国”	19.75	5
“中国—俄罗斯”	17.37	6
“中国—德国”	14.50	7
“中国—匈牙利”	14.12	8
“中国—墨西哥”	9.63	9
“中国—越南”	7.99	10
“中国—巴西”	-0.18	11
“中国—加拿大”	-2.85	12

（2）主宾国排名具有一定的变化。表 2-16 给出了 2016 年 1—3 月以及 2018 年 1—3 月中国对各主宾国的进口增长率排名。该表显示，中国对各主宾国的进口增长率排名分布具有一定的变化。为了更好地显示 2016 年 1 月至 2018 年 3 月中国对各主宾国进口增长率的变化，我们绘制了“中国—主宾国”进口增长率均值的条形图。图 2-10 显示，样本期间内“中国—主宾国”进口增长率均值的排名，排名前 3 的为：“中国—越南”“中国—埃及”与“中国—印度尼西亚”，这说明，中国从越南进口具有较快的增长。

表 2-16　“中国—主宾国”进口增长率排名分布情况（2016 年 1—3 月与 2018 年 1—3 月）

排名	2016 年 1 月	2016 年 2 月	2016 年 3 月	2018 年 1 月	2018 年 2 月	2018 年 3 月
1	“中国—埃及”	“中国—俄罗斯”	“中国—埃及”	“中国—越南”	“中国—埃及”	“中国—埃及”
2	“中国—越南”	“中国—匈牙利”	“中国—越南”	“中国—俄罗斯”	“中国—越南”	“中国—巴基斯坦”
3	“中国—英国”	“中国—巴西”	“中国—匈牙利”	“中国—德国”	“中国—巴基斯坦”	“中国—南非”

续表

排名	2016 年 1 月	2016 年 2 月	2016 年 3 月	2018 年 1 月	2018 年 2 月	2018 年 3 月
4	“中国—匈牙利”	“中国—越南”	“中国—巴西”	“中国—印度尼西亚”	“中国—印度尼西亚”	“中国—印度尼西亚”
5	“中国—加拿大”	“中国—加拿大”	“中国—俄罗斯”	“中国—匈牙利”	“中国—俄罗斯”	“中国—英国”
6	“中国—巴西”	“中国—德国”	“中国—墨西哥”	“中国—巴西”	“中国—德国”	“中国—俄罗斯”
7	“中国—墨西哥”	“中国—英国”	“中国—加拿大”	“中国—加拿大”	“中国—南非”	“中国—德国”
8	“中国—德国”	“中国—印度尼西亚”	“中国—印度尼西亚”	“中国—英国”	“中国—加拿大”	“中国—匈牙利”
9	“中国—印度尼西亚”	“中国—墨西哥”	“中国—德国”	“中国—墨西哥”	“中国—匈牙利”	“中国—墨西哥”
10	“中国—俄罗斯”	“中国—巴基斯坦”	“中国—巴基斯坦”	“中国—巴基斯坦”	“中国—巴西”	“中国—越南”
11	“中国—巴基斯坦”	“中国—南非”	“中国—南非”	“中国—南非”	“中国—墨西哥”	“中国—巴西”
12	“中国—南非”	“中国—埃及”	“中国—英国”	“中国—埃及”	“中国—英国”	“中国—加拿大”

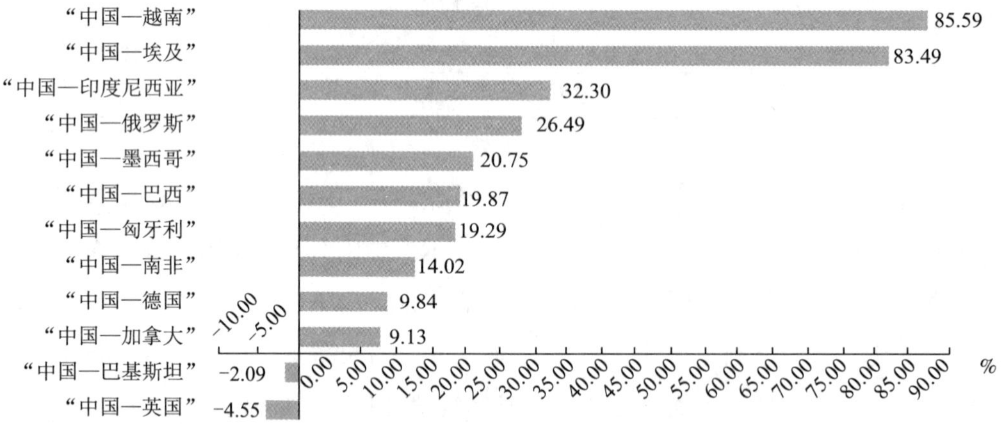

图 2-10 “中国—主宾国”进口增长率均值排名（基于 2016 年 1 月至 2018 年 3 月的均值）

第三章　贸易效率指数

一、指数框架

贸易效率是指中国对各国的实际贸易额与对各国的理论最优贸易额之间的比值，大小在 0 至 1 之间，一定程度上可以反映中国与贸易伙伴国之间的投资状况。基于综合性、层次性以及可行性原则，“中国—主宾国”贸易效率指数（Trade Efficiency Index，TEI）选取了“中国—主宾国”出口贸易效率指数和“中国—主宾国”进口贸易效率指数 2 个特征指标，并通过对这两个特征指标加权平均得到“中国—主宾国”贸易效率指数（如图 3-1 所示）。

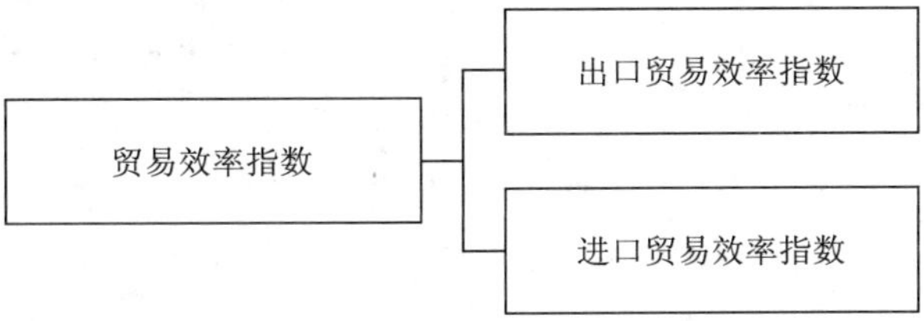

图 3-1　“中国—主宾国”贸易效率指数

引力模型的估计方程为：

$$\ln(TL) = \beta_0 + \beta_1\ln(GDP_i) + \beta_2\ln(GDP_j) + \beta_3\ln(POP_i) + \beta_4\ln(POP_j) + \beta_5\ln(ER_{ij}) + \gamma Control + \mu_{ij}$$

其中，TL 表示因变量，包括 TR，X 和 M，分别表示中国对主宾国的出口价值（万美元）、中国从主宾国的进口价值（万美元）。GDP_i 表示中国的国内生产总值，GDP_j 表示主宾国的国内生产总值，POP_i 表示中国的人口总数，POP_j 表示主宾国的人口总数，ER_{ij} 表示用主宾国货币标价的人民币汇率。$Control$ 表示控制变量，包括 D_{ij}，LD_j，S_i 和 TR_j，分别表示两国的绝对距离；是否为内陆国，是取 1，否则取 0；“一带一路”虚拟变量，2013 年第三季度及之后取 1，之前取 0；是否加入世贸组织。

二、指数对比分析

在“中国—主宾国”贸易效率指数构建框架的基础上，利用2008年至2017年的年度数据，采用引力模型，我们测算出2008年至2017年中国与主宾国的出口贸易效率指数（ETEI）和进口贸易效率指数（ITEI），通过加权平均得到贸易效率指数。此外，需要注意的是，“中国—主宾国”贸易效率指数数值越大，排名越靠前，双边贸易效率实现地越充分。

1. 中国与主宾国的贸易效率波动不大，相对平稳

表3-1显示了2008—2017年“中国—主宾国”的贸易效率指数（TEI），整体而言，计算出的指数值均大于0.80，主宾国彼此差距较小。对于中国而言，这些主宾国属于效率实现较充分的国家，中国与这些国家进行双边贸易时，双边进出口增长的空间有限，双方应着力于挖掘新的贸易增长点，同时积极维护原有的良好合作关系，以使双边贸易在未来能持续发展。

表3-1　2008—2017年“中国—主宾国”贸易效率指数

年份	“中国—巴西”	“中国—加拿大”	“中国—德国”	“中国—墨西哥”	“中国—匈牙利”	“中国—印度尼西亚”	“中国—南非”	“中国—俄罗斯”	“中国—英国”	“中国—埃及”	“中国—巴基斯坦”	“中国—越南”
2008	0.8494	0.8528	0.8699	0.8247	0.8360	0.8679	0.8793	0.8423	0.8220	0.8357	0.8324	0.8614
2009	0.8334	0.8467	0.8677	0.8416	0.8389	0.8525	0.8716	0.8391	0.8141	0.8341	0.8291	0.8486
2010	0.8350	0.8366	0.8659	0.8590	0.8381	0.8646	0.8732	0.8480	0.8096	0.8132	0.8272	0.8573
2011	0.8362	0.8400	0.8650	0.8623	0.8332	0.8678	0.8783	0.8502	0.8116	0.8303	0.8312	0.8612
2012	0.8357	0.8407	0.8601	0.8622	0.8229	0.8668	0.8811	0.8500	0.8093	0.8290	0.8322	0.8669
2013	0.8361	0.8430	0.8614	0.8635	0.8313	0.8648	0.8796	0.8550	0.8196	0.8202	0.8360	0.8682
2014	0.8369	0.8423	0.8641	0.8656	0.8361	0.8595	0.8807	0.8623	0.8285	0.8239	0.8328	0.8715
2015	0.8313	0.8473	0.8618	0.8647	0.8340	0.8529	0.8742	0.8614	0.8248	0.8248	0.8284	0.8728
2016	0.8315	0.8407	0.8647	0.8661	0.8464	0.8534	0.8679	0.8666	0.8323	0.8149	0.8229	0.8739
2017	0.8326	0.8489	0.8668	0.8680	0.8446	0.8546	0.8725	0.8665	0.8349	0.8206	0.8260	0.8734

2. 主宾国排名变化较小

表3-2给出了2008—2017年“中国—主宾国”的贸易效率指数排名。该表显示，中国对各主宾国的贸易效率指数排名并没有显著变化，“中国—南非”与“中国—越南”基本居前两名，而“中国—巴基斯坦”“中国—埃及”“中国—英国”的排名则相

对靠后。为了更好地显示2008—2017年中国对主宾国贸易效率指数的变化，我们绘制了“中国—主宾国”贸易效率指数均值的条形图。图3-2显示，样本期间内“中国—主宾国”贸易效率指数均值的排名，从前到后依次为：“中国—南非”“中国—越南”“中国—德国”“中国—印度尼西亚”“中国—墨西哥”“中国—俄罗斯”“中国—加拿大”“中国—匈牙利”“中国—巴西”“中国—巴基斯坦”“中国—埃及”与“中国—英国”。这进一步说明，中国与南非、越南、德国货物的双边贸易效率实现地更为充分。

表3-2 2008—2017年“中国—主宾国”贸易效率指数排名分布情况

年份	排名											
	1	2	3	4	5	6	7	8	9	10	11	12
2008	“中国—南非	“中国—德国	“中国—印度尼西亚	“中国—越南	“中国—加拿大	“中国—巴西	“中国—俄罗斯	“中国—匈牙利	“中国—埃及	“中国—巴基斯坦	“中国—墨西哥	“中国—英国”
2009	“中国—南非	“中国—德国	“中国—印度尼西亚	“中国—越南	“中国—加拿大	“中国—墨西哥	“中国—俄罗斯	“中国—匈牙利	“中国—埃及	“中国—巴西	“中国—巴基斯坦	“中国—英国”
2010	“中国—南非	“中国—德国	“中国—印度尼西亚	“中国—墨西哥	“中国—越南	“中国—俄罗斯	“中国—匈牙利	“中国—加拿大	“中国—巴西	“中国—巴基斯坦	“中国—埃及	“中国—英国”
2011	“中国—南非	“中国—印度尼西亚	“中国—德国	“中国—墨西哥	“中国—越南	“中国—俄罗斯	“中国—加拿大	“中国—巴西	“中国—匈牙利	“中国—巴基斯坦	“中国—埃及	“中国—英国
2012	“中国—南非	“中国—越南	“中国—印度尼西亚	“中国—墨西哥	“中国—德国	“中国—俄罗斯	“中国—加拿大	“中国—巴西	“中国—巴基斯坦	“中国—埃及	“中国—匈牙利	“中国—英国”
2013	“中国—南非	“中国—越南	“中国—印度尼西亚	“中国—墨西哥	“中国—德国	“中国—俄罗斯	“中国—加拿大	“中国—巴西	“中国—巴基斯坦	“中国—匈牙利	“中国—埃及	“中国—英国”
2014	“中国—南非	“中国—越南	“中国—墨西哥	“中国—德国	“中国—俄罗斯	“中国—印度尼西亚	“中国—加拿大	“中国—巴西	“中国—匈牙利	“中国—巴基斯坦	“中国—英国	“中国—埃及”
2015	“中国—南非	“中国—越南	“中国—墨西哥	“中国—德国	“中国—俄罗斯	“中国—印度尼西亚	“中国—加拿大	“中国—匈牙利	“中国—巴西	“中国—巴基斯坦	“中国—埃及	“中国—英国”
2016	“中国—越南	“中国—南非	“中国—俄罗斯	“中国—墨西哥	“中国—德国	“中国—印度尼西亚	“中国—匈牙利	“中国—加拿大	“中国—英国	“中国—巴西	“中国—巴基斯坦	“中国—埃及”
2017	“中国—越南	“中国—南非	“中国—墨西哥	“中国—德国	“中国—俄罗斯	“中国—印度尼西亚	“中国—加拿大	“中国—匈牙利	“中国—英国	“中国—巴西	“中国—巴基斯坦	“中国—埃及

注：“中国—主宾国”贸易效率指数数值越大，排名越靠前，双边贸易效率实现地越充分。

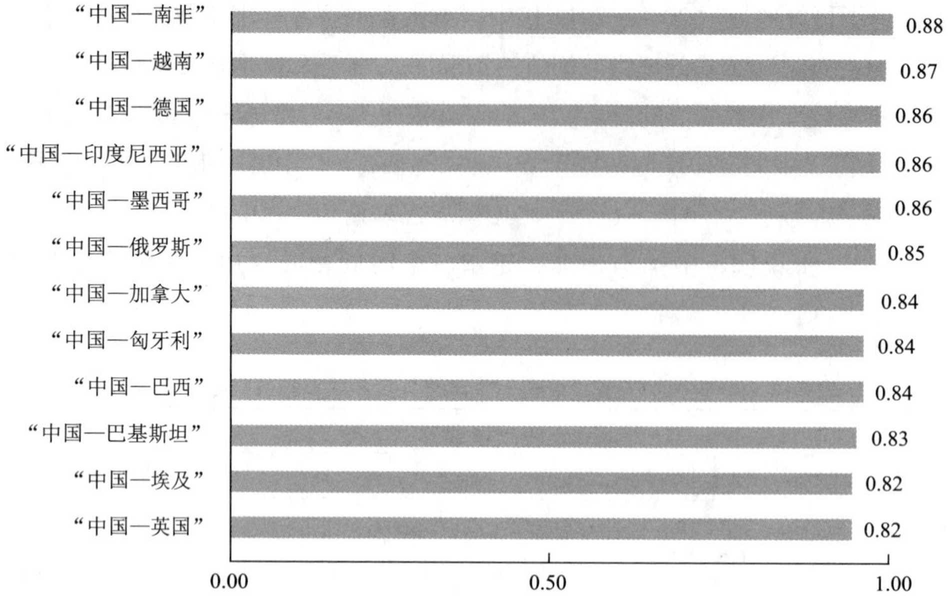

图 3-2　"中国—主宾国"贸易效率指数均值排名（基于 2008—2017 年的均值）

三、特征指标对比分析

（一）"中国—主宾国"出口贸易效率指数

在"中国—主宾国"贸易效率指数构建框架的基础上，利用 2008—2017 年的年度数据，采用引力模型，我们测算出 2008—2017 年中国与主宾国的出口贸易效率指数（ETEI）。需要注意的是，指数的数值越大，排名越靠前，中国向该国出口的贸易效率越大。

1. 中国向主宾国出口的贸易效率较高且波动较小

表 3-3 显示了 2008—2017 年中国与主宾国的出口贸易效率指数（ETEI），整体而言，主宾国的指数值均在 0.70~1.00，效率较高且彼此差距较小。对于中国而言，这些主宾国属于效率实现较为充分的国家，中国向这些国家进行出口时，增长的空间有限，应着力挖掘新的贸易增长点，同时积极维护原有的良好合作关系，以使出口贸易在未来能持续发展。

表 3-3　2008—2017 年“中国—主宾国”出口贸易效率指数

年份	“中国—巴西”	“中国—加拿大”	“中国—德国”	“中国—墨西哥”	“中国—匈牙利”	“中国—印度尼西亚”	“中国—南非”	“中国—俄罗斯”	“中国—英国”	“中国—埃及”	“中国—巴基斯坦”	“中国—越南”
2008	0.7662	0.8965	0.9134	0.7158	0.9129	0.8624	0.8651	0.7530	0.9095	0.7612	0.7378	0.8300
2009	0.7281	0.8874	0.9032	0.7700	0.9035	0.8999	0.8444	0.7517	0.8993	0.7522	0.7295	0.7848
2010	0.7306	0.9005	0.9109	0.8373	0.9096	0.8516	0.8398	0.7773	0.9058	0.6910	0.7233	0.8206
2011	0.7325	0.9028	0.9105	0.8472	0.9081	0.8532	0.8445	0.7798	0.9058	0.7368	0.7345	0.8389
2012	0.7318	0.9028	0.9117	0.8537	0.9083	0.8532	0.8478	0.7787	0.9097	0.7350	0.7338	0.8591
2013	0.7329	0.9004	0.9061	0.8613	0.9027	0.8564	0.8421	0.7968	0.9062	0.7063	0.7443	0.8551
2014	0.7356	0.9010	0.9077	0.8686	0.9028	0.8542	0.8483	0.8212	0.9084	0.7205	0.7358	0.8584
2015	0.7227	0.8967	0.9034	0.8740	0.8970	0.8407	0.8329	0.8345	0.9057	0.7247	0.7228	0.8493
2016	0.7225	0.8937	0.8982	0.8759	0.8937	0.8307	0.8183	0.8616	0.9004	0.7015	0.7093	0.8475
2017	0.7239	0.8958	0.9015	0.8756	0.8958	0.8358	0.8266	0.8491	0.9038	0.7133	0.7160	0.8477

2. 主宾国排名变化较小

表 3-4 给出了 2008—2017 年“中国—主宾国”的出口贸易效率指数排名情况。该表显示，中国对各主宾国的出口贸易效率指数排名变化不显著，“中国—德国”“中国—匈牙利”“中国—英国”几乎保持在前三名的位置，而“中国—巴西”“中国—巴基斯坦”“中国—埃及”的排名则相对靠后。为了更好地显示 2008 年至 2017 年主宾国出口贸易效率指数的变化，我们绘制了“中国—主宾国”出口贸易效率指数均值的条形图。图 3-3 显示，样本期间内“中国—主宾国”出口贸易效率指数均值的排名，从前到后依次为：“中国—德国”“中国—英国”“中国—匈牙利”“中国—加拿大”“中国—印度尼西亚”“中国—南非”“中国—越南”“中国—墨西哥”“中国—俄罗斯”“中国—巴西”“中国—巴基斯坦”与“中国—埃及”。这进一步说明，中国向德国、英国、匈牙利出口货物具有较高的效率。

表 3-4　2008—2017 年“中国—主宾国”出口贸易效率指数排名情况

年份	排名											
	1	2	3	4	5	6	7	8	9	10	11	12
2008	“中国—德国”	“中国—匈牙利”	“中国—英国”	“中国—加拿大”	“中国—南非”	“中国—印度尼西亚”	“中国—越南”	“中国—巴西”	“中国—埃及”	“中国—俄罗斯”	“中国—巴基斯坦”	“中国—墨西哥”
2009	“中国—匈牙利”	“中国—德国”	“中国—印度尼西亚”	“中国—英国”	“中国—加拿大”	“中国—南非”	“中国—越南”	“中国—墨西哥”	“中国—埃及”	“中国—俄罗斯”	“中国—巴基斯坦”	“中国—巴西”

续表

年份	排名											
	1	2	3	4	5	6	7	8	9	10	11	12
2010	“中国—德国”	“中国—匈牙利”	“中国—英国”	“中国—加拿大”	“中国—印度尼西亚”	“中国—南非”	“中国—墨西哥”	“中国—越南”	“中国—俄罗斯”	“中国—巴西”	“中国—巴基斯坦”	“中国—埃及”
2011	“中国—德国”	“中国—匈牙利”	“中国—英国”	“中国—加拿大”	“中国—印度尼西亚”	“中国—墨西哥”	“中国—南非”	“中国—越南”	“中国—俄罗斯”	“中国—埃及”	“中国—巴基斯坦”	“中国—巴西”
2012	“中国—德国”	“中国—英国”	“中国—匈牙利”	“中国—加拿大”	“中国—越南”	“中国—墨西哥”	“中国—印度尼西亚”	“中国—南非”	“中国—俄罗斯”	“中国—埃及”	“中国—巴基斯坦”	“中国—巴西”
2013	“中国—英国”	“中国—德国”	“中国—匈牙利”	“中国—加拿大”	“中国—墨西哥”	“中国—印度尼西亚”	“中国—越南”	“中国—南非”	“中国—俄罗斯”	“中国—巴基斯坦”	“中国—巴西”	“中国—埃及”
2014	“中国—英国”	“中国—德国”	“中国—匈牙利”	“中国—加拿大”	“中国—墨西哥”	“中国—越南”	“中国—印度尼西亚”	“中国—南非”	“中国—俄罗斯”	“中国—巴基斯坦”	“中国—巴西”	“中国—埃及”
2015	“中国—英国”	“中国—德国”	“中国—匈牙利”	“中国—加拿大”	“中国—墨西哥”	“中国—越南”	“中国—印度尼西亚”	“中国—俄罗斯”	“中国—南非”	“中国—埃及”	“中国—巴基斯坦”	“中国—巴西”
2016	“中国—英国”	“中国—德国”	“中国—匈牙利”	“中国—加拿大”	“中国—墨西哥”	“中国—俄罗斯”	“中国—越南”	“中国—印度尼西亚”	“中国—南非”	“中国—巴西”	“中国—巴基斯坦”	“中国—埃及”
2017	“中国—英国”	“中国—德国”	“中国—匈牙利”	“中国—加拿大”	“中国—墨西哥”	“中国—俄罗斯”	“中国—越南”	“中国—印度尼西亚”	“中国—南非”	“中国—巴西”	“中国—巴基斯坦”	“中国—埃及”

注：“中国—主宾国”出口贸易效率指数数值越大，排名越靠前，中国向该国家出口的贸易效率越大。

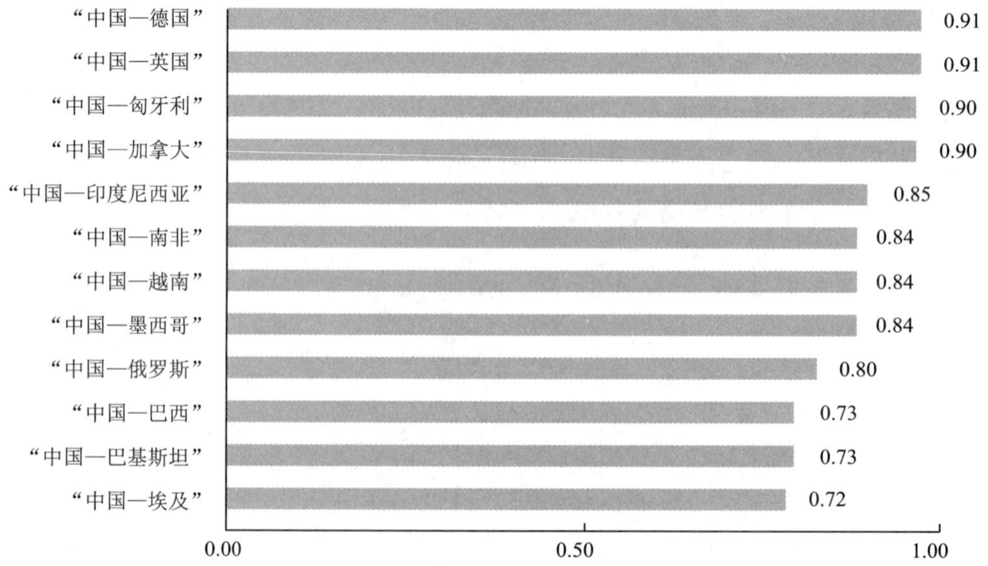

图 3-3 “中国—主宾国”出口贸易效率指数排名（基于 2008—2017 年的均值）

（二）“中国—主宾国”进口贸易效率指数

在“中国—主宾国”贸易效率指数构建框架的基础上，利用2008—2017年的年度数据，采用引力模型，我们测算出2008—2017年“中国—主宾国”的进口贸易效率指数（ITEI）。此外，需要注意的是，数值越大，排名越靠前，中国从该国家进口的贸易效率越大。

1. 中国从主宾国进口的贸易效率波动较小

表3-5显示了2008—2017年“中国—主宾国”的进口贸易效率指数（ITEI），整体而言，中国对各主宾国的指数值同样均在0.70～1.00，波动较小且彼此差距同样不显著。对于中国而言，这些主宾国属于效率实现较为充分的国家，中国从这些国家进口，增长的空间有限，应着重挖掘新的贸易增长点，同时积极维护原有的良好合作关系，以使进口贸易在未来能持续发展。

表3-5　2008—2017年“中国—主宾国”进口贸易效率指数

年份	“中国—巴西”	“中国—加拿大”	“中国—德国”	“中国—墨西哥”	“中国—匈牙利”	“中国—印度尼西亚”	“中国—南非”	“中国—俄罗斯”	“中国—英国”	“中国—埃及”	“中国—巴基斯坦”	“中国—越南”
2008	0.9325	0.8091	0.8264	0.9336	0.7592	0.8733	0.8935	0.9316	0.7344	0.9103	0.9271	0.8928
2009	0.9388	0.8060	0.8322	0.9131	0.7743	0.8051	0.8989	0.9265	0.7288	0.9160	0.9287	0.9124
2010	0.9393	0.7727	0.8209	0.8807	0.7666	0.8777	0.9067	0.9187	0.7135	0.9353	0.9311	0.8941
2011	0.9398	0.7772	0.8196	0.8774	0.7583	0.8824	0.9121	0.9205	0.7173	0.9237	0.9279	0.8835
2012	0.9396	0.7785	0.8085	0.8708	0.7375	0.8805	0.9144	0.9213	0.7088	0.9229	0.9307	0.8748
2013	0.9392	0.7856	0.8166	0.8658	0.7599	0.8732	0.9172	0.9132	0.7330	0.9341	0.9277	0.8813
2014	0.9382	0.7835	0.8205	0.8626	0.7694	0.8648	0.9132	0.9033	0.7487	0.9274	0.9298	0.8845
2015	0.9399	0.7978	0.8202	0.8554	0.7709	0.8650	0.9155	0.8883	0.7439	0.9249	0.9339	0.8964
2016	0.9404	0.7877	0.8313	0.8563	0.7991	0.8762	0.9175	0.8717	0.7642	0.9283	0.9364	0.9003
2017	0.9412	0.8020	0.8320	0.8603	0.7934	0.8733	0.9184	0.8839	0.7659	0.9279	0.9359	0.8991

2. 主宾国排名变化较小

表3-6给出了2008—2017年“中国—主宾国”的进口贸易效率指数排名。该表显示，中国对各主宾国的进口贸易效率指数排名变化不明显，“中国—巴西”“中国—巴基斯坦”“中国—埃及”几乎保持在前三名的位置，而“中国—加拿大”“中国—匈牙利”“中国—英国”的排名则相对靠后。为了更好地显示2008—2017年主宾国进口贸

易效率指数的变化，我们绘制了“中国—主宾国”进口贸易效率指数均值的条形图。图 3-4 显示，样本期间内“中国—主宾国”进口贸易效率指数均值的排名，从前到后依次为：“中国—巴西”“中国—巴基斯坦”“中国—埃及”“中国—南非”“中国—俄罗斯”“中国—越南”“中国—墨西哥”“中国—印度尼西亚”“中国—德国”“中国—加拿大”“中国—匈牙利”“中国—英国”。这进一步说明，中国从巴西、巴基斯坦、埃及进口货物具有较强的效率。

表 3-6　2008—2017 年“中国—主宾国”进口贸易效率指数排名分布情况

年份	排名											
	1	2	3	4	5	6	7	8	9	10	11	12
2008	“中国—墨西哥”	“中国—巴西”	“中国—俄罗斯”	“中国—巴基斯坦”	“中国—埃及”	“中国—南非”	“中国—越南”	“中国—印度尼西亚”	“中国—德国”	“中国—加拿大”	“中国—匈牙利”	“中国—英国”
2009	“中国—巴西”	“中国—巴基斯坦”	“中国—俄罗斯”	“中国—埃及”	“中国—墨西哥”	“中国—越南”	“中国—南非”	“中国—德国”	“中国—加拿大”	“中国—印度尼西亚”	“中国—匈牙利”	“中国—英国”
2010	“中国—巴西”	“中国—埃及”	“中国—巴基斯坦”	“中国—俄罗斯”	“中国—南非”	“中国—越南”	“中国—墨西哥”	“中国—印度尼西亚”	“中国—德国”	“中国—加拿大”	“中国—匈牙利”	“中国—英国”
2011	“中国—巴西”	“中国—巴基斯坦”	“中国—埃及”	“中国—俄罗斯”	“中国—南非”	“中国—越南”	“中国—印度尼西亚”	“中国—墨西哥”	“中国—德国”	“中国—加拿大”	“中国—匈牙利”	“中国—英国”
2012	“中国—巴西”	“中国—巴基斯坦”	“中国—埃及”	“中国—俄罗斯”	“中国—南非”	“中国—印度尼西亚”	“中国—越南”	“中国—墨西哥”	“中国—德国”	“中国—加拿大”	“中国—匈牙利”	“中国—英国”
2013	“中国—巴西”	“中国—埃及”	“中国—巴基斯坦”	“中国—南非”	“中国—俄罗斯”	“中国—越南”	“中国—印度尼西亚”	“中国—墨西哥”	“中国—德国”	“中国—加拿大”	“中国—匈牙利”	“中国—英国”
2014	“中国—巴西”	“中国—巴基斯坦”	“中国—埃及”	“中国—南非”	“中国—俄罗斯”	“中国—越南”	“中国—印度尼西亚”	“中国—墨西哥”	“中国—德国”	“中国—加拿大”	“中国—匈牙利”	“中国—英国”
2015	“中国—巴西”	“中国—巴基斯坦”	“中国—埃及”	“中国—南非”	“中国—越南”	“中国—俄罗斯”	“中国—印度尼西亚”	“中国—墨西哥”	“中国—德国”	“中国—加拿大”	“中国—匈牙利”	“中国—英国”
2016	“中国—巴西”	“中国—巴基斯坦”	“中国—埃及”	“中国—南非”	“中国—越南”	“中国—印度尼西亚”	“中国—俄罗斯”	“中国—墨西哥”	“中国—德国”	“中国—匈牙利”	“中国—加拿大”	“中国—英国”
2017	“中国—巴西”	“中国—巴基斯坦”	“中国—埃及”	“中国—南非”	“中国—越南”	“中国—俄罗斯”	“中国—印度尼西亚”	“中国—墨西哥”	“中国—德国”	“中国—加拿大”	“中国—匈牙利”	“中国—英国”

注：“中国—主宾国”进口贸易效率指数数值越大，排名越靠前，中国从该国家进口的贸易效率越大。

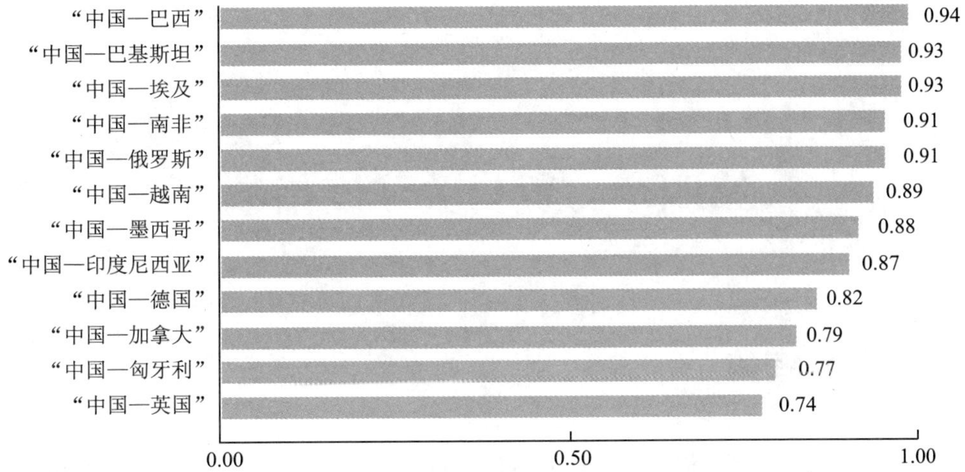

图 3-4　"中国—主宾国"进口贸易效率指数均值排名（基于 2008—2017 年的均值）

第四章　贸易关注度指数

一、指数框架

贸易关注度是衡量社会群体对本国与他国间贸易往来情况的关注程度的指标，一方面直接体现了本国对双边贸易的重视程度，另一方面也反映了双边贸易在本国发展中的重要性。

根据对已有文献的梳理，对贸易关注度的调查主要是通过网络搜索数据来进行。网络搜索数据是国内外搜索引擎公司提供的一项服务，通过该服务可以获取给定关键词在给定区间段内的周搜索量数据或日搜索量数据。网络搜索量数据可以解释为，“在给定的时间段内，给定的关键词在该搜索引擎上被搜索了多少次”。因此，通过网络搜索数据可以反映某个特定的关键词在给定时期内的被关注程度，选取与贸易相关的关键词进行检索，可进一步编制贸易关注度指数。因此，贸易关注度指数反映了国内外用户群体对国家间贸易的兴趣，并从网络搜索的角度客观反映了人们“关注”行为的变化规律。

“中国—主宾国”贸易关注度指数是衡量国内外民众对进博会关注程度的指标，因此将该指数分为国内贸易关注度指数和国外贸易关注度指数。“中国—主宾国”贸易关注度指数的指标体系结构如图 4-1 所示。

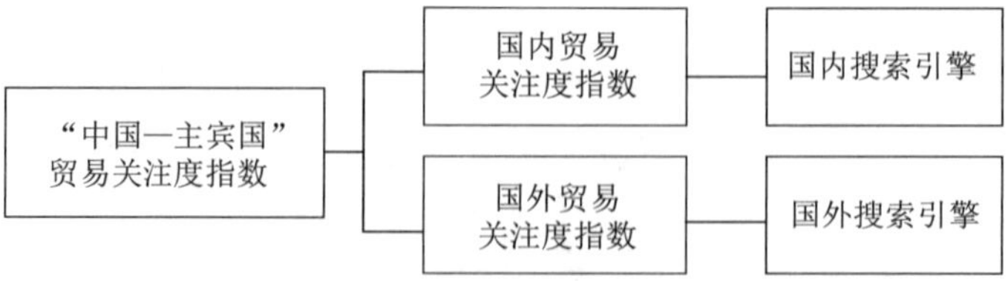

图 4-1　“中国—主宾国”贸易关注度指数指标体系

二、指数对比分析

编制“中国—主宾国”国内外贸易关注度指数，需要获取国内外搜索引擎公司的关键词搜索量作为原始数据。国内贸易关注度指数基于百度搜索指数和搜狗搜索指数合成得到，国外贸易关注度指数基于谷歌趋势数据得到。

国内贸易关注度指数起始时间为 2018 年 9 月 1 日，采用日数据；国外贸易关注度指数起始时间为 2018 年 9 月 2 日，采用周数据。

（一）国内贸易关注度指数

国内贸易关注度指数，反映了国内群体对进博会的关注程度。总体来看，2018 年 9 月的国内贸易关注度走势较为平稳，9 月下旬开始出现起伏的现象，到了 2018 年 10 月起有了明显上升，并于 2018 年 11 月 5 日，即进博会开幕式当天，达到了峰值 184. 51。进博会结束后，国内贸易关注度指数虽然有所回落，但整体来看，仍高于前期。

如图 4-2 所示，进博会的举办对国内群体产生了重要影响，激发了全社会对中国进口贸易的关注，并且这种关注程度在进博会结束后仍继续存在，进博会后的关注热度明显高于进博会前的平均水平。

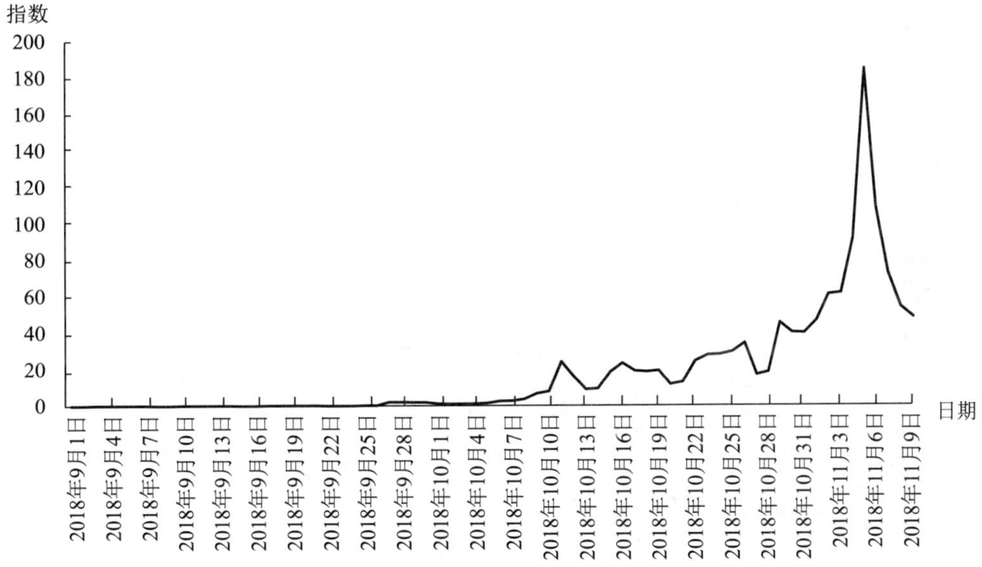

图 4-2　国内贸易关注度指数时序

（二）贸易关注度国内分布

根据2018年9月1日至2018年11月9日的国内各省（区、市）的贸易关注度排名，排名最高的地区依次是上海、江苏、浙江、北京和广东。上海作为进博会的主办地，贸易关注度显著高于其他地区；江苏和浙江作为上海的邻近省份，同样有较高的贸易关注度；北京作为中国的政治中心，广东作为中国对外贸易的重要窗口，其市民都密切关注进博会的举办。

实际上，进博会的举办在国内受到的关注具有区域集聚性，并且主要集中在上海，其他省（区、市）对此的贸易关注度仍有待提升。

（三）国外贸易关注度指数

国外贸易关注度指数参考谷歌趋势的数据进行编制，反映了国外群体对进博会的关注程度。国外贸易关注度指数表现出与国内贸易关注度指数相近的走势，临近进博会的到来，国外民众对进博会的关注持续上升。如图4-3所示，2018年9月国外贸易关注度指数走势较为平稳。自2018年9月23日，该指数走势有“抬头”迹象。到了2018年10月底，该指数走势上升非常明显，由2018年10月28日的26迅速上升至2018年11月4日的100，并且在博览会期间达到顶峰。

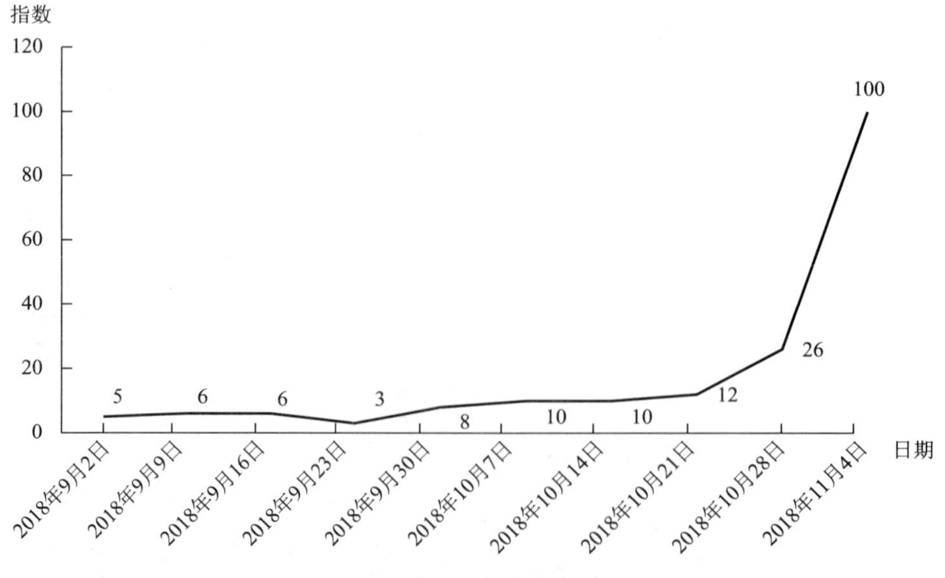

图4-3　国外贸易关注度指数时序

从国外贸易关注度指数时序图看出，进博会同样吸引了众多国外群体对与中国进行贸易的关注度和兴趣。比较图 4-2 和图 4-3 可以看出，国内外群体对进博会的关注度的趋势变化非常相近，说明进博会的举办在国内外产生了共鸣，进博会在国内外受到的关注度“同频共振”，与中国与外国的双边贸易是国内外群体的热切期望。

（四）贸易关注度全球分布

根据 2018 年 9 月 1 日至 11 月 9 日的国家或地区贸易关注度排名，12 个主宾国中排名前 3 的主宾国分别为新加坡、巴基斯坦、加拿大。除主宾国外，菲律宾、捷克、澳大利亚、泰国等国家，同样对进博会有较高的关注度。

实际上，进博会的举办在世界各地都受到了热切关注。不仅是主宾国，其他国家和地区同样关注与中国的双边贸易，这也说明进博会的举办符合各国（地区）的实际需求。

第二篇

国家画像

本篇以中国国际进口博览会主宾国（包括巴西、加拿大、德国、墨西哥、匈牙利、印度尼西亚、南非、俄罗斯、英国、埃及、巴基斯坦和越南）为研究对象，对每一个国家，先从经济表现方面做简单的基本介绍，然后基于第一篇介绍的“中国—主宾国”系列贸易指数，利用贸易竞争力指数与贸易活力指数对每一个主宾国的贸易情况进行详细分析，希望能够对各主宾国的贸易形态给出一个较为精准的画像，从不同的视角来刻画各主宾国的贸易特征。在此基础之上，对中国与各主宾国的贸易发展提出有针对性的建议，为中国与各主宾国的政府机构、企业以及个人提供决策依据和相关信息。

第五章　巴　西

一、经济表现

（一）巴西经济发展概况

图 5-1 显示了 2009—2017 年巴西的美元名义 GDP 及环比增速。自 2011 年以来，巴西经济的增长速度逐渐放缓，甚至在 2012 年与 2015 年出现负增长。

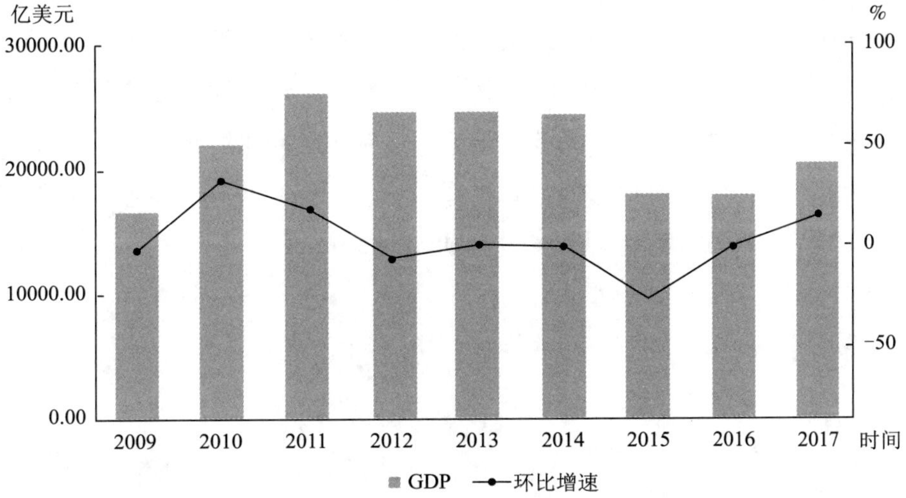

图 5-1　2009—2017 年巴西名义 GDP 及环比增速

（二）对外贸易发展概况

图 5-2 显示，2016 年 1 月至 2018 年 3 月，巴西的进出口额都呈波动性增长趋势。从出口额角度来看，巴西的出口增长幅度较大，并且呈现季节性波动特征，即每年的第二季度与第三季度的出口额明显高于第一季度与第四季度的出口额。从进口额角度来看，巴西的进口额增长幅度较小，除个别月份出现轻微下滑外，巴西的进口额保持

稳中有升的趋势。从进出口差额角度来看，巴西长期保持贸易顺差的态势。

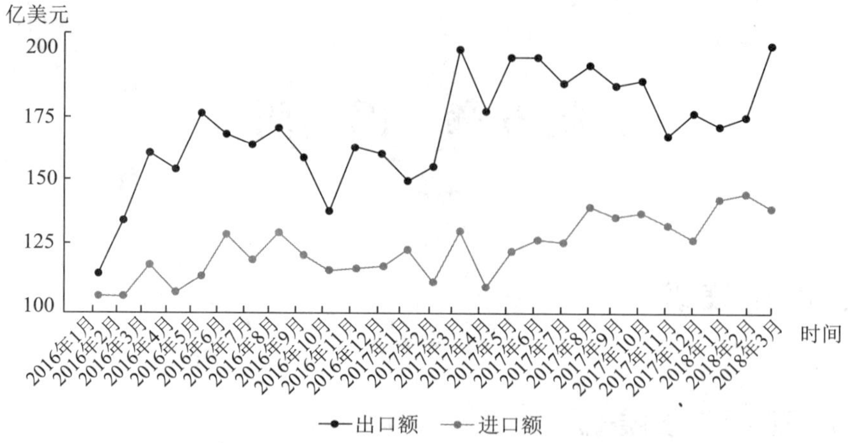

图 5-2　2016—2018 年巴西进出口贸易额

（三）中国与巴西的双边贸易发展概况

图 5-3 显示了“中国—巴西”进出口市场占有率的基本情况。从进口市场占有率角度来看，中国从巴西的进口呈明显季节性波动特征，即每年的第二季度进口额明显高于其他季度，并且 2017 年每个月份的进口额基本呈现同比增长的态势。从出口市场占有率角度来看，中国向巴西的出口稳中有升。从进出口市场占有率对比结果来看，中国从巴西的进口情况明显好于中国向巴西的出口情况。

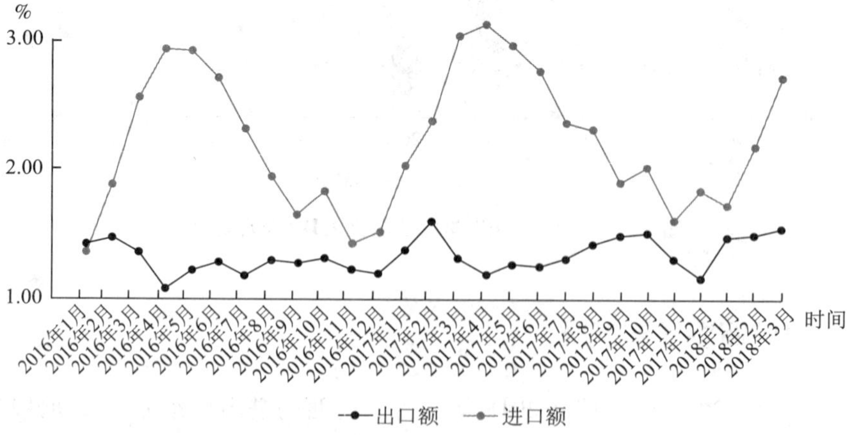

图 5-3　2016—2018 年“中国—巴西”进出口市场占有率

图 5-4 显示了“中国—巴西”单类产品进出口市场占有率的分布情况。从进口市

场占有率角度来看，中国从巴西进口的所有产品中，第二类（植物产品）①、第十类（木制品）与第一类（动物产品）分列前三，依次为：60.10%、10.29%与9.37%。从出口市场占有率角度来看，中国向巴西出口的所有产品中，第6类（化工产品）、第十一类（纺织品）与第一类（动物产品）分列前三，依次为：2.94%、2.42%与2.23%。从进出口市场占有率对比结果来看，进口市场占有率的值明显高于出口市场占有率，只有个别产品的出口市场占有率的值略高于进口市场占有率。

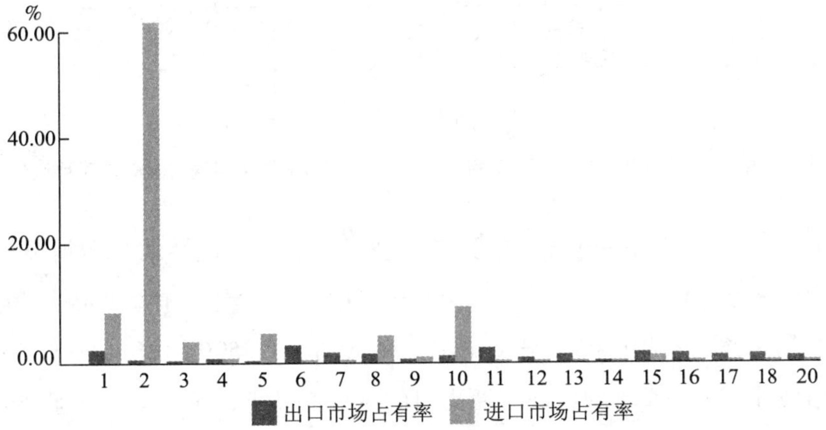

图5-4　“中国—巴西”单类产品进出口市场占有率的分布情况

（基于2016年1月至2018年3月均值数据）

图5-5显示了“中国—巴西”进出口贸易相似性。从进口贸易相似性角度来看，曲线走势具有明显的波动性，中国的进口产品结构与巴西的出口产品结构互补程度较低，数值均低于20%，基本稳定在10%。从出口贸易相似性角度来看，曲线走势较为平稳，中国的出口产品结构与巴西的进口产品结构互补程度较低，数值均低于20%，基本稳定在6%~8%。从进出口贸易相似性对比结果来看，进口贸易相似性的值明显高于出口贸易相似性的值。

① 产品分类说明见附录。

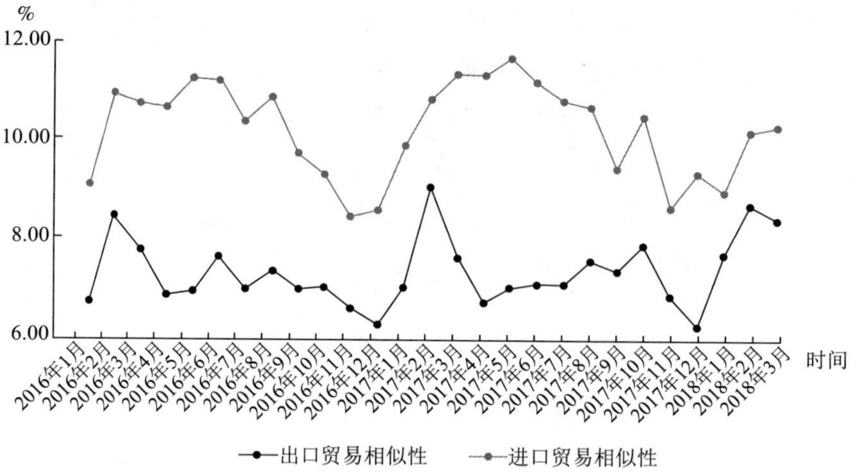

图 5-5 “中国—巴西”进出口贸易相似性（基于 2016 年 1 月至 2018 年 3 月均值数据）

图 5-6 显示了“中国—巴西”单类产品进出口贸易相似性的分布情况。从进口贸易相似性角度来看，中国从巴西进口的所有产品中，第二类（植物产品）、第四类（食品饮料）与第一类（动物产品）分列前三，依次为：91. 59%、88. 12%与 55. 76%。从出口贸易相似性角度来看，中国向巴西出口的所有产品中，第三类（油脂产品）、第五类（矿产品）与第六类（化工产品）分列前三，依次为：77. 36%、43. 23%与 21. 78%。从进出口贸易相似性对比结果来看，多数产品的进口贸易相似性的值明显高于出口贸易相似性的值，只有个别产品的出口贸易相似性的值略高于进口贸易相似性的值。

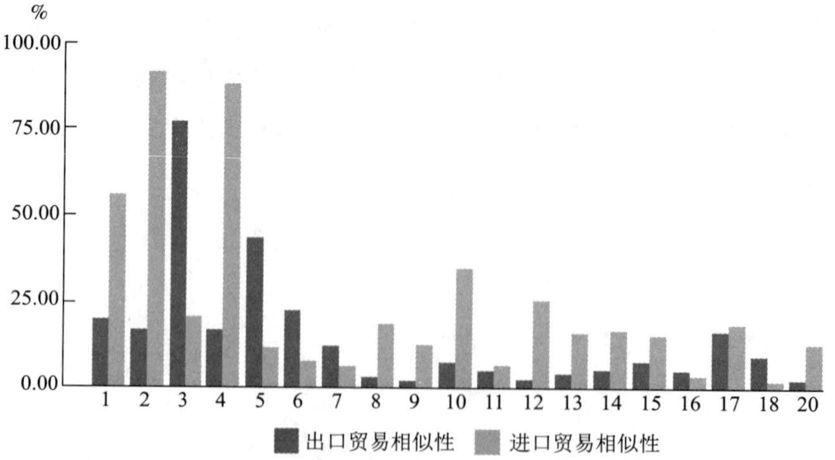

图 5-6 “中国—巴西”进出口贸易相似性（基于 2016 年 1 月至 2018 年 3 月均值数据）

二、贸易指数分析

图 5-7 显示了“中国—巴西”进出口贸易竞争力指数的基本情况。从进口贸易竞争力指数角度来看，中国从巴西的进口呈明显的季节性波动特征，每年的第二季度指数值明显高于其他季度。从出口贸易竞争力指数角度来看，除了 2016 年 1 月至 2016 年 4 月出现较为明显的下降趋势，其他月份该指数的走势呈现出稳中有升的增长态势。从进出口贸易竞争力指数对比结果来看，进口贸易竞争力指数值在多数时候要高于出口贸易竞争力指数值。

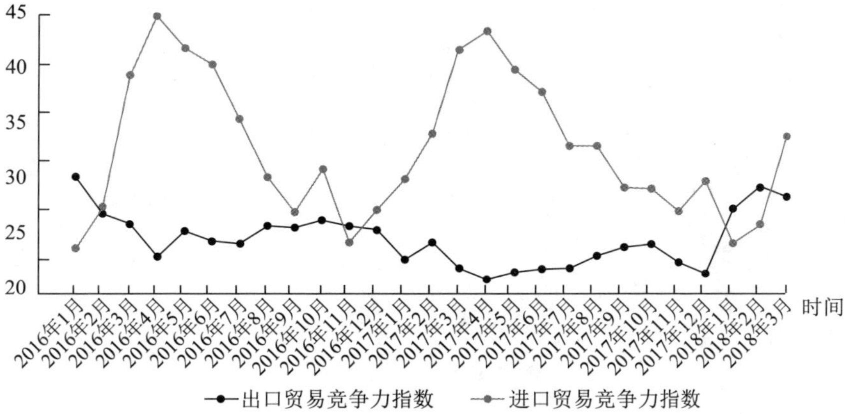

图 5-7　2016—2018 年“中国—巴西”进出口贸易竞争力指数

图 5-8 显示了“中国—巴西”进出口贸易竞争力指数特征指标的雷达图。在 12 个主宾国中，从进口贸易竞争力指数的 5 个特征指标角度来看，“中国—巴西”进口市场占有率、交叉进口市场占有率与进口显示性比较优势排名比较靠前；从出口贸易竞争力指数的 5 个特征指标角度来看，“中国—巴西”交叉市场占有率的排名比较靠前。上述结果进一步说明，“中国—巴西”进口贸易竞争力指数的表现要强于“中国—巴西”出口贸易竞争力指数的表现。

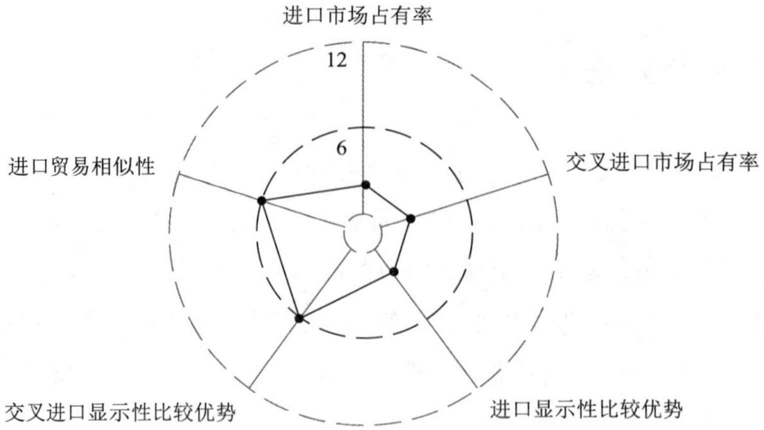

（a）进口贸易竞争力

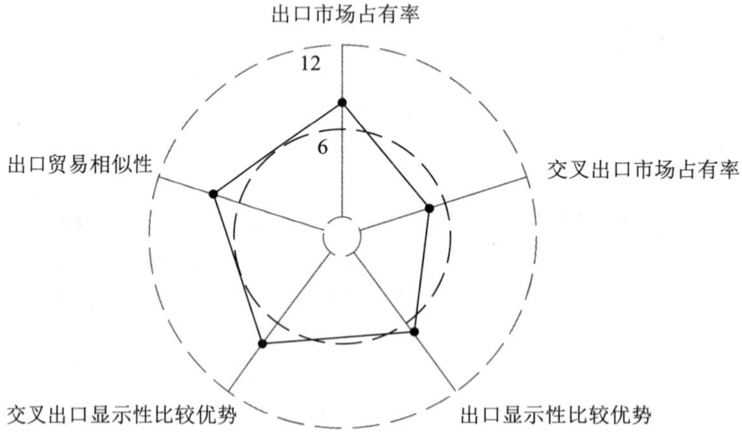

（b）出口贸易竞争力

图 5-8　“中国—巴西”进出口贸易竞争力指数特征指标的雷达图

（基于 2016 年 1 月至 2018 年 3 月均值数据）

图 5-9 显示了“中国—巴西”进出口贸易活力指数的基本情况。从进口贸易活力指数角度来看，中国从巴西进口产品的波动性较为明显。2016 年底进口贸易活力指数的走势有较为明显的提升，此后出现急剧下滑。从出口贸易活力指数角度来看，除了个别月份呈现较为明显的下降趋势，其他月份进口贸易活力指数的走势稳中有升。从进出口贸易活力指数比较结果来看，进口贸易活力指数的值在多数时候要低于出口贸易活力指数的值。

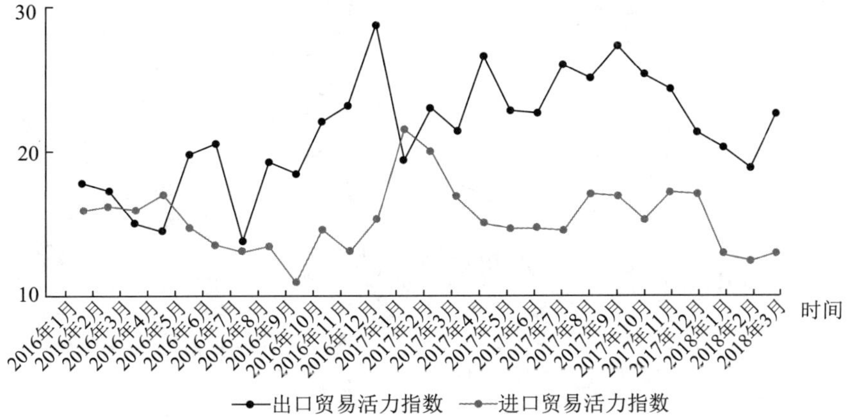

图 5-9 2016—2018 年“中国—巴西”进出口贸易活力指数

图 5-10 显示了“中国—巴西”进出口贸易活力指数特征指标的雷达图。在 12 个主宾国中，从进口贸易活力指数的 3 个特征指标角度来看，进口增长率、进口市场占有率增长率与交叉进口市场占有率增长率 3 个指标均排名靠后；从出口贸易活力指数的 3 个特征指标角度来看，出口增长率、出口市场占有率增长率与交叉出口市场占有率增长率 3 个指标均排名靠前。上述结果进一步说明，“中国—巴西”出口贸易活力指数的表现要强于“中国—巴西”进口贸易活力指数。

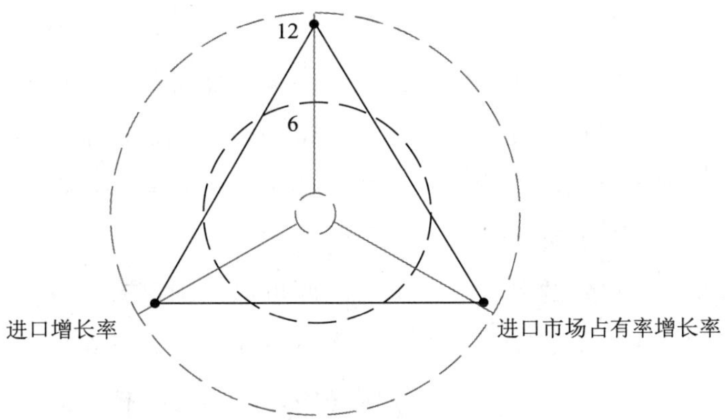

（a）进口贸易活力

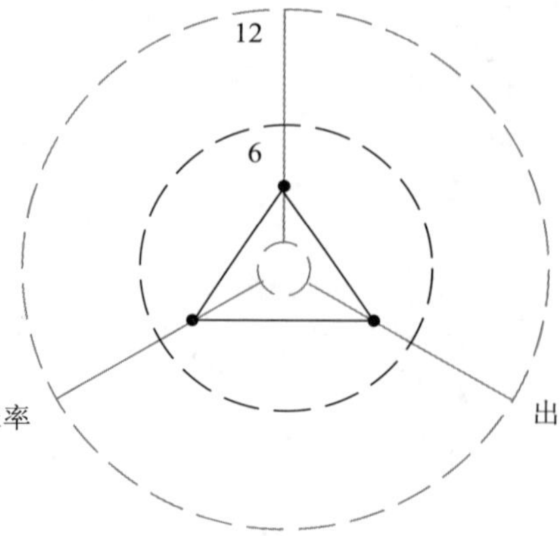

（b）出口贸易活力

图 5-10　进出口贸易活力指数特征指标的雷达图
（基于 2016 年 1 月至 2018 年 3 月均值数据）

三、发展建议

综合前面的分析可知：巴西国内基础设施较差，国内经济回升乏力，而中国与巴西的贸易结构互补程度较高，因此中国与巴西未来的贸易空间很大。鉴于此，本书提出以下两项促进中国与巴西双边贸易的对策：

一是中国与巴西应继续深化合作。自金砖国家合作机制提出以来，中国与巴西的合作在很多方面取得了突破性进展。借助“一带一路”倡议、金砖国家合作机制以及进博会的平台，中国与巴西将在交通、电力、物流、科技等领域深入交流，以改善中国与巴西的贸易环境，减少贸易阻力。

二是由于自身资源禀赋的差异，中国与巴西可以加强具有自身比较优势产品的贸易往来，如巴西的蔬菜产品、动物产品，中国的化工产品、纺织产品。两国的双边贸易可以基于上述产品开展。此外，在双边贸易中，两国的科技产品互补性较弱，两国可以加强自身产品的研发力度，并在技术密集型产品上进行深度合作，从而实现两国经济的互利共赢。

第六章　加拿大

一、经济表现

（一）加拿大经济发展概况

加拿大幅员辽阔，基础设施建设较为完备。世界经济论坛《2016—2017 年全球竞争力报告》显示，加拿大在全球最具竞争力的 138 个国家和地区中，排第十五位。世界银行发布的《营商环境报告》中，加拿大在 190 个国家和地区中排第二十二位。

图 6-1 显示了 2009—2017 年加拿大的美元名义 GDP 及环比增速。2009—2013 年加拿大的美元名义 GDP 增速逐步放缓，2014—2016 年加拿大的美元名义 GDP 甚至出现持续负增长。次贷危机、进出口贸易额下滑、加元贬值、国际油价下跌，共同导致加拿大经济连续多年低迷。但 2016 年后，美国等国对能源等产品的需求量增加，带动加拿大出口贸易额提升，促使其美元名义 GDP 状况改善。

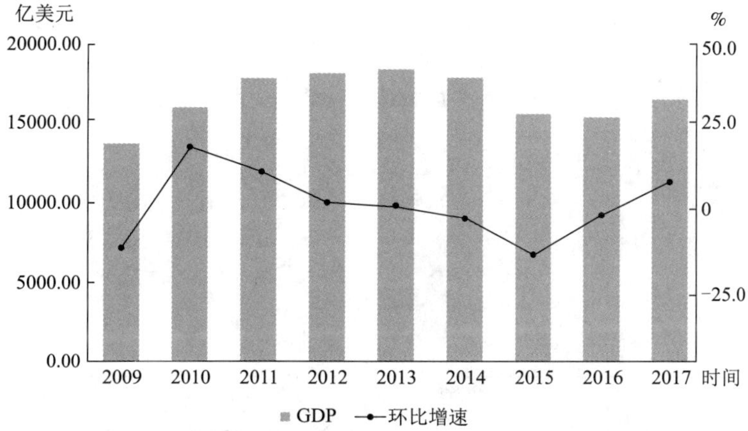

图 6-1　2009—2017 年加拿大的美元名义 GDP 及环比增速

注：美元名义 GDP 数据来源于国际货币基金组织官方网站，以亿美元为单位。

（二）对外贸易发展概况

加拿大统计局数据显示，2017 年加拿大货物进出口额为 8531.1 亿美元，同比增长 7.6%。其中，出口 4206.7 亿美元，增长 7.8%；进口 4324.4 亿美元，增长 7.4%。贸易逆差 117.7 亿美元，下降 6.4%。

分国别（地区）看，2017 年加拿大对美国、中国、英国和日本的出口额分别占加出口总额的 76.0%、4.3%、3.2%和 2.2%，出口额分别为 3196.5 亿美元、182.0 亿美元、135.9 亿美元和 91.0 亿美元，对美、中、日三国出口同比分别增长 7.4%、15.0%、5.3%和 12.4%；自美国、中国、墨西哥和德国的进口额分别占加拿大进口总额的 51.3%、12.7%、6.3%和 3.2%，进口额分别为 2220.0 亿美元、547.4 亿美元、273.6 亿美元和 138.1 亿美元，同比分别增长 5.6%、12.7%、9.2%和 6.1%。2017 年，加拿大贸易维持逆差局面，但逆差额下降 6.4%，逆差主要来自中国、墨西哥、德国、意大利和日本，分别为 365.5 亿美元、213.1 亿美元、106.3 亿美元、45.1 亿美元和 43.8 亿美元。美国是加拿大最主要的顺差来源地，顺差额为 976.5 亿美元，其次分别是英国和中国香港，顺差额分别为 67.6 亿美元和 14.2 亿美元。

图 6-2 显示，2016 年 1 月至 2018 年 3 月，加拿大进出口额主要在 300 亿至 400 亿美元区间波动，但 2018 年 1 月双双突破 400 亿美元。从出口额角度来看，加拿大的出口额小幅上涨，并呈明显的季节性波动态势，即每年 3 月达全年峰值，每年 7 月达全年低谷。从进口额角度来看，加拿大的进口额同样小幅上涨，呈现一定的季节性波动态势，其走势与出口额走势几乎一致。

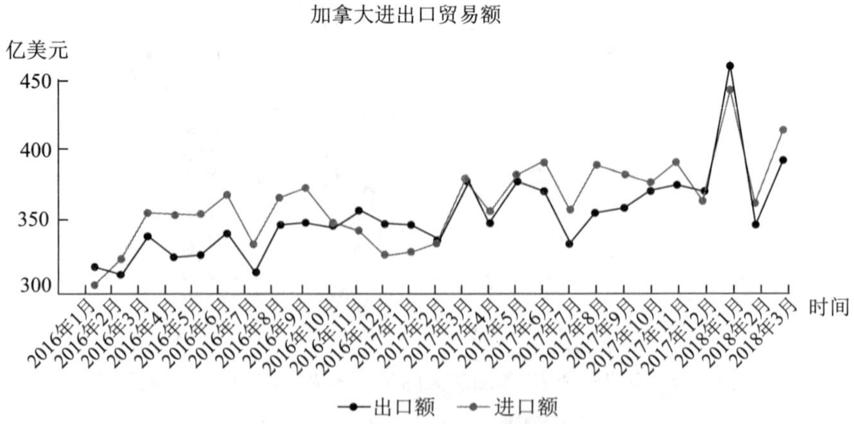

图 6-2　2016—2018 年加拿大进出口贸易额

（三）中国与加拿大的双边贸易发展概况

2017 年加拿大与中国双边货物进出口额为 729.4 亿美元，同比增长 13.2%。其中，加拿大向中国出口 182.0 亿美元，增长 15.0%，占加拿大出口总额的 4.3%，提高 0.2 个百分点；加拿大从中国进口 547.4 亿美元，增长 12.7%，占加拿大进口总额的 12.7%，提高 0.6 个百分点。加拿大与中国的贸易逆差为 365.4 亿美元，同比增长 11.5%。中国为加拿大第二大出口目的地和第二大进口来源地。

图 6-3 显示了“中国—加拿大”进出口市场占有率的基本情况。从进口市场占有率角度来看，中国从加拿大的进口持续平稳发展；从出口市场占有率角度来看，中国向加拿大的出口呈季节性波动态势，即每年 2 月出口市场占有率达到全年峰值，每年 12 月出口市场占有率降至全年低谷。从进出口市场占有率对比结果来看，中国向加拿大出口情况明显好于中国从加拿大进口情况。

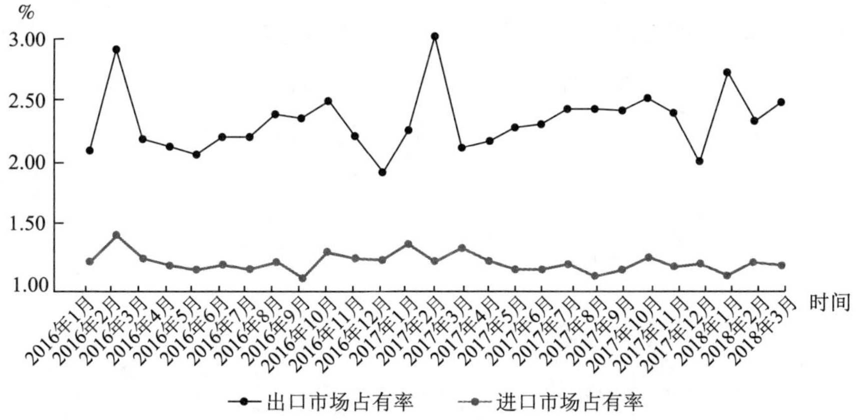

图 6-3　2016—2018 年“中国—加拿大”进出口市场占有率

图 6-4 显示了“中国—加拿大”单类产品进出口市场占有率的分布情况。从市场占有率角度来看，中国从加拿大进口的所有产品中，第三类（油脂产品）、第十类（木制品）、第二类（植物产品）分列前三，依次为：10.86%、9.80%、7.65%。从出口市场占有率角度来看，中国向加拿大出口的所有产品中，第二十类（杂项制品）、第九类（木材及相关材料）、第八类（皮革制品）分列前三，依次为：5.46%、4.88%、4.12%。从进出口市场占有率对比结果来看，除第一类（动物产品）、第二类（植物产品）、第三类（油脂产品）、第四类（食品饮料）、第五类（矿产品）、第十类（木制品）以外，多数产品的出口市场占有率的值均高于进口市场占有率。

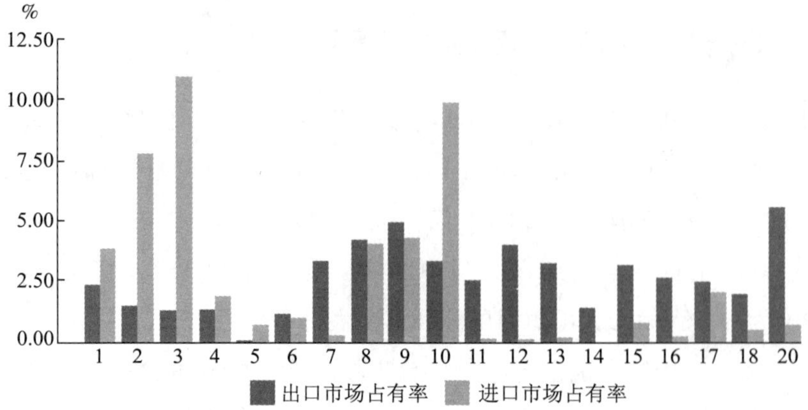

图 6-4 “中国—加拿大”单类产品进出口市场占有率的分布情况

（基于 2016 年 1 月至 2018 年 3 月均值数据）

图 6-5 显示了“中国—加拿大”进出口贸易相似性情况。从进口贸易相似性角度来看，其走势呈现较为明显的波动性，中国的进口结构与加拿大的出口结构互补程度为 20%~25%，具有一定的互补性。从出口贸易相似性角度来看，其走势同样有明显的波动性，中国的出口结构与加拿大进口结构互补程度在 10%~20%，互补程度较低。从进出口贸易相似性对比结果来看，进口贸易相似性的值明显高于出口贸易相似性的值。

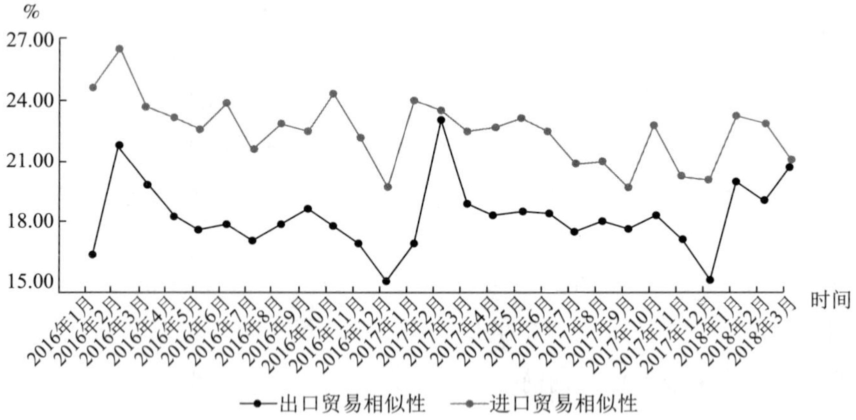

图 6-5 2016—2018 年“中国—加拿大”进出口贸易相似性

图 6-6 显示了“中国—加拿大”单类商品进出口贸易相似性的分布情况。从进口贸易相似性角度来看，中国从加拿大进口的所有产品中，第十四类（贵金属及其制品）、第二十类（杂项制品）、第十七类（运输设备）分列前三，依次为：97.16%、87.15%、68.35%。从出口贸易相似性角度来看，中国向加拿大出口的所有产品中，第

十七类（运输设备）、第三类（油脂产品）、第四类（食品饮料）分列前三，依次为：96.02%、82.17%、65.45%。从进出口贸易相似性对比结果来看，多数产品的出口贸易相似性的值高于进口贸易相似性的值。

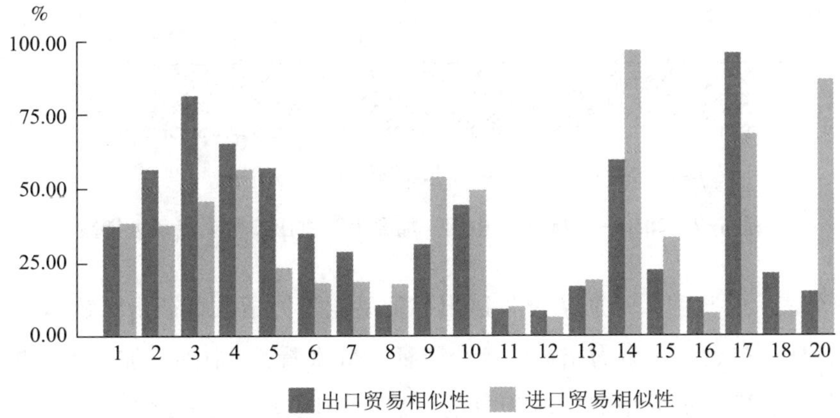

图 6-6　“中国—加拿大”进出口贸易相似性（基于 2016 年 1 月至 2018 年 3 月均值数据）

二、贸易指数分析

图 6-7 显示了“中国—加拿大”进出口贸易竞争力指数的基本情况。从进口贸易竞争力指数角度来看，指数值为 25～35，具有季节性波动特征，即每年 2 月达到全年进口峰值，12 月降至全年进口低谷。从出口贸易竞争力指数角度来看，指数值为 15～20，具有季节性波动特征，即每年 2 月达到全年出口峰值，9 月降至全年出口低谷。就进出口贸易竞争力指数比较结果来看，出口贸易竞争力指数始终高于进口贸易竞争力指数，2016 年、2017 年进出口贸易竞争力指数大致同向变动，2018 年起上述同向性消失。

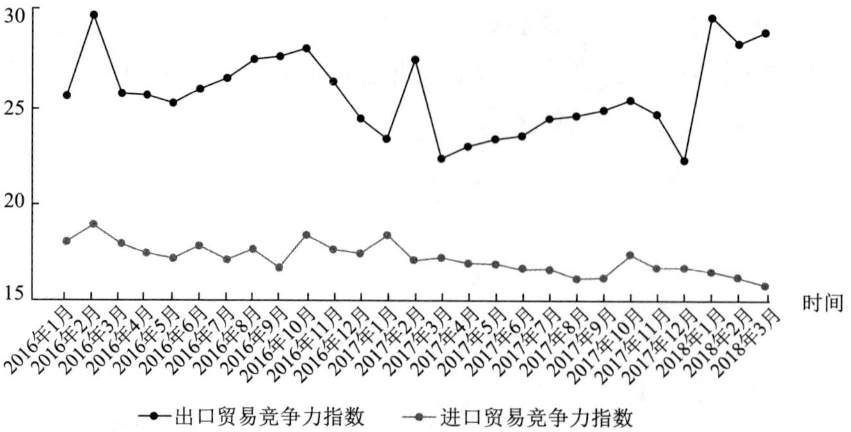

图 6-7　2016—2018 年“中国—加拿大”进出口贸易竞争力指数

图 6-8 显示了“中国—加拿大”进出口贸易竞争力指数特征指标雷达图。在 12 个主宾国中，从进口贸易竞争力指数的 5 个特征指标来看，“中国—加拿大”交叉进口显示性比较优势、进口贸易相似性较为靠前，表明中国从加拿大进口贸易在世界其他国家从加拿大的进口贸易中更具竞争力，且中国进口与加拿大出口贸易互补程度高于多数主宾国国家；在 12 个主宾国中，从出口贸易竞争力指数的 5 个特征指标来看，“中国—加拿大”出口贸易相似性、交叉出口显示性比较优势、出口市场占有率排名较为靠前，表明中国出口与加拿大进口贸易的互补程度同样高于多数主宾国国家，且中国向加拿大出口在世界其他国家向加拿大的出口中同样具有竞争力。

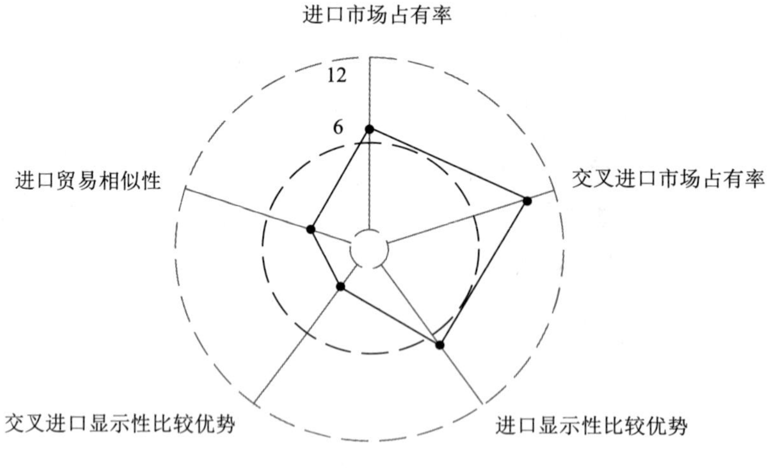

（a）进口贸易竞争力

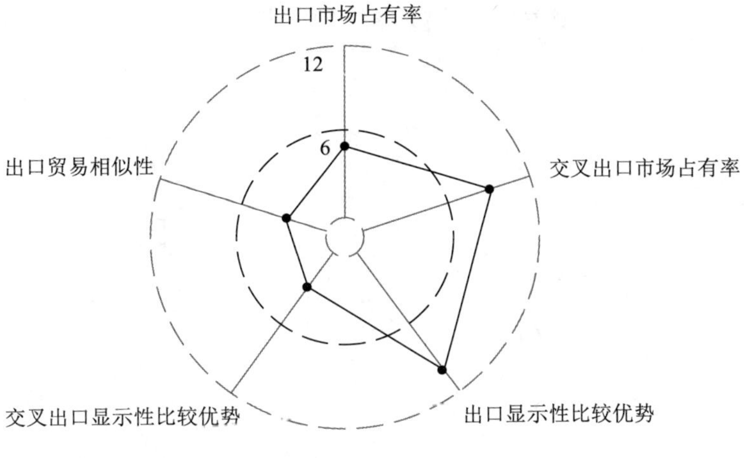

（b）出口贸易竞争力

图 6-8　进出口贸易竞争力指数特征指标的雷达图（基于 2016 年 1 月至 2018 年 3 月均值数据）

图 6-9 显示了“中国—加拿大”进出口贸易活力指数的基本情况。从进口贸易活力指数来看，指数值为 10~15，并始终呈现小幅波动态势；从出口贸易活力指数来看，指数值为 20~30，同样呈现小幅波动态势。从进出口贸易活力指数对比结果来看，测算期内各月份的出口贸易活力指数均高于进口，但两者变动方向一致。

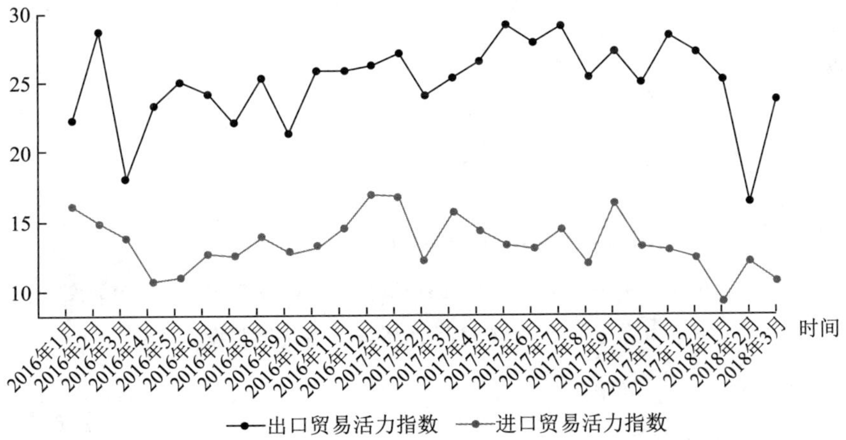

图 6-9　2016—2018 年“中国—加拿大”进出口贸易活力指数

图 6-10 显示了“中国—加拿大”进出口贸易活力指数特征指标的雷达图。在 12 个主宾国中，从进口贸易活力指数的 3 个特征指标来看，“中国—加拿大”进口增长率、进口市场占有率增长率与交叉进口市场占有率增长率 3 个指标排名均在最后。从出口贸易活力指数的 3 个特征指标来看，“中国—加拿大”出口增长率、出口市场占有率增长率指标排名居中，交叉出口市场占有率增长率指标排名靠前。该结果进一步说

明，“中国—加拿大”出口贸易活力指数的表现明显强于进口。

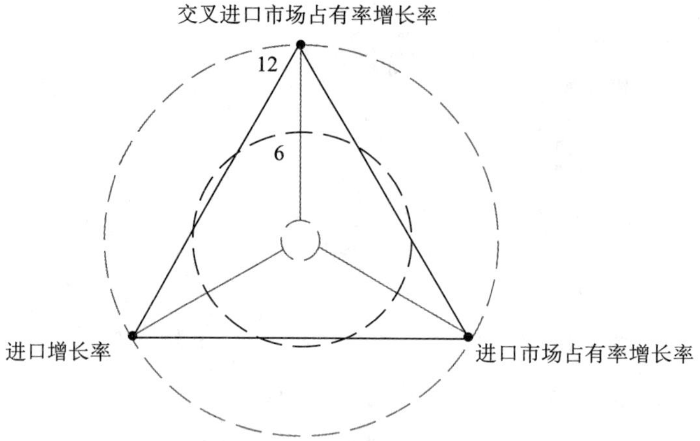

（a）进口贸易活力

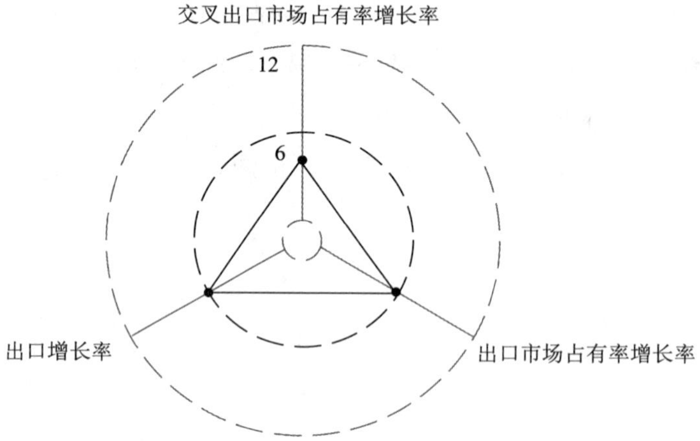

（b）出口贸易活力

图 6-10 “中国—加拿大”进出口贸易活力指数特征指标的雷达图
（基于 2016 年 1 月至 2018 年 3 月均值数据）

三、发展建议

以上分析表明，加拿大基础设施建设较为完备，经济发展环境虽受次贷危机等事件影响，但截至 2017 年已回升至较稳定水平。中国作为加拿大第二大出口目的地和第二大进口来源地，与加拿大互为重要的贸易伙伴，两国产业结构、资源禀赋高度互补。“中国—加拿大”的出口贸易竞争力、进口贸易竞争力与出口贸易活力均处于主宾国中间水平，但“中国—加拿大”的进口贸易活力明显弱于其他主宾国。为此，本书提出促进中国与加拿大双边贸易的对策：

一是充分利用两国市场，继续深化中加经贸合作。中国是最大的发展中国家，经济持续增长，劳动力资源相当丰富，正在成为全球最大的消费市场。加拿大作为发达国家，能源与矿产资源丰富，同时在金融服务、农牧业、航空航天、生物工程、环保技术、清洁能源等领域具有较强竞争优势。两国市场的差异为双方合作创造广阔空间。当前，双方合作领域正在由传统商品和制造业拓展至现代服务业、创新、旅游等各领域。未来两国应当继续深化各领域合作。

二是努力改善两国贸易环境，重点提升进口贸易活力。从“中国—加拿大”进口贸易活力指数构成来看，各类产品进口增长率的值普遍较小、多种产品进口市场占有率增长率的值为负值、多种产品进口交叉市场占有率增长率的值为负值，这是“中国—加拿大”进口贸易活力指数的值明显偏小的原因。对于我国来说，一方面，应当继续提升贸易便利化水平，逐步降低进口成本，打造优质的进口贸易营商环境；另一方面，鉴于动物产品、塑胶制品、贵金属及其制品等的市场占有率下降速度过快，可尝试培育机械设备及其附件、精密仪器及其附件等高新科技产品作为新贸易增长点。

第七章　德　国

一、经济表现

（一）德国经济发展概况

德国是欧洲最大的经济体，2017 年 GDP 占欧元区 GDP 总量的 28%。工业革命以后，始终是经济全球化的先驱者、创新者和受益者。世界经济论坛《2016—2017 年全球竞争力报告》显示，德国在全球最具竞争力的 138 个国家和地区中，排第 5 位。世界银行发布的《营商环境报告 2016》中，德国在 190 个国家和地区中排第 24 位。

图 7-1 显示了 2009—2017 年德国的美元名义 GDP 及环比增速。总体而言，德国的美元名义 GDP 在 33000 亿 ~39000 亿美元波动，但 2012 年、2014 年、2015 年美元名义 GDP 呈现负增长态势。受国际金融危机、世界经济增长放缓、美欧贸易摩擦等事件影响，德国的出口贸易趋于萎缩，导致经济增长动力有所减弱。

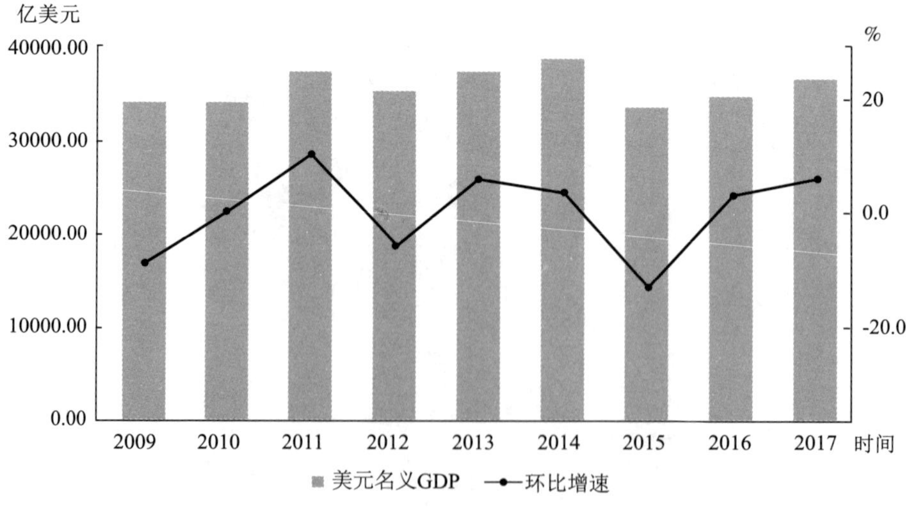

图 7-1　2009—2017 年德国的美元名义 GDP 及环比增速

（二）对外贸易发展概况

2017 年，德国进出口贸易继续增长。据欧盟统计局统计，德国贸易进出口额为 26159.6 亿美元，比上年同期增长 9.5%。其中，出口 14488.0 亿美元，增长 8.6%；进口 11671.6 亿美元，增长 10.6%。贸易顺差 2816.4 亿美元，增长 0.9%。

分国别（地区）看，2017 年德国对美国、法国、中国和英国的出口额分别占德出口总额的 8.8%、8.2%、6.8%和 6.5%，为 1268.8 亿美元、1186.5 亿美元、988.0 亿美元和 947.4 亿美元，对美国、法国和中国出口分别增长了 7.0%、6.1%和 16.2%，对英国出口下降了 0.2%，对上述四国的出口占德出口总额的 30.3%；自荷兰、中国、法国和比利时的进口额分别占德进口总额的 13.1%、7.0%、6.6%和 5.8%，为 1526.5 亿美元、817.7 亿美元、772.4 亿美元和 676.0 亿美元，分别增长了 13.8%、5.7%、0.1%和 8.8%。德国前五大顺差来源地依次是美国、英国、法国、奥地利和中国，顺差额分别为 749.9 亿美元、489.0 亿美元、414.1 亿美元、205.8 亿美元和 170.4 亿美元；逆差主要来自荷兰、比利时和捷克，分别为 612.2 亿美元、177.5 亿美元和 95.1 亿美元，分别增长了 19.4%、9.4%和 23.6%。

图 7-2 显示，在 2016 年 1 月至 2018 年 3 月期间，德国进出口贸易额呈季节性波动态势，并伴有微弱的上升趋势。在出口额方面，每年 1 月与 12 月为全年低谷，其余各月呈波动态势。从进口额角度来看，每年 1 月与 12 月同样为全年低谷，其余各月呈波动态势。从进出口差额来看，德国长期保持贸易顺差态势。

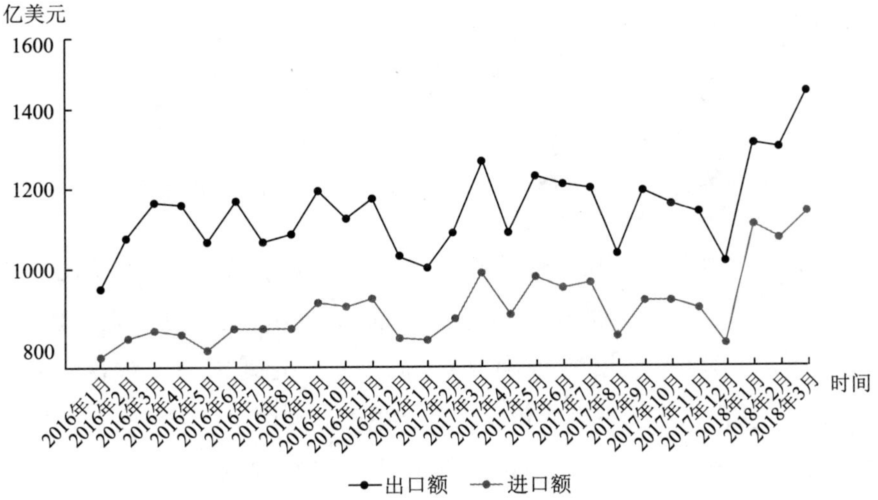

图 7-2　2016—2018 年德国进出口贸易额

（三）中国与德国的双边贸易发展概况

2017 年中国与德国双边货物进出口额为 1805.7 亿美元，同比增长 11.2%。其中，德国向中国出口 988.0 亿美元，增长了 16.2%，占德国出口总额的 6.8%，提高了 0.4 个百分点；德国从中国进口 817.7 亿美元，增长了 5.7%，占德国进口总额的 7.0%，降低了 0.3 个百分点。德国与中国的贸易顺差为 170.4 亿美元，增长了 121.4%。中国为德第三大出口市场和第二大进口来源地。

图 7-3 显示了“中国—德国”市场占有率基本情况。从进口市场占有率来看，中国从德国的进口呈现明显的季节性波动态势，即每年第三、四季度较第一、二季度市场占有率更低，第四季度为全年最低。此外，2017 年各月进口市场占有率较 2016 年下降。从出口市场占有率角度来看，各月均呈现波动性下降趋势，第一季度为全年最高，第四季度为全年最低，2017 年各月出口市场占有率较 2016 年各月下降。从进出口市场占有率对比结果来看，进口市场占有率明显高于出口市场占有率。

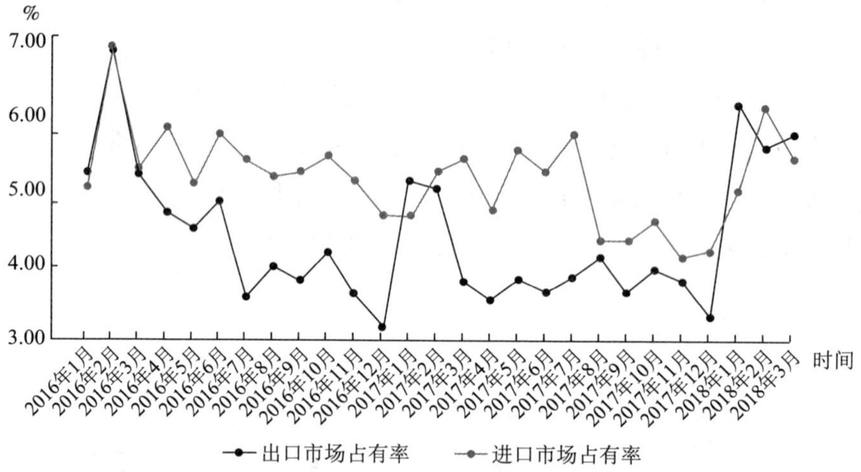

图 7-3　2016—2018 年“中国—德国”进出口市场占有率

图 7-4 显示了“中国—德国”单类产品进出口市场占有率的分布情况。从进口市场占有率角度来看，在中国从德国进口的所有产品中，第十七类（运输设备）、第十八类（精密仪器及其附件）、第二十类（杂项制品）分列前三，依次为：29.16%、9.41%、8.73%。从出口市场占有率角度来看，中国向德国出口的所有产品中，第十二类（鞋帽等产品）、第八类（皮革制品）、第二十类（杂项制品）分列前三，依次为：11.98%、9.10%、8.17%。从进出口市场占有率对比结果来看，除第四类（食品饮料）、第六类（化工产品）、第十三类（石材水泥等产品）、第十五类（贱金属及其制

品）、第十七类（运输设备）、第十八类（精密仪器及其附件）、第二十类（杂项制品）以外，多数产品的出口市场占有率高于进口市场占有率。

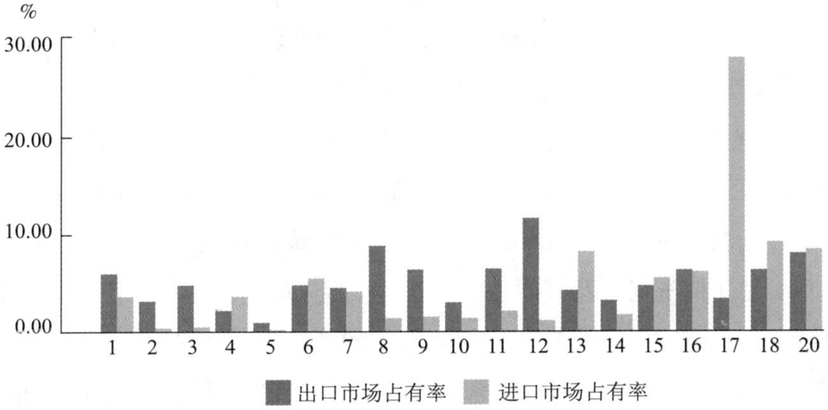

图 7-4　中国—德国单类产品进出口市场占有率的分布情况（基于 2016 年 1 月至 2018 年 3 月均值数据）

图 7-5 显示了“中国—德国”进出口贸易相似性情况。从进口贸易相似性角度来看，曲线大致围绕 37%呈现季节性波动态势，表明中国进口结构与德国出口结构互补性较高。从出口贸易相似性角度来看，曲线大致围绕 33%呈现季节性波动态势，表明中国出口结构与德国进口结构互补性较高。从进出口贸易相似性对比结果来看，除第一季度个别月份以外，进口贸易相似性指标值明显高于出口贸易相似性指标值。

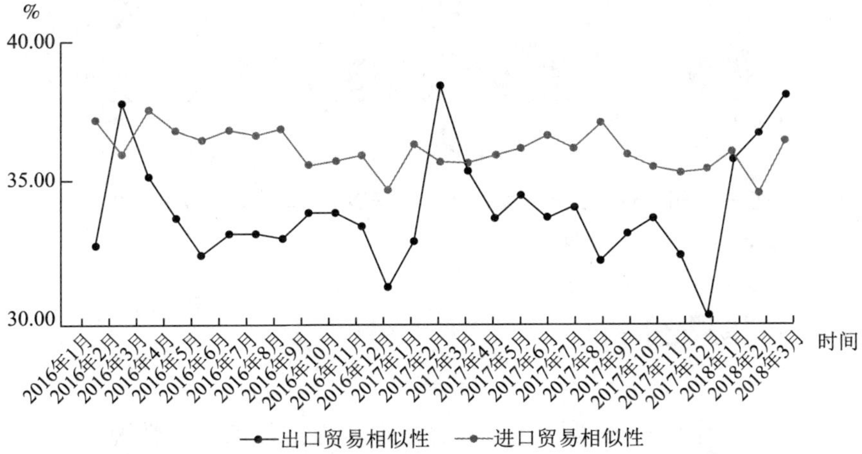

图 7-5　2016—2018 年“中国—德国”进出口贸易相似性

图 7-6 显示了“中国—德国”单类产品进出口贸易相似性的分布情况。从进口贸易相似性角度来看，中国从德国进口的所有产品中，第七类（塑胶制品）、第十五类

（贱金属及其制品）、第一类（动物产品）、第十类（木制品）、第十一类（纺织品）、第十八类（精密仪器及其附件）、第六类（化工产品）、第十六类（机械设备及其附件）、第十三类（石材水泥等产品）、第四类（食品饮料）、第十二类（鞋帽等产品）、第三类（油脂产品）贸易相似性指标值均在 50% 以上，依次为：95.89%、89.81%、89.64%、89.06%、82.92%、79.67%、72.74%、65.69%、64.19%、52.25%、50.88%、50.61%。从出口贸易相似性角度来看，在中国向德国出口的所有产品中，第九类（木材及相关材料）、第六类（化工产品）、第七类（塑胶制品）、第十类（木制品）、第十五类（贱金属及其制品）、第十六类（机械设备及其附件）、第四类（食品饮料）、第十八类（精密仪器及其附件）、第十七类（运输设备）、第二类（植物产品）贸易相似性均指标值在 50% 以上，依次为：99.64%、87.19%、82.19%、77.89%、77.69%、73.16%、70.79%、67.61%、59.11%、57.91%。从进出口贸易相似性对比结果来看，多数产品的进口贸易相似性指标值高于出口贸易相似性指标值。

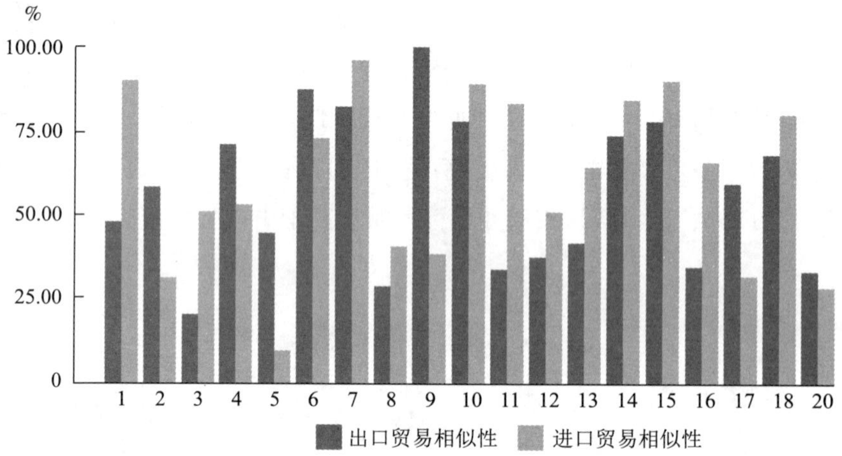

图 7-6 “中国—德国”进出口贸易相似性（基于 2016 年 1 月至 2018 年 3 月均值数据）

二、贸易指数分析

图 7-7 显示了“中国—德国”进出口贸易竞争力指数的基本情况。从进口贸易竞争力指数角度来看，中国从德国的进口呈现季节性波动态势 ，即第二季度领先其他季度，第三、四季度逐渐下降。从出口贸易竞争力指数角度来看，中国向德国的出口呈现更为明显的季节性波动态势，第一季度为全年峰值，随后逐渐下降，第四季度降至全年低谷。从进出口贸易竞争力指数对比结果来看，除每年 12 月和 2017 年 6 月、7 月

以外，出口竞争力指数值均高于进口竞争力指数值。

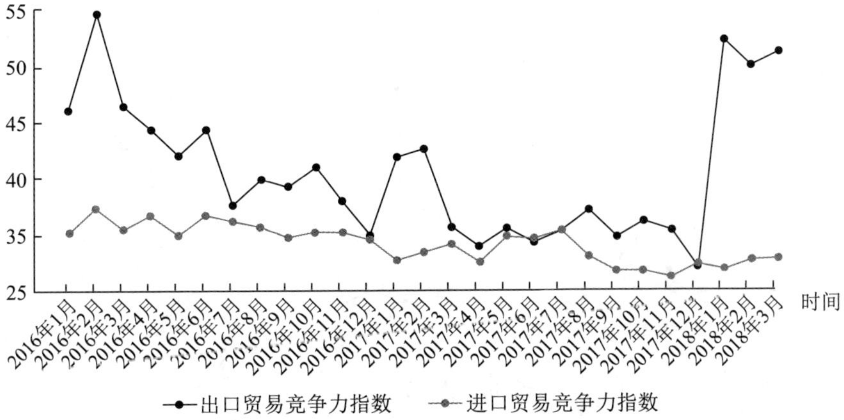

图 7-7　2016—2018 年“中国—德国”进出口贸易竞争力指数

图 7-8 显示了“中国—德国”进出口贸易竞争力指数特征指标的雷达图。在 12 个主宾国中，从进口贸易竞争力指数的 5 个特征指标来看，进口市场占有率、进口贸易相似性指标排名靠前；交叉进口市场占有率指标处于中间偏后位置；进口显示性比较优势、交叉进口显示性比较优势指标排名靠后。从出口贸易竞争力指数的 5 个特征指标来看，出口市场占有率、出口贸易相似性指标排名靠前；交叉出口显示性比较优势指标处于中间偏前位置；交叉出口市场占有率、出口显示性比较优势指标排名靠后。该结果说明，虽然“中国—德国”出口贸易竞争力指数整体领先于进口贸易竞争力指数，但是进出口贸易竞争力各分项指标在 12 个主宾国之中排序相对一致。

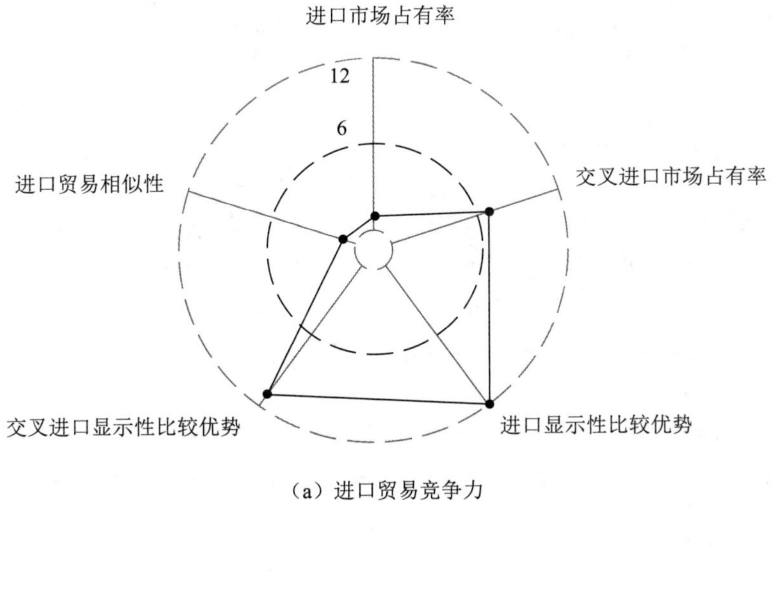

（a）进口贸易竞争力

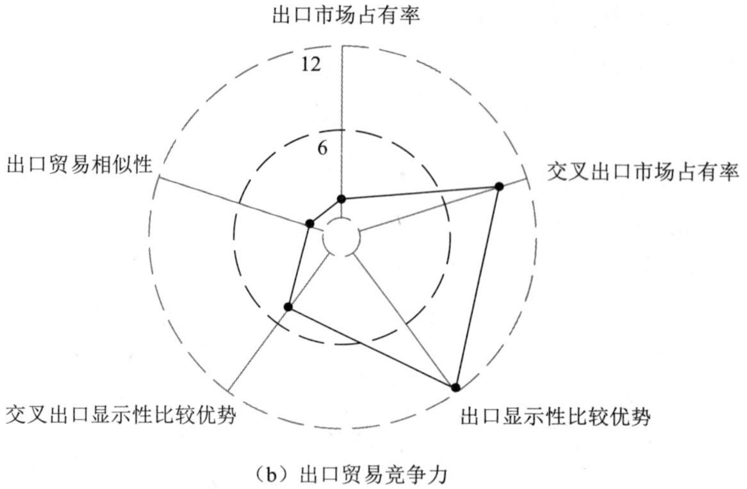

（b）出口贸易竞争力

图 7-8 “中国—德国”进出口贸易竞争力指数特征指标的雷达图

（基于 2016 年 1 月至 2018 年 3 月均值数据）

图 7-9 显示了“中国—德国”进出口贸易活力指数的基本情况。从进口贸易活力指数角度来看，其季节性变动并不明显，指数值为 10~15，整体呈现微弱的下降趋势。从出口贸易活力指数角度来看，其季节性波动同样不明显，指数值为 12~40，2016 年呈现下降趋势，此后呈现波动上升态势。从进出口贸易活力指数对比结果来看，除极个别月份以外，出口贸易活力指数值明显高于进口贸易活力指数值。

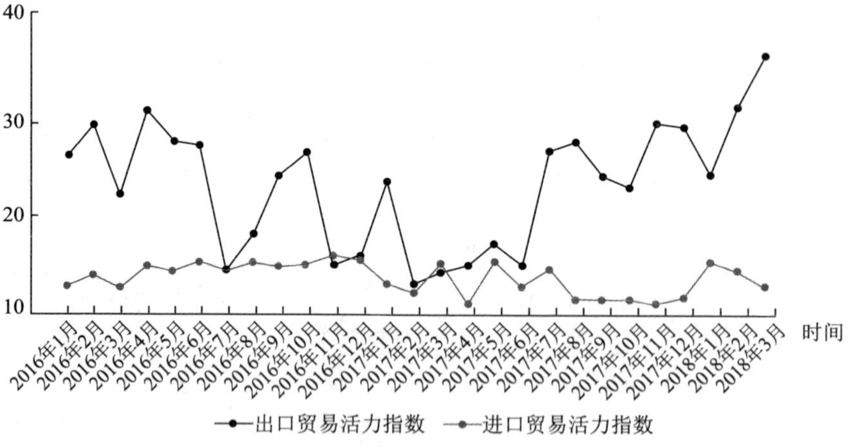

图 7-9 2016—2018 年“中国—德国”进出口贸易活力指数

图 7-10 显示了“中国—德国”进出口贸易活力指数特征指标的雷达图。在 12 个主宾国中，从进口贸易活力指数的 3 个特征指标角度来看，“中国—德国”进口增长率、进口市场占有率增长率与交叉进口市场占有率增长率 3 个指标排名均处于中间偏

后位置。从出口贸易活力指标的 3 个特征指标角度来看，“中国—德国”出口增长率、出口市场占有率增长率与交叉出口市场占有率增长率 3 个特征指标均排名靠前。该结果进一步说明，“中国—德国”出口贸易活力指数的表现好于“中国—德国”进口贸易活力指数。

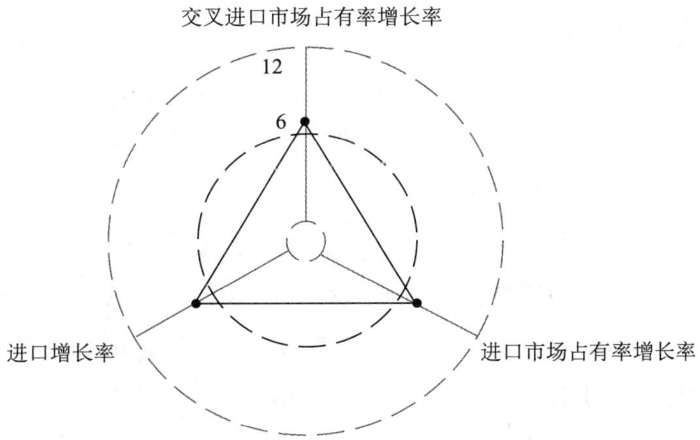

（a）进口贸易活力

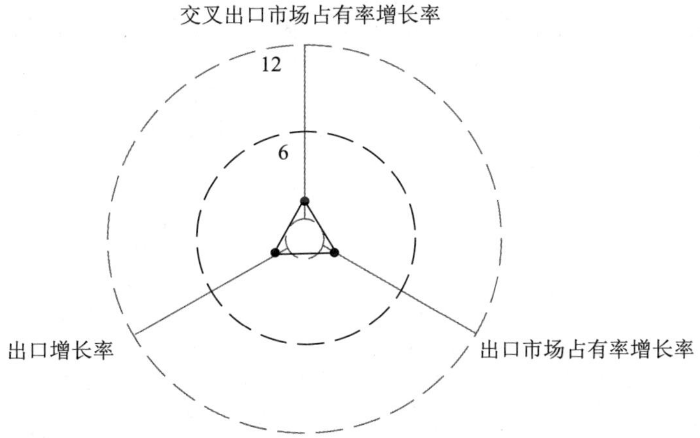

（b）出口贸易活力

图 7–10　“中国—德国”进出口贸易活力指数特征指标

（基于 2016 年 1 月至 2018 年 3 月均值数据）

三、发展建议

德国既是欧洲最大经济体、世界最重要的经济体之一，也是经济全球化的先驱者、创新者和受益者。德国的交通位置相当重要，国内基础设施建设十分发达。近年来中德两国各类产品的进出口市场占有率都处于较高水平，各类产品进出口相似性指数值均高于其他国家，贸易竞争力指数值与贸易活力指数值均处于较高水平，特别是出口贸易活力指数的排序位居主宾国前列。本书从以下两方面提出提升中德贸易的对策：

一是深化产业领域互补发展，持续优化中德经贸合作。虽然中国与德国都具备较为良好的贸易基础，但两国实际处于工业化进程的不同阶段。中国深化改革开放与德国工业 4.0 计划，将为中德合作带来新机遇。中德经贸合作应当向更高水平、更深层次迈进。在“一带一路”倡议背景下，中德可在智能制造、工业互联网、新能源汽车等领域开展研发，为两国互补合作提供更多可能性。

二是总结中德经贸合作经验，着力扩大合作示范效应。近年来，国际经贸格局正经历着大调整、大变革。中德两国内外政策保持延续，促使两国国内政治与经济发展长期稳定。德国各类产品的进出口市场占有率均处于主宾国前列，各类产品同我国的进出口贸易相似性均处于较高水平。同时，德国各类产品的进出口增长率、进出口市场占有率增长率、交叉市场占有率增长率均领先其他主宾国。总体而言，德国是一个良好的贸易伙伴。针对贸易保护主义和单边主义给全球多边贸易体系带来的挑战，相关人士应努力总结和推广中德经贸合作经验，继续推进中德金融合作、中欧经贸与金融合作。

第八章　墨西哥

一、经济表现

（一）墨西哥经济发展概况

墨西哥是拉美经济大国，世界经济论坛《2017—2018 年全球竞争力报告》显示，墨西哥在全球最具竞争力的 137 个国家和地区中，排第 51 位。在世界银行发布的《2018 年营商环境报告》中，墨西哥在 190 个国家和地区中排第 49 位。

图 8-1 显示了 2009—2017 年墨西哥的美元名义 GDP 及环比增速。2010—2015 年墨西哥经济增长速度逐步放慢，甚至在 2015 年出现了负增长；随后的几年里，增长速度又逐步加快。2017 年，墨西哥国内生产总值增长 2.1%，达 1.15 万亿美元，人均国内生产总值为 10100.6 美元，通胀率为 5.6%，失业率为 3.4%。截至 2018 年 12 月底，该国外汇储备为 1746.09 亿美元，主要受益于墨西哥在工业、农业和服务业方面的良好表现。

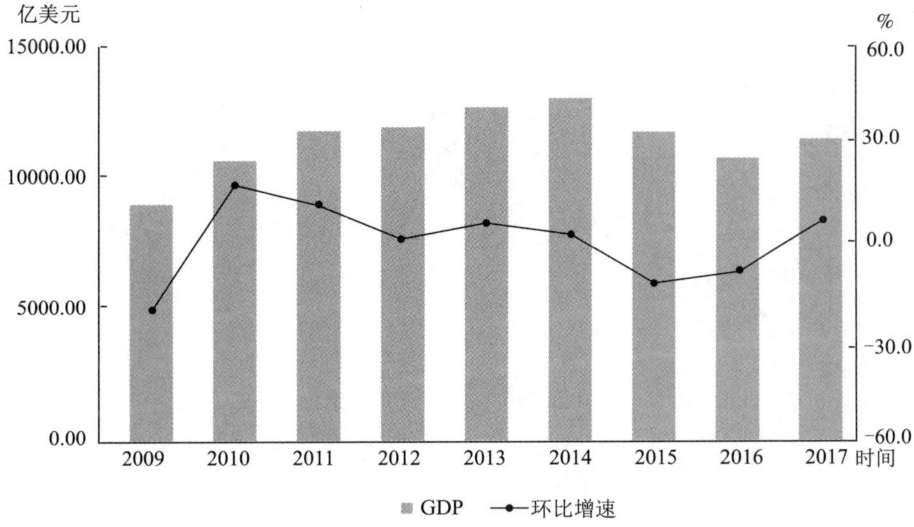

图 8-1　2009—2017 年墨西哥的美元名义 GDP 及环比增速

（二）对外贸易发展概况

据墨西哥央行统计，2017 年墨西哥外贸总额为 8298.5 亿美元，同比增长 9%。其中，进口 4203.7 亿美元，增长了 8.6%；出口 4094.8 亿美元，增长了 9.6%；贸易逆差 108.9 亿美元，下降了 17.06%。

2017 年，墨西哥对美国、加拿大、德国和中国的货物贸易出口额分别占墨西哥货物贸易出口总额的 79.8%、2.8%、1.7% 和 1.6%，出口额分别为 3269.59 亿美元、113.77 亿美元、69.52 亿美元和 67.12 亿美元，分别增长了 8.0%、9.1%、76.0% 和 24.2%；自美国、中国、日本和德国的货物进口额分别占墨西哥货物进口总额的 46.3%、17.6%、4.3% 和 3.9%，进口额分别为 1945.43 亿美元、741.45 亿美元、181.85 亿美元和 164.21 亿美元，分别增长了 8.3%、6.7%、2.4% 和 18.3%。墨西哥前三大贸易顺差来源地依次是美国、加拿大和哥伦比亚，顺差额分别为 1324.16 亿美元、15.89 亿美元和 14.90 亿美元；贸易逆差主要来自中国、日本、韩国和德国，分别为 674.34 亿美元、141.35 亿美元、123.28 亿美元和 94.69 亿美元。

图 8-2 显示，2016 年 1 月至 2018 年 3 月，墨西哥的进出口额都呈现出波动性的增长趋势。从出口额角度来看，墨西哥的出口波动性较大，增长幅度也较大，在 2017 年 1 月出口额出现骤减，随后又波动上升，并在 2018 年 3 月达到最高点。从进口额角度来看，2016 年 1 月至 2017 年 1 月墨西哥进口额波动幅度较小，2017 年 2 月至 2018 年 3 月波动幅度较大，并呈现逐步增长的趋势。从进出口差额来看，墨西哥基本上长期保持着贸易逆差的态势。

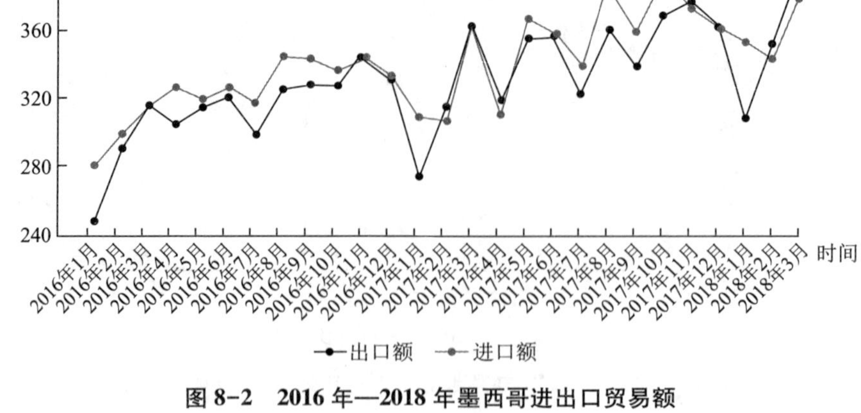

图 8-2　2016 年—2018 年墨西哥进出口贸易额

（三）中国与墨西哥的双边贸易发展概况

2017 年，中国与墨西哥的双边贸易额约为 808.6 亿美元，同比增长 7.9%。其中，墨西哥向中国出口 67.1 亿美元，增长了 24%，占墨西哥出口总额的 1.64%，提高了 0.19 个百分点；墨西哥从中国进口 741.5 亿美元，下降了 6.7%，占墨西哥进口总额的 17.64%，降低了 0.32 个百分点。墨西哥与中国的贸易逆差约为 674.4 亿美元，增长了 3.59%。

图 8-3 显示了 2016 年 1 月至 2018 年 3 月"中国—墨西哥"进出口市场占有率的基本情况。从进口市场占有率角度来看，"中国—墨西哥"的进口市场占有率很低，均低于 1%，且波动幅度很小。从出口市场占有率角度来看，"中国—墨西哥"的出口占有率较低，一般稳定在 3%左右，但每年 2 月一般会增长到 4%左右，呈现出一定的规律性。从进出口市场占有率对比结果来看，中国向墨西哥的出口情况明显好于中国从墨西哥的进口情况。

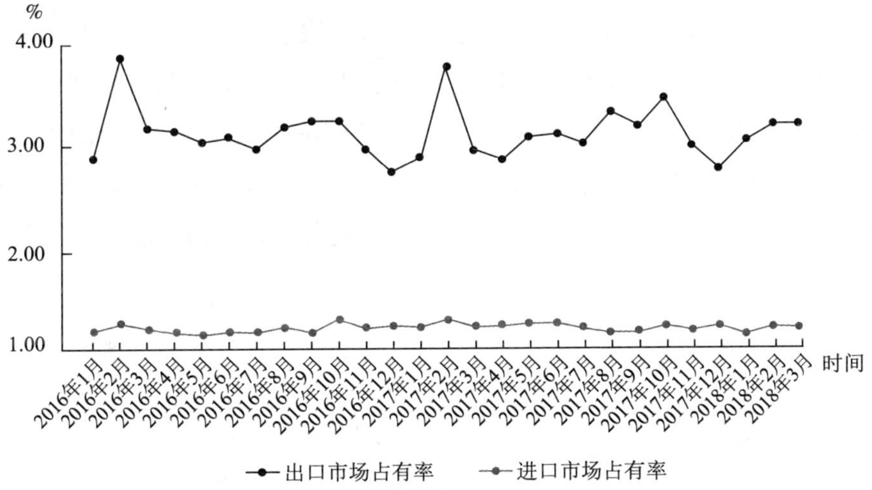

图 8-3　2016—2018 年"中国—墨西哥"进出口市场占有率

图 8-4 显示了"中国—墨西哥"单类产品进出口市场占有率的分布情况。从进口市场占有率角度来看，在中国从墨西哥进口的所有产品中，第十七类（运输设备）、第四类（食品饮料）与第八类（皮革制品）分列前三，依次为：1.39%、0.98%与 0.81%。从出口市场占有率角度来看，在中国向墨西哥出口的所有产品中，第十六类（机械设备及其附件）、第十八类（精密仪器及其附件）与第十七类（运输设备）分列前三，依次为：4.54%、3.51%与 3.47%。从进出口市场占有率对比结果来看，出口市场占有率明显高于进口市场占有率，只有个别产品的进口市场占有率高于出口市场占有率。

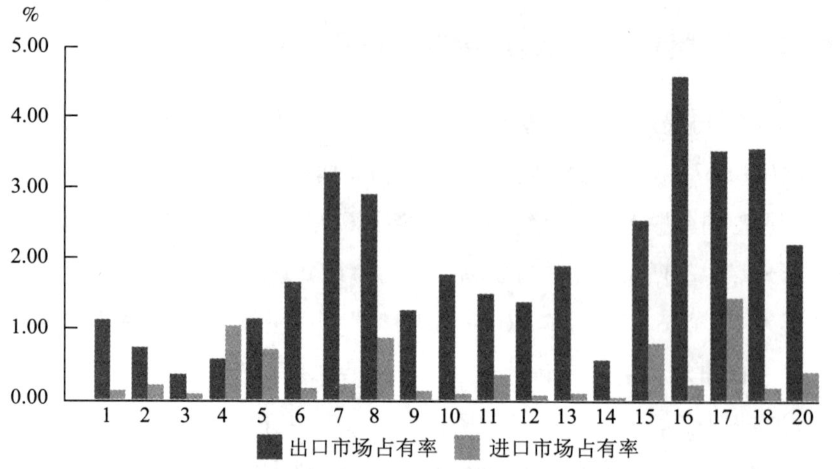

图 8-4 “中国—巴墨西哥”单类产品进出口市场占有率的分布情况

（基于 2016 年 1 月至 2018 年 3 月均值数据）

图 8-5 显示了“中国—墨西哥”进出口贸易相似性情况。从进口贸易相似性角度来看，在发展过程中曲线呈波动性下降趋势，中国的进口结构与墨西哥的出口结构互补程度总体较低，除个别月份外，数值大都低于 20%。从出口贸易相似性角度来看，曲线走势呈现出一定季节性特征，除 2 月数据高于 20%，中国的出口结构与墨西哥的进口结构互补程度较高外，其余月份均低于 20%，互补程度较低，在 12 月甚至低于 15%。从进出口贸易相似性对比结果来看，进口贸易相似性的值一般都高于出口贸易相似性的值。

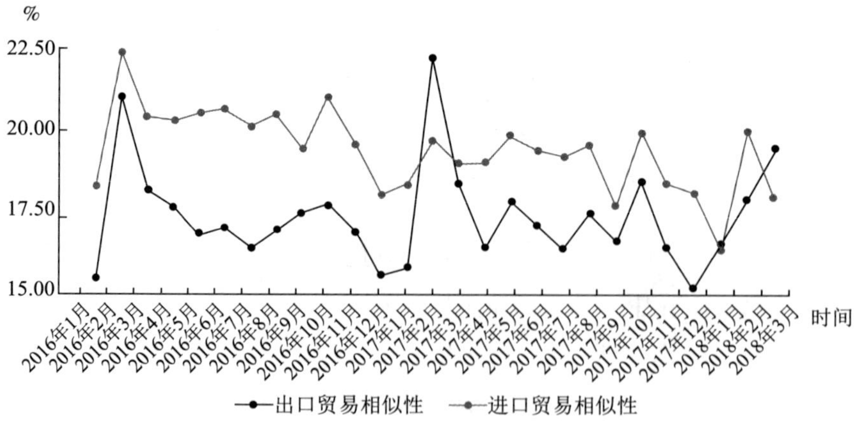

图 8-5 2016—2018 年“中国—墨西哥”进出口贸易相似性情况

图 8-6 显示了“中国—墨西哥”单类产品进出口贸易相似性的分布情况。从进口贸易相似性角度来看，在中国从墨西哥进口的所有产品中，第十七类（运输设备）、第

四类（食品饮料）与第二十类（杂项制品）分列前三，依次为：86.99%、66.33%与62.85%。从出口贸易相似性角度来看，在中国向墨西哥出口的所有产品中，第三类（油脂产品）、第五类（矿产品）与第十七类（运输设备）分列前三，依次为：77.35%、71.93%与48.19%。从进出口贸易相似性对比结果来看，大多数产品的出口贸易相似性的值高于进口贸易相似性的值，少部分产品的进口贸易相似性的值高于出口贸易相似性的值。

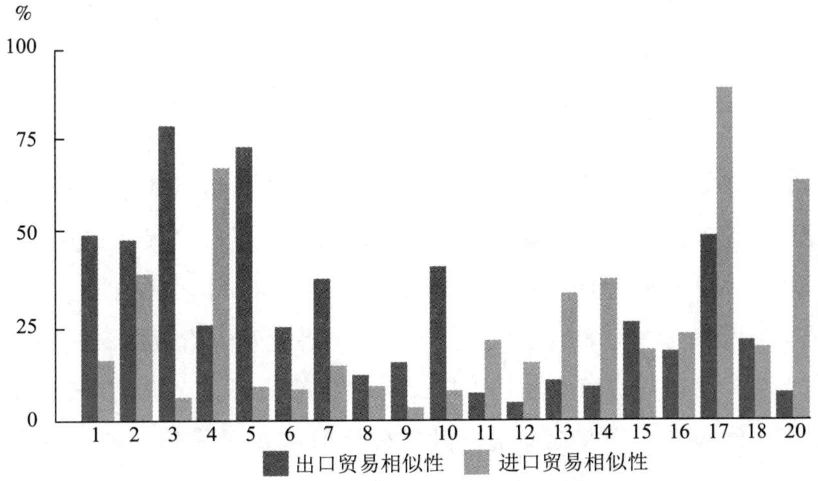

图 8-6　“中国—墨西哥”进出口贸易相似性（基于 2016 年 1 月至 2018 年 3 月均值数据）

二、贸易指数分析

图 8-7 显示了“中国—墨西哥”进出口贸易竞争力指数的基本情况。从进口贸易竞争力指数角度来看，“中国—墨西哥”进口贸易竞争力指数值基本稳定在 10~20，曲线波动较小。从出口贸易竞争力指数角度来看，“中国—墨西哥”出口贸易竞争力指数曲线呈现出波动性下降的趋势，且 2 月的数据普遍高于其他月份。从进出口贸易竞争力指数对比结果来看，出口贸易竞争力指数值远远高于进口贸易竞争力指数值。

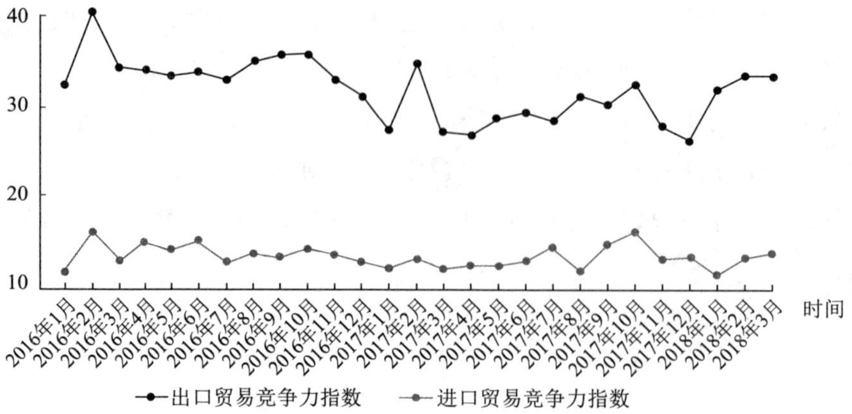

图 8-7　2016—2018 年“中国—墨西哥”进出口贸易竞争力指数

图 8-8 显示了“中国—墨西哥”进出口贸易竞争力指数特征指标的雷达图。在 12 个主宾国中，从进口贸易竞争力指数的 5 个特征指标来看，交叉进口显示性比较优势排名较为靠前，进口贸易相似性排名处于中间位置，进口市场占有率、进口显示性比较优势和交叉进口市场占有率排名靠后。从出口贸易竞争力指数的 5 个特征指标来看，出口市场占有率、出口贸易相似性和出口显示性比较优势排名靠前，交叉出口进口市场占有率处于中间位置，交叉出口显示性比较优势的排名靠后。该结果进一步说明，“中国—墨西哥”出口贸易竞争力指数的表现要强于“中国—墨西哥”进口贸易竞争力指数。

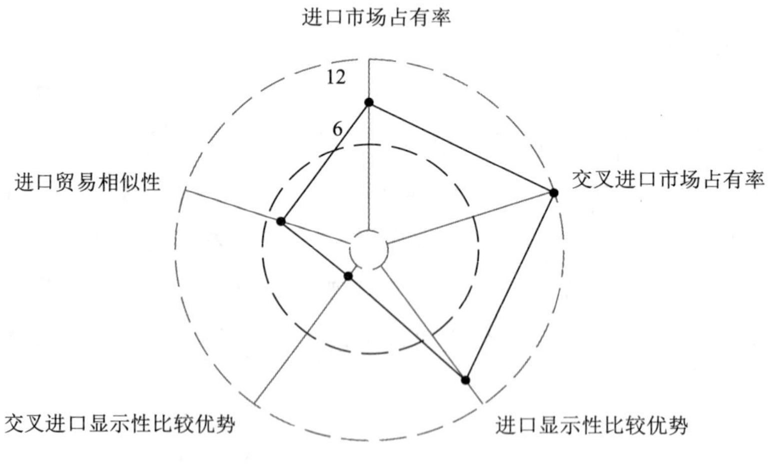

（a）进口贸易竞争力

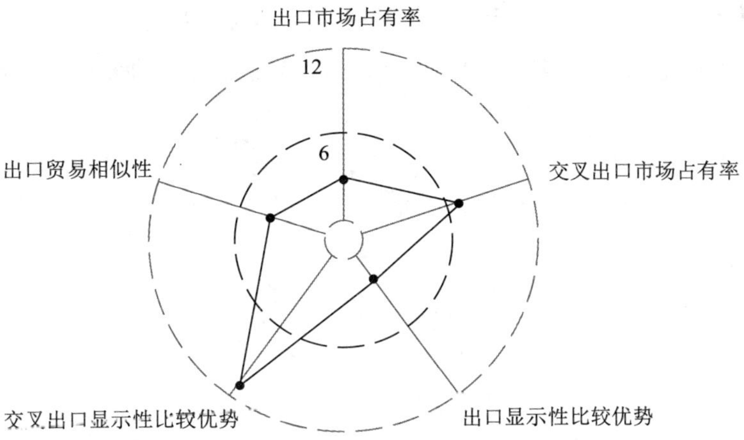

（b）出口贸易竞争力

图 8-8　进出口贸易竞争力指数特征指标的雷达图（基于 2016 年 1 月至 2018 年 3 月均值数据）

图 8-9 显示了“中国—墨西哥”进出口贸易活力指数的基本情况。从进口贸易活力指数角度来看，曲线的波动性较为明显，2016 年 10 月急剧上升，在 2017 年 5 月又开始迅速下降。从出口贸易活力指数角度来看，除了个别月份出现增长，其他月份曲线主要呈现出稳步下降的趋势。从进出口贸易活力指数对比结果来看，进口贸易活力指数值基本上都低于出口贸易活力指数值。

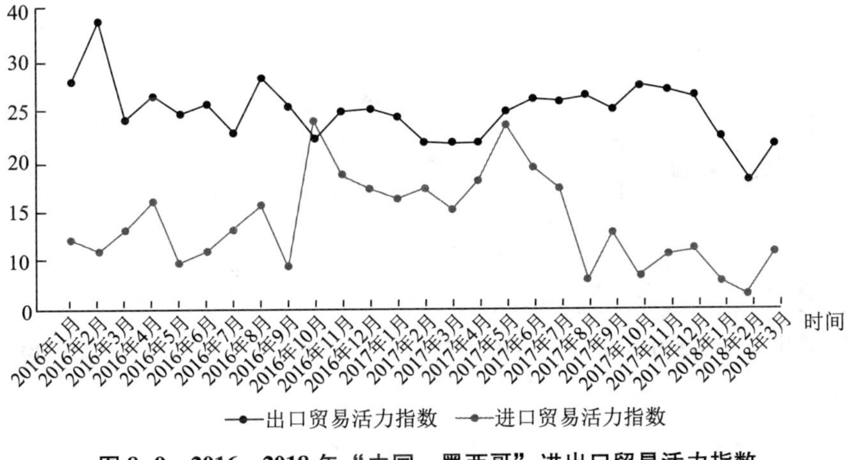

图 8-9　2016—2018 年“中国—墨西哥”进出口贸易活力指数

图 8-10 显示了“中国—墨西哥”进出口贸易活力指数特征指标的雷达图。在 12 个主宾国中，从进口贸易活力指数的 3 个特征指标来看，进口增长率、进口市场占有率增长率与交叉进口市场占有率增长率 3 个指标均处于中间靠后的位置。从出口贸易活力指数的 3 个特征指标来看，交叉出口市场占有率增长率处于中间位置，而出口增

长率和出口市场占有率增长率处于中间靠后的位置。该结果说明，“中国—墨西哥”进出口贸易的活力都不高，中国向墨西哥的出口贸易活力指数的表现要略微强于进口贸易活力指数。

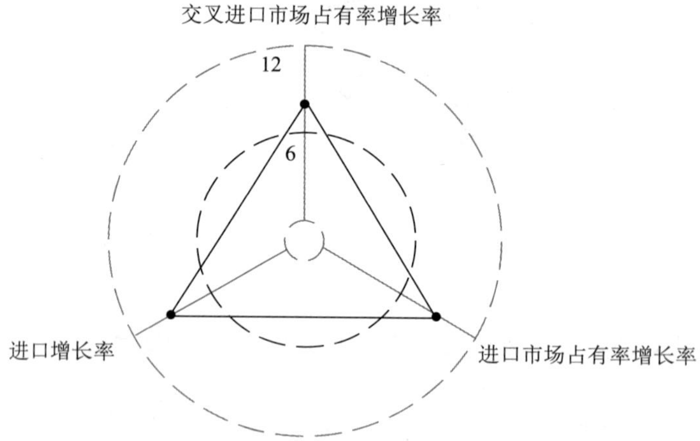

（a）进口贸易活力

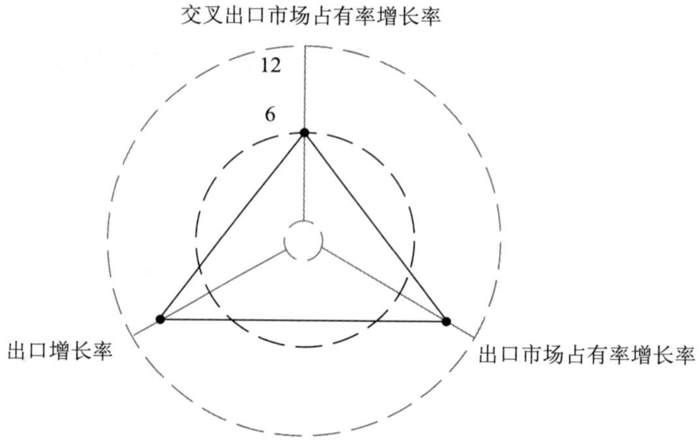

（b）出口贸易活力

图 8-10　进出口贸易活力指数特征指标的雷达图（基于 2016 年 1 月至 2018 年 3 月均值数据）

三、发展建议

综合前面的分析可得出：中国与墨西哥双边贸易的规模不大，贸易的互补程度较低，墨西哥在中国市场的产品竞争力和占有率不高，墨西哥长期处于贸易逆差的状态，双边贸易发展不均衡。鉴于此，本书提出两项促进中国与墨西哥双边贸易的发展建议。

一是深入开展中国与墨西哥贸易互补性领域的合作。从前面的分析中可以看出，中国与墨西哥贸易的互补性没有得到充分发挥，在一定程度上影响了双边贸易的发展，深入挖掘中国与墨西哥贸易互补性的潜力成为现实需要。根据两国要素禀赋的差异，继续发挥各自的比较优势，扩大产业间的贸易，深入挖掘产业内的贸易。墨西哥应扩大对中国初级产品的出口规模，中国可对互补性潜力大的产品给予政策上的优惠，拓展双方进出口产品的途径。

二是优化贸易结构，平衡双边贸易。从前面的分析中可知，中国与墨西哥的双边贸易的不平衡，主要原因就在于双边贸易结构的不合理。两国应实施有效的策略，改善贸易失衡的状况。中国应完善出口产品结构，优化贸易环境，扩大对墨西哥的出口。墨西哥应继续扩大对中国的出口，鼓励企业不断提高产品的技术含量，优化产品的出口结构，并积极与中国高科技企业开展合作。

第九章　匈牙利

一、经济表现

（一）匈牙利经济发展概况

匈牙利地理位置优越，区位优势突出，基础设施完善，劳动力性价比高，投资环境较好，这些因素决定了其在欧洲的生产基地和物流集散中心的地位。根据世界银行发布的《2018 年营商环境报告》，匈牙利在全球 190 个经济体中排第 48 位。世界经济论坛《2017—2018 年全球竞争力报告》显示，匈牙利在全球最具竞争力的 137 个国家和地区中排第 60 位。

图 9-1 显示了 2009—2017 年匈牙利的美元名义 GDP 及环比增速情况。2014 年，在世界经济特别是欧盟经济复苏的大背景下，匈牙利经济整体表现势头强劲，国内生产总值达 1401. 18 亿美元，增速高于欧盟 1. 4%的平均增速。2016 年，匈牙利国内生产总值同比增长 2%，近年来，除 2015 年出现负增长外，在欧盟资金推动、政府一系列"非常规"经济政策和惠民举措影响下，匈牙利经济进入稳步增长通道。

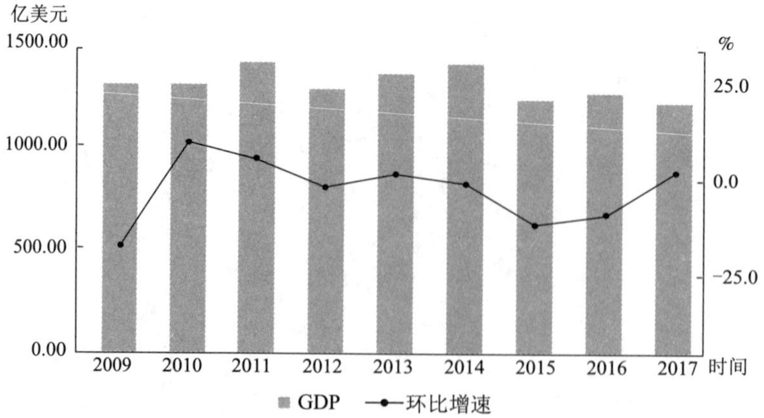

图 9-1　2009—2017 年匈牙利美元名义 GDP 及环比增速

注：美元名义 GDP 数据来源于国际货币基金组织官方网站，以亿美元为单位。

（二）对外贸易发展概况

据欧盟统计局统计，2017 年，匈牙利货物进出口总额为 2210.0 亿美元，同比分别增长 12.9%。其中，出口 1136.2 亿美元，同比分别增长 11.5%；进口 1073.8 亿美元，同比分别增长 14.4%。贸易顺差 62.4 亿美元，同比分别下降 22.3%。

分国别（地区）看，2017 年，匈牙利对德国、罗马尼亚和意大利的出口额分别为 314.1 亿美元、61.6 亿美元和 58.0 亿美元，分别占匈牙利出口总额的 27.6%、5.4%和 5.1%，同比增长 9.9%、15.4%和 18.3%；自德国、奥地利和中国的进口额分别为 272.3 亿美元、67.7 亿美元和 63.1 亿美元，分别占匈牙利进口总额的 25.4%、6.3%和 5.9%，同比分别增长 10.9%、12.4%和 8.3%。匈牙利的贸易顺差主要来自德国、罗马尼亚和英国，2017 年顺差额分别为 41.8 亿美元、29.6 亿美元和 18.5 亿美元，变动幅度分别为 3.5%、22.4%和-15.6%。匈牙利的贸易逆差主要来自中国和俄罗斯，2017 年逆差额分别为 45.3 亿美元和 20.2 亿美元，同比分别增长 4.9%和 84.9%。

图 9-2 显示，2016 年 1 月至 2018 年 3 月，匈牙利的进出口额曲线都呈现出明显的波动态势，且进口额曲线和出口额曲线同步上升或者下降。匈牙利的进出口额曲线都具有波动性上升的趋势，在 2017 年第四季度同时急剧下降，随后又迅速回升。从进出口差额来看，匈牙利长期保持着贸易顺差的态势。

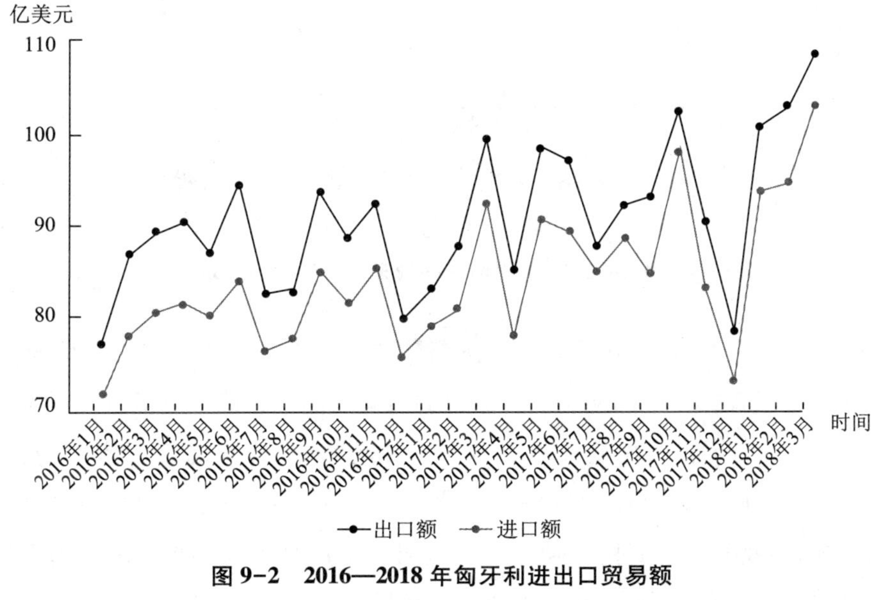

图 9-2　2016—2018 年匈牙利进出口贸易额

（三）中国与匈牙利的双边贸易发展概况

据欧盟统计局统计，2017 年，匈牙利与中国的双边货物贸易额为 80. 9 亿美元，同比增长 10. 3%。其中，匈牙利对中国出口 17. 8 亿美元，同比增长 18. 0%，占匈牙利出口总额的 1. 6%，提高 0. 1 个百分点；匈牙利自中国进口 63. 1 亿美元，同比增长 8. 3%，占匈牙利进口总额的 5. 9%，同比下降 0. 3 个百分点。匈方贸易逆差 45. 3 亿美元，同比增长 4. 9%。

图 9-3 显示了“中国—匈牙利”进出口市场占有率的基本情况。从进口市场占有率角度来看，中国从匈牙利的进口规模很小，曲线基本在 0. 10%~0. 15%，整体较为平稳。从出口市场占有率来看，中国向匈牙利的出口规模很小，曲线在 0. 25%左右波动。每年的 2 月曲线明显上涨态势明显，涨幅较大，随后又会急剧下落。从进出口市场占有率对比结果来看，中国向匈牙利的出口情况明显好于中国从匈牙利的进口情况。

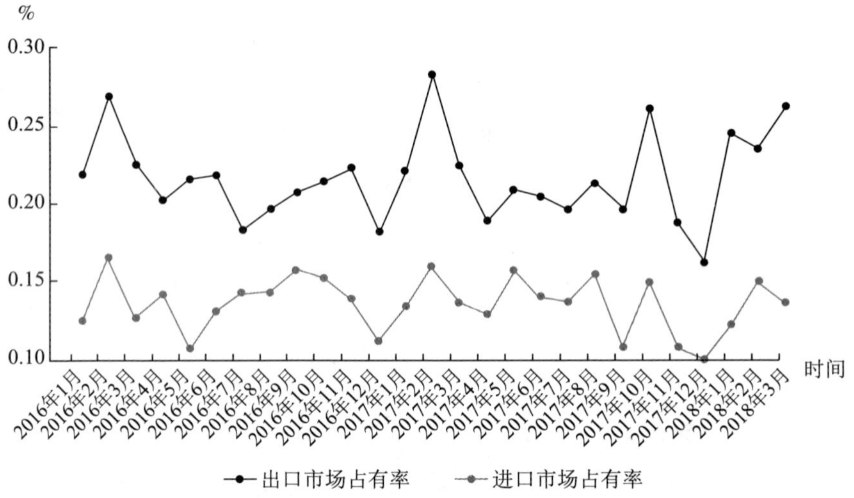

图 9-3　2016—2018 年“中国—匈牙利”进出口市场占有率

图 9-4 显示了“中国—匈牙利”单类产品进出口市场占有率的分布情况。从进口市场占有率角度来看，在中国从匈牙利进口的所有产品中，第十七类（运输设备）、二十类（杂项制品）与第十八类（精密仪器及其附件）分列前三，依次为：1. 18%、0. 87%与 0. 23%。从出口市场占有率角度来看，在中国向匈牙利出口的所有产品中，第十六类（机械设备及其附件）、第十二类（鞋帽等产品）与第十八类（精密仪器及其附件）分列前三，依次为：0. 41%、0. 38%与 0. 31%。从进出口市场占有率比较结果来看，绝大多数产品的出口市场占有率高于进口市场占有率，只有小部分产品的进口市场

占有率明显高于出口市场占有率。

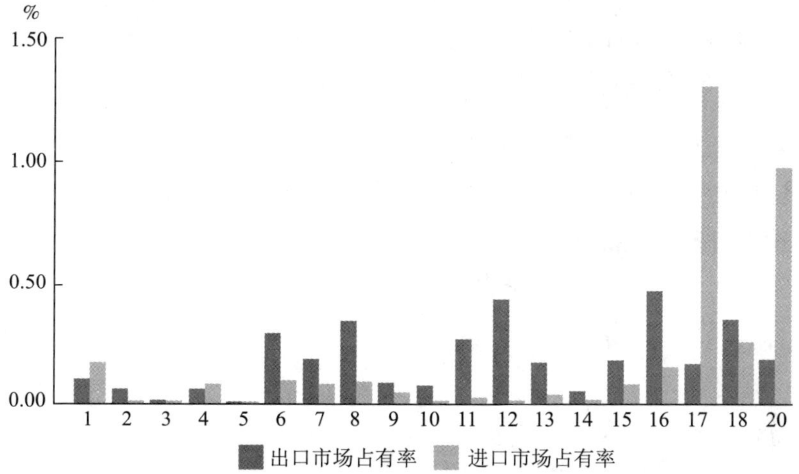

图 9-4　“中国—匈牙利”单类产品进出口市场占有率的分布情况

（基于 2016 年 1 月至 2018 年 3 月均值数据）

图 9-5 显示了“中国—匈牙利”进出口贸易相似性情况。从进口贸易相似性角度来看，曲线呈现出波动下降的趋势，说明中国的进口结构与匈牙利的出口结构互补程度较低，数值均低于 10%，围绕 6%上下波动。从出口贸易相似性角度来看，曲线波动性较大，每年的 2 月基本处于最高点随后又出现下降，中国的出口结构与匈牙利的进口结构互补程度较低，数值均低于 8%，基本稳定在 4%~6%。从进出口贸易相似性比较结果来看，进口贸易相似性的值要高于出口贸易相似性的值。

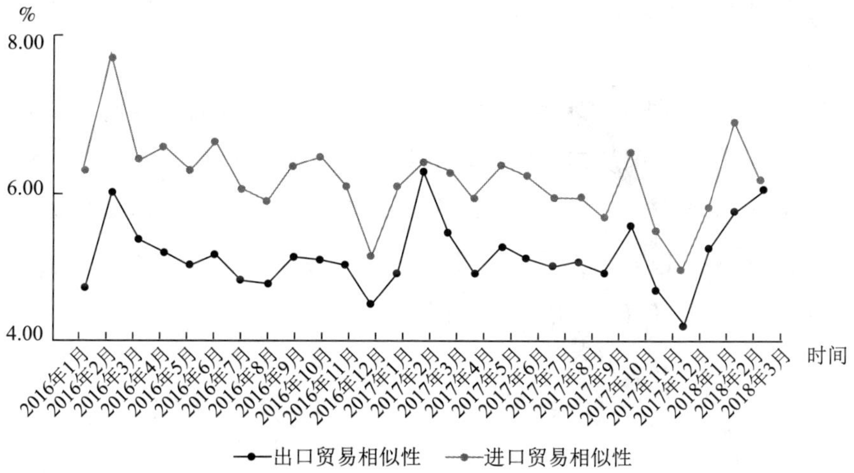

图 9-5　2016 年 1 月至 2018 年 3 月“中国—匈牙利”进出口贸易相似性

图 9-6 显示了“中国—匈牙利”单类产品进出口贸易相似性的分布情况。从进口贸易相似性角度来看，在中国从匈牙利进口的所有产品中，第二十类（杂项制品）、第十七类（运输设备）与第四类（食品饮料）分列前三，依次为：40.42%、19.85%与18.60%。从出口贸易相似性角度来看，在中国向匈牙利出口的所有产品中，第三类（油脂产品）、第十七类（运输设备）与第五类（矿产品）分列前三，依次为：31.63%、18.06%与16.52%。从进出口贸易相似性比较结果来看，进口贸易相似性的值要略微高于出口贸易相似性的值，但整体都处于较低水平。

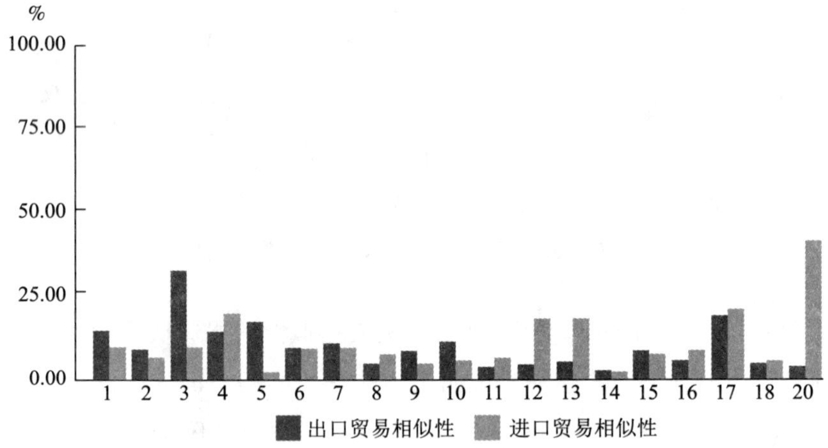

图 9-6　“中国—匈牙利”进出口贸易相似性的分布情况

（基于 2016 年 1 月至 2018 年 3 月均值数据）

二、贸易指数分析

图 9-7 显示了“中国—匈牙利”进出口贸易竞争力指数的基本情况。从进口贸易竞争力指数角度来看，中国从匈牙利的进口呈现出下降的趋势。从出口贸易竞争力指数角度来看，指数在 2016 年末 2017 年初急剧下降，在 2017 年末 2018 年初恢复到了原有水平，并保持着上升趋势。从进出口贸易竞争力指数对比结果来看，进口贸易竞争力指数值要远远低于出口贸易竞争力指数值。

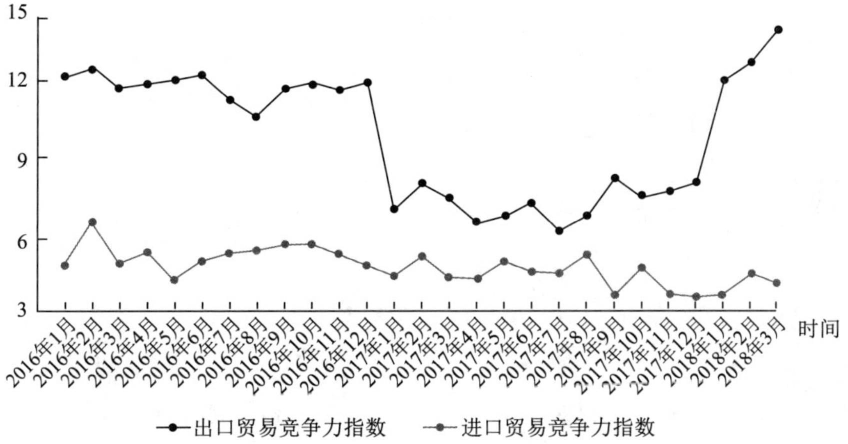

图 9-7　2016—2018 年"中国—匈牙利"进出口贸易竞争力指数

图 9-8 显示了"中国—匈牙利"进出口贸易竞争力指数特征指标的雷达图。在 12 个主宾国中，从进口贸易竞争力指数的 5 个特征指标来看，进口市场占有率、进口贸易相似性、进口显示性比较优势与交叉进口显示性比较优势这 4 个指标的排名均在中间靠后的位置，交叉进口市场占有率排名靠后。从出口贸易竞争力指数的 5 个特征指标来看，交叉出口显示性比较优势的排名在中间位置，出口显示性比较优势和出口贸易相似性的排名在中间靠后位置，其余 2 个特征指标均排名靠后。该结果进一步说明，中国从匈牙利进口的产品市场占有率较低并且不具有比较优势；中国向匈牙利出口的产品具有一定的比较优势但市场占有率较低。

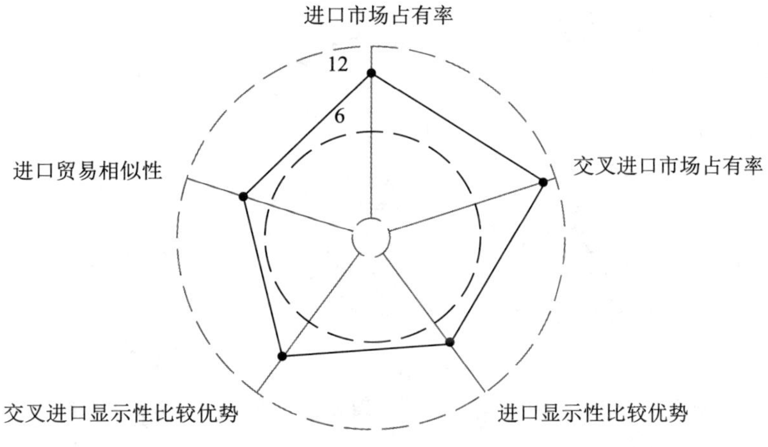

（a）进口贸易竞争力

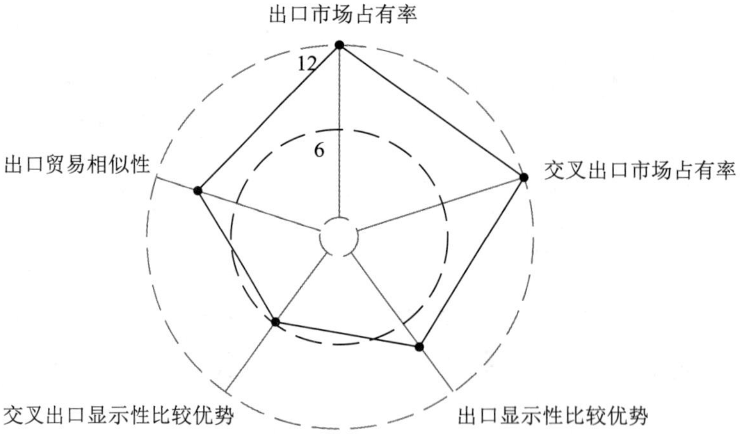

（b）出口贸易竞争力

图 9-8 "中国—匈牙利"进出口贸易竞争力指数特征指标的雷达图

（基于 2016 年 1 月至 2018 年 3 月均值数据）

图 9-9 显示了"中国—匈牙利"进出口贸易活力指数的基本情况。从进口贸易活力指数角度来看，曲线的波动性较为明显，并呈现出下降的趋势。从出口贸易活力指数角度来看，曲线出现不规则波动，呈现略微下降趋势。从进出口贸易活力指数对比结果来看，出口贸易活力指数值绝大多数时候要高于进口贸易活力指数值。

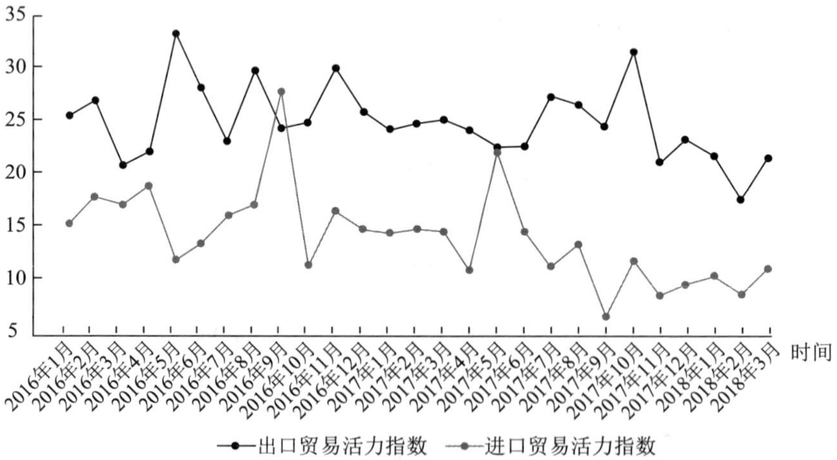

图 9-9 2016—2018 年"中国—匈牙利"进出口贸易活力指数

图 9-10 显示了"中国—匈牙利"进出口贸易活力指数特征指标的雷达图。在 12 个主宾国中，从进口贸易活力指数的 3 个特征指标来看，交叉进口市场占有率增长率处于中间靠前的位置，进口增长率和进口市场占有率增长率排名中间靠后。从出口贸

易活力指数的3个特征指标来看，出口增长率、出口市场占有率增长率与交叉出口市场占有率增长率3个指标均排名间等靠后。该结果进一步说明，“中国—匈牙利”进出口贸易活力指数的表现都较弱。

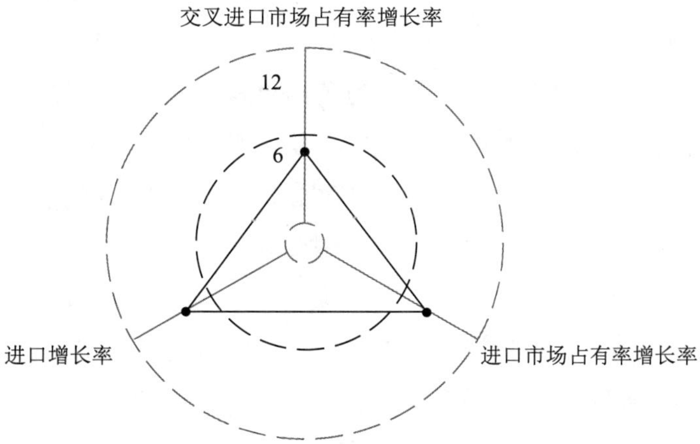

（a）进口贸易活力

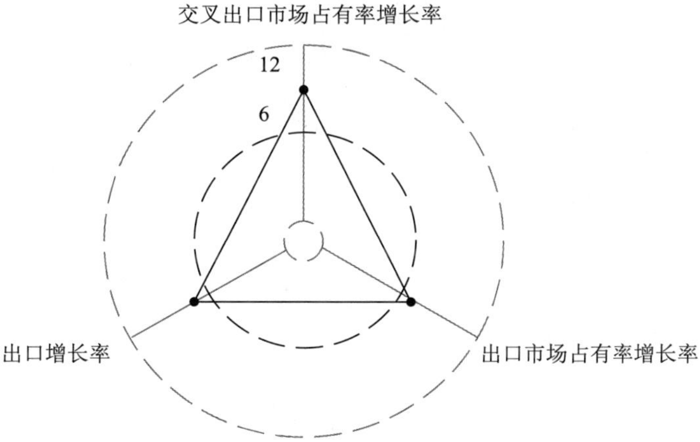

（b）出口贸易活力

图9-10 “中国—匈牙利”进出口贸易活力指数特征指标的雷达图

（基于2016年1月至2018年3月均值数据）

三、发展建议

综合前面的分析可得出：匈牙利是中国在东欧地区的贸易伙伴之一，但双方贸易互补程度较低，贸易竞争力不足，贸易规模不大。匈牙利是具有中等发展水平的国家，经济发展水平在中东欧地区位居前列，自然资源丰富，发展潜力巨大。鉴于此，本书提出以下两项促进中国与匈牙利双边贸易的对策：

一是匈牙利交通基础设施有待更新完善。在铁路方面，虽然匈牙利铁路在密度、货客运比例方面均高于欧盟平均水平，但该国既有铁路建设年代久远，通信、信号等设施设备老化陈旧，亟待更新改善，而且铁路技术水平较低，铁路线路等级不高，制约了贸易的发展。在公路方面，匈牙利高速公路里程仍然较短，国家大力推进高速公路建设，努力使高速公路路网密度达到欧盟平均水平。中国在基础设施建设方面具有比较成熟的技术和丰富的资源，两国在基础设施建设方面的合作潜力巨大。

二是中匈双方应优势互补，继续扩大中匈贸易规模。匈牙利在农产品贸易方面长期保持着顺差，应结合市场需求与农产品市场特点，加强农业科技领域的交流合作，进一步提高产品竞争力，扩大市场占有率。匈牙利提出的“向东开放”的战略，与中国的“一带一路”倡议对接，双方贸易发展前景广阔。匈牙利的地理位置决定了其成为欧洲贸易路线上的重要节点，中匈双方要不断增强贸易结构互补性。

第十章　印度尼西亚

一、经济表现

（一）印度尼西亚经济发展概况

印度尼西亚的经济总量占整个东盟十国经济总量的四成左右，已经成为区域内经济影响力最大的国家。世界经济论坛《2017—2018 年全球竞争力报告》显示，印度尼西亚在全球最具竞争力的 137 个国家和地区中，排第 36 位。世界银行《2018 营商环境报告》显示，印尼在全球 190 个经济体中，营商便利度排第 72 位，较 2017 年提升 19 位。

图 10-1 显示了 2009—2017 年印度尼西亚的美元名义 GDP 及环比增速。2012 年以前，该国的美元名义 GDP 保持良好增长趋势，但 2012 年以后出现负增长。2015 年后印度尼西亚经济恢复了增长，国内消费成为印尼经济发展的动力，各项宏观经济指标持续改善，经济结构比较合理，经济发展前景向好。

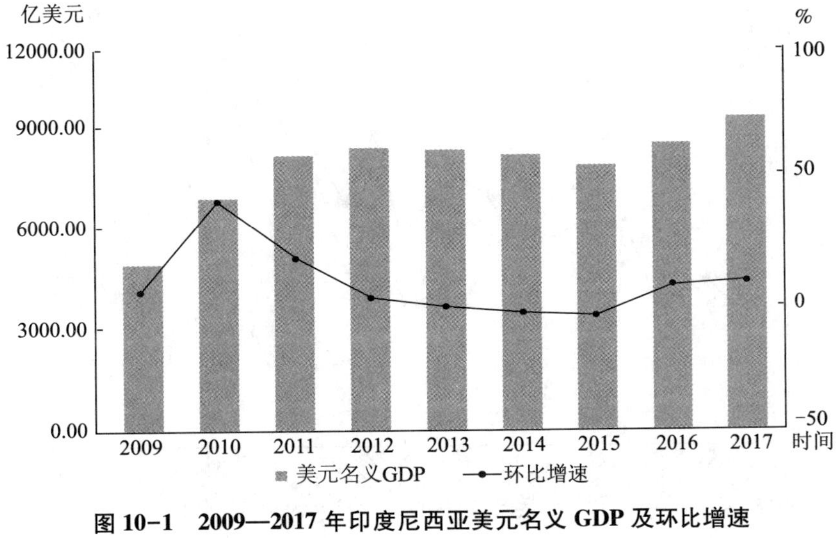

图 10-1　2009—2017 年印度尼西亚美元名义 GDP 及环比增速

（二）对外贸易发展概况

据印度尼西亚统计局统计，2017 年印度尼西亚货物进出口额为 3245. 7 亿美元，同比增长 15. 9%。其中，出口 1676. 4 亿美元，增长 16%；进口 1569. 3 亿美元，增长 15. 7%。贸易顺差 107. 1 亿美元，增长 21. 2%。

分国别（地区）看，2017 年印度尼西亚对中国、美国、日本和印度的出口额分别占印度尼西亚出口总额的 13. 6%、10. 6%、10. 4%和 8. 3%，出口额分别为 228. 08 亿美元、177. 82 亿美元、174. 91 亿美元和 138. 69 亿美元，分别增长了 35. 9%、10. 2%、8. 6%和 37. 4%；自中国、新加坡和日本三国的进口额分别占印度尼西亚总进口额的 22. 8%、10. 8%和 9. 7%，进口额分别为 357. 67 亿美元、168. 89 亿美元和 152. 41 亿美元，分别增长了 16. 1%、16. 1%和 17. 4%。印度尼西亚前五大顺差来源国分别是印度、美国、菲律宾、荷兰和日本，顺差额分别为 98. 20 亿美元、96. 61 亿美元、55. 22 亿美元和 22. 50 亿美元；逆差主要来自中国、新加坡和澳大利亚，逆差额分别为 129. 60 亿美元、41. 26 亿美元和 35. 15 亿美元。

图 10-2 显示，2016 年 1 月至 2018 年 3 月，印度尼西亚的进出口额都呈现出波动性增长的趋势，且进口额和出口额走势具有一致性，每年的二、三季度的波动幅度一般来说最大。从出口额角度来看，曲线波动性较大，增长幅度也较大。从进口额角度看，曲线波动性较大，增长幅度也较大。从进出口差额来看，印度尼西亚大多数时期都保持贸易顺差的态势。

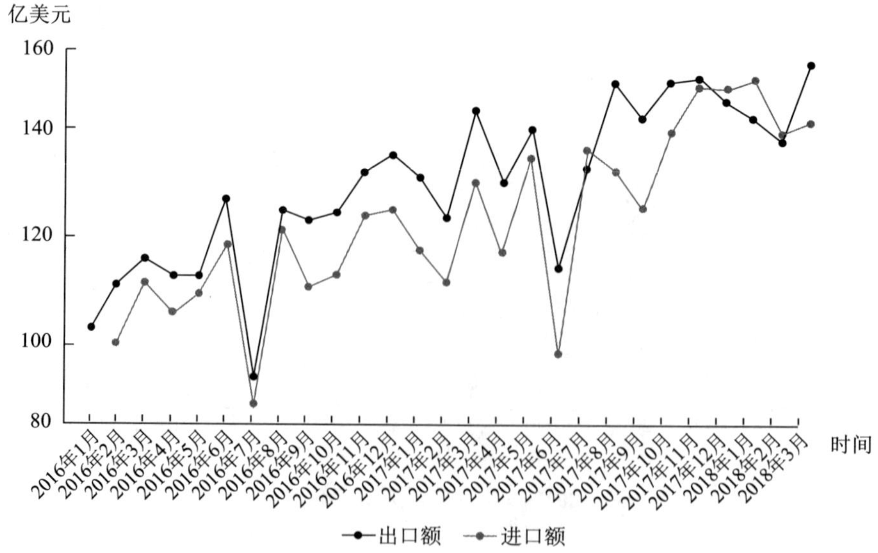

图 10-2　2016—2018 年印度尼西亚进出口贸易额

（三）中国与印度尼西亚的双边贸易发展概况

据印度尼西亚统计局统计，2017 年印度尼西亚与中国双边货物进出口额为 585.8 亿美元，增长 23.1%。其中，印度尼西亚对中国出口 228.1 亿美元，增长 35.9%，占其出口总额的 13.6%；印度尼西亚自中国进口 357.7 亿美元，增长 16.1%，占其进口总额的 22.8%。印度尼西亚贸易逆差 129.6 亿美元，下降 7.5%。

图 10-3 显示了“中国—印度尼西亚”进出口市场占有率的基本情况。从进口市场占有率角度来看，曲线呈现波动性上升的趋势，且具有一定的季节性规律，即每年的第四季度进口额会高于其他季度。从出口市场占有率来看，曲线的波动性较大，出口市场占有率很低，个别时候才出现高于 2% 的情况。从进出口市场占有率对比结果来看，中国向印度尼西亚的出口情况绝大多数都好于中国从印度尼西亚的进口情况。

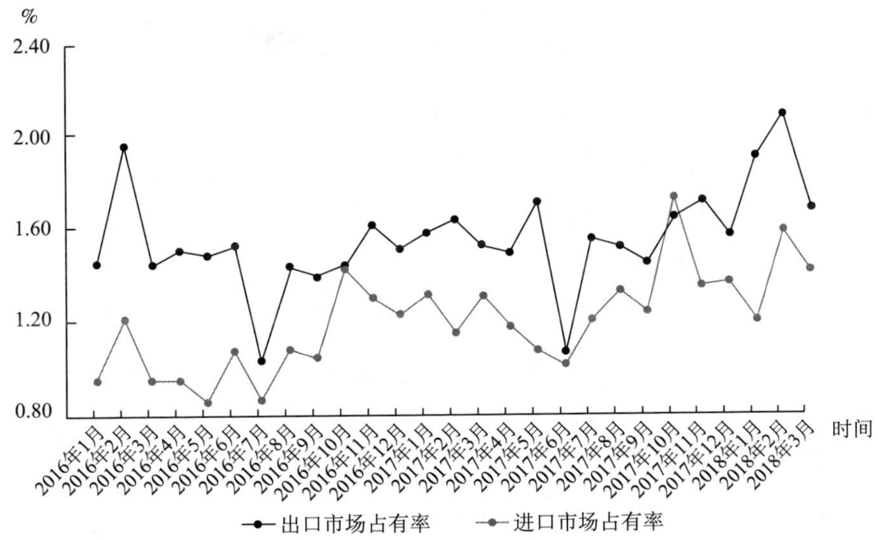

图 10-3　2016—2018 年“中国—印度尼西亚”进出口市场占有率

图 10-4 显示“中国—印度尼西亚”单类产品进出口市场占有率的分布情况。从进口市场占有率角度来看，在中国从印度尼西亚进口的所有产品中，第三类（油脂产品）、第十二类（鞋帽等产品）与第十类（木制品）分列前三，依次为：51.06%、8.46%与 8.39%。从出口市场占有率角度来看，在中国向印度尼西亚出口的所有产品中，第二类（植物产品）、第六类（化工产品）与第十五类（贱金属及其制品）分列前三，依次为：3.28%、2.99%与 2.90%。从进出口市场占有率对比结果来看，部分产品的进口市场占有率的值明显高于出口市场占有率的值。

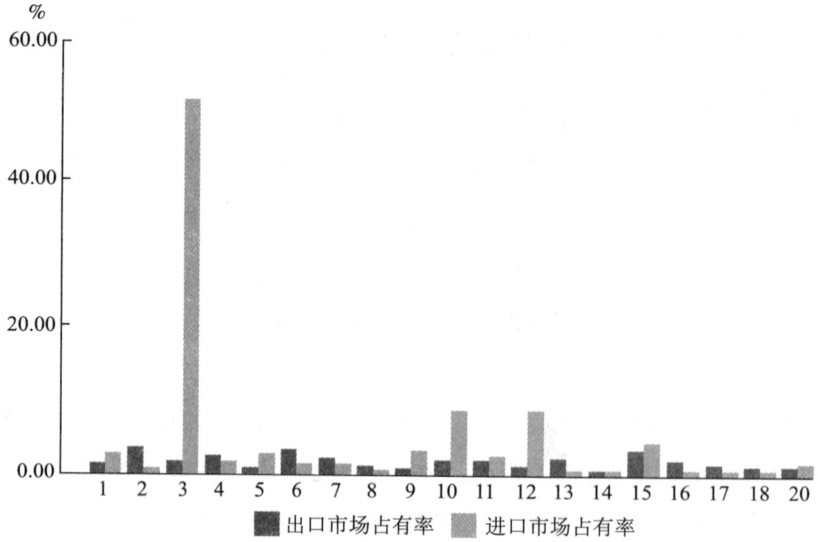

图 10-4 "中国—印度尼西亚"单类产品进出口市场占有率的分布情况

（基于 2016 年 1 月至 2018 年 3 月均值数据）

图 10-5 显示了"中国—印度尼西亚"进出口贸易相似性。从进口贸易相似性来角度看，曲线呈现出波动下降的趋势，数值均低于 10%，基本在 7%~8%波动。从出口贸易相似性角度来看，曲线呈现波动上升的态势，且具有一定的季节性波动特征，即每年的第一季度高于其他季度，数值均低于 9%，基本在 5%~8%波动。从进出口贸易相似性对比结果来看，多数情况下进口贸易相似性的值高于出口贸易相似性的值。

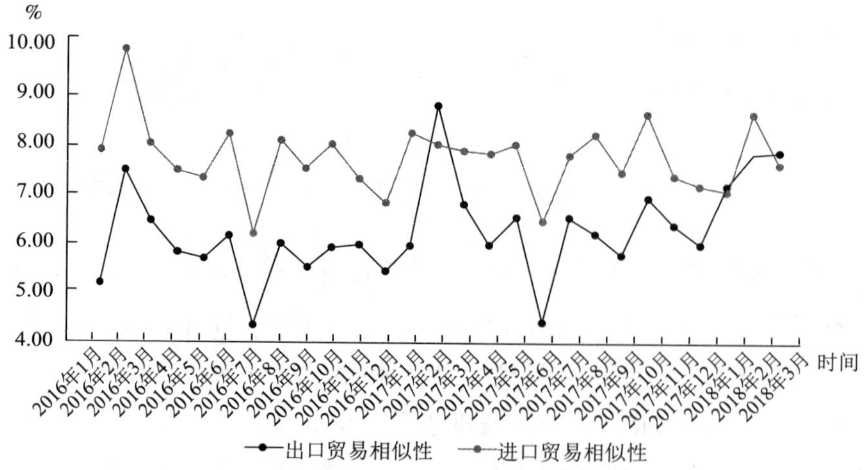

图 10-5 2016—2018 年"中国—印度尼西亚"进出口贸易相似性

图 10-6 显示了"中国—印度尼西亚"单类产品进出口贸易相似性的分布情况。从

进口贸易相似性角度来看，在中国从印度尼西亚进口的所有产品中，第十二类（鞋帽等产品）、第十一类（纺织品）与第十四类（贵金属及其制品）分列前三，依次为：92.63%、39.72%与38.68%。从出口贸易相似性角度来看，在中国向印度尼西亚出口的所有产品中，第五类（矿产品）、第二类（植物产品）与第三类（油脂产品）分列前三，依次为：46.57%、29.35%与24.02%。从进出口贸易相似性对比结果来看，个别产品的进出口贸易相似性的值差距较大。

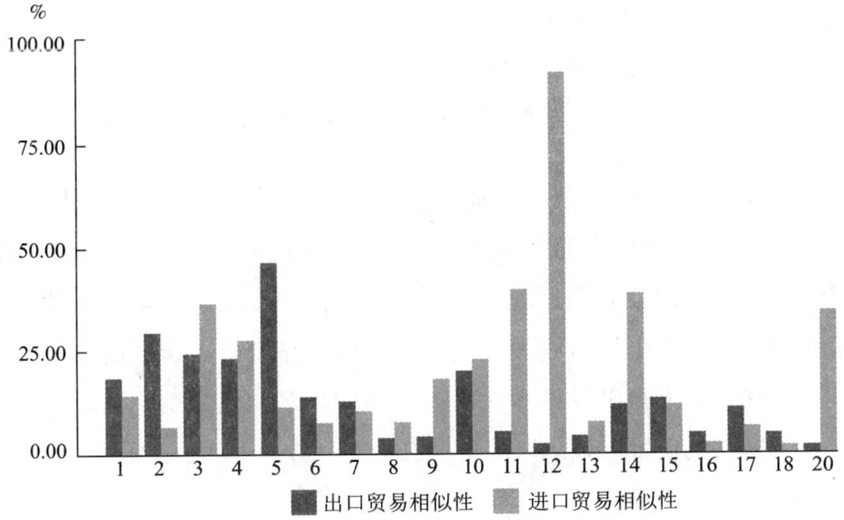

图 10-6　“中国—印度尼西亚”进出口贸易相似性的分布情况

（基于 2016 年 1 月至 2018 年 3 月均值数据）

二、贸易指数分析

图 10-7 显示了“中国—印度尼西亚”进出口贸易竞争力指数的基本情况。从进口贸易竞争力指数角度来看，中国从印尼的进口波动性较大，且呈现出一定的季节性规律，即每年的第四季度指数值会出现增长，高于其他季度，随后又会回落，长期来看增长不明显。从出口贸易竞争力指数角度来看，中国向印尼的出口呈现出波动下降的趋势，指数在 2016 年 12 月出现了剧烈下降，在 2017 年 6 月开始逐渐回升。从进出口贸易竞争力指数对比结果来看，出口贸易竞争力指数值在多数时候要高于进口贸易竞争力指数值。

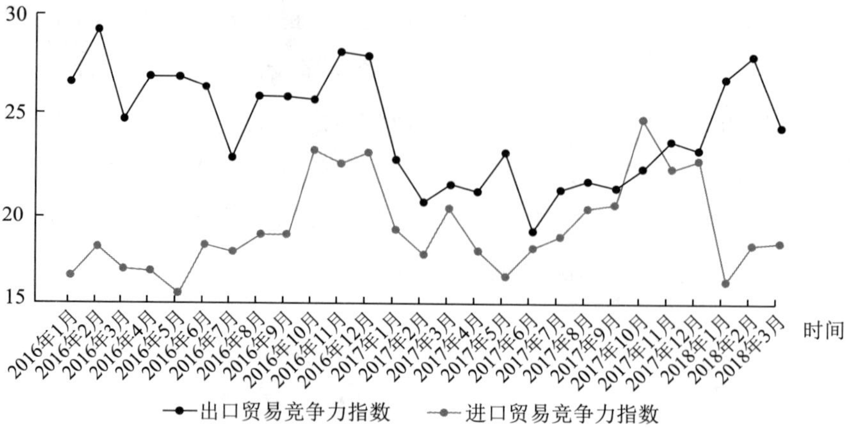

图 10-7　2016—2018 年“中国—印度尼西亚”进出口贸易竞争力指数

图 10-8 显示了“中国—印度尼西亚”进出口贸易竞争力指数特征指标的雷达图。在 12 个主宾国中，从进口贸易竞争力指数的 5 个特征指标来看，进口市场占有率与交叉进口市场占有率排名比较靠前；进口显示性比较优势、交叉进口显示性比较优势与进口贸易相似性排名处于中间靠后的位置。从出口贸易竞争力指数的 5 个特征指标来看，交叉出口市场占有率与出口显示性比较优势的排名比较靠前，其余 3 个特征指标均排名处于中间靠后的位置。该结果进一步说明，“中国—印度尼西亚”进出口贸易竞争力指数值均不高。

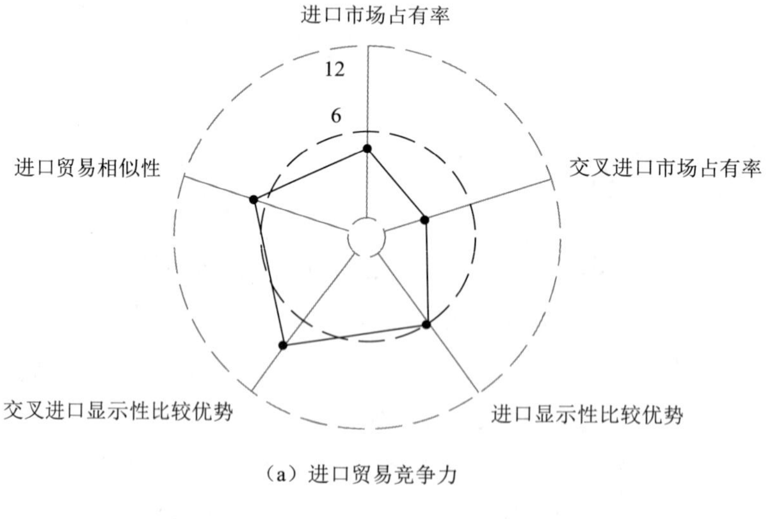

（a）进口贸易竞争力

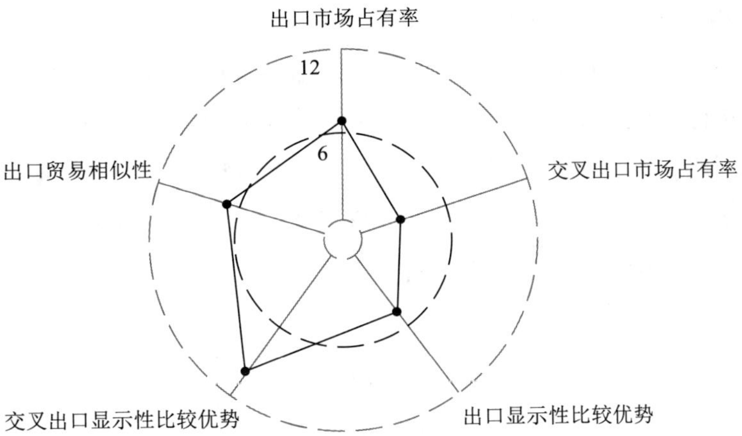

（b）出口贸易竞争力

图 10-8　“中国—印度尼西亚”进出口贸易竞争力指数特征指标的雷达图（基于 2016 年 1 月至 2018 年 3 月均值数据）

图 10-9 显示了“中国—印度尼西亚”进出口贸易活力指数的基本情况。从进口贸易活力指数角度来看，中国从印尼的进口波动幅度较小，2016 年 7 月至 10 月指数稳步提升，此后又呈现出波动下滑的趋势。从出口贸易活力指数角度来看，中国向印尼的出口波动幅度较大，指数在 2017 年初和 2018 年初都出现了剧烈波动，整体有下降的趋势。从进出口贸易活力指数对比结果来看，出口贸易活力指数值明显要高于进口贸易活力指数值。

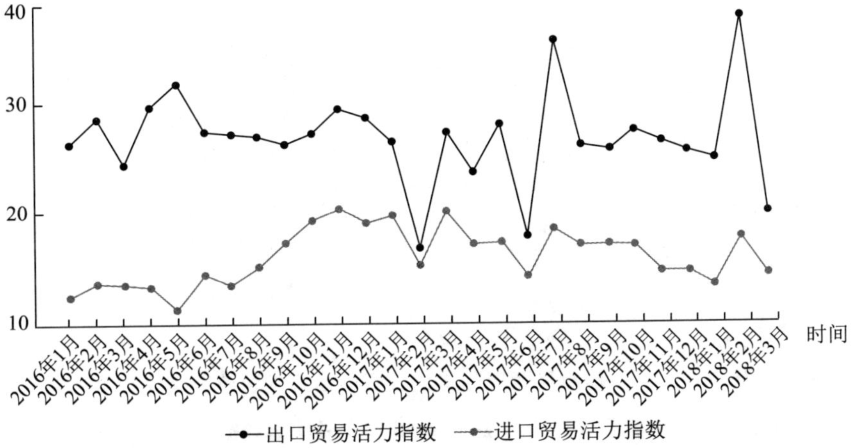

图 10-9　2016—2018 年“中国—印度尼西亚”进出口贸易活力指数

图 10-10 显示了“中国—印度尼西亚”进出口贸易活力指数特征指标的雷达图。

在12个主宾国中，从进口贸易活力指数的3个特征指标来看，进口增长率、进口市场占有率增长率与交叉进口市场占有率增长率3个指标均排名靠后。从出口贸易活力指数的3个特征指标来看，出口增长率、出口市场占有率增长率与交叉出口市场占有率增长率3个指标均排名靠前。该结果说明，在12个主宾国中，“中国—印度尼西亚”进口贸易活力指数的表现要强于“中国—印度尼西亚”出口贸易活力指数，“中国—印度尼西亚”出口贸易活力指数的表现还有待提升。

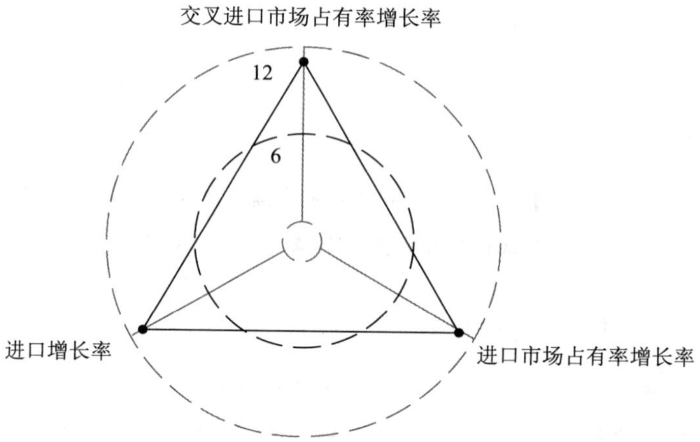

（a）进口贸易活力

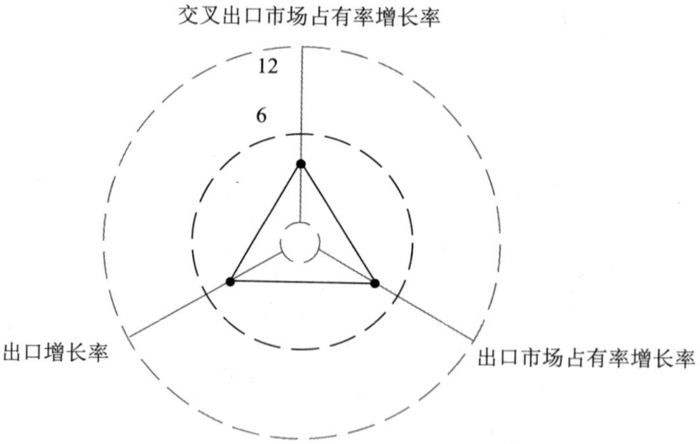

（b）出口贸易活力

图10-10 “中国—印度尼西亚”进出口贸易活力指数特征指标的雷达图

（基于2016年1月至2018年3月均值数据）

三、发展建议

综合前面的分析可得出：中国和印度尼西亚双方的贸易规模较小，存在一定程度的贸易失衡现象，双方贸易结构单一。但印度尼西亚经济高速增长，两国经贸具有较大的发展潜力。鉴于此，本书提出以下两项促进中国与印度尼西亚双边贸易的对策：

一是印度尼西亚应加强基础设施建设，加强两国产业之间的联系和合作。印度尼西亚经济发展水平相对中国落后，中国相对印度尼西亚有大量的资源和技术研发优势，所以两国可以在交通、网络、通信以及能源等领域进行合作，还可以通过相互增加投资、承包工程等手段，加快公共基础设施建设，进行合作方式的创新。

二是中国应不断扩大出口，优化出口产品的结构。中国出口到印度尼西亚的产品以劳动密集型和资源密集型的工业品为主，中国企业应不断进行技术创新，提高产业技术水平，通过研发先进的技术，提高具有比较优势产业的产品竞争力，开发具有竞争优势的产品，向印度尼西亚出口更多的技术含量高的产品，增加两国在差异性产品方面的贸易。

第十一章　南　非

一、经济表现

（一）南非经济发展概况

图 11-1 显示了 2009—2017 年南非的美元名义 GDP 及环比增速。

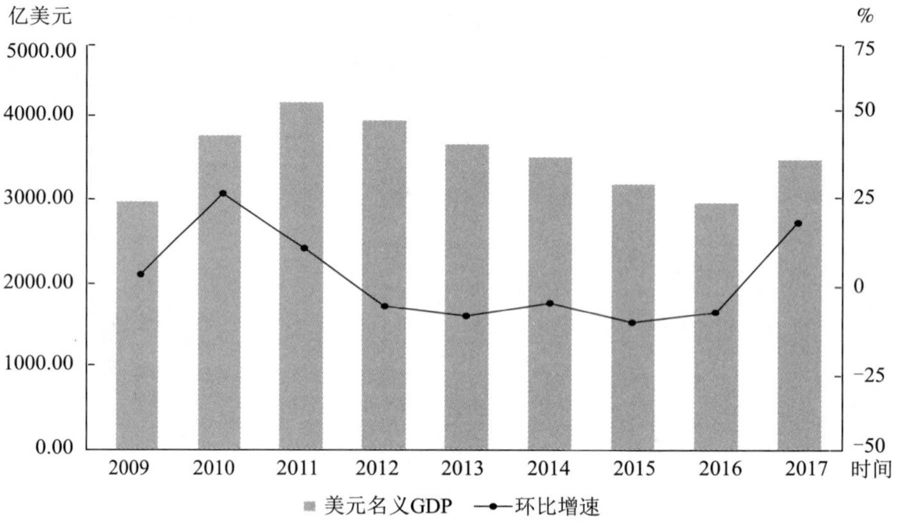

图 11-1　2009—2017 年南非美元名义 GDP 及环比增速

（二）对外贸易发展概况

图 11-2 显示，2016 年 1 月至 2018 年 3 月，南非的进出口额波动强烈，总体呈上升趋势。从出口额角度来看，南非出口虽自 16 年开始不时出现回落，但总体向上发展势头比较强劲。从进口额角度来看，南非进口在 2016 年大多同出口反向变化，进入 2017 年后两者多为同向变化。从进出口差额对比结果来看，南非基本维持着贸易平衡或略有顺差的状态。

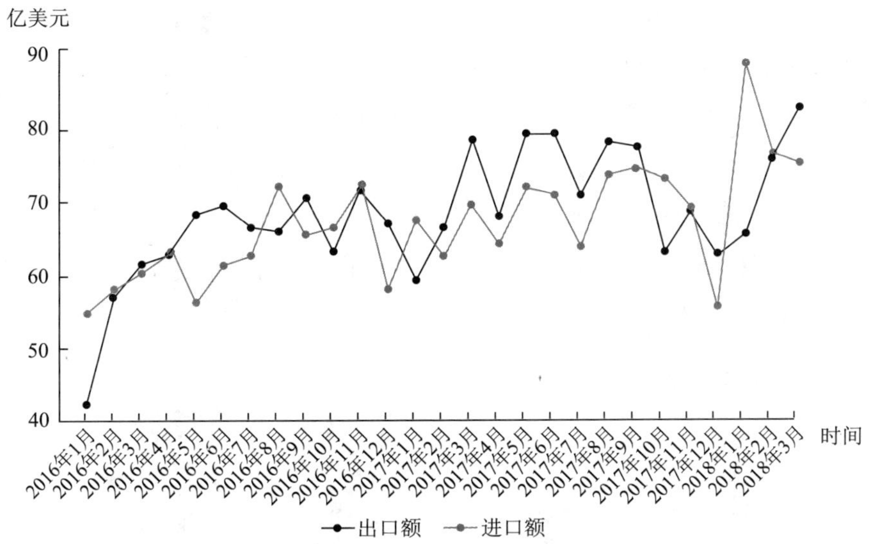

图 11-2 2016—2018 年南非进出口贸易额

（三）中国与南非的双边贸易发展概况

图 11-3 显示了 2016 年 1 月至 2018 年 3 月“中国—南非”进出口市场占有率的基本情况。从出口市场占有率角度来看，中国向南非的出口在该时段内仅出现过 3 次较大幅度的下跌。从进口市场占有率角度来看，中国从南非的进口波动幅度较小。从进出口市场占有率对比结果来看，中国向南非的出口情况好于中国从南非的进口情况，但差距不大。

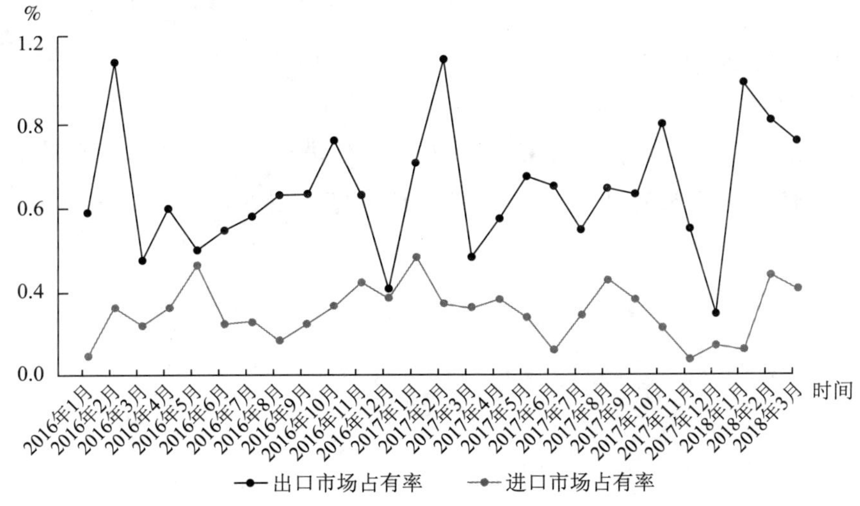

图 11-3 2016—2018 年“中国—南非”进出口市场占有率

图 11-4 显示了“中国—南非”单类产品进出口市场占有率的分布情况。从进口市场占有率角度来看，在中国从南非进口的所有产品中，第十五类（贱金属及其制品）、第五类（矿产品）、第四类（食品饮料）分列前三，依次为：1.50%、1.48%与1.32%。从出口市场占有率角度来看，在中国向南非出口的所有产品中，第十二类（鞋帽等产品）、第五类（矿产品）与第十一类（纺织品）分列前三，依次为：1.64%、1.08%与1.05%。从进出口市场占有率对比结果来看，进口市场占有率的值高于出口市场占有率的值的产品大类不到总数的1/3。

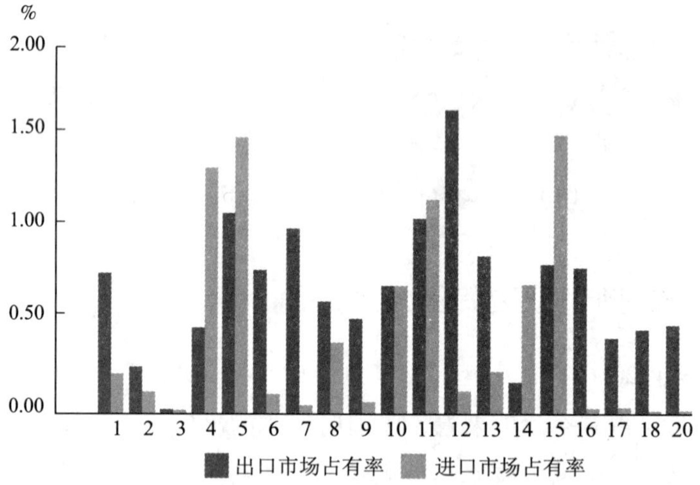

图 11-4 “中国—南非”单类产品进出口市场占有率的分布情况

（基于 2016 年 1 月至 2018 年 3 月均值数据）

图 11-5 显示了 2016 年 1 月至 2018 年 3 月“中国—南非”进出口贸易相似性情况。从进口贸易相似性角度来看，中国的进口结构与南非的出口结构互补程度非常低，指数基本稳定在 5%左右。从出口贸易相似性角度来看，中国的出口结构与南非的进口结构互补程度极低，指数基本稳定在 3.5%左右。从进出口贸易相似性比较结果来看，进口贸易相似性的值明显高于出口贸易相似性的值，仅在极个别时期出现了相反的情况。

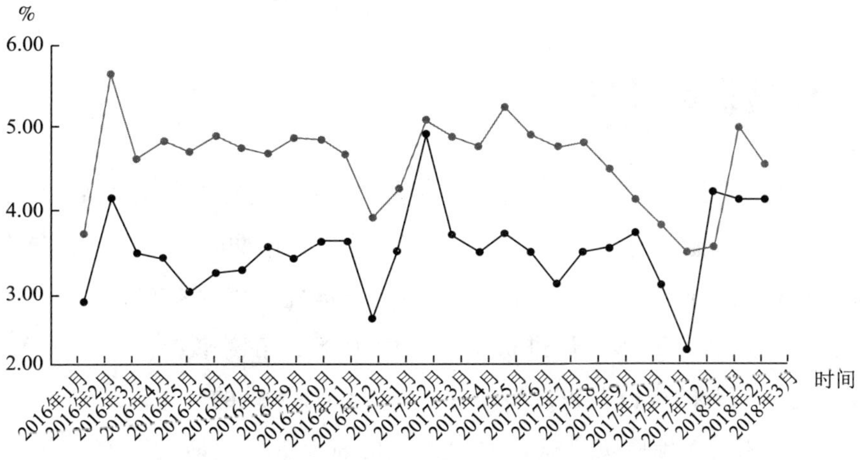

图 11-5　2016—2018 年“中国—南非”进出口贸易相似性

图 11-6 显示了“中国—南非”单类产品进出口贸易相似性的分布情况。从进口贸易相似性角度来看，在中国从南非进口的所有产品中，第十四类（贵金属及其制品）、第四类（食品饮料）与第十五类（贱金属及其制品）分列前三，依次为：93.32%、16.48%与 10.8%。从出口贸易相似性角度来看，在中国向南非出口的所有产品中，第三类（油脂产品）、第五类（矿产品）与第一类（动物产品）分列前三，依次为：72.81%、24.84%与 13.75%。从进出口贸易相似性对比结果来看，进口贸易相似性的值高于出口贸易相似性的值的产品大类占一半以上，双方在各自优势产品大类上的差距大部分较小，但个别产品大类差距极大。

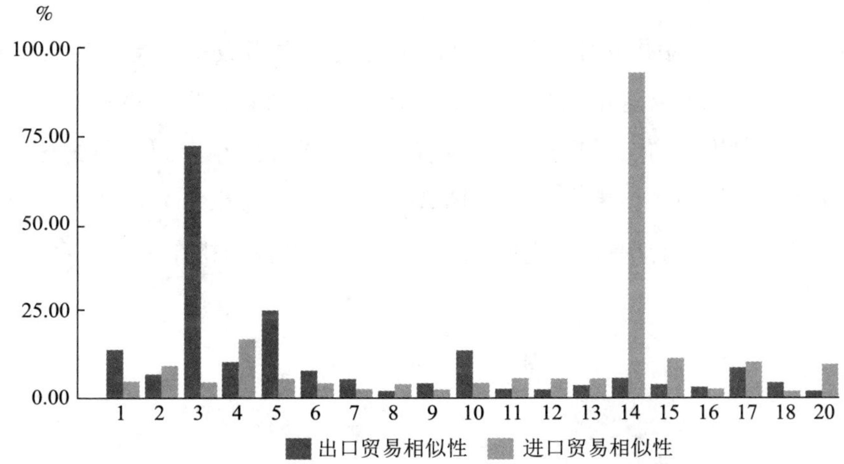

图 11-6　“中国—南非”单类产品进出口贸易相似性的分布情况

（基于 2016 年 1 月至 2018 年 3 月均值数据）

二、贸易指数分析

图 11-7 显示了 2016 年 1 月至 2018 年 3 月“中国—南非”进出口贸易竞争力指数的基本情况。从出口贸易竞争力指数角度来看，中国向南非的出口在 2016 年和 2017 年的 3 月都出现断崖式下跌，并且之后虽有回升但未能完全恢复；在 2018 年 1 月出现较大幅度增长后，随后又回落。从进口贸易竞争力指数角度来看，中国从南非的进口 2016 年呈现稳中有升的增长趋势，2017 年呈现波动性下跌的态势。从进出口贸易竞争力指数对比结果来看，出口贸易竞争力指数值均高于进口贸易竞争力指数值。表明中国向南非的出口竞争力大于进口竞争力，两者之间的差距在 2018 年初有扩大趋势。

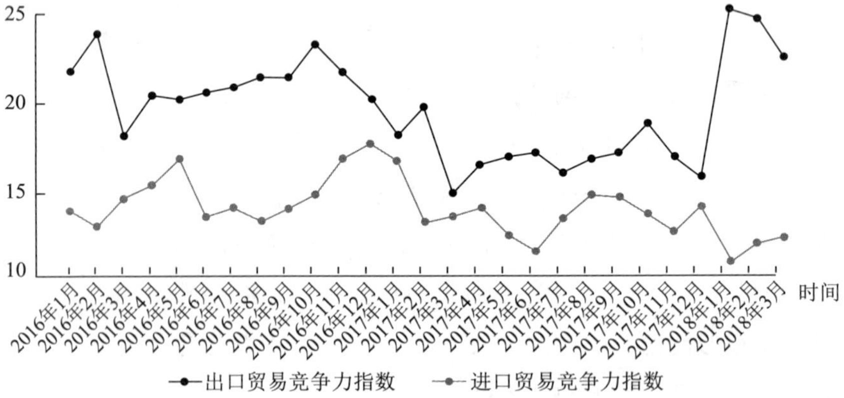

图 11-7　2016—2018 年“中国—南非”进出口贸易竞争力指数

图 11-8 显示了“中国—南非”进出口贸易竞争力指数特征指标的雷达图。在 12 个主宾国中，从进口贸易竞争力指数的 5 个特征指标来看，进口显示性比较优势、交叉进口显示性比较优势与交叉进口市场占有率 3 个指标排在中间靠前的位置，进口市场占有率和进口贸易相似性排在较后的位置。从出口贸易竞争力指数的 5 个特征指标来看，交叉出口市场占有率排在中间位置，其余 4 个指标均排在中间靠后的位置。

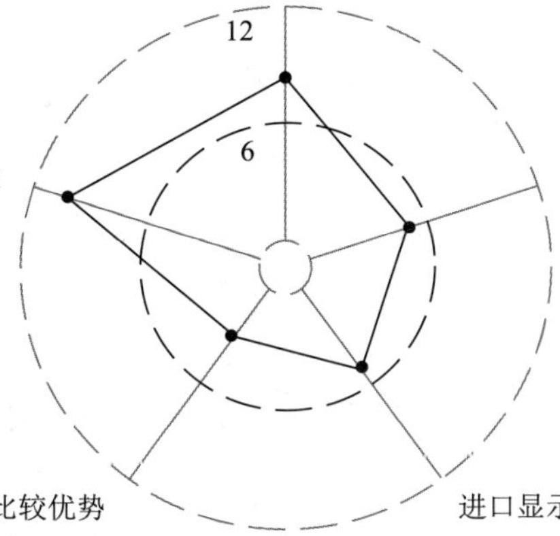

（a）进口贸易竞争力

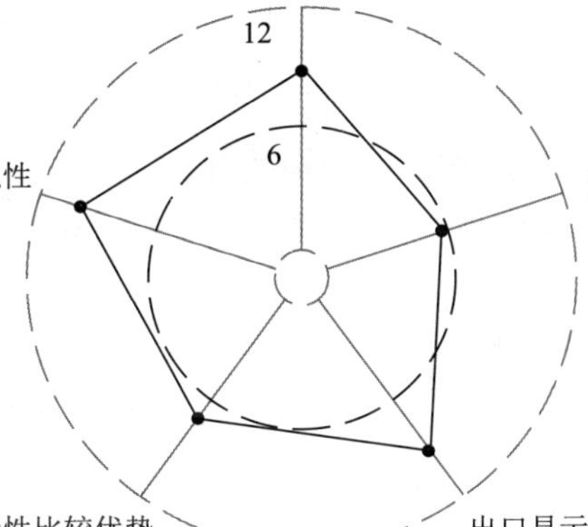

（b）出口贸易竞争力

图 11-8　进出口贸易竞争力指数特征指标的雷达图（基于 2016 年 1 月至 2018 年 3 月均值数据）

图 11-9 显示了 2016 年 1 月至 2018 年 3 月“中国—南非”进出口贸易活力指数的基本情况。从进口贸易活力指数角度来看，中国从南非的进口自 2016 年 11 月开始变得较为活跃，2017 年 9 月出现了回落，2018 年初又出现了回升。从出口贸易活力指数角度来看，中国向南非的出口较为稳定，除个别月份偶有较大波动外，指数基本保持在 25%左右。从进出口贸易活力指数对比结果来看，出口贸易活力指数值明显高于进口贸易活力指数值。

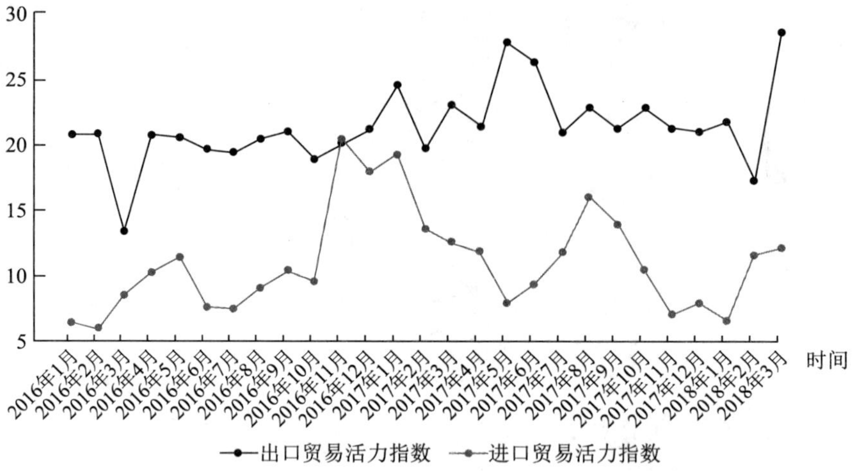

图 11-9　2016—2018 年“中国—南非”进出口贸易活力指数

图 11-10 显示了“中国—南非”进出口贸易活力指数特征指标的雷达图。从进口贸易活力指数的 3 个特征指标来看，在 12 个主宾国中，交叉进口市场占有率增长率、进口增长率和进口市场占有率增长率 3 个指标均排名靠前。从出口贸易活力指数的 3 个特征指标来看，全部 3 个指标均排名靠前。

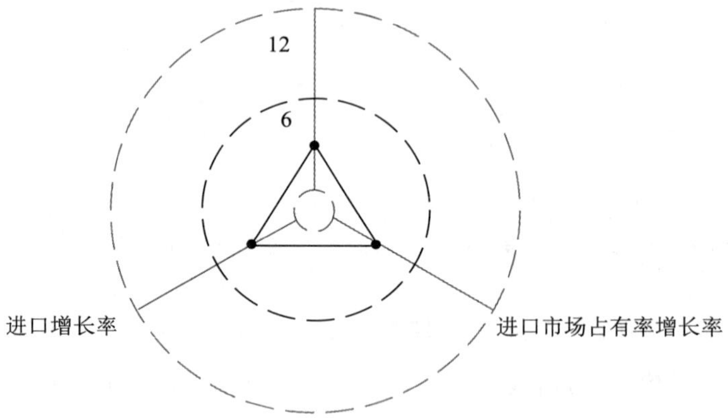

（a）进口贸易活力

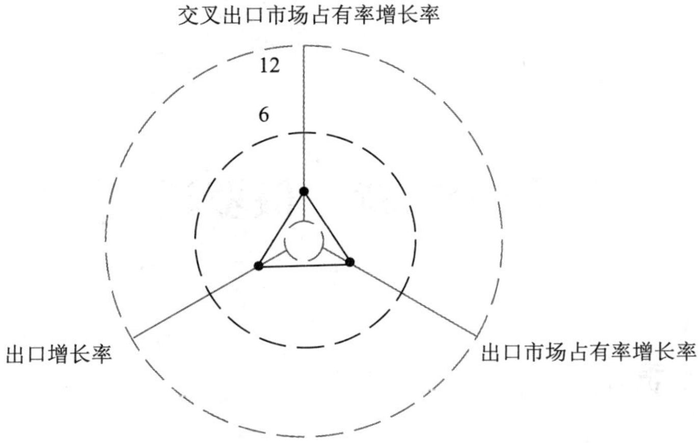

（b）出口贸易活力

图 11-10　进出口贸易活力指数特征指标（基于 2016 年 1 月至 2018 年 3 月均值数据）

三、发展建议

综合前面的分析可得出：中国与南非的双边贸易基本维持着贸易平衡的状态，尽管两国间的贸易规模与增长速度有所提升，但是贸易竞争力、贸易活力仍有待提高。鉴于此，本书以下提出两项激发中国与南非双边贸易的措施：

一是对于南非而言，既要确保国内经济部门的正常运行，还需重塑国内外投资者对其直接投资的信心。自 2015 年来，尽管南非经济逐步恢复，但是贫富差距、财政赤字等问题仍然存在。对此，南非急需改善本国的营商环境。

二是中国与南非两国可以继续加强经济领域的双边合作。2017 年 6 月，国际货币基金组织（IMF）发布的报告认为，中国经济增长对南非的影响要比欧洲和美国经济增长对南非的影响都大。中方企业应利用现有的合作机制，加强各自具有竞争优势的产品贸易，为两国共同发展贡献中国智慧。

第十二章　俄罗斯

一、经济表现

（一）俄罗斯经济发展概况

图 12-1 显示了 2009—2017 年俄罗斯的美元名义 GDP 及环比增速。2013 年，俄罗斯的美元名义 GDP 开始下跌，2014 年下降至 10.1%，2015 年骤降至 33.8%，2016 年开始恢复，直至 2017 年才出现增长，增长至 25%左右。

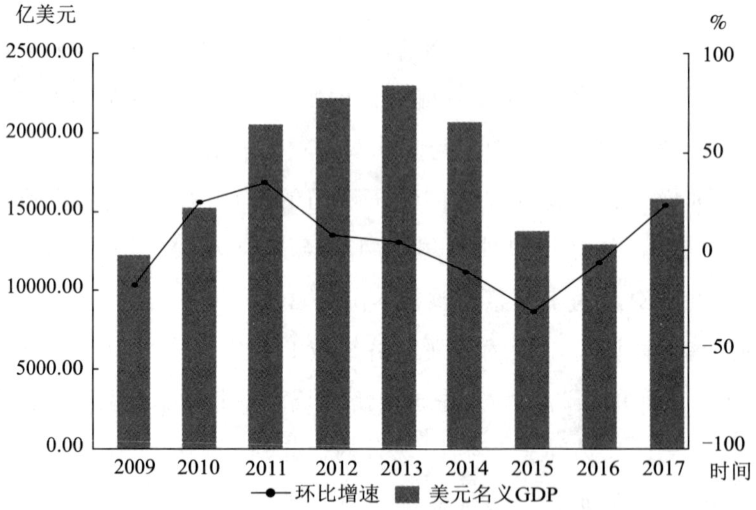

图 12-1　2009—2017 年俄罗斯美元名义 GDP 及环比增速

（二）对外贸易发展概况

图 12-2 显示，2016 年 1 月至 2018 年 3 月，俄罗斯的进出口额总体都呈现出上升态势，并且在下滑之后基本上能迅速回升。从出口额角度来看，该指标在每个季度的开始下降，之后保持递增。从进口额角度来看，该指标除在 2016 年及 2017 年第一季度外，其他时段的波动幅度不是很大。从进出口差额来看，俄罗斯长期保持贸易顺差的态势。

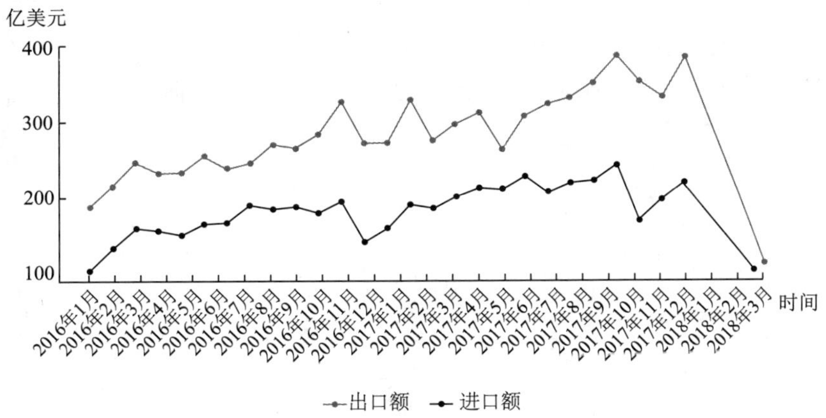

图 12-2 2016—2018 年俄罗斯进出口贸易额

（三）中国与俄罗斯的双边贸易发展概况

图 12-3 显示了 2016 年 1 月至 2018 年 3 月“中国—俄罗斯”进出口市场占有率的基本情况。从进口市场占有率角度来看，中国从俄罗斯的进口波动明显，总体上呈波动上升的态势。从出口市场占有率角度来看，中国向俄罗斯的出口波动有一定规律，即每年的 2 月和 8 月都会出现大幅跳跃式增长。从进出口市场占有率对比结果来看，中国从俄罗斯的进口与中国向俄罗斯的出口差距不大。

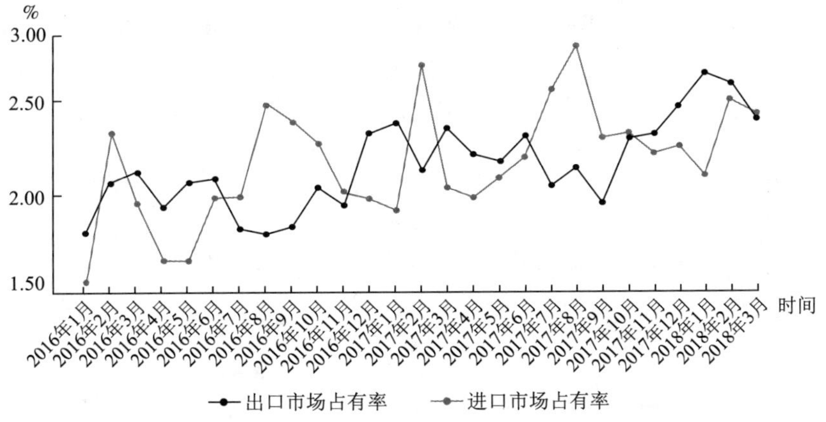

图 12-3 2016—2018 年“中国—俄罗斯”进出口市场占有率

图 12-4 显示了“中国—俄罗斯”单类产品进出口市场占有率的分布情况。从进口市场占有率角度来看，在中国从俄罗斯进口的所有产品中，第九类（木材及相关材料）、第五类（矿产品）与第一类（动物产品）分列前三，依次为：14.74%、7.79%与 6.97%。从出口市场占有率角度来看，在中国向俄罗斯出口的所有产品中，第二类

（植物产品）、第十二类（鞋帽等产品）与第八类（皮革制品）分列前三，依次为：5.43%、4.27%与2.66%。从进出口市场占有率对比结果来看，进口市场占有率高于出口市场占有率的产品大类仅有5个，不到大类总数的1/3，并且双方在各自的优势产品大类上差距都较大。

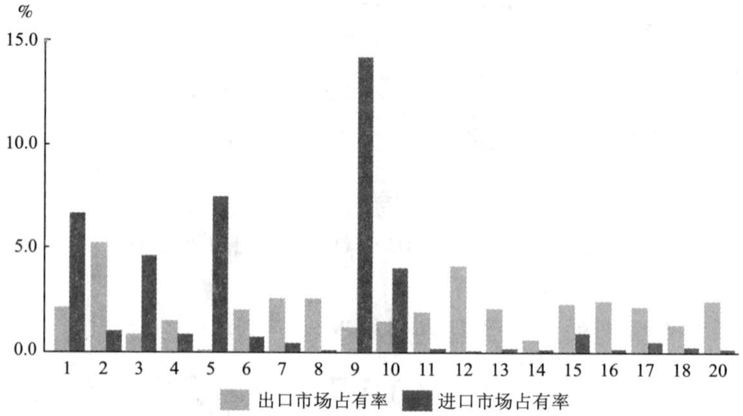

图 12-4　“中国—俄罗斯”单类产品进出口市场占有率的分布情况

图12-5显示了2016年1月至2018年3月“中国—俄罗斯”进出口贸易相似性。从进口贸易相似性角度来看，曲线走势较为平稳，中国的进口结构与俄罗斯的出口结构互补程度较低。从出口贸易相似性角度来看，其值在2016年1月急速翻番，中国的出口结构与俄罗斯的进口结构互补程度较低。从进出口贸易相似性对比结果来看，进口贸易相似性的值明显高于出口贸易相似性的值。

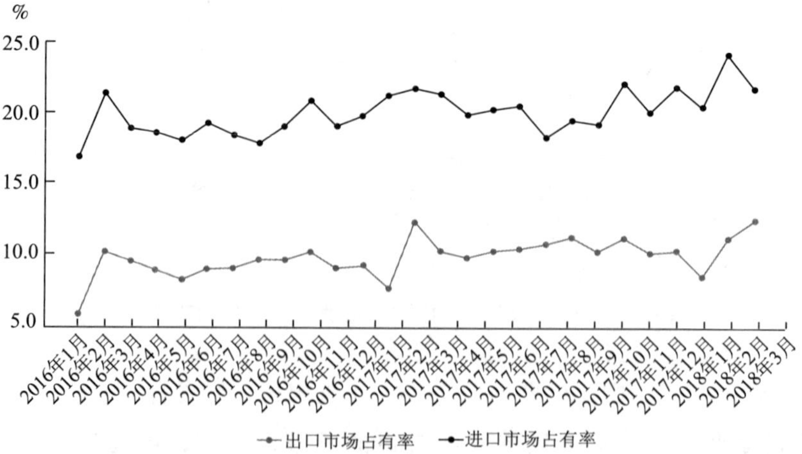

图 12-5　2016—2018年“中国—俄罗斯”进出口贸易相似性

图 12-6 显示了“中国—俄罗斯”单类产品进出口贸易相似性的分布情况。从进口贸易相似性角度来看，在中国从俄罗斯进口的所有产品中，第十四类（贵金属及其制品）、第五类（矿产品）与第十五类（贱金属及其制品）分列前三，依次为：64.08%、48.71%与 42.25%。从出口贸易相似性角度来看，在中国向俄罗斯出口的所有产品中，第三类（油脂产品）、第二类（植物产品）与第一类（动物产品）分列前三，依次为：65.67%、59.55%与 46.95%。从进出口贸易相似性对比结果来看，进口贸易相似性的值高于出口贸易相似性的值的产品大类有 6 个，双方在各自优势产品大类上的差距出现两极分化，即一部分产品大类差距极大，而另一部分差距极小。

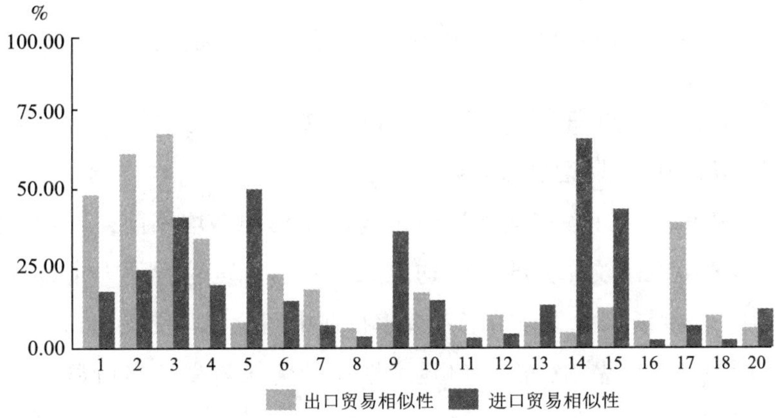

图 12-6 “中国—俄罗斯”单类产品进出口贸易相似性的分布情况

（基于 2016 年 1 月至 2018 年 3 月均值数据）

三、贸易指数分析

图 12-7 显示了 2016 年 1 月至 2018 年 3 月“中国—俄罗斯”进出口贸易竞争力指数的基本情况。从进口贸易竞争力指数角度来看，中国从俄罗斯的进口波动幅度较大。从出口贸易竞争力指数角度来看，中国向俄罗斯的出口在每年的 2 月和 8 月都会达到临近时段的顶峰。从进出口贸易竞争力指数对比结果来看，出口贸易竞争力指数值在多数时候要高于进口贸易竞争力指数值。

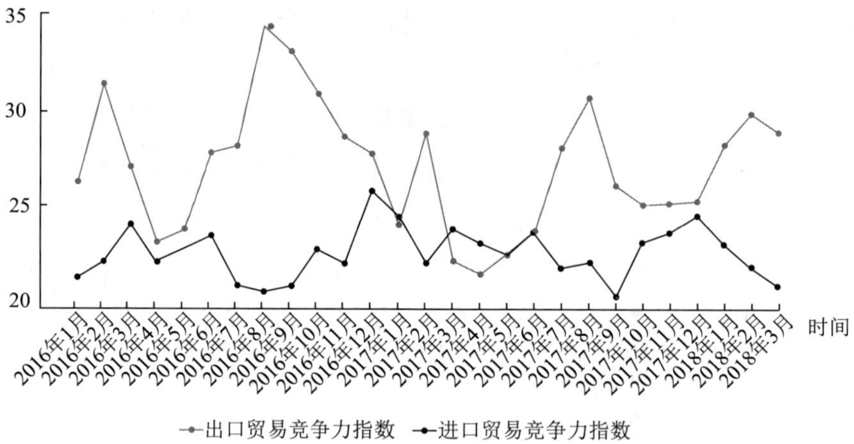

图 12-7　2016—2018 年“中国—俄罗斯”进出口贸易竞争力指数

图 12-8 显示了“中国—俄罗斯”进出口贸易竞争力指数特征指标的雷达图。在 12 个主宾国中，从进口贸易竞争力指数的 5 个特征指标来看，“中国—俄罗斯”的进口贸易相似性、进口市场占有率和交叉进口市场占有率排名均靠前，而进口显示性比较优势与交叉进口显示性比较优势的排名均靠后。从出口贸易竞争力指数的 5 个特征指标来看，“中国—俄罗斯”的出口市场占有率排在中间位置，交叉出口市场占有率和出口贸易相似性两项都排名靠前，而出口显示性比较优势与交叉出口显示性比较优势同进口一样均排名靠后。

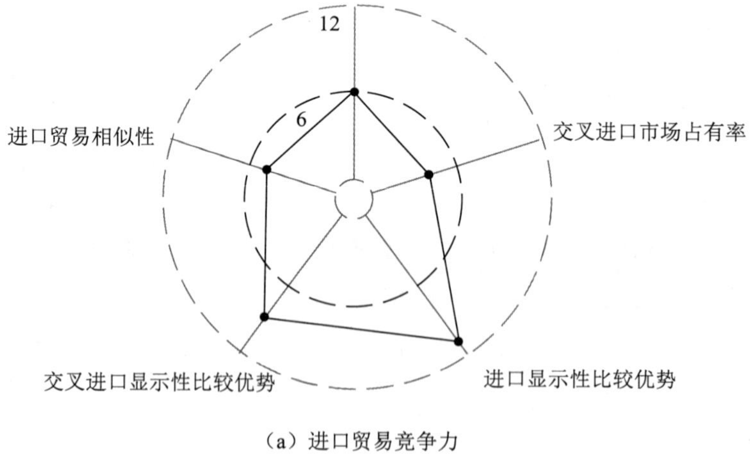

（a）进口贸易竞争力

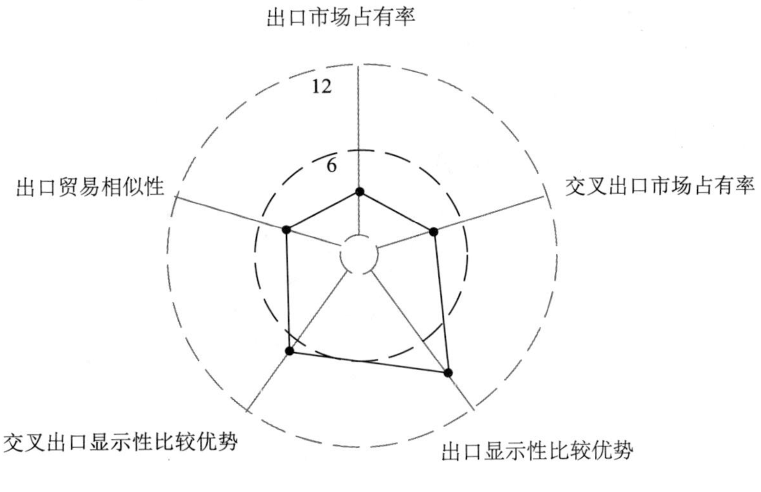

（b）进口贸易竞争力

图 12-8　进出口贸易竞争力指数特征指标（基于 2016 年 1 月至 2018 年 3 月均值数据）

图 12-9 显示了 2016 年 1 月至 2018 年 3 月“中国—俄罗斯”进出口贸易活力指数的基本情况。从进口贸易活力指数角度来看，中国从俄罗斯的进口总体呈下滑态势。从出口贸易活力指数角度来看，中国向俄罗斯的出口呈现一定的下降趋势，且波动幅度较大。从进出口贸易活力指数对比结果来看，出口贸易活力指数值要高于进口贸易活力指数值。

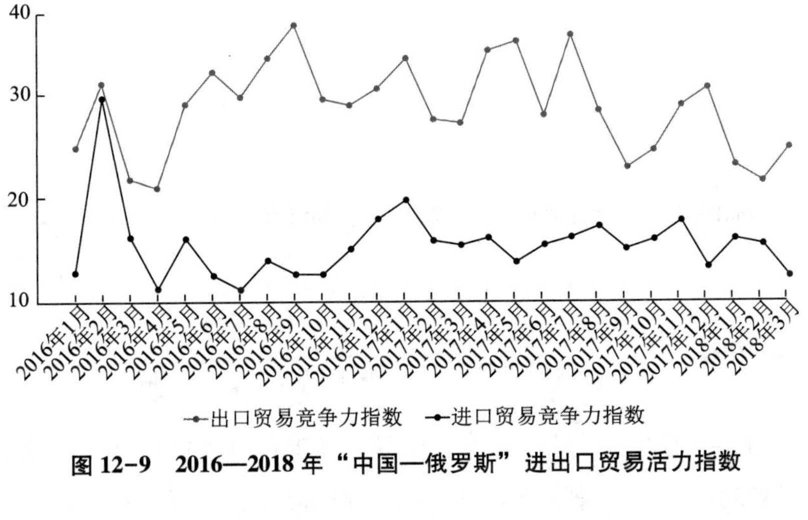

图 12-9　2016—2018 年“中国—俄罗斯”进出口贸易活力指数

图 12-10 显示了“中国—俄罗斯”进出口贸易活力指数特征指标的雷达图。在 12 个主宾国中，从进口贸易活力指数的 3 个特征指标来看，“中国—俄罗斯”的进口增长率和进口市场占有率增长率排在中间的位置，交叉进口市场占有率增长率排名靠后。

从出口贸易活力指数的 3 个特征指标来看，“中国—俄罗斯”的 3 个指标均排名靠前。

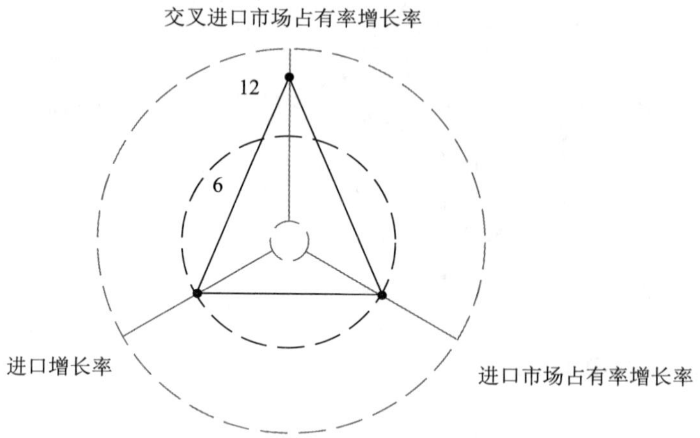

（a）进口贸易活力

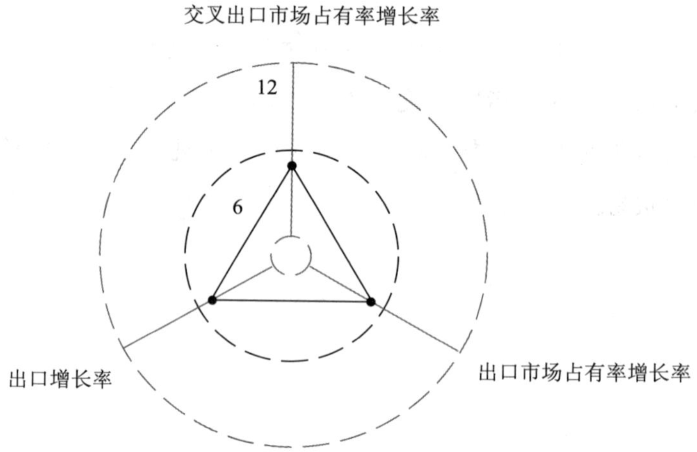

（b）出口贸易活力

图 12-10　进出口贸易活力指数特征指标的（基于 2016 年 1 月至 2018 年 3 月均值数据）

三、发展建议

综合前面的分析可得出：俄罗斯对外贸易长期保持顺差的态势，中俄双边贸易也保持良好的发展趋势；为了保障两国的经贸继续稳健增长，双边贸易仍需细致挖掘新的增长点。鉴于此，本书提出以下两项激发中国与俄罗斯双边贸易的措施：

一是继续深化中俄新新时代全面战略协作伙伴关系。为了更好地保持合作，中国投资者需要更多了解俄罗斯经济动态、发展趋势和投资政策变化，敏锐捕捉和把握对俄投资机遇。

二是基于中国与俄罗斯两国资源禀赋的差异，加强各自具有竞争优势的产品出口。通过前面的分析可知，俄罗斯的农产品、矿产品，中国的鞋帽、皮革制品具有一定的竞争优势，双边贸易过程中应保持这几类产品的合作与交流。此外，高新技术产品和机械仪器在双边贸易中，互补性较弱，两国应提高自身产品的附加值，在技术密集型产品上进行深度合作，从而实现两国的互利共赢。

第十三章　英　国

一、经济表现

（一）英国经济发展概况

世界经济论坛《2016—2017 年全球竞争力报告》显示，英国在全球最具竞争力的 138 个国家和地区中排第 7 位。世界银行发布的《营商环境报告》指出，英国在 190 个国家和地区中排第 6 位。

图 13-1 显示了 2009—2017 年英国的美元名义 GDP 及环比增速。自 2009 年后，英国经济逐步走出全球金融危机带来的阴影，开始复苏。2015 年和 2016 年，受“脱欧”消息影响，英国经济出现负增长。

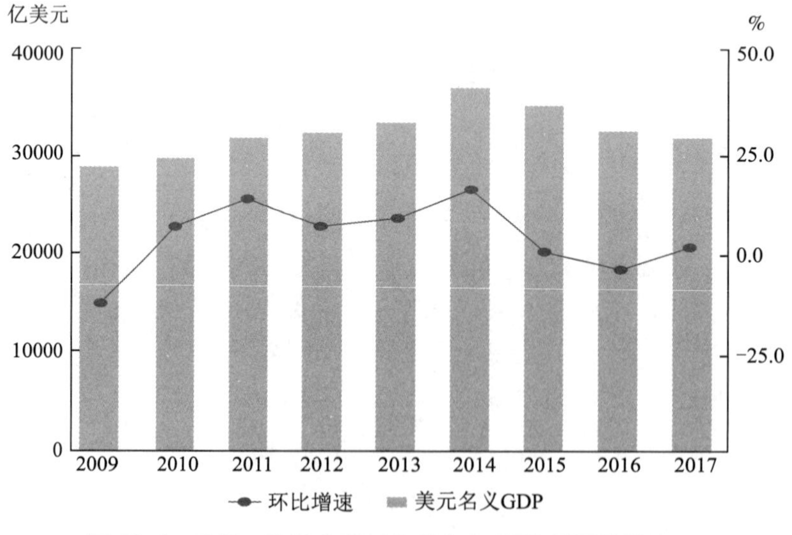

图 13-1　2009—2017 年英国美元名义 GDP 及环比增速

（二）对外贸易发展概况

据英国税务与海关总署统计，2017 年，英国货物进出口总额为 10654.8 亿美元，同比期增长 1.1%。其中，出口 4436.2 美元，增长 5.8%；进口 6218.6 亿美元，下降 2.1%。贸易逆差 1782.4 亿美元，下降 17.4%。

分国别（地区）看，2017 年英国对美国、德国、法国、荷兰和爱尔兰的出口额分别占英国出口总额的 13.6%、10.4%、6.8%、6.2%和 5.6%。其中，对美国出口同比下降 4.4%，对德国、法国、荷兰和爱尔兰出口分别同比增长 4.4%、12.8%、5.5%和 7.0%；自德国、美国、中国、荷兰和法国的进口额分别占英国进口总额的 14.3%、9.6%、8.3%、8.3%和 5.9%。其中，自德国、中国和法国的进口同比分别下降 0.5%、6.1%和 0.1%，自美国和荷兰的进口同比分别增长 1.8%和 7.7%。英国贸易逆差的主要来源国是德国、中国和荷兰，2017 年逆差额分别为 427.0 亿美元、303.3 亿美元和 243.3 亿美元。其中，对荷兰逆差同比增长 10.2%，对德国和中国的逆差同比分别下降 5.4%和 17.4%。英国的贸易顺差主要来自瑞士和阿联酋，2017 年对瑞士顺差 98.4 亿美元，上年为逆差；对阿联酋顺差 74.4 亿美元同比下降 5.3%。

图 13-2 显示，2016 年 1 月至 2018 年 1 月，英国进出口额的变化都相对平稳，但是 2018 年 2 月进出口额都出现了大幅下降，但 2018 年 3 月又恢复正常。从出口额角度来看，英国的出口额波动幅度较小，除 2018 年 2 月的大幅下降之外，其余月份基本维持在 300 亿~350 亿美元。从进口额角度来看，英国的进口额波动幅度也较小，除了 2018 年 2 月外，保持稳中有升的趋势。从进出口差额角度来看，英国长期保持贸易逆差的态势。

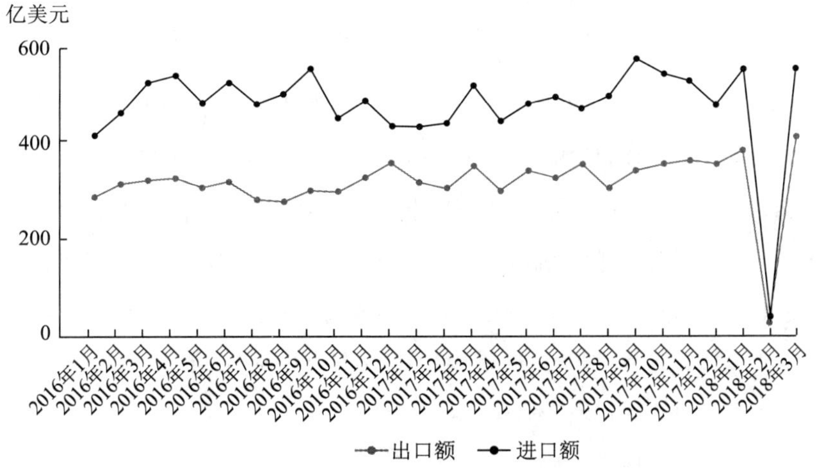

图 13-2 2016—2018 年英国进出口贸易额

（三）中国与英国的双边贸易发展概况

根据中国海关统计，2017 年中英货物贸易额为 790.3 亿美元，同比增长 6.2%。其中，中国向英出口 567.2 亿美元，同比增长 1.8%；中国从英国进口 223.1 亿美元，同比增长 19.4%。2017 年，中英货物贸易额在中国同欧盟国家双边贸易中居第 2 位，仅次于德国。

图 13-3 显示了“中国—英国”进出口市场占有率的基本情况。从进口市场占有率角度来看，除 2018 年 2 月外，中国从英国的进口稳中有升。从出口市场占有率角度来看，中国向英国的出口波动幅度不大，除 2018 年 2 月外。从进出口市场占有率对比结果来看，中国向英国的出口明显高于中国从英国的进口。

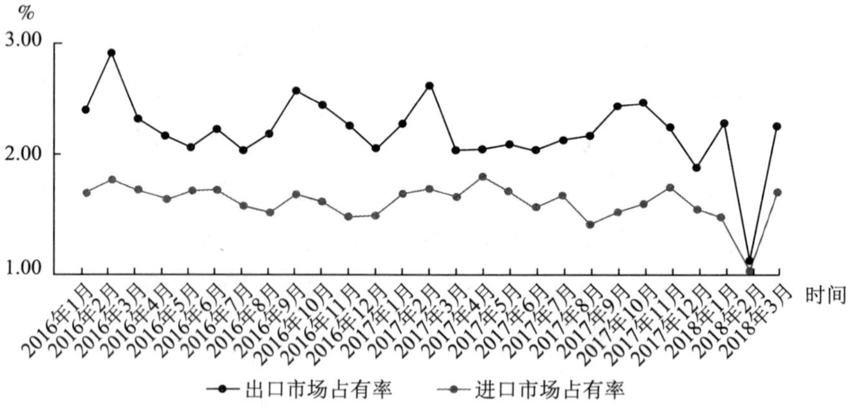

图 13-3 2016—2018 年“中国—英国”进出口市场占有率

图 13-4 显示了“中国—英国”单类产品进出口市场占有率的分布情况。从进口市场占有率角度来看，在中国从英国进口的所有产品中，第十四类（贵金属及其制品）、第十七类（运输设备）与第二十类（杂项制品）分列前三，依次为：46.23%、4.49%与 2.52%。从出口市场占有率角度来看，在中国向英国出口的所有产品中，第九类（木材及相关材料）、第二十类（杂项制品）与第十二类（鞋帽等产品）分列前三，依次为：8.02%、7.19%与 6.09%。从进出口市场占有率对比结果来看，只有个别产品的进口市场占有率高于出口市场占有率。

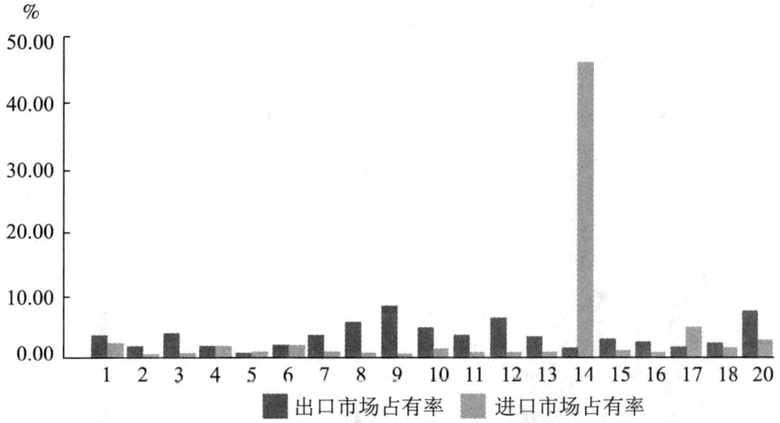

图 13-4 “中国—英国”单类产品进出口市场占有率的分布情况
(基于 2016 年 1 月至 2018 年 3 月均值数据)

图 13-5 显示了“中国—英国”进出口贸易相似性。从进口贸易相似性角度来看，除 2018 年 2 月外，势相对平稳，中国的进口结构与英国的出口结构互补程度较高，指标数值基本稳定在 20%左右。从出口贸易相似性角度来看，曲线走势也较为平稳，中国的出口结构与英国的进口结构互补程度较高，除 2018 年 2 月外，大部分月份的指标值均高于 20%。从进出口贸易相似性对比结果来看，进口贸易相似的值与出口贸易相似性的值相差不大。

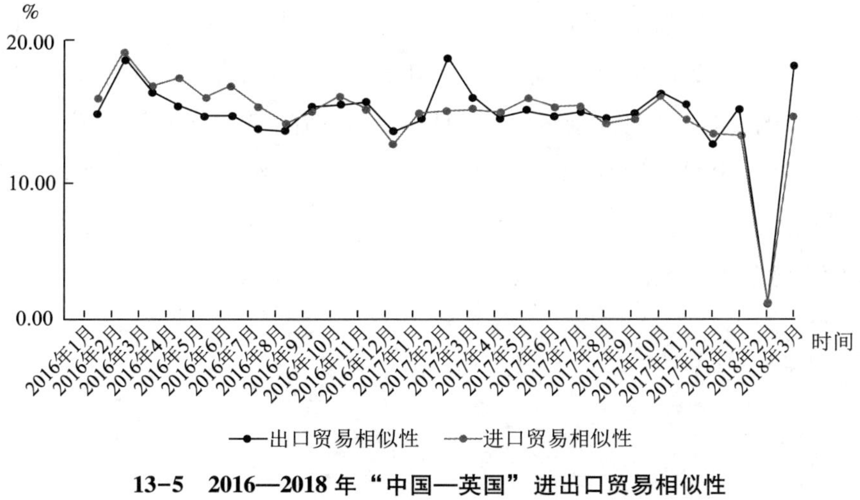

13-5 2016—2018 年“中国—英国”进出口贸易相似性

图 13-6 显示了“中国—英国”单类产品进出口贸易相似性的分布情况。从进口贸易相似性角度来看，在中国从英国进口的所有产品中，第二十类（杂项制品）、第四类（食品饮料）与第十七类（运输设备）分列前三，依次为：97.77%、83.42%与

77.37%。从出口贸易相似性角度来看，在中国向英国出口的所有产品中，第十七类（运输设备）、第一类（动物产品）与第四类（食品饮料）分列前三，依次为：98.43%、89.73%与85.76%。从进出口贸易相似性差值对比结果来看，只有个别产品的进口贸易相似性的值略高于出口贸易相似性的值。

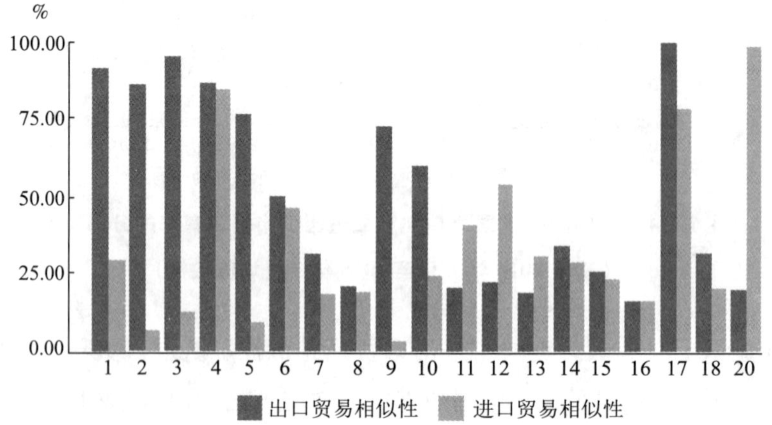

图 13-6 “中国—英国”进出口贸易相似性（基于 2016 年 1 月至 2018 年 3 月均值数据）

二、贸易指数分析

图 13-7 显示了“中国—英国”进出口贸易竞争力指数的基本情况。从进口贸易竞争力指数角度来看，2016 年 1 月到 2018 年 1 月期间，中国从英国的进口趋势比较平稳，但 2018 年的 2 月、3 月波动较大，2 月有明显下降，3 月又有所回升。从出口贸易竞争力指数来看，中国向英国的出口呈现出缓慢下降的趋势，并且在 2018 年的头三个月有较大幅度的波动。从进出口贸易竞争力指数差值来看，出口贸易竞争力指数明显高于进口贸易竞争力指数。

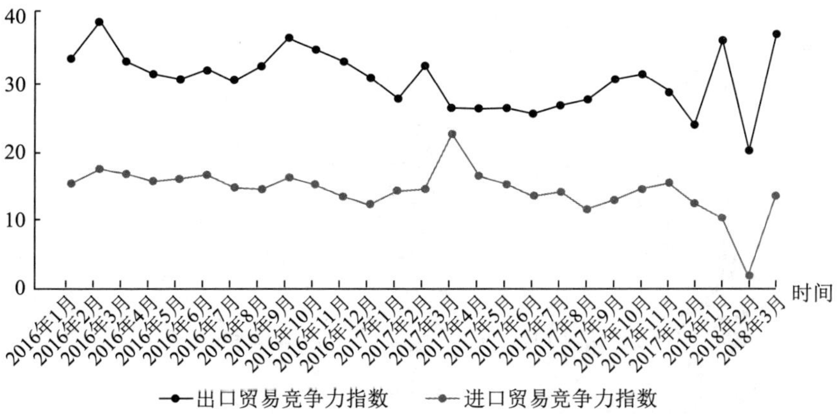

图 13-7　2016—2018 年“中国—英国”进出口贸易竞争力指数

图 13-8 显示了“中国—英国”进出口贸易竞争力指数特征指标的雷达图。在 12 个主宾国中，从进口贸易竞争力指数的 5 个特征指标来看，“中国—英国”的进口贸易相似性与进口显示性比较优势排名比较靠前；进口市场占有率排名处于中间的位置；交叉进口市场占有率和交叉进口显示性比较优势排名比较靠后。从出口贸易竞争力指数的 5 个特征指标来看，在 12 个主宾国中，“中国—英国”的出口市场占有率、出口贸易相似性和交叉出口显示性比较优势排名都比较靠前；出口显示性比较优势排名处于中间的位置；交叉出口市场占有率排名比较靠后。该结果进一步说明，“中国—英国”出口贸易竞争力指数的表现要好于“中国—英国”进口贸易竞争力指数的表现。

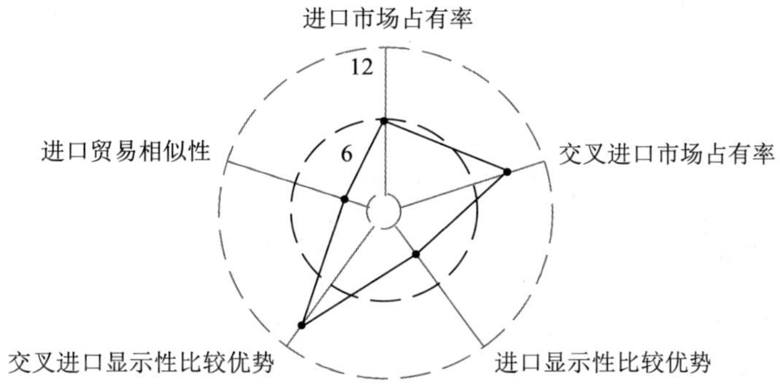

（a）进口贸易竞争力

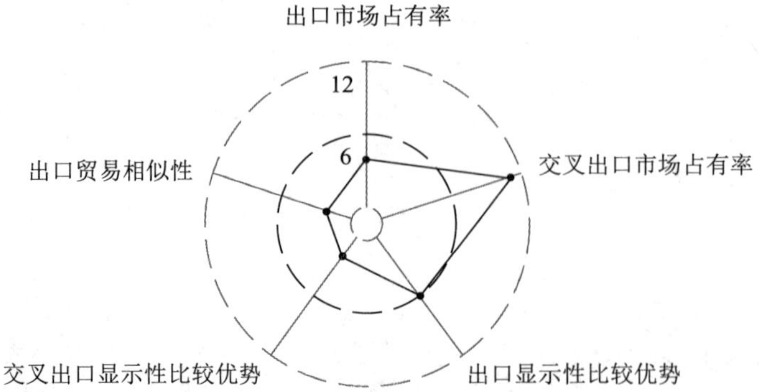

（b）出口贸易竞争力

图 13-8 "中国—英国"进出口贸易竞争力指数特征指标的雷达图
（基于 2016 年 1 月至 2018 年 3 月均值数据）

图 13-9 显示了"中国—英国"进出口贸易活力指数的基本情况。从进口贸易活力指数角度来看，中国从英国的进口波动性较为明显，指数在 2016 年第一季度出现下滑，从 2016 年 5 月开始缓慢提升，但在 2017 年底到 2018 年 2 月出现急剧下滑，2018 年 3 月又有大幅提升。从出口贸易活力指数角度来看，除了 2017 年 11 月到 2018 年 2 月指数出现较为明显的下降趋势外，其他月份主要呈现出稳中有升的增长趋势。从进出口贸易活力指数对比结果来看，出口贸易活力指数值明显高于进口贸易活力指数值。

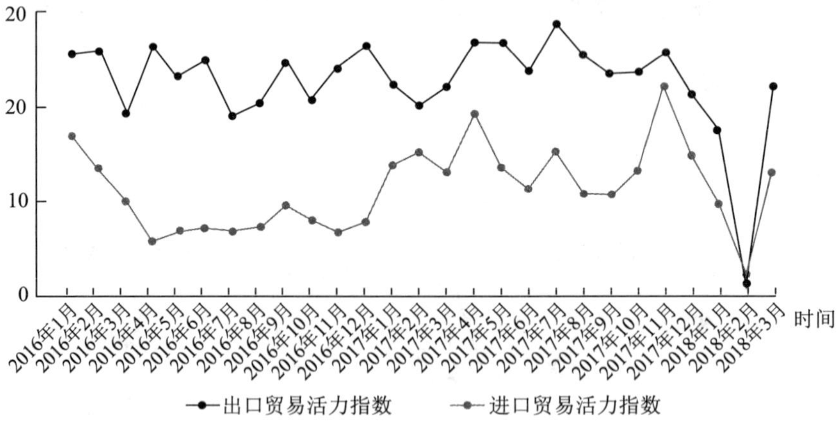

图 13-9 2016—2018 年"中国—英国"进出口贸易活力指数

图 13-10 显示了"中国—英国"进出口贸易活力指数特征指标的雷达图。在 12 个主宾国中，从进口贸易活力指数的 3 个特征指标来看，"中国—英国"的进口增长率、进口市场占有率增长率和交叉进口市场占有率增长率排名都处于中间位置。从出口贸易活力指数的 3 个特征指标来看，"中国—英国"的出口增长率、出口市场占有率增长

率与交叉出口市场占有率增长率 3 个指标均排名均比较靠后。

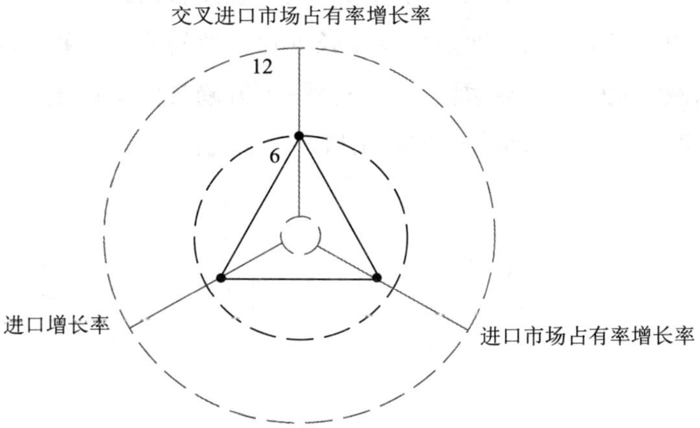

（a）进口贸易活动

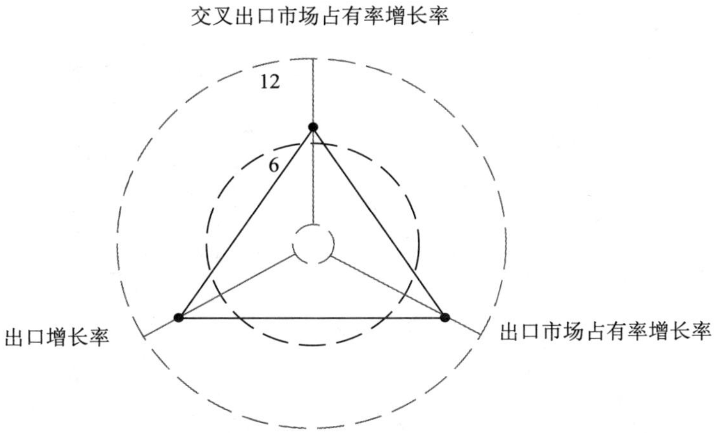

（b）出口贸易活力

图 13-10 “中国—英国”进出口贸易活力指数特征指标的雷达图

（基于 2016 年 1 月至 2018 年 3 月均值数据）

三、发展建议

综合前面的分析可得出：中国与英国贸易经济往来极为密切，双方贸易结构互补程度较高。鉴于此，本书提出以下两项促进中国与英国双边贸易进一步发展的对策：

一是中国与英国应密切各方面的合作与交往。欧元区债务危机以及“脱欧”给英国经济发展带来重大影响，为了应对挑战，英国在“脱欧”之后积极谋求与中国开展全方位、多维度的贸易投资合作。未来借助“一带一路”倡议合作机制的引领，英国应破除贸易壁垒，改善贸易环境。

二是在积极促进与英国双边贸易的同时，我国应完善出口商品结构。基于前面的分析可以看到，中国在中英两国双边贸易中长期保持贸易顺差，我国企业应充分发挥产业优势，不断做大做强。在双边贸易额整体呈上升趋势的基础上，我国企业应继续提升产品品质、改善出口产品结构、实现出口产品多元化。

第十四章　埃　及

一、经济表现

（一）埃及经济发展概况

埃及区位优势明显，人力资源充足，拥有相对完整的工业、农业和服务业体系。世界经济论坛《2016—2017 年全球竞争力报告》显示，埃及在全球最具竞争力的 138 个国家和地区指出，排第 115 位。世界银行发布的《营商环境报告》指出，埃及在 190 个国家和地区中排第 131 位。

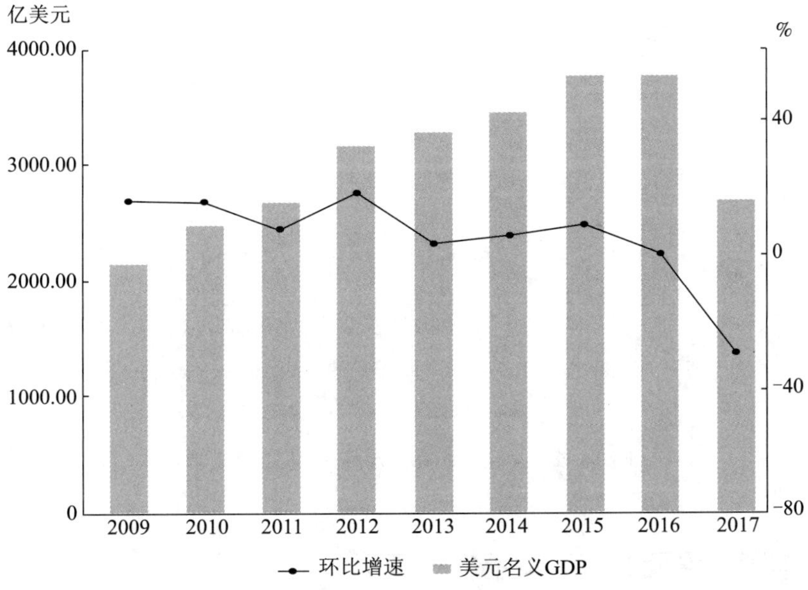

图 14-1　2009—2017 年埃及美元名义 GDP 及环比增速

图 14-1 显示了 2009—2017 年埃及的美元名义 GDP 及环比增速。2009—2016 年埃及经济发展相对平稳，美元名义 GDP 稳中有升，但是 2017 年出现大幅下滑。2011 年初以来埃及动荡的社会局势对国民经济造成严重冲击，2013 年 7 月临时政府上台后，

经济发展面临较大困难，2017 年，中东地区的形势发展加剧了埃及国内安全形势的严峻性，这些因素严重影响了埃及的经济发展。

（二）对外贸易发展概况

埃及中央公众动员和统计局的数据显示，2017 年埃及货物进出口额为 833.75 亿美元，同比下降 0.28%。其中，出口 250.43 亿美元，同比增长 14.86%；进口 583.32 亿美元，同比下降 5.62%。逆差 332.89 亿美元，同比下降 16.78%。埃及同 120 多个国家和地区有贸易关系，2017 年前 5 大贸易伙伴分别是中国、意大利、沙特、美国、德国。

图 14-2 显示，2016 年 1 月至 2018 年 3 月，埃及的进出口额都呈现出波动性的增长趋势。从出口额角度来看，除个别月份出现轻微下滑外，埃及的出口保持稳中有升的趋势。从进口额角度来看，除了 2016 年 11 月到 2017 年 1 月有连续轻微下滑外，埃及的进口总体呈现出一定的增长趋势。从进出口差额来看，埃及进出口长期保持贸易逆差的态势。

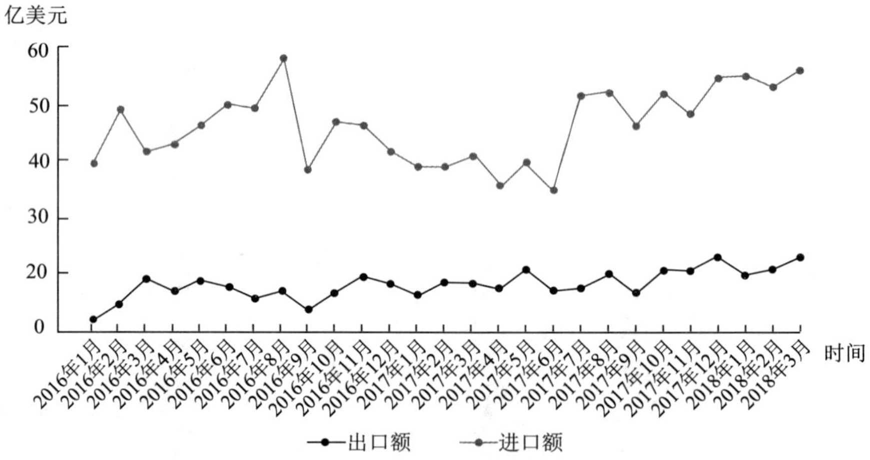

图 14-2 2016—2018 年埃及进出口贸易额

（三）中国与埃及的双边贸易发展概况

2006 年 11 月，埃及宣布承认中国完全市场经济地位。2015 年，中国与埃及的双边贸易额达到 128.7 亿美元的高峰，此后 2016 年和 2017 年连续两年出现下降。主要原因包括埃及政府采取了一系列限制进口措施、埃镑大幅贬值、埃及市场大幅萎缩等。

图 14-3 显示了 2016 年 1 月至 2018 年 3 月“中国—埃及”进出口市场占有率的基

本情况。从进口市场占有率角度来看，中国从埃及进口的商品市场占有率很低。从出口市场占有率角度来看，中国向埃及的出口波动较大，出口市场占有率在0.4%附近波动。从进出口市场占有率对比结果来看，中国向埃及的出口情况明显好于中国从埃及的进口情况。

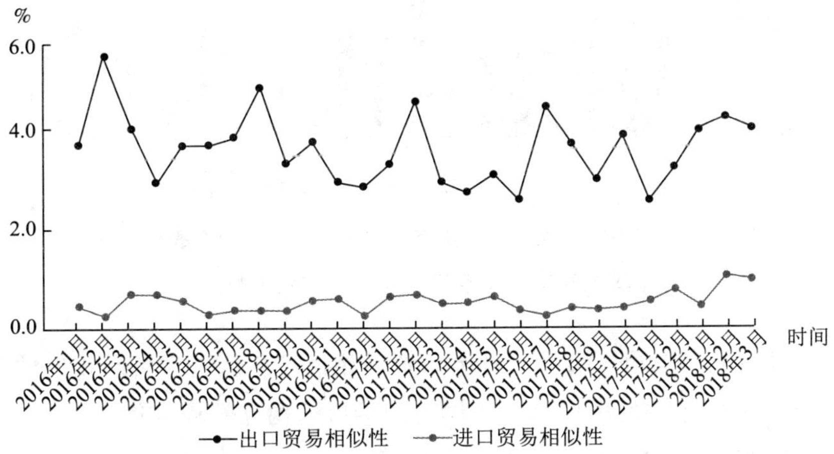

图 14-3　2016—2018 年中国—埃及进出口市场占有率

图 14-4 显示了“中国—埃及”单类产品进出口市场占有率的分布情况。从进口市场占有率角度来看，在中国从埃及进口的所有产品中，第二类（植物产品）、第五类（矿产品）与第十三类（石材水泥等产品）分列前三，依次为：0.44%、0.30%与0.18%。从出口市场占有率角度来看，在中国向埃及出口的所有产品中，第十一类（纺织品）、第九类（木材及相关材料）与第二类（植物产品）分列前三，依次为：0.98%、0.79%与0.70%。从进出口市场占有率对比结果来看，只有第五类产品（矿产品）的进口市场占有率高于出口市场占有率。

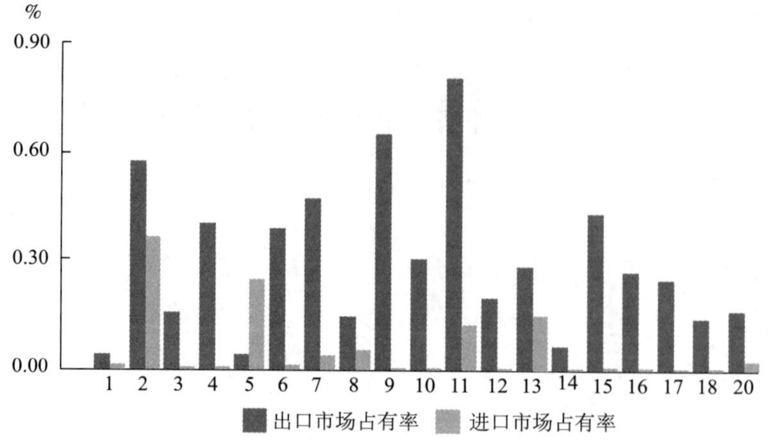

图 14-4 "中国—埃及"单类产品进出口市场占有率的分布情况

（基于 2016 年 1 月至 2018 年 3 月均值数据）

图 14-5 显示了"中国—埃及"进出口贸易相似性。从进口贸易相似性角度来看，曲线走势较为平稳，中国的出口结构与埃及的进口结构互补程度很低，2016 年 1 月到 2018 年 3 月全部月份的数值均低于 2%，基本稳定在 1.5%左右。从出口贸易相似性角度来看，曲线走势呈现出较为明显的波动性特征，中国的出口结构与埃及的进口结构互补程度也很低，全部月份数值均低于 4%。从进出口贸易相似性对比结果来看，出口贸易相似性的值明显高于进口贸易相似性的值。

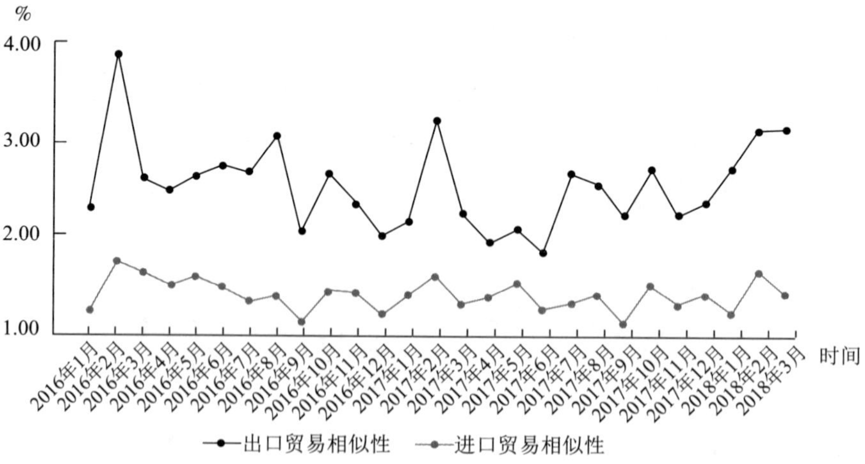

图 14-5 2016—2018 年"中国—埃及"进出口贸易相似性

图 14-6 显示了"中国—埃及"单类产品进出口贸易相似性的分布情况。从进口贸易相似性角度来看，在中国从埃及进口的所有产品中，第十四类（贵金属及其制品）、第十一类（纺织品）与第十三类（石材水泥等产品）分列前三，依次为：12.31%、

8.86%与8.49%。从出口贸易相似性角度来看，在中国向埃及出口的所有产品中，第三类（油脂产品）、第二类（植物产品）与第一类（动物产品）分列前三，依次为：92.62%、30.54%与24.75%。从进出口贸易相似性对比结果来看，只有少数产品的进口贸易相似性的值高于出口贸易相似性的值。

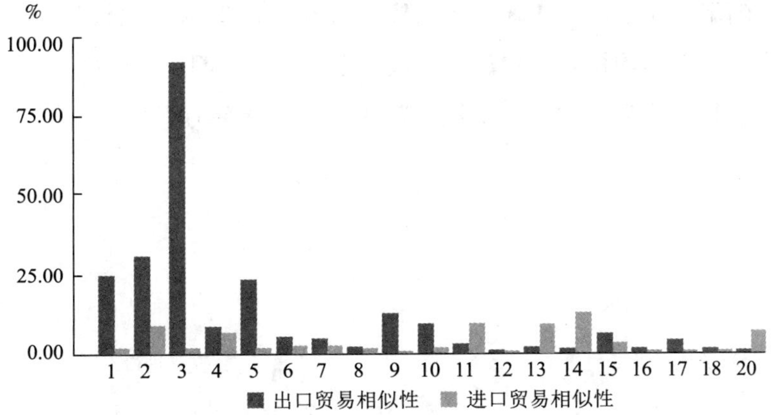

图 14-6　“中国—埃及”进出口贸易相似性（基于 2016 年 1 月至 2018 年 3 月均值数据）

二、贸易指数分析

图 14-7 显示了“中国—埃及”进出口贸易竞争力指数的基本情况。从进口贸易竞争力指数角度来看，指数值较低，除 2016 年 2 月、12 月和 2017 年 7 月外，其他月份指数值均低于 10%。从出口贸易竞争力指数角度来看，2016 年 1 月至 2017 年 12 月指数一直处于下降趋势，2018 年以来呈现较为明显的上升趋势。从进出口贸易竞争力指数对比结果来看，出口贸易竞争力指数值高于进口贸易竞争力指数值。

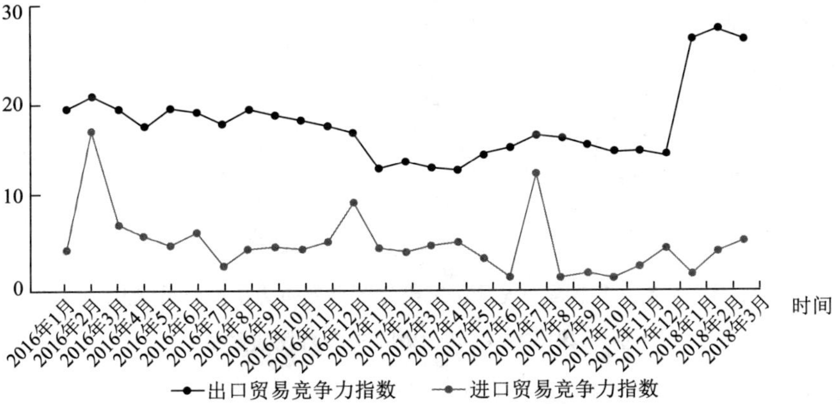

图 14-7　2016—2018 年“中国—埃及”进出口贸易竞争力指数

图 14-8 显示了“中国—埃及”进出口贸易竞争力指数特征指标的雷达图。在 12 个主宾国中，从进口贸易竞争力指数的 5 个特征指标来看，“中国—埃及”的交叉进口显示性比较优势与进口显示性比较优势排名比较靠前；其余 3 个特征指标均排名比较靠后，其中进口市场占有率排在最后一名；从出口贸易竞争力指数的 5 个特征指标来看，“中国—英国”的交叉出口显示性比较优势和出口显示性比较优势的排名非常靠前，其余 3 个特征指标均排名比较靠后。该结果进一步说明，“中国—埃及”出口贸易竞争力指数的表现要略强于“中国—埃及”进口贸易竞争力指数的表现。

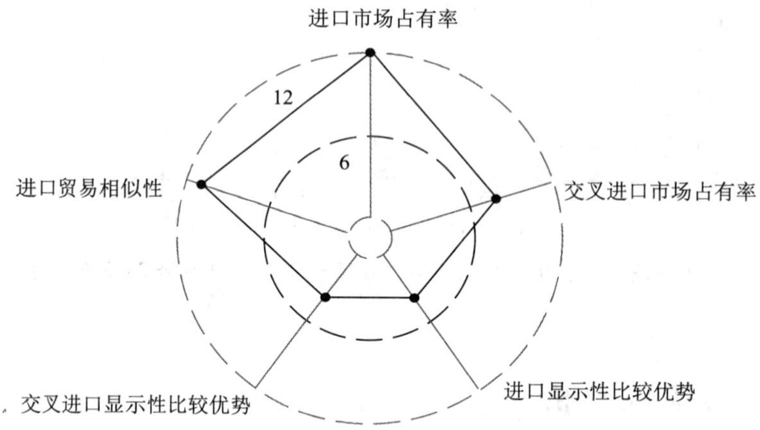

（a）进口贸易竞争力

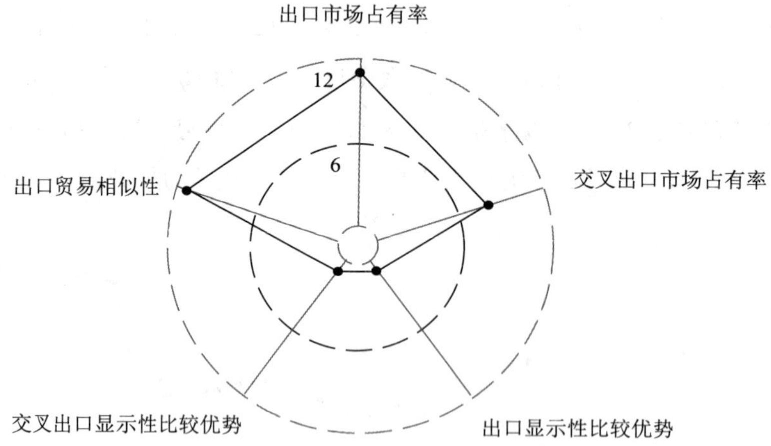

（b）出口贸易竞争力

图 14-8 “中国—埃及”进出口贸易竞争力指数特征指标

（基于 2016 年 1 月至 2018 年 3 月均值数据）

图 14-9 显示了“中国—埃及”进出口贸易活力指数的基本情况。从进口贸易活力指数角度来看，中国从埃及的进口波动性较为明显，2016 年 1 月和 3 月指数值为 50%左右，2016 年 11 月、2017 年 2 月和 12 月指数值高达 75%以上，其余月份指数值基本稳定在 0%~25%。从出口贸易活力指数角度来看，除了个别月份出现小幅下降外，其他月份指数主要呈现出稳中有升的增长趋势。从进出口贸易活力指数对比结果来看，进口贸易活力指数值在多数时候要低于出口贸易活力指数值。

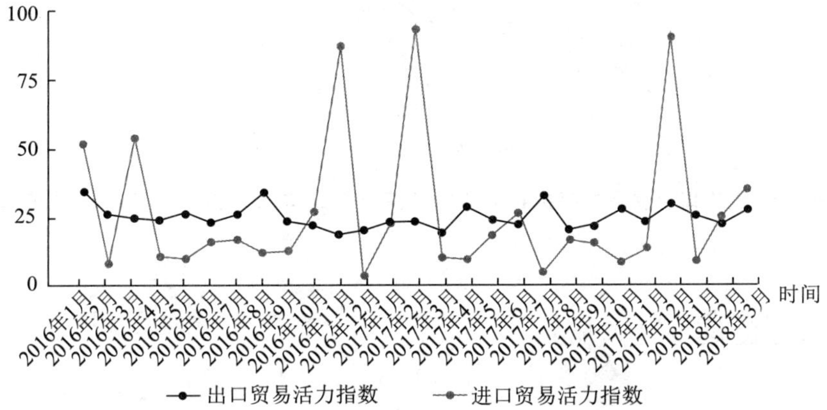

图 14-9 2016—2018 年“中国—埃及”进出口贸易活力指数

图 14-10 显示了“中国—埃及”进出口贸易活力指数特征指标的雷达图。在 12 个主宾国中，从进口贸易活力指数的 3 个特征指标来看，“中国—埃及”的进口增长率、进口市场占有率增长率与交叉进口市场占有率增长率 3 个指标均排名靠前；从出口贸易活力指数的 3 个特征指标来看，“中国—埃及”的出口增长率、出口市场占有率增长率排名靠前；交叉出口市场占有率增长率排名靠后。

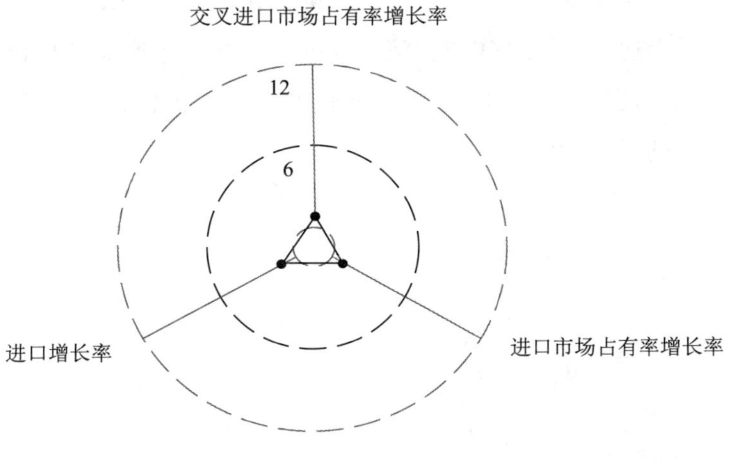

（a）进口贸易活力

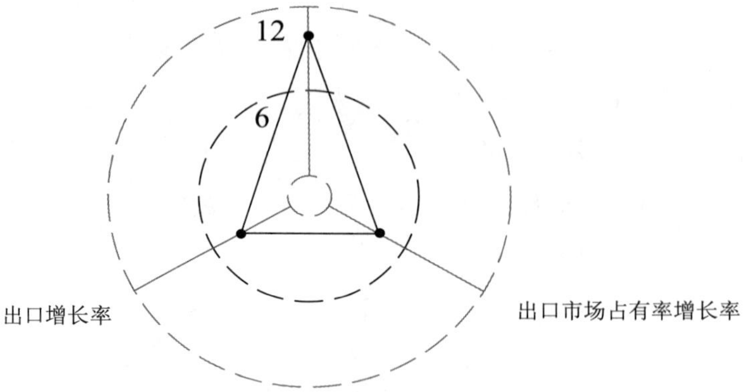

（b）出口贸易活力

图 14-10 进出口贸易活力指数特征指标（基于 2016 年 1 月至 2018 年 3 月均值数据）

三、发展建议

综合前面的分析可得出：埃及经济增长缓慢，而中国与埃及的贸易极具活力，因此中国与埃及未来贸易的潜力巨大。鉴于此，本书提出以下两项促进中国与埃及双边贸易的对策：

一是中国与埃及应不断加强友好合作关系，同时带动埃及自身发展。双方应在政治上进一步增强互信，在国际和地区问题上保持密切协作。在“一带一路”倡议的引导下，2015 年 9 月，中埃两国签署了《中埃产能合作框架协议》。

二是基于中国与埃及两国资源禀赋的差异，加强各自具有竞争优势的产品出口。通过前面的分析可知，埃及的植物产品、中国的纺织品具有一定的竞争优势，双边在贸易过程中应保持上述产品的合作与交流。此外，高新技术产品和机械仪器在双边贸易中，竞争力较弱，两国应提高自身产品的附加值，在技术密集型产品上深入合作，从而实现两国经贸的互利共赢。

第十五章　巴基斯坦

一、经济表现

（一）巴基斯坦经济发展概况

巴基斯坦是亚洲新兴市场，是一个快速增长的发展中国家。农业是巴国的经济支柱产业，工业基础薄弱。世界经济论坛《2017—2018 年全球竞争力报告》显示，在全部 140 个经济体中，巴基斯坦列第 107 位。世界银行发布的《2018 年营商环境报告》指出，巴基斯坦在全部 190 个经济体中列第 147 位。

图 15-1 显示了 2011—2017 年巴基斯坦的美元名义 GDP 及环比增速。2011 年，巴基斯坦的经济出现高速增长，增长率达 20%以上，之后的几年间巴基斯坦的经济稳步增长，增长率稳定在 5%左右。虽然在 2016 年出现较大波动，但巴基斯坦美元名义 GDP 增速仍处于逐年走高的良好态势。历届政府一直把发展社会经济放在首位，巴基斯坦政府坚持、持续推行积极稳健的经济改革和结构调整政策，除了控制财政预算、减少国家开支外，致力于加速工业化建设，加快私有化进程，努力吸引外资，积极扩大出口，缩小外贸逆差，进行债务重组，改善国际收支。

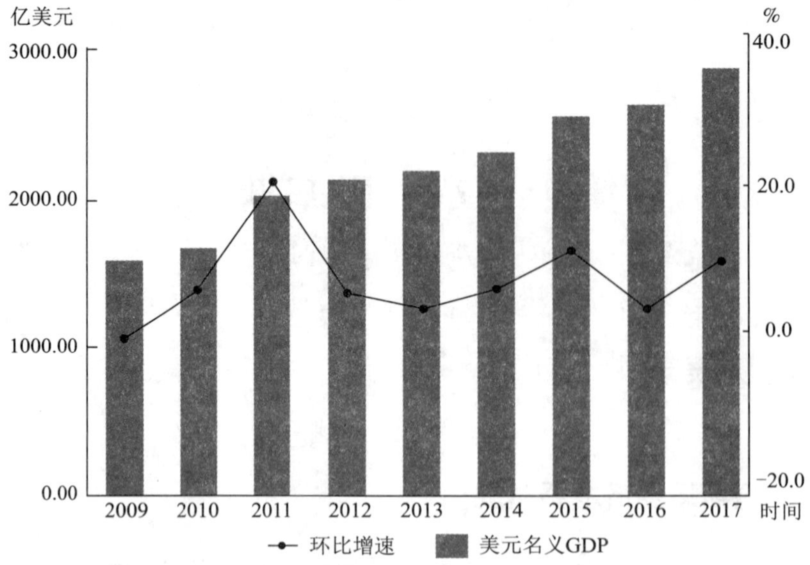

图 15-1　2009—2017 年巴基斯坦美元名义 GDP 及环比增速

（二）对外贸易发展概况

巴基斯坦国家统计局统计，2017 年巴基斯坦货物进出口额为 734. 74 亿美元，同比增长 12. 2%。其中，出口 204. 48 亿美元，同比增长 1. 63%；进口 530. 26 亿美元，同比增长 18. 67%。贸易逆差 325. 78 亿美元，同比增长 36. 32%。

分国别（地区）看，2017 年巴基斯坦对美国、英国、中国和阿富汗的出口额分别占巴基斯坦出口总额的 15. 78%、7. 56%、7. 26%和 6. 03%，出口额分别为 32. 27 亿美元、15. 46 亿美元、14. 85 亿美元和 12. 33 亿美元，同比分别增长 5. 63%、9. 39%、2. 02%和 36. 34%；自中国、阿联酋、沙特和卡塔尔的进口额分别占巴基斯坦进口总额的 26. 54%、12. 91%、5. 36%和 2. 90%，进口额分别为 140. 73 亿美元、68. 46 亿美元、28. 42 亿美元和 15. 38 亿美元，对阿联酋、沙特和卡塔尔同比分别增长 2. 34%、0. 17%和 1. 69%，对中国下降 3. 54%。

图 15-2 显示，2016 年 1 月至 2018 年 3 月，巴基斯坦的进出口额都具有一定程度的波动性。从出口额角度来看，巴基斯坦的出口额一直保持较低的水平，虽然也存在波动，但总体波动幅度不大。从进口额角度来看，巴基斯坦的进口额总体保持上升态势，波动幅度较出口额大。从进出口差额来看，巴基斯坦长期保持贸易逆差的态势，且贸易逆差不断扩大。

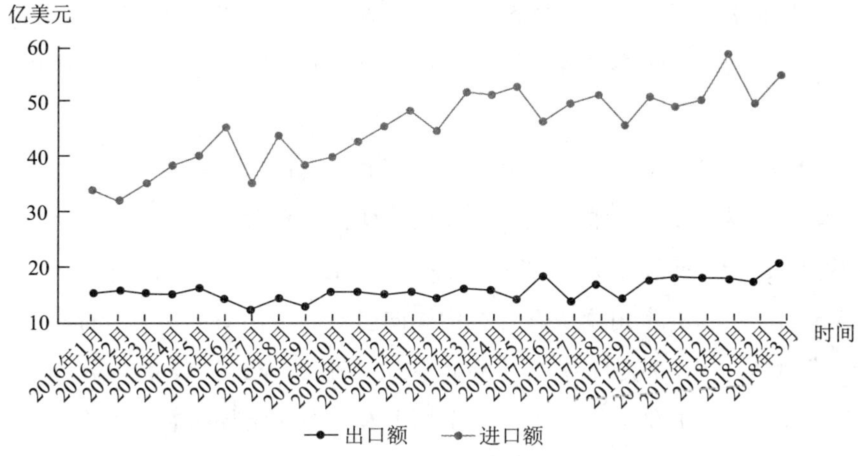

图 15-2　2016—2018 年巴基斯坦进出口贸易额

（三）中国与巴基斯坦的双边贸易发展概况

2017 年，巴基斯坦与中国双边货物进出口额为 200. 8 亿美元，增长 4. 9%。其中，巴基斯坦对中国出口 18. 3 亿美元，同比下降 4. 1%，占巴基斯坦出口总额的 8. 95%；巴基斯坦自中国进口 182. 5 亿美元，同比增长 5. 9%，占巴西进口总额的 34. 42%。巴基斯坦与中国的贸易逆差为 164. 2 亿美元。

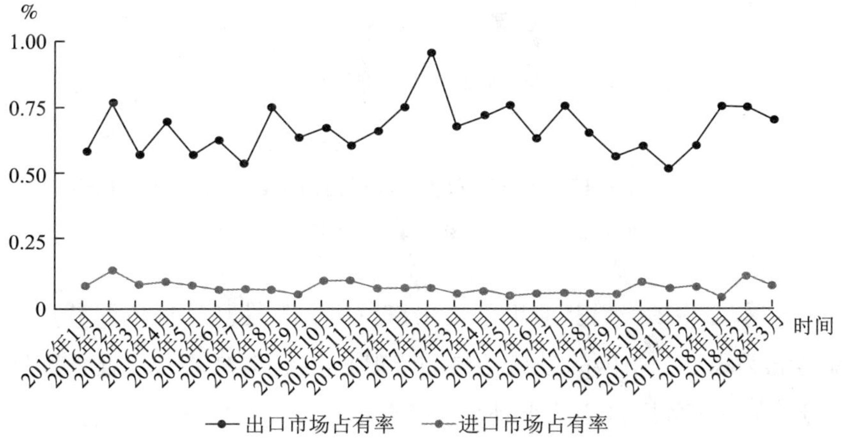

图 15-3　2016—2018 年“中国—巴基斯坦”进出口市场占有率

图 15-3 显示，“中国—巴基斯坦”进出口市场占有率的基本情况。从进口市场占有率角度来看，中国从巴基斯坦的进口较为平稳，在 2016 年 10 月到 2017 年 9 月期间出现下滑，随后又恢复至原有水平。从出口市场占有率角度来看，中国向巴基斯坦的

出口存在不规则波动，在2016年末至2017年初出现短暂上升，随后恢复至原有水平。从进出口市场占有率对比结果来看，中国向巴基斯坦的出口情况明显好于中国从巴基斯坦的进口情况。

图15-4显示了“中国—巴基斯坦”单类产品进出口市场占有率的分布情况。从进口市场占有率角度来看，在中国从巴基斯坦进口的所有产品中，第十一类（纺织品）、第四类（食品饮料）和第二类（植物产品）分列前三，依次为：3.25%、0.86%与0.57%。从出口市场占有率角度来看，在中国向巴基斯坦出口的所有产品中，第十五类（贱金属及其制品）、第六类（化工产品）和第十七类（运输设备）分列前三，依次为：1.59%、1.28%与1.09%。从进出口市场占有率对比结果来看，只有个别产品的进口市场占有率高于出口市场占有率。其中，纺织品的进口市场占有率远高于出口市场占有率。

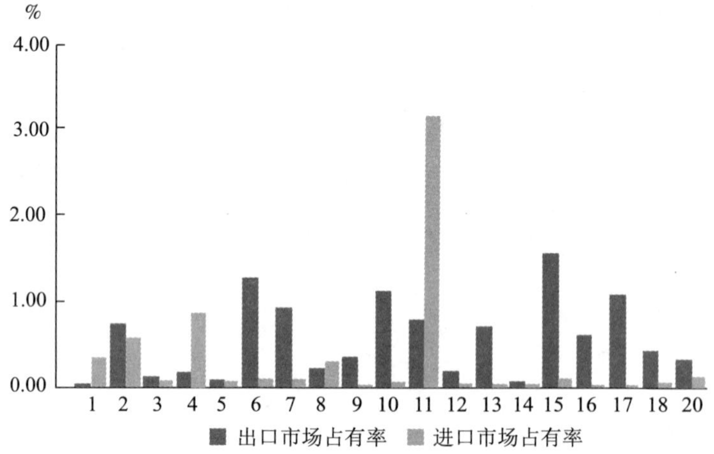

图15-4 “中国—巴基斯坦”单类产品进出口市场占有率的分布情况

（基于2016年1月至2018年3月均值数据）

图15-5显示，“中国—巴基斯坦”进出口贸易相似性。从进口贸易相似性角度来看，曲线走势较为稳定，中国的进口结构与巴基斯坦的出口结构互补程度较低，数值基本稳定在1%左右。从出口贸易相似性角度来看，曲线走势波动幅度较大，中国出口结构与巴基斯坦的进口结构互补程度较低，数值基本稳定在2%~3%，仅在2017年2月超出了3%。从进出口贸易相似性对比结果来看，出口贸易相似性的值明显高于进口贸易相似性的值。

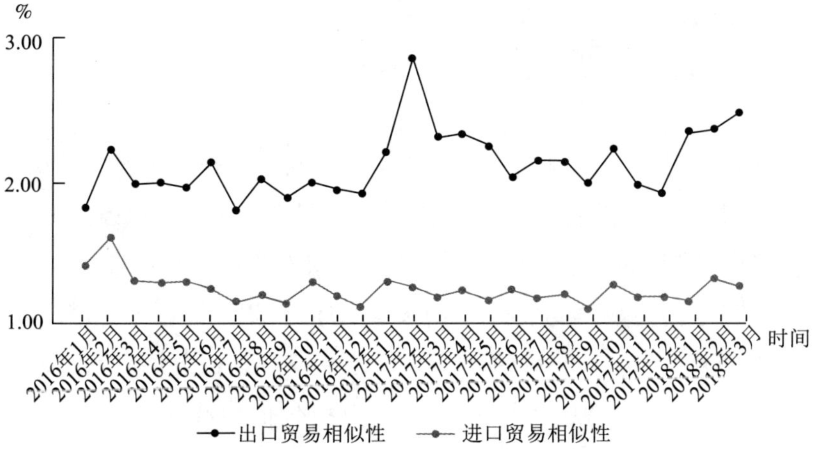

图 15-5　2016—2018 年“中国—巴基斯坦”进出口贸易相似性

图 15-6 显示了“中国—巴基斯坦”单类产品进出口贸易相似性的分布情况。从进口贸易相似性角度来看，在中国从巴基斯坦进口的所有产品中，第十一类（纺织品）、第八类（皮革制品）与第二类（植物产品）分列前三，依次为：41.42%、9.30%与8.62%。从出口贸易相似性角度来看，在中国向巴基斯坦出口的所有产品中，第三类（油脂产品）、第五类（矿产品）与第二类（植物产品）分列前三，依次为：37.91%、26.44%与12.43%。从进出口贸易相似性对比结果来看，进口贸易相似性的值高于出口贸易相似性的值的产品大类仅有 6 个，其中第三类产品（油脂产品）和第五类产品（矿产品）进出口贸易相似性的值差距较大。

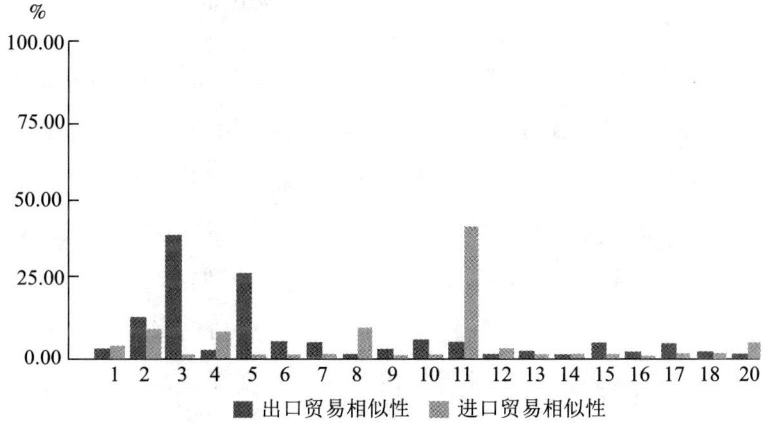

图 15-6　“中国—巴基斯坦”进出口贸易相似性（基于 2016 年 1 月至 2018 年 3 月均值数据）

二、贸易指数分析

图 15-7 显示，“中国—巴基斯坦”进出口贸易竞争力指数的基本情况。从进口贸易竞争力指数角度来看，中国从巴基斯坦的进口呈现波动性下降趋势，2016 年 11 月到 2018 年 1 月指数下降趋势明显，并在 2018 年 1 月跌入谷底，随后的两个月指数出现回升。从出口贸易竞争力指数角度来看，2016 年 1 月至 2016 年 12 月指数有缓慢上升态势，而随后开始下降至 2017 年 11 月的谷底，之后又逐渐恢复原有水平。从进出口贸易竞争力指数对比结果来看，出口贸易竞争力指数值始终高于进口贸易竞争力指数值。

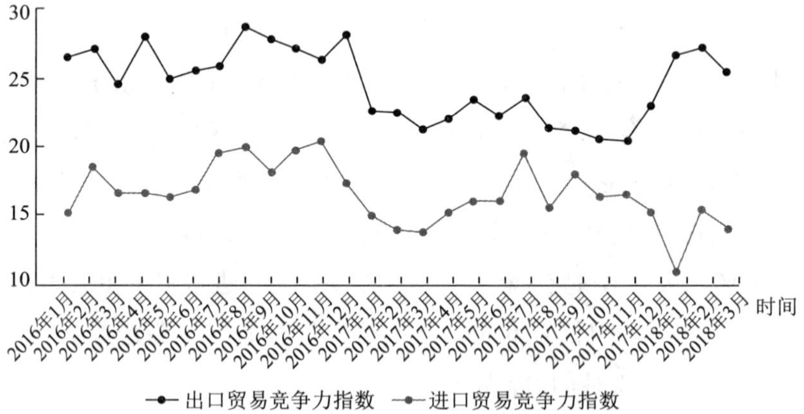

图 15-7　2016—2018 年“中国—巴基斯坦”进出口贸易竞争力指数

图 15-8 显示了“中国—巴基斯坦”进出口贸易竞争力指数特征指标的雷达图。在 12 个主宾国中，从进口贸易竞争力指数的 5 个特征指标来看，“中国—巴基斯坦”的进口显示性比较优势和交叉进口显示性比较优势排名比较靠前，交叉进口市场占有率排名处于中间位置，进口市场占有率和进口贸易相似性排名均靠后；从出口贸易竞争力指数的 5 个特征指标来看，“中国—巴基斯坦”的交叉出口市场占有率、出口显示性比较优势和交叉出口显示性比较优势的排名比较靠前，出口市场占有率和出口贸易相似性均排名比较靠后。该结果进一步说明，在中国与巴基斯坦的进出口贸易中，进出口显示性比较优势排名靠前，说明双方国家在优势产品上比较具有竞争力。

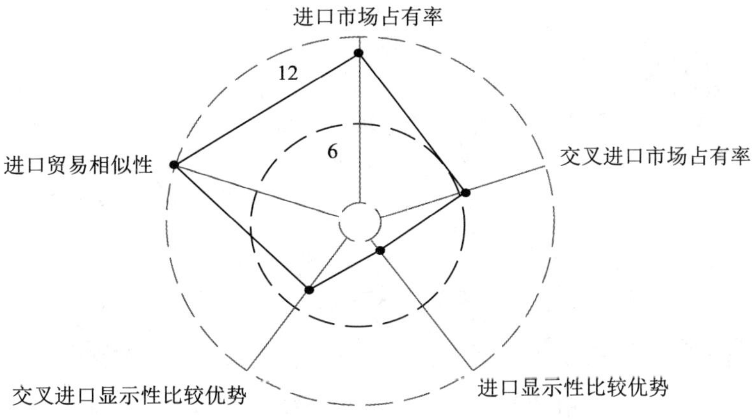

（a）进口贸易竞争力

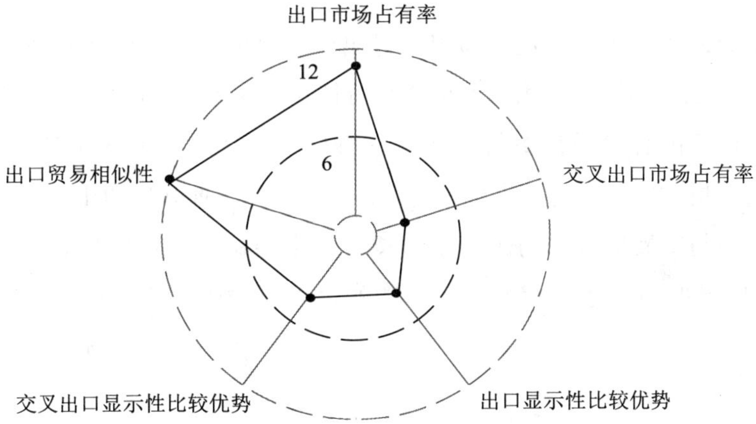

（b）出口贸易竞争力

图 15-8　进出口贸易竞争力指数特征指标（基于 2016 年 1 月至 2018 年 3 月均值数据）

图 15-9 显示了“中国—巴基斯坦”进出口贸易活力指数的基本情况。从进口贸易活力指数角度来看，中国从巴基斯坦的进口稳中有升，2018 年 1 月至 2 月指数的涨幅较大。从出口贸易活力指数角度来看，除了个别月份出现较为明显的增长外，指数在其他月份主要呈现出逐步下降的趋势。从进出口贸易活力指数对比结果来看，出口贸易活力指数值在绝大多数时候都高于进口贸易活力指数值，且两者之间的差距在逐渐缩小。

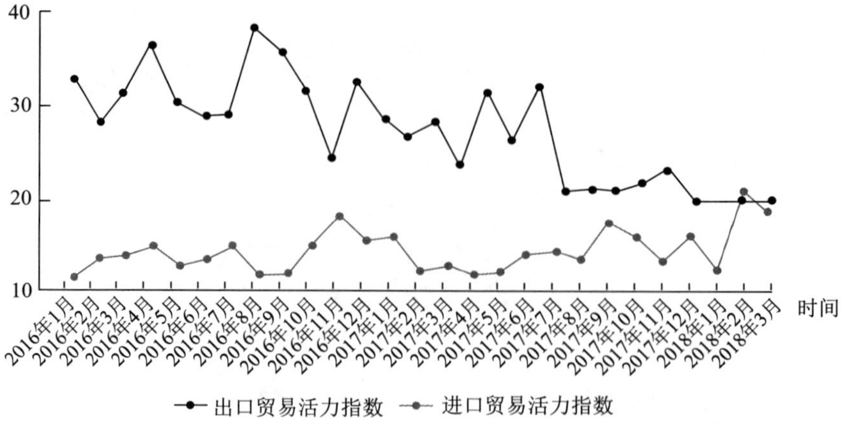

图 15-9　2016—2018 年“中国—巴基斯坦”进出口贸易活力指数

图 15-10 显示了“中国—巴基斯坦”进出口贸易活力指数特征指标的雷达图。在 12 个主宾国中，从进口贸易活力指数的 3 个特征指标来看，“中国—巴基斯坦”的进口增长率、进口市场占有率增长率与交叉进口市场占有率增长率 3 个指标排名均靠前；从出口贸易活力指数的 3 个特征指标来看，“中国—巴基斯坦”的出口增长率、出口市场占有率增长率与交叉出口市场占有率增长率 3 个指标排名均靠后。该结果进一步说明，“中国—巴基斯坦”进口贸易活力指数的表现要强于“中国—巴基斯坦”进口贸易活力指数的表现。

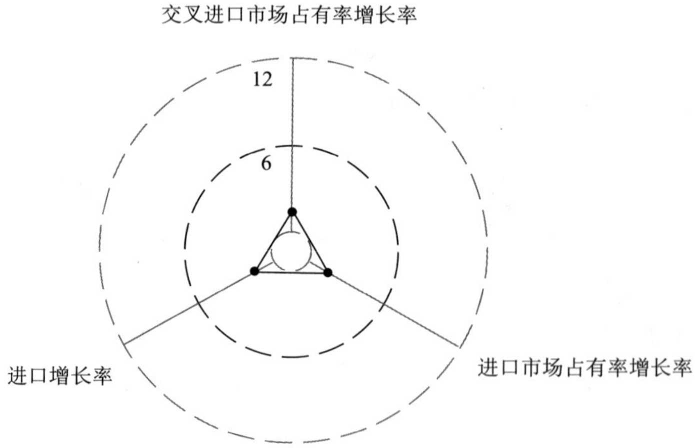

（a）进口贸易活力

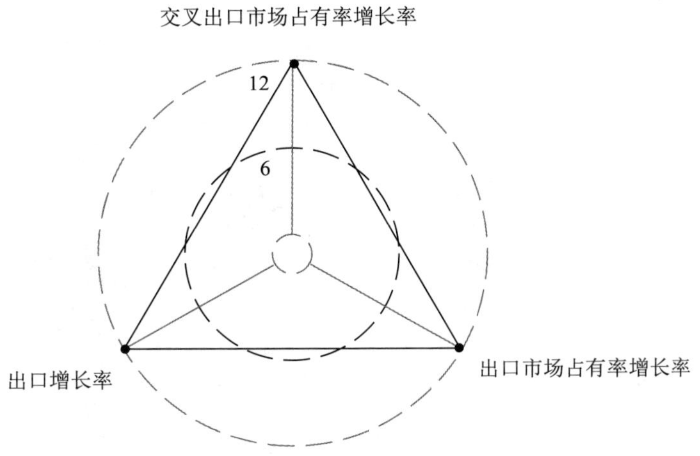

（b）出口贸易活力

图 15-10　进出口贸易活力指数特征指标（基于 2016 年 1 月至 2018 年 3 月均值数据）

三、发展建议

综合前面的分析可得出：巴基斯坦经济形势向好发展，在中巴经济走廊的带动下，两国贸易额在逐年增加，不过巴基斯坦的贸易逆差在扩大，该国出口产品结构较为单一，与中国贸易结构互补程度不高。鉴于此，本书提出以下两项促进中国与巴基斯坦双边贸易的对策：

一是中巴应加强公共设施合作，促进贸易进一步合作。公共设施建设不仅有利于巴基斯坦推动国内经济发展，加强其与地区间的交流合作，而且可以进一步带动中国在巴基斯坦的工程投资和服务业的发展。巴基斯坦是中国在南亚的主要贸易伙伴之一，但两国之间贸易存在贸易规模限制、贸易结构差异以及进出口产品不对等问题，加强公共设施建设有利于两国之间贸易畅通，减少贸易阻力。

二是中国应扩大对巴基斯坦投资，提高巴基斯坦的工业化水平，提升巴基斯坦出口产品的竞争力。中国提高对巴基斯坦的投资规模和投资力度，在巴基斯坦现有的 4 个经济特区和已建成的 6 个出口加工区投资项目中，包括农产品种植、生产、加工和出口，纺织业，矿产资源勘探、开发和加工，以及汽车工业等，产业合作成为 中巴合作的重要组成部分，这有效提高了中巴产业合作水平、巴基斯坦工业化水平和巴基斯坦出口商品的竞争力。

第十六章　越　南

一、经济表现

（一）越南经济发展概况

自 1986 年以来，越南坚持以发展经济为重心，加快融入国际经济体系。世界银行发布《2018 年营商环境报告》显示，越南在全球 190 个经济体中排第 68 位。世界经济论坛《2017—2018 年全球竞争力报告》显示，越南在全球最具竞争力的 137 个国家和地区中排第 55 位。

图 16-1 显示了 2009—2017 年越南的美元名义 GDP 及环比增速。革新开放 30 多年来，越南经济始终保持高速增长的态势。在图 16-1 中，越南美元名义 GDP 的环比增速在 2011 年达到峰值，随后开始下降，但始终保持 10%左右的水平，未出现负增长的情况。

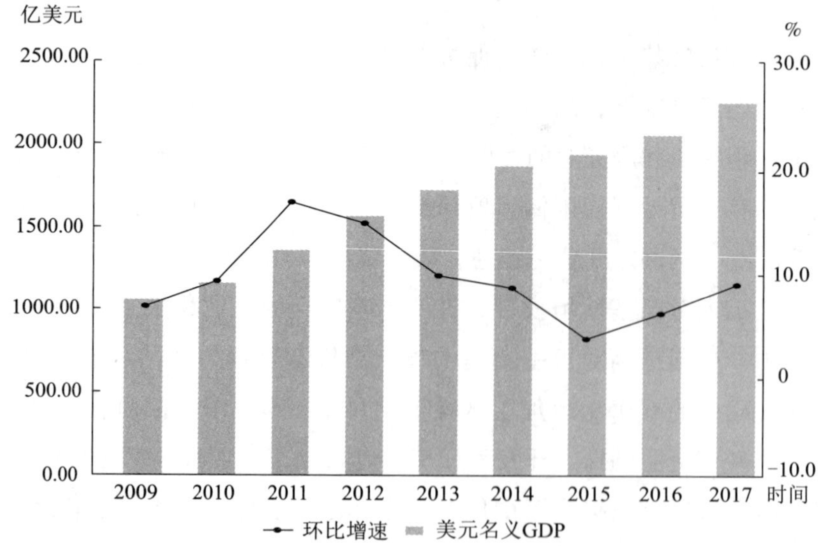

图 16-1　2009—2017 年越南美元名义 GDP 及环比增速

（二）对外贸易发展概况

2017 年，越南贸易进出口额为 4249 亿美元，同比增长 12.05%。其中，出口额 2137.7 亿美元，同比增长 21.1%；进口额 2111.3 亿美元，同比增长 21%。贸易顺差 26.4 亿美元，同比增长 1.54%。

2016 年，越南对美国、欧盟、东盟其他地区、中国和日本的出口额分别占越南出口总额的 20.6%、19.0%、11.3%、10.4%和 8.7%，出口额分别为 440.4 亿美元、406.2 亿美元、241.6 亿美元、222.3 亿美元和 186.0 亿美元，对美国、欧盟和中国同比分别增长 17%、10.7%和 13.7%，对东盟其他地区和日本同比分别下降 4.4%和 4%；自中国、韩国、东盟其他地区和日本的进口额分别占越南进口总额的 29.8%、16.7%、14.4%和 8.7%，进口额分别为 629.2 亿美元、352.6 亿美元、304.0 亿美元和 183.4 亿美元，分别增长了 12.9%、3.8%、27.4%和 11.6%。越南主要贸易顺差来源地分别为美国、荷兰和中国香港，顺差额分别为 297.61 亿美元、53.35 亿美元和 45.88 亿美元；主要贸易逆差来源地分别为中国、韩国和泰国，逆差额分别为 507.8 亿美元、280.87 亿美元和 207.87 亿美元。

图 16-2 显示，2016 年 1 月至 2018 年 3 月，越南的进出口额都具有较大的波动性。从出口额角度来看，除了在 2016 年和 2017 年末均出现了剧烈下降外，出口额在其余时期基本保持稳定增长。从进口额角度来看，除了在 2018 年 3 月进口额出现大幅增长而出口额下降外，其余时期基本保持与出口额相同的发展态势。从进出口差额来看，越南基本保持着贸易逆差的态势。

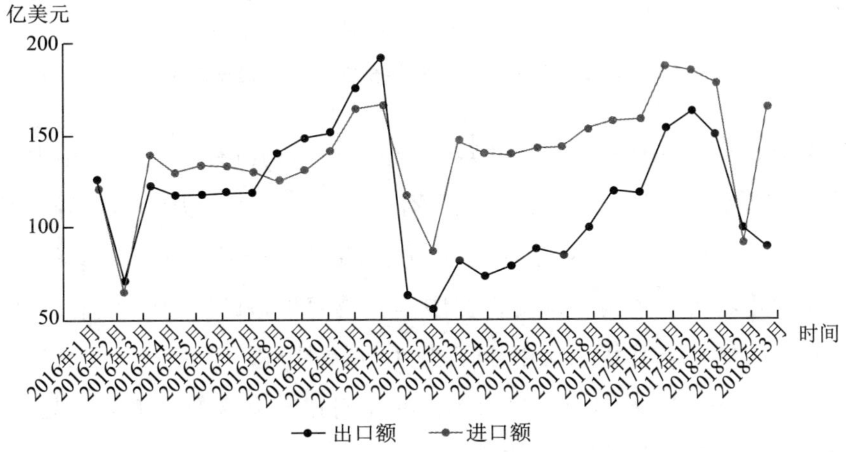

图 16-2 2016—2018 年越南进出口贸易额

（三）中国与越南的双边贸易发展概况

据越南海关统计，2017 年中越贸易额为 936.9 亿美元，同比增长 30.2%。其中，越南自中国进口 582.3 亿美元，同比增长 16.4%；对中国出口 354.6 亿美元，同比增长 61.5%。越方逆差 227.7 亿美元，同比下降 18.9%。中国是越南最大贸易伙伴、第一进口来源地和第三大出口市场。

图 16-3 显示了“中国—越南”进出口市场占有率的基本情况。从进口市场占有率角度来看，在 2017 年末前，中国从越南的进口呈现稳步增长的态势；2018 年初，中国从越南的进口出现了剧烈下降。从出口市场占有率角度来看，除了在 2018 年初出现剧烈下跌外，其他时期中国向越南的出口基本保持着波动性上升的趋势。从进出口市场占有率对比结果来看，中国向越南的出口情况在多数时期好于中国从越南的进口情况，但在 2017 年末和 2018 年初两者之间差距逐渐缩小，甚至出现了进口高于出口的情况。

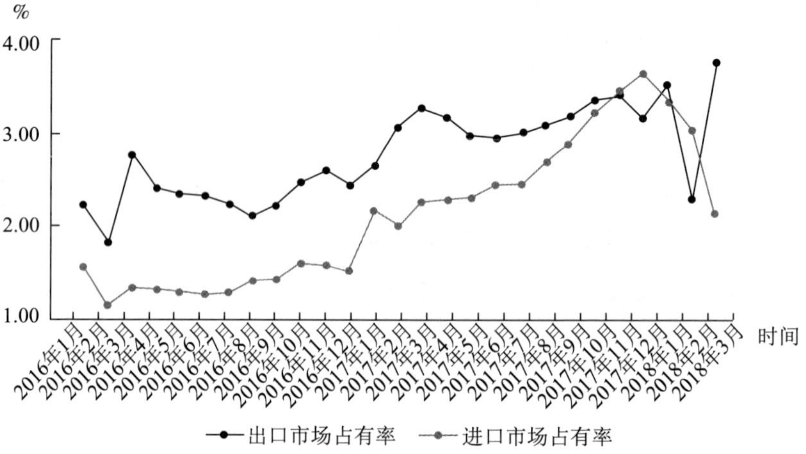

图 16-3　2016—2018 年“中国—越南”进出口市场占有率

图 16-4 显示了“中国—越南”单类产品进出口市场占有率的分布情况。从进口市场占有率角度来看，在中国从越南进口的所有产品中，第十二类（鞋帽等产品）、第十一类（纺织品）与第八类（皮革制品）分列前三，依次为：43.89%、11.23% 与 4.04%。从出口市场占有率角度来看，在中国向越南出口的所有产品中，第二类（植物产品）、第十一类（纺织品）与第十三类（石材水泥等产品）分列前三，依次为：14.39%、9.36%与 6.04%。从进出口市场占有率对比结果来看，绝大多数产品出口市场占有率的值高于进口市场占有率的值。

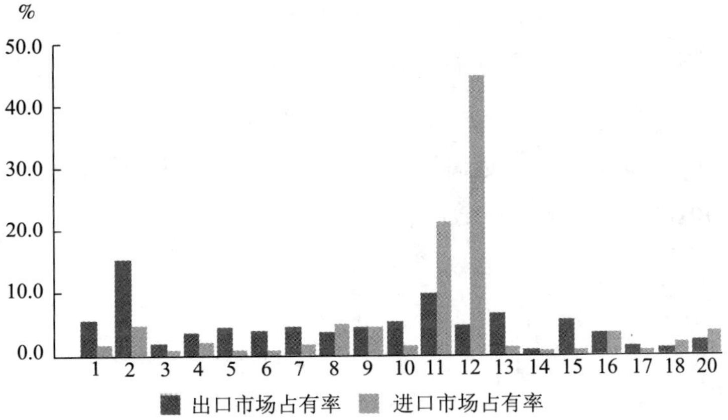

图 16-4 "中国—越南"单类产品进出口市场占有率的分布情况

（基于 2016 年 1 月至 2018 年 3 月均值数据）

图 16-5 显示了"中国—越南"进出口贸易相似性。从进口贸易相似性角度来看，曲线有较大的波动性，在 2016 年末出现剧烈下降，随后逐渐回升，在 2017 年末再次出现剧烈下降。中国的进口结构与越南的出口结构互补程度较低，数值在 10%以下。从出口贸易相似性角度来看，曲线波动也较为剧烈，在 2017 年末出现剧烈下降，随后又出现剧烈回升，中国出口结构与越南的进口结构互补程度较低，数值在 10%以下。从进出口贸易相似性对比结果来看，多数时期，出口贸易相似性的值高于进口贸易相似性的值。

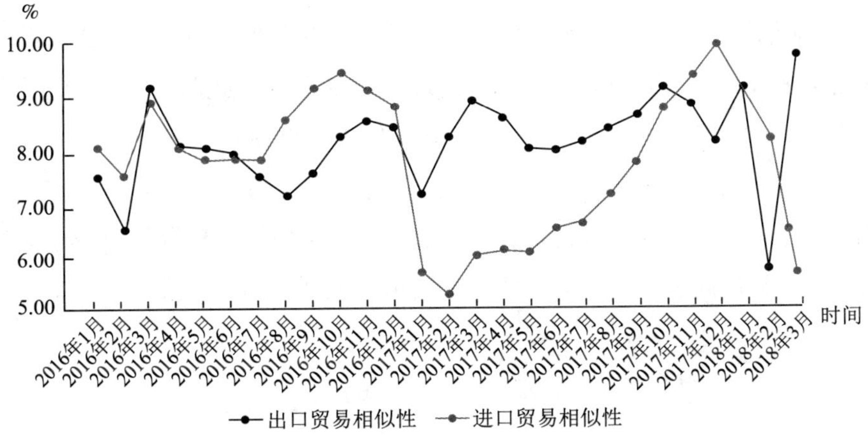

图 16-5 2016—2018 年"中国—越南"进出口贸易相似性

图 16-6 显示了"中国—越南"单类产品进出口贸易相似性的分布情况。从进口贸易相似性角度来看，在中国从越南进口的所有产品中，第十二类（鞋帽等产品）、第十

一类（纺织品）与第八类（皮革制品）分列前三，依次为：85.33%、29.98%与10.78%。从出口贸易相似性角度来看，在中国向越南出口的所有产品中，第二类（植物产品）、第十一类（纺织品）与第十三类（石材水泥等产品）分列前三，依次为：38.42%、24.99%与16.11%。从进出口贸易相似性对比结果来看，绝大多数产品的出口贸易相似性的值高于进口贸易相似性的值。

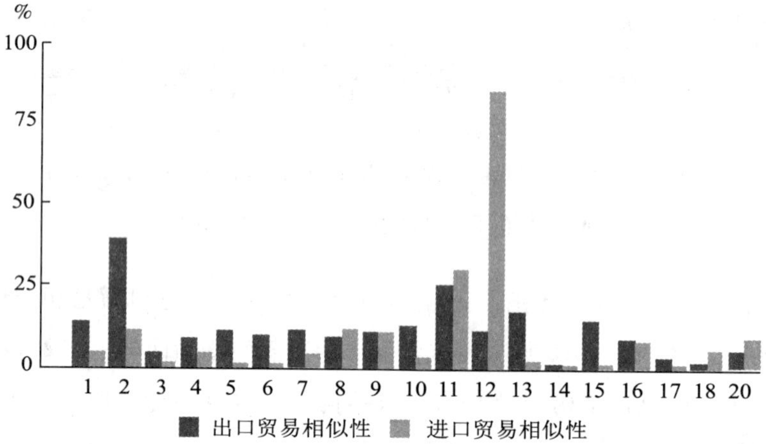

图 16-6　“中国—越南”进出口贸易相似性（基于 2016 年 1 月至 2018 年 3 月均值数据）

二、贸易指数分析

图 16-7 显示了“中国—越南”进出口贸易竞争力指数的基本情况。从进口贸易竞争力指数角度来看，指数在 2016 年 12 月出现大幅度上升，此前一直稳定在较低水平，2017 年 1 月之后保持着稳定小幅增长，在 2017 年末又出现较大幅度下降。从出口贸易竞争力指数角度来看，指数走势较为平稳。从进出口贸易竞争力指数对比结果来看，在 2016 年 12 月以前，出口贸易竞争力指数值长期高于进口贸易竞争力指数值，之后进口贸易竞争力指数值高于出口贸易竞争力指数值，但两者差距有缩小的趋势。

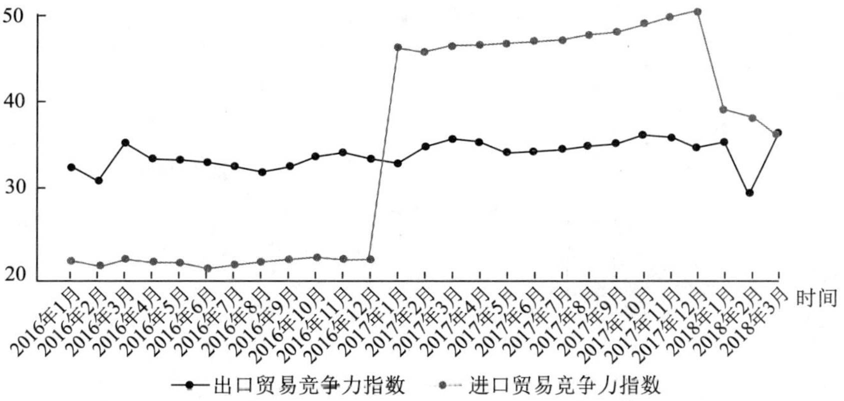

图 16-7 2016—2018 年“中国—越南”进出口贸易竞争力指数

图 16-8 显示了“中国—越南”进出口贸易竞争力指数特征指标的雷达图。在 12 个主宾国中，从进口贸易竞争力指数的 5 个特征指标来看，“中国—越南”的进口市场占有率、交叉进口市场占有率的排名比较靠前，其余 3 个特征指标的排名比较靠后；从出口贸易竞争力指数的 5 个特征指标来看，“中国—越南”的出口市场占有率、交叉出口市场占有率和出口显示性比较优势的排名比较靠前，出口贸易相似性排名处于中间的位置，而交叉出口显示性比较优势排名靠后。该结果进一步说明，虽然“中国—越南”进出口市场占有率较高，但双方交叉进出口显示性比较优势的排名都垫底，说明双方在具有比较优势的产品开发方面还有较大提升空间。

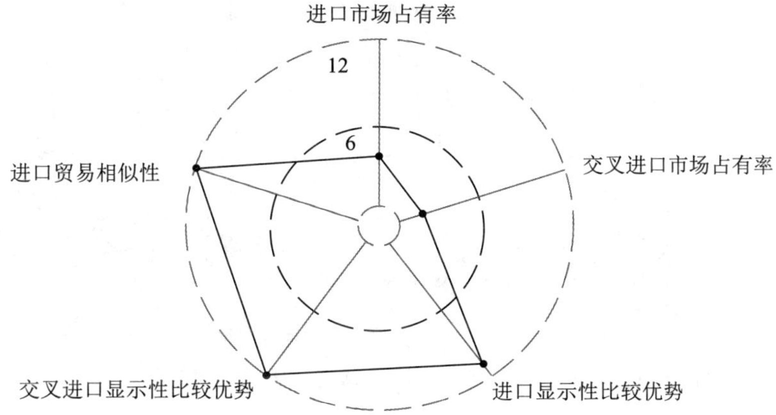

（a）进口贸易竞争力

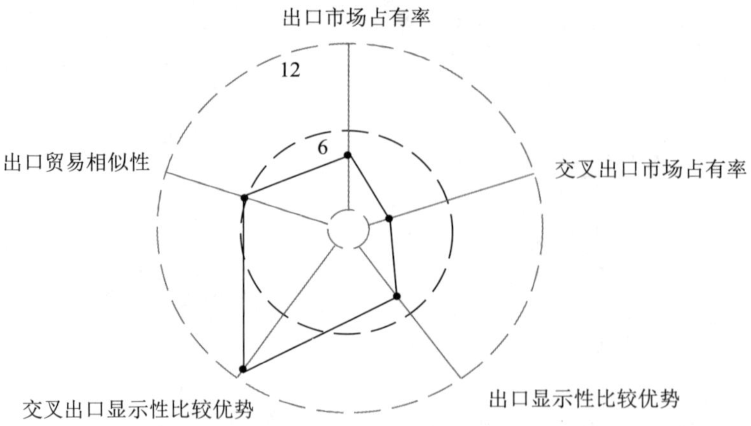

（b）出口贸易竞争力

图 16-8　进出口贸易竞争力指数特征指标的雷达图（基于 2016 年 1 月至 2018 年 3 月均值数据）

图 16-9 显示了“中国—越南”进出口贸易活力指数的基本情况。“中国—越南”进出口贸易活力指数的走势具有高度一致性，两者都在 2016 年 12 月出现剧烈上升，在 2017 年 2 月达到峰值后出现下降，并在 2017 年 12 月再次出现剧烈下降走势。从进出口贸易活力指数对比结果来看，出口贸易活力指数值在多数时候要高于进口贸易活力指数值。

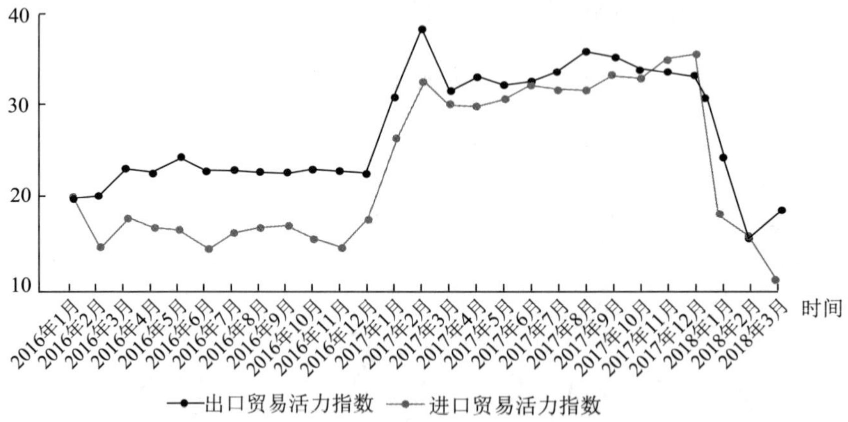

图 16-9　2016—2018 年“中国—越南”进出口贸易活力指数

图 16-10 显示了“中国—越南”进出口贸易活力指数特征指标的雷达图。在 12 个主宾国中，从进口贸易活力指数的 3 个特征指标角度来看，“中国—越南”的进口增长率、进口市场占有率增长率与交叉进口市场占有率增长率 3 个指标均排名靠后；从出口贸易活力指数的 3 个特征指标来看，“中国—越南”的出口增长率、出口市场占有率

增长率与交叉出口市场占有率增长率 3 个指标均排名靠后。上述结果说明，“中国—越南”进出口贸易活力指数的表现均一般。

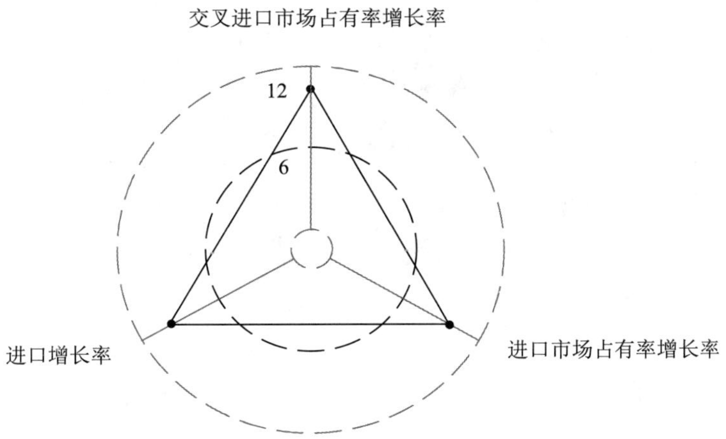

（a）进口贸易活力

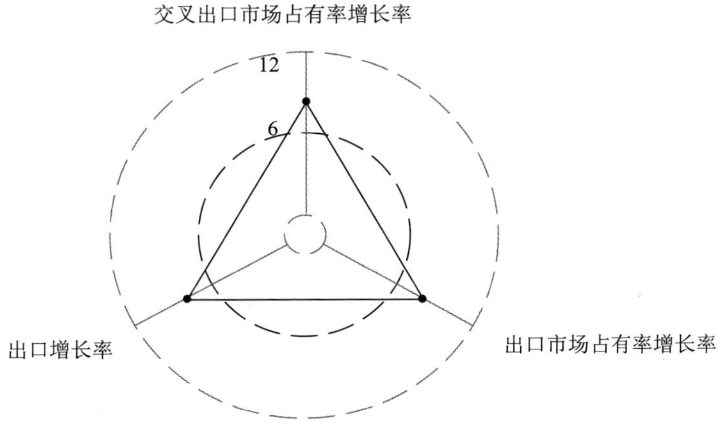

（b）出口贸易活力

图 16-10　进出口贸易活力指数特征指标（基于 2016 年 1 月至 2018 年 3 月均值数据）

三、发展建议

综合前面的分析可得出：中越双方贸易规模偏小，贸易关系不平衡，贸易竞争力较低。中国和越南的经济发展均呈现出快速发展态势，双边贸易具有良好的发展前景。鉴于此，本书提出以下两项促进中国与越南双边贸易的发展建议：

一是中越双方应进一步完善制度保障机制，规范双边贸易秩序。2010 年，中国—东盟自由贸易区的正式建成，为中国和东盟各国经贸合作的发展注入新动力。中国与越南应继续推动区域一体化的发展，提高各自在国际市场中的竞争力。同时，两国应制定关税优惠政策，通过降低成本进而增加两国企业的利润。结合两国具体情况，适时出台相关的贸易优惠政策。

二是中越应及时调整和优化产业结构，提高产品竞争力。越南自然资源丰富，对中国出口的主要是初级产品，科技含量及产品附加值低。为扭转贸易逆差，越南可通过从中国进口先进的机器设备、工艺，积极调整现有产业结构，大力发展第二、三产业，降低第一产业在国民经济中的比重。中国企业也应提高对越南出口产品的科技含量，从传统的以价格取胜的劳动密集型产品向以质量、技术取胜的技术密集型产品转变，优化对越南的出口结构。

第三篇
产品画像

国际通用的2012年版《商品名称及编码协调制度的国际公约》将对外贸易的产品分为21类97章（参考附录），由于第19类产品涵盖了武器、弹药及其零件、附件，这些类别的数据不易获取；此外，第21类艺术品的数据缺失情况较多，因此本篇剔除了第19类与21类产品，基于余下的19类95章产品进行分析。基于第一篇中国国际进口博览会主宾国贸易指数系列的结论，选取其中重要的特征指标对每一类产品的贸易情况进行详细分析。除了特殊说明，本篇均基于2016年1月至2018年3月的均值来分析核心指标，希望能够对相关产品的贸易形态给出一个较为精准的产品画像，从不同的视角来刻画每类产品的贸易特征。

第十七章　动物产品

一、产品概况

动物产品主要包含以下 5 类商品：①活的动物；②肉和食用内脏；③鱼类等水生动物；④乳制品、鸡蛋和蜂蜜等；⑤动物来源产品。

图 17-1 显示了中国与 12 个主宾国在动物产品方面的进出口额。从进口额角度来看，曲线具有较强的波动性特征，范围介于 2.5 亿~4 亿美元；从出口额角度来看，数值的变化较为稳定，大小在 1 亿美元左右；从进出口差额角度来看，我国在动物产品上保持逆差的状态。

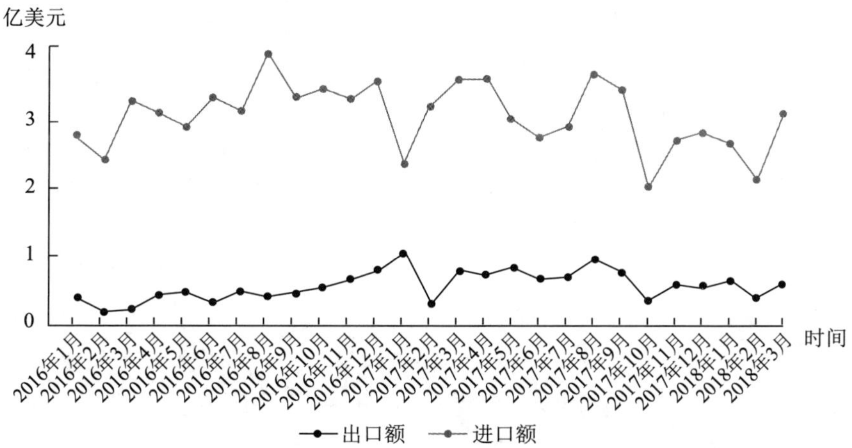

图 17-1　2016—2018 年中国与 12 个主宾国在动物产品上的进出口额

从出口额角度来看，中国向越南、巴西、印度尼西亚与俄罗斯出口动物产品比较多；从进口额角度来看，中国从巴西、俄罗斯、印度尼西亚与越南进口动物产品也比较多；从进出口差额来看，中国与 12 个主宾国在动物产品上的贸易基本处于逆差状态。

二、贸易指数分析

图 17-2 显示了中国对 12 个主宾国关于动物产品进口相关指标的雷达图。从进口市场占有率角度来看，巴西、俄罗斯与加拿大分列前三的位置。从交叉进口市场占有率角度来看，俄罗斯、越南与巴基斯坦分列前三的位置。从进口显示性比较优势角度来看，加拿大、俄罗斯与巴基斯坦分列前三的位置。从交叉进口显示性比较优势角度来看，俄罗斯、加拿大与巴基斯坦分列前三的位置。

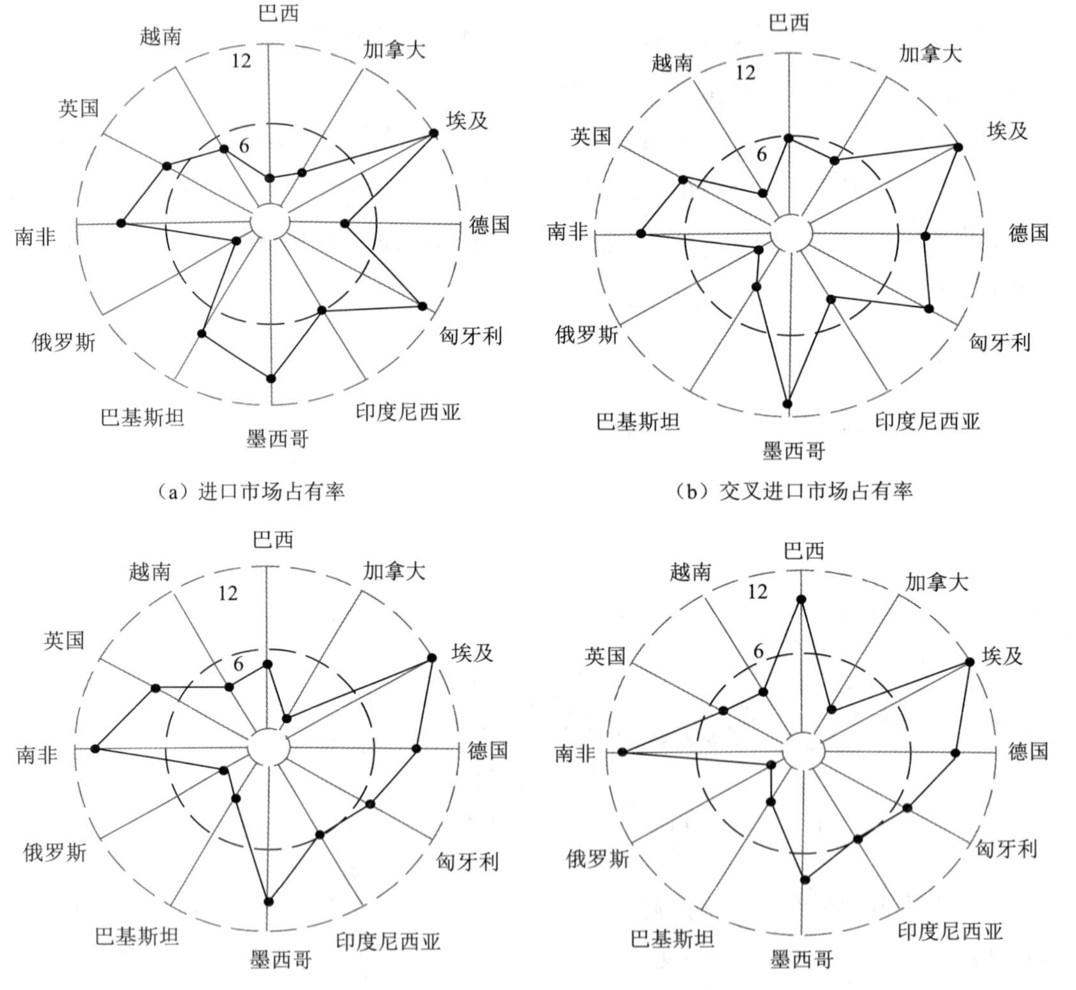

（a）进口市场占有率　（b）交叉进口市场占有率

（c）进口显示性比较优势　（d）交叉进口显示性比较优势

图 17-2　中国对 12 个主宾国关于动物产品进口相关指标的雷达图

（基于 2016 年 1 月至 2018 年 3 月均值数据）

对比 4 个指标来看，俄罗斯的排名变动较小，基本稳定在前三的位置。因此，从进口的角度而言，中国与俄罗斯在动物产品上可以适当加强贸易合作与交流。

图 17-3 显示了中国对 12 个主宾国关于动物产品出口相关指标的雷达图。从出口市场占有率角度来看，德国、加拿大和英国分列前三的位置。从交叉出口市场占有率角度来看，越南、巴西与加拿大分列前三的位置。从出口显示性比较优势角度来看，德国、巴西与加拿大分列前三的位置。从交叉出口显示性比较优势角度来看，巴西、加拿大与德国分列前三的位置。

对比 4 个指标来看，加拿大的排名变动较小，基本稳定在前三的位置。因此，从出口的角度而言，中国与加拿大在动物产品上可以适当加强贸易合作与交流。

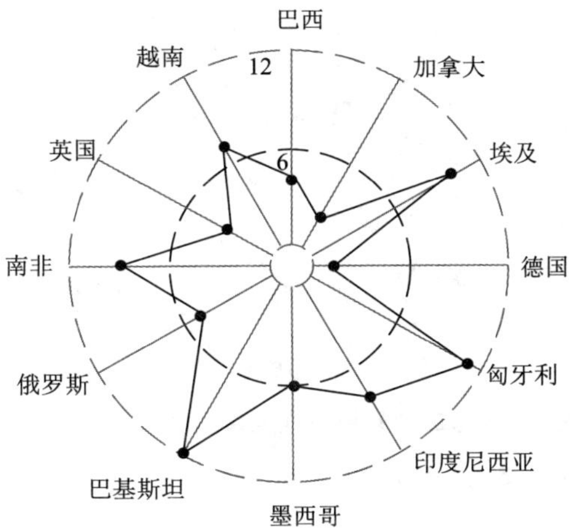

（a）出口市场占有率

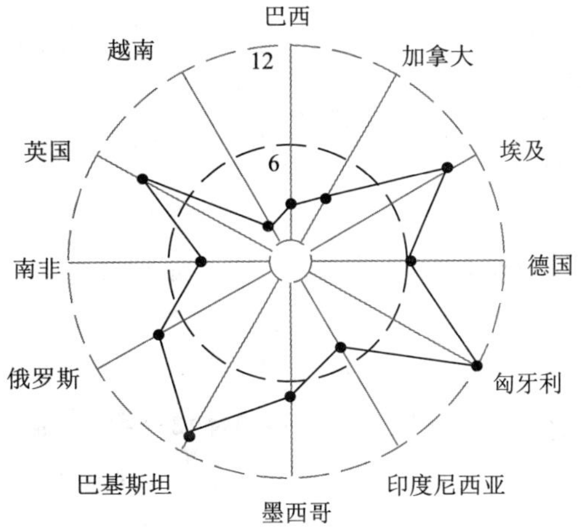

（b）交叉出口市场占有率

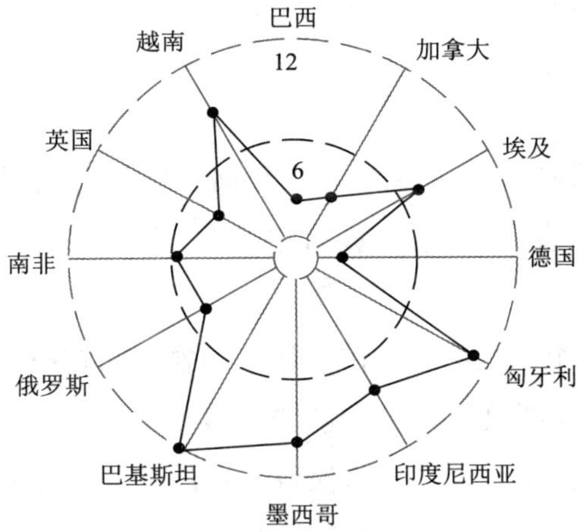

（c）出口显示性比较优势

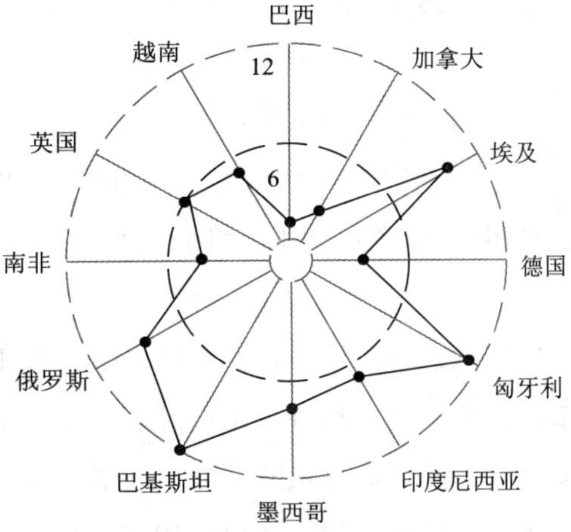

（d）交叉出口显示性比较优势

图 17-3 中国对 12 个主宾国关于动物产品出口相关指标的雷达图

（基于 2016 年 1 月至 2018 年 3 月均值数据）

图 17-4 显示了中国对 12 个主宾国关于动物产品进出口贸易相似性的雷达图。从进口贸易相似性角度来看，俄罗斯、越南与巴基斯坦分列前三的位置。从出口贸易相似性角度来看，越南、巴西与加拿大分列前三的位置。对比两个指标来看，越南的排名变动较小，基本稳定在前三的位置。因此，中国与越南在动物产品上的进出口贸易互补程度较高。

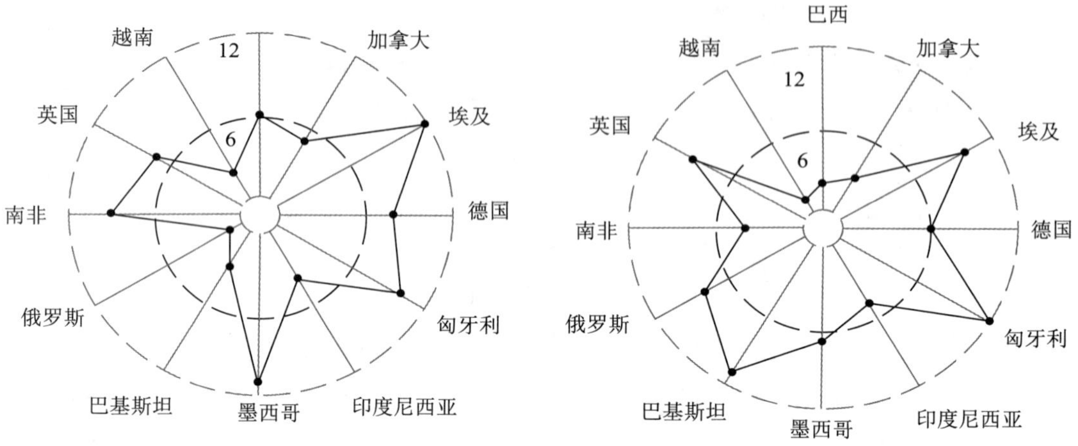

（a）进口贸易相似性　　（b）出口贸易相似性

图 17-4　中国对 12 个主宾国关于动物产品进出口贸易相似性的雷达图

（基于 2016 年 1 月至 2018 年 3 月均值数据）

三、发展建议

综合前面的分析可知：

一是在动物产品的双边贸易中，中国长期处于逆差状态。目前，我国已是世界上主要的动物产品进口大国，动物产品在我国的进口贸易中占据了相当重要的地位。

二是从进口的核心指标角度来看，在 12 个主宾国中，俄罗斯的动物产品在我国所占市场份额较高，具有一定的比较优势。俄罗斯具有先进的动物养殖技术，也具有丰富的动物产品，而且俄罗斯境内也禁止饲养转基因动物，这使俄罗斯的动物产品具有竞争优势。此外，越南出口动物产品与我国进口该类产品的互补程度较高。

三是从出口的核心指标角度来看，在 12 个主宾国中，我国的动物产品在加拿大所占市场份额较高，也具有一定的比较优势。此外，越南进口动物产品与我国出口该类产品的互补程度也较高。一般来说，物流运输是制约中国与这些国家农产品贸易发展的主要因素。我国可以与这些国家在物流基础设施建设方面加强合作，加快动物产品仓储设施的建设进度，为动物产品的贸易合作降低成本。

第十八章　植物产品

一、产品概况

植物产品主要包含以下 9 类商品：①活树、观赏树叶；②食用蔬菜、根和块茎；③食用水果、坚果等；④咖啡、茶和香料；⑤谷物；⑥小麦、淀粉、菊粉等；⑦油籽、杂粮、秸秆和饲料等；⑧虫胶、树胶、树脂等提取物；⑨植物编织材料等。

图 18-1 显示了中国与 12 个主宾国在植物产品方面的进出口额。从进口额来角度看，曲线具有显著的季节性波动特征，范围基本介于 2 亿~30 亿美元；从出口额角度来看，数值的变动较为稳定，大小在 2 亿美元左右；从进出口差额来看，我国在植物产品上基本处于逆差的状态。

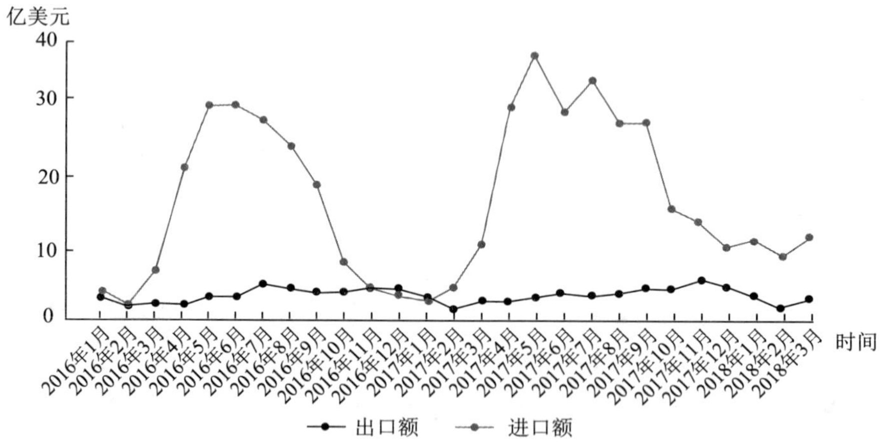

图 18-1　2016—2018 年中国与 12 个主宾国在植物产品上的进出口额

从出口额角度来看，中国向越南出口比较多；从进口额角度来看，中国从巴西与越南进口也比较多；从进出口差额来看，中国与巴西在植物产品上的贸易处于逆差状态，中国与主宾国其他国家在植物产品上的贸易基本处于平衡状态。

二、贸易指数分析

图 18-2 显示了中国对 12 个主宾国关于植物产品进口相关指标的雷达图。从进口市场占有率角度来看，巴西、越南与加拿大分列前三的位置。从交叉进口市场占有率角度来看，巴西、越南与加拿大分列前三的位置。从进口显示性比较优势角度来看，巴西、越南与加拿大分列前三的位置。从交叉进口显示性比较优势角度来看，加拿大、越南与巴西分列前三的位置。

对比 4 个指标来看，巴西、加拿大与越南的排名变动较小，基本稳定在前三的位置。因此，从进口的角度而言，中国与这些国家在植物产品上可以适当加强贸易合作与交流。

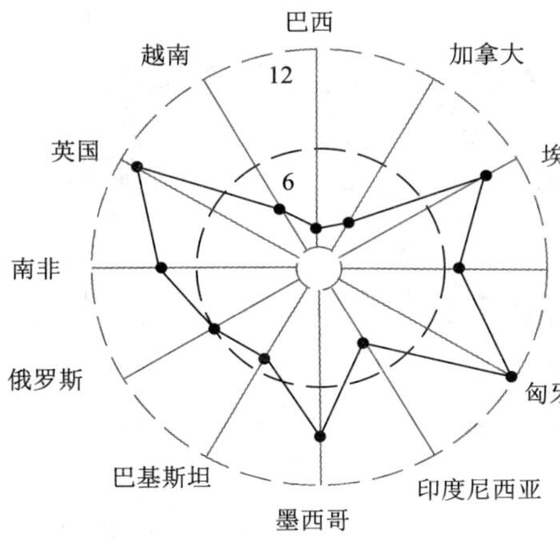

（a）进出市场占有率

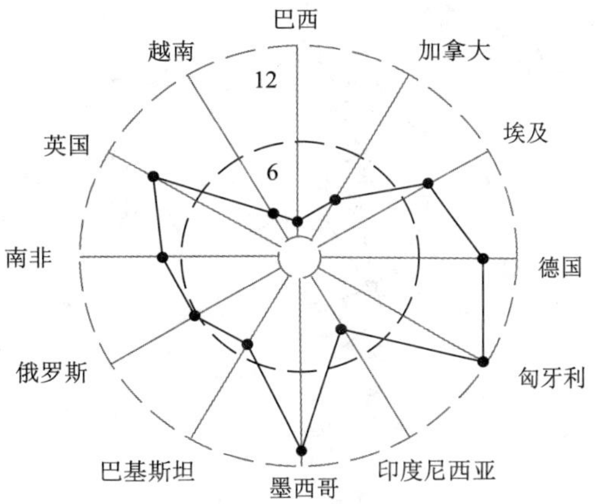

（b）交叉进口市场占有率

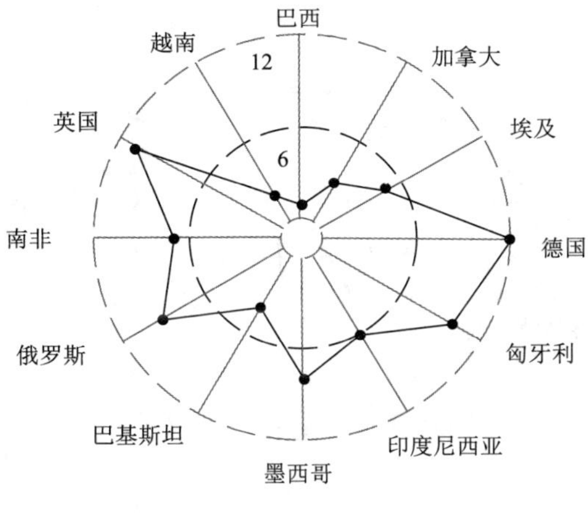

（c）进口显示性比较优势

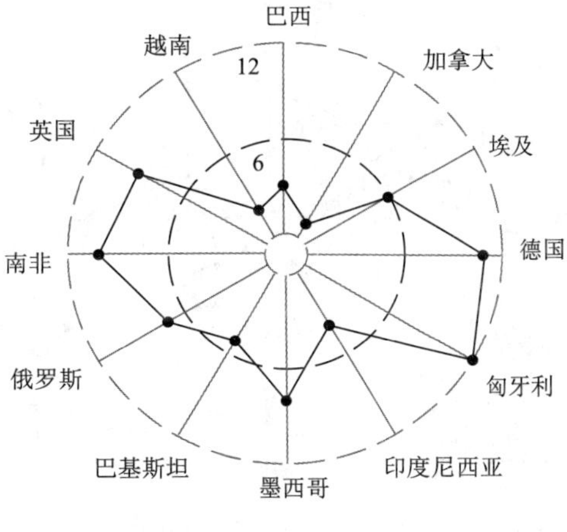

(d)交叉进口显示性比较优势

图 18-3　中国对 12 个主宾国关于植物产品进口相关指标的雷达图

（基于 2016 年 1 月至 2018 年 3 月均值数据）

图 18-3 显示了中国对 12 个主宾国关于植物产品出口相关指标的雷达图。从出口市场占有率角度来看，印度尼西亚、俄罗斯与德国分列前三的位置。从交叉出口市场占有率角度来看，越南、印度尼西亚与俄罗斯分列前三的位置。从出口显示性比较优势角度角度来看，印度尼西亚、俄罗斯与巴基斯坦分列前三的位置。从交叉出口显示性比较优势来看，印度尼西亚、南非与越南分列前三的位置。

对比 4 个指标来看，俄罗斯与印度尼西亚的排名变动较小，基本稳定在前三的位置。因此，从出口的角度而言，中国与这些国家在植物产品上可以适当加强贸易合作与交流。

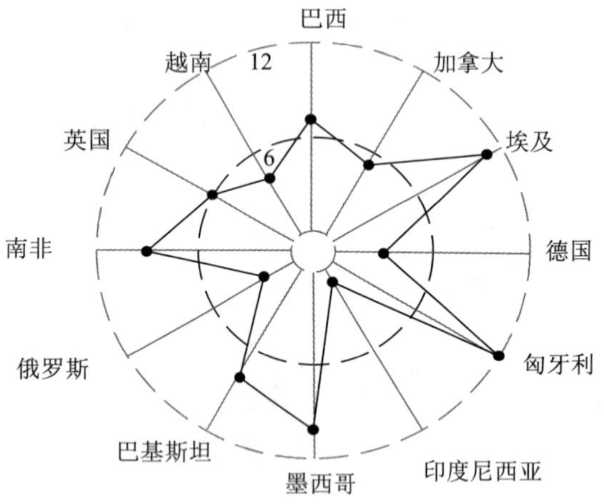

（a）出口市场占有率

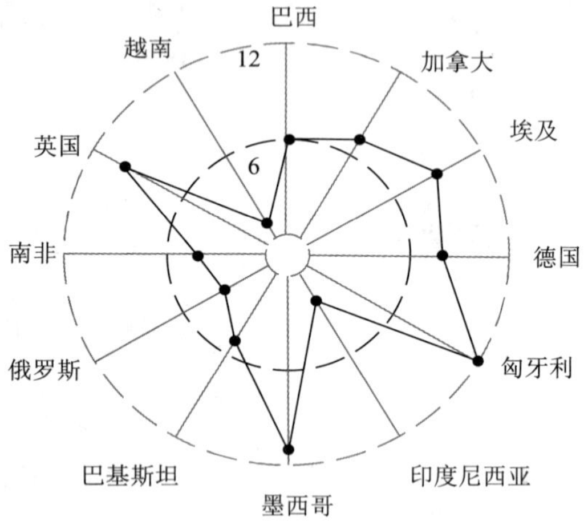

（b）交叉出口市场占有率

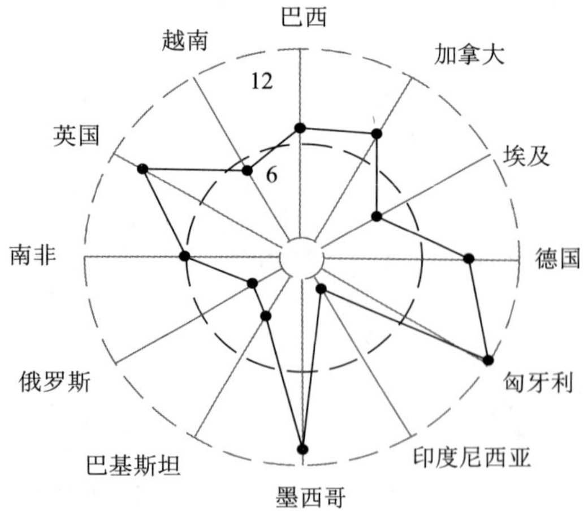

（c）出口显示性比较优势

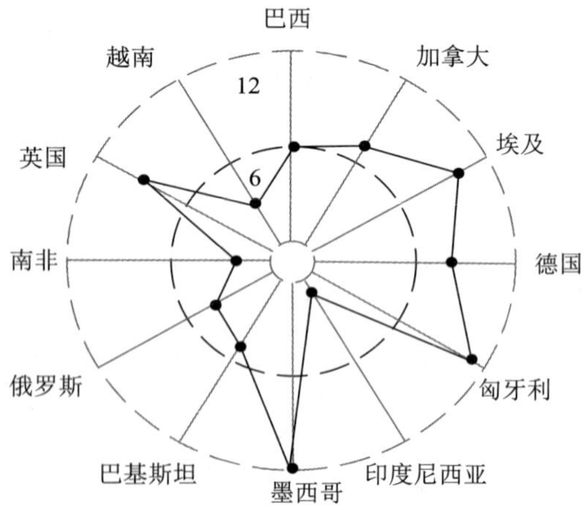

（d）交叉出口显示性比较优势

图 18-3　中国对 12 个主宾国关于植物产品出口相关指标的雷达图

（基于 2016 年 1 月至 2018 年 3 月均值数据）

图 18-4 显示了中国对 12 个主宾国关于植物产品进出口贸易相似性的雷达图。从进口贸易相似性角度来看，巴西、越南与加拿大分列前三的位置。从出口贸易相似性角度来看，越南、印度尼西亚与俄罗斯分列前三的位置。对比两个指标来看，越南的排名变动较小，基本稳定在前三的位置。因此，中国与越南在植物产品上的进出口贸易互补程度较高。

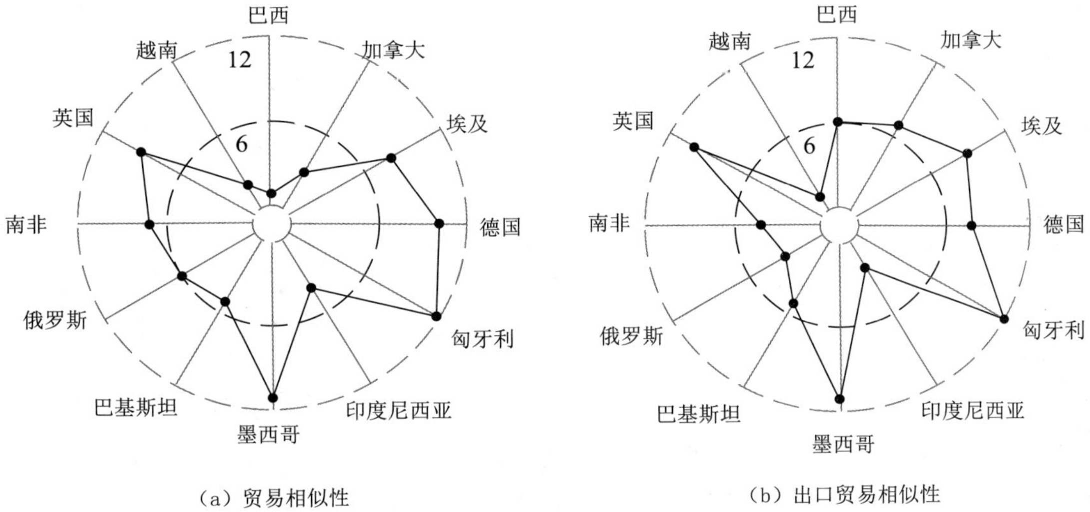

图 18-4　中国对 12 个主宾国关于植物产品进出口贸易相似性的雷达图

(基于 2016 年 1 月至 2018 年 3 月均值数据)

三、发展建议

综合前面的分析可知:

一是在植物产品的双边贸易中，中国基本处于逆差状态。目前，我国已是世界上主要的植物产品进口大国，植物产品在我国的进口贸易中占据了相当重要的地位。

二是从进口的核心指标角度来看，在 12 个主宾国中，巴西、加拿大与越南的植物产品在我国所占市场份额较高，具有一定的比较优势。此外，巴西、加拿大与越南出口植物产品与我国进口该类产品的互补程度较高。巴西、加拿大与越南拥有丰富的农业资源，中国可以与这些国家加强植物产品的双边贸易。

三是从出口的核心指标角度来看，在 12 个主宾国中，我国的植物产品在俄罗斯与印度尼西亚所占市场份额较高，也具有一定的比较优势。此外，越南、印度尼西亚与俄罗斯进口植物产品与我国出口该类产品的互补程度也较高。一般来说，物流运输是制约中国与这些国家农产品贸易发展的主要因素。我国可以与这些国家在物流基础设施建设方面加强合作，加快植物产品仓储设施的建设进度，为植物产品的贸易合作降低成本。

第十九章　油脂产品

一、产品概况

油脂产品主要包括动植物油脂及其裂解产物。

图 19-1 显示了中国与 12 个主宾国在油脂产品方面的进出口额。从进口额角度来看，曲线具有较强的波动性特征，范围基本介于 1 亿~5 亿美元；从出口额角度来看，数值很小，大小接近于 0；从进出口差额来看，我国在油脂产品上保持逆差的状态。

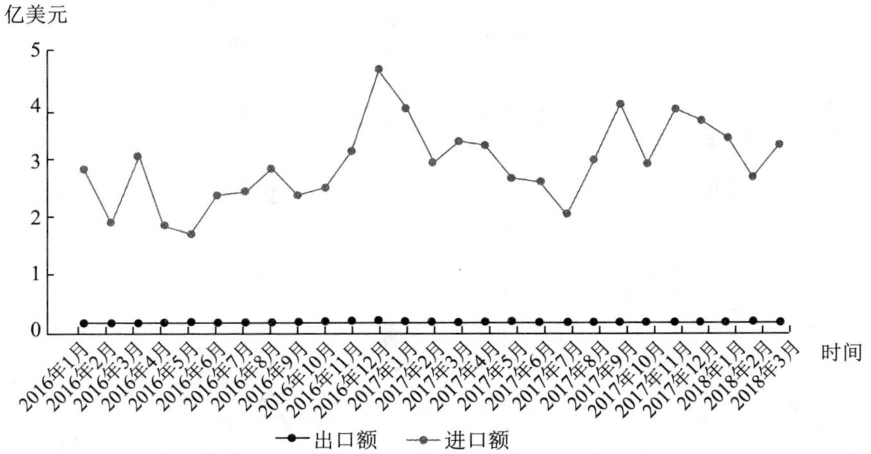

图 19-1　2016—2018 年中国与 12 个主宾国在油脂产品上的进出口额

从出口额角度来看，中国向每个国家出口都较少；从进口额角度来看，中国从印度尼西亚与巴西进口也比较多；从进出口差额来看，中国与这些国家在油脂产品上的贸易多处于逆差状态。

二、贸易指数分析

图 19-2 显示了中国对 12 个主宾国关于油脂产品进口相关指标的雷达图。从进口

市场占有率角度来看，印度尼西亚、加拿大与巴西分列前三的位置。从交叉进口市场占有率角度来看，巴西、加拿大与越南分列前三的位置。从进口显示性比较优势角度来看，印度尼西亚、加拿大与巴西分列前三的位置。从交叉进口显示性比较优势角度来看，加拿大、巴西与印度尼西亚分列前三的位置。

对比 4 个指标来看，印度尼西亚、巴西与加拿大的排名变动较小，基本稳定在前三的位置。因此，从进口的角度而言，中国与这些国家在油脂产品上可以适当加强贸易合作与交流。

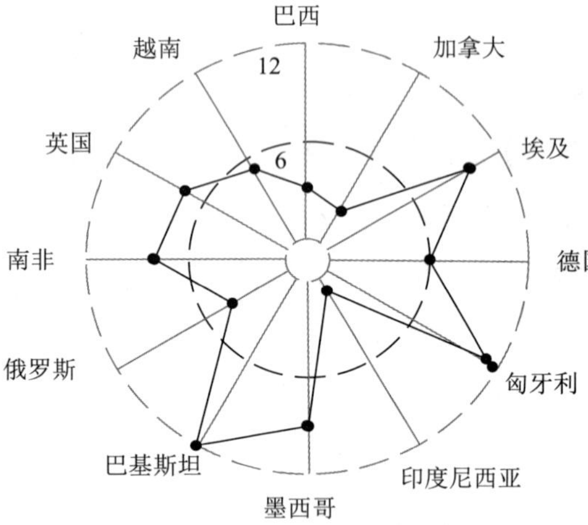

（a）进口市场占有率

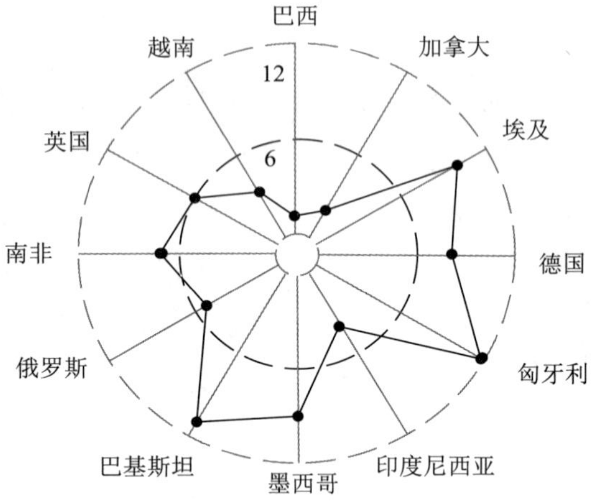

（b）交叉进口市场占有率

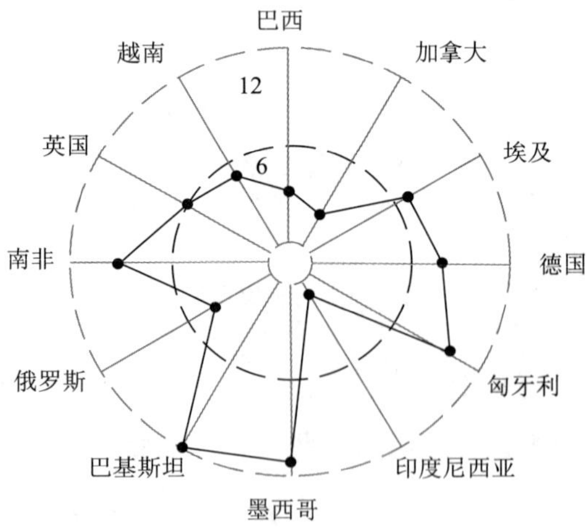

（c）进口显示性比较优势

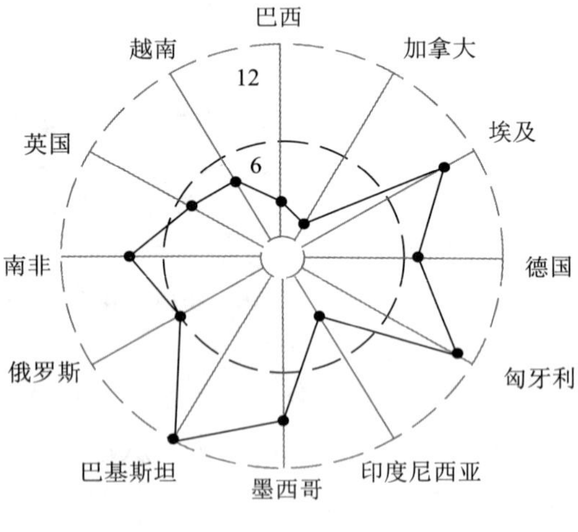

（d）交进口显示性比较优势

图 19-3　油脂产品进口相关指标的雷达图（基于 2016 年 1 月至 2018 年 3 月均值数据）

图 19-3 显示了中国对 12 个主宾国关于油脂产品出口相关指标的雷达图。从出口市场占有率角度来看，加拿大、德国与印度尼西亚分列前三的位置。从交叉出口市场占有率角度来看，越南、印度尼西亚与加拿大分列前三的位置。从出口显示性比较优势角度来看，加拿大、英国与埃及分列前三的位置。从交叉出口显示性比较优势角度来看，加拿大、印度尼西亚与越南分列前三的位置。

对比 4 个指标来看，加拿大的排名变动较小，基本稳定在前三的位置。因此，从出口的角度而言，中国与加拿大在油脂产品上可以适当加强贸易合作与交流。

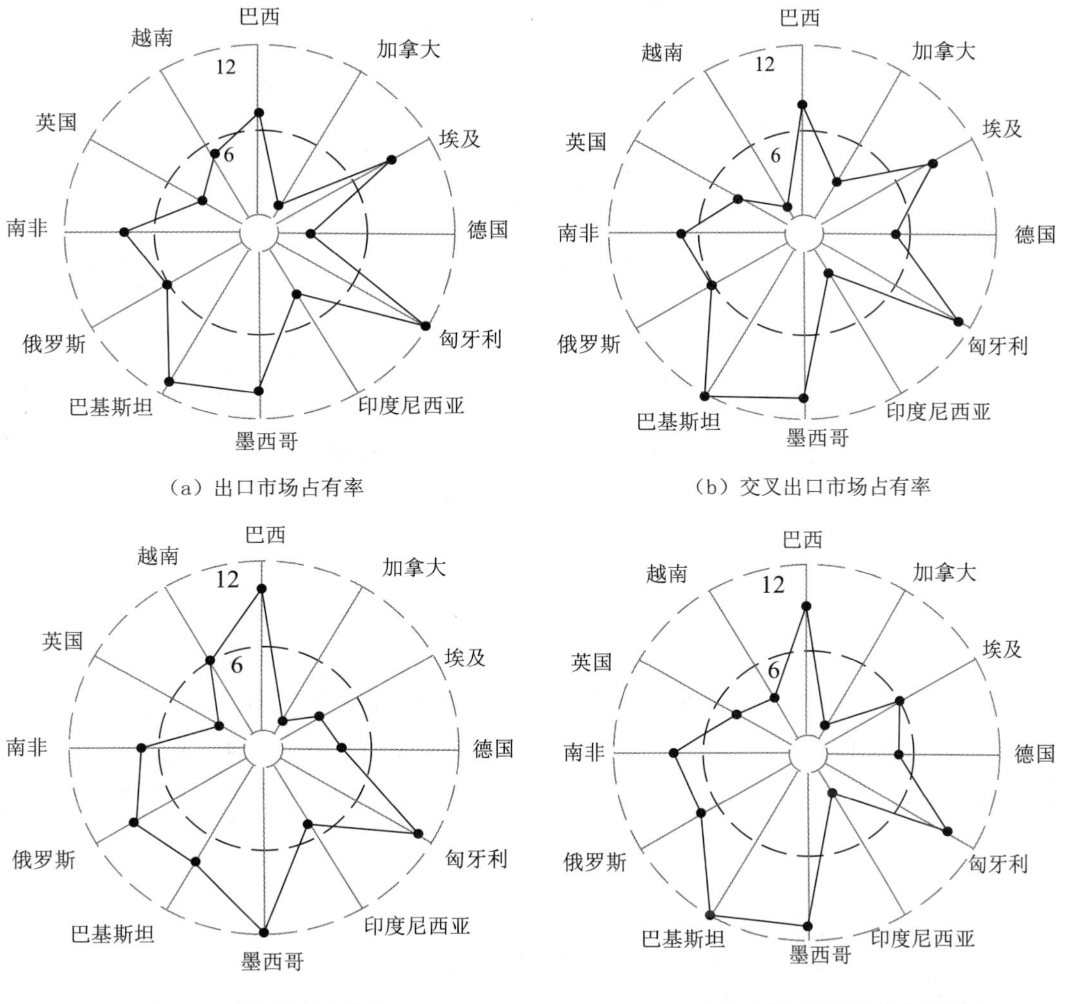

（a）出口市场占有率　（b）交叉出口市场占有率

（c）出口显示性比较优势　（d）交叉出口显示性比较优势

图 19-3　中国对 12 个主宾国关于油脂产品出口相关指标的雷达图

（基于 2016 年 1 月至 2018 年 3 月均值数据）

图 19-4 显示了中国对 12 个主宾国关于油脂产品进出口贸易相似性的雷达图。从

进口贸易相似性角度来看，巴西、加拿大与越南分列前三的位置。从出口贸易相似性角度来看，越南、印度尼西亚与加拿大分列前三的位置。对比两个指标来看，越南的排名变动较小，基本稳定在前三的位置。因此，中国与越南在油脂产品上的进出口贸易互补程度较高。

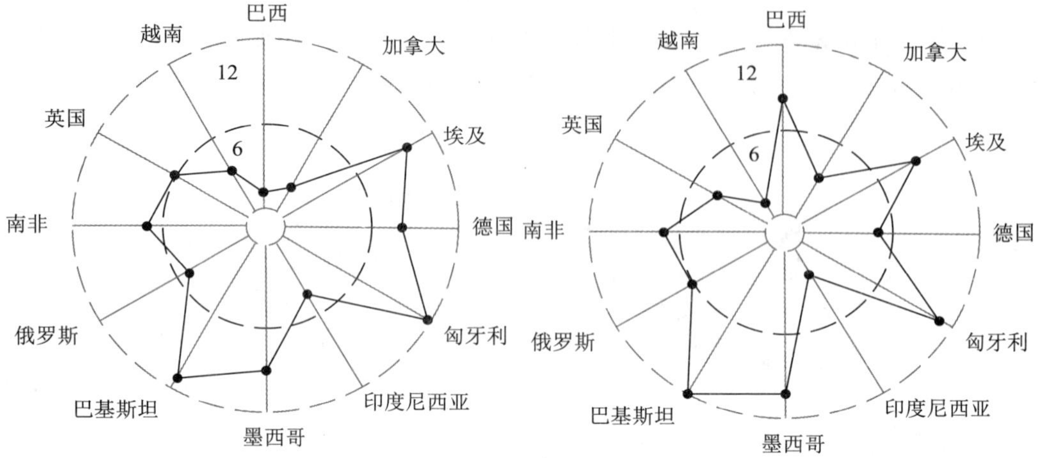

（a）进出贸易相似性　　　　（b）出口贸易相似性

图 19-4　中国对 12 个主宾国关于油脂产品进出口贸易相似性的雷达图

（基于 2016 年 1 月至 2018 年 3 月均值数据）

三、发展建议

综合前面的分析可知：

一是在油脂产品的双边贸易中，中国长期处于逆差状态。目前，我国已是世界上主要的油脂产品进口大国，油脂产品在我国的进口贸易中占据了相当重要的地位。

二是从进口的核心指标角度来看，在 12 个主宾国中，印度尼西亚、巴西与加拿大的油脂产品在我国所占市场份额较高，具有一定的比较优势。此外，巴西、加拿大与越南出口油脂产品与我国进口该类产品的互补程度也较高。因此，在油脂产品的进口来源中，可以加强从这些国家的进口，有利于该行业的平稳发展。

三是从出口的核心指标角度来看，在 12 个主宾国中，我国的油脂产品在加拿大所占份额较高，也具有一定的比较优势。此外，越南、印度尼西亚与加拿大进口油脂产品与我国出口该类产品的互补程度也较高。因此，在鼓励中国与部分国家进行油脂产品贸易的同时，还应提高中国农作物的供给能力，这不仅有利于油脂压榨产业的稳定发展，还有利于我国农产品贸易的稳定发展。

第二十章　食品饮料

一、产品概况

食品饮料主要包含以下 9 类商品：①肉、鱼等动物的制备品；②糖和糖果；③可可和可可制剂；④谷物、面粉、淀粉等制备品；⑤蔬菜、水果等植物制备品；⑥杂项食用制剂；⑦饮料、烈酒和醋；⑧食品工业的残留和废物、动物饲料；⑨烟草和烟草代用品的制品。

图 20-1 显示了中国与 12 个主宾国在食品饮料上的进出口额。从进口额角度来看，数值基本在 1 亿~3 亿美元，在 2016 年底出现较大涨幅，随后 2017 年初又回落至原有水平；从出口额角度来看，数值在 2 亿美元上下波动；从进出口差额来看，我国在食品饮料上长期基本处于顺差的状态，只在个别时期出现了逆差。

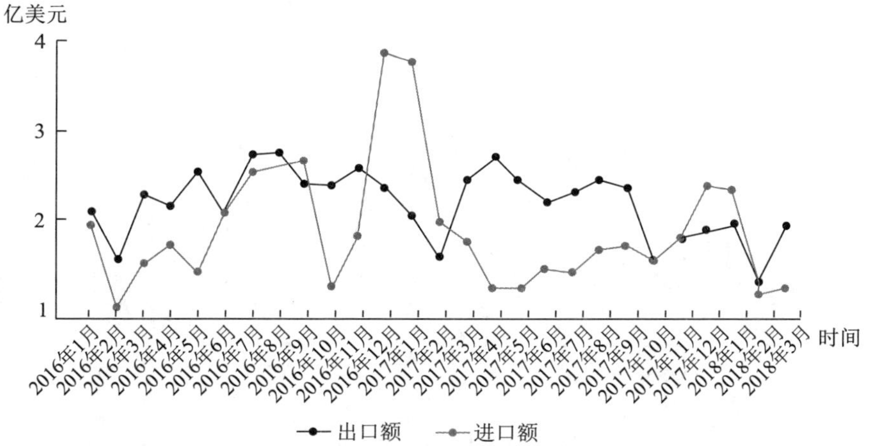

图 20-1　2016—2018 年中国与 12 个主宾国在食品饮料上的进出口额

从出口额角度来看，中国向印度尼西亚、越南和俄罗斯出口比较多；从进口额角度来看，中国从巴西、越南和印度尼西亚进口比较多；从进出口差额来看，中国与巴西在食品饮料上的贸易处于逆差状态，中国与俄罗斯、南非、印度尼西亚和越南在食品饮料上的贸易处于顺差状态，中国与其他主宾国在食品饮料上的贸易基本处于平衡状态。

二、贸易指数分析

图 20-2 显示了中国对 12 个主宾国关于食品饮料进口相关指标的雷达图。从进口市场占有率角度来看，巴西、越南与德国分列前三的位置。从交叉进口市场占有率角度来看，越南、巴基斯坦与巴西分列前三的位置。从进口显示性比较优势角度来看，巴西、越南与巴基斯坦分列前三的位置。从交叉进口显示性比较优势角度来看，越南、巴基斯坦与加拿大分列前三的位置。

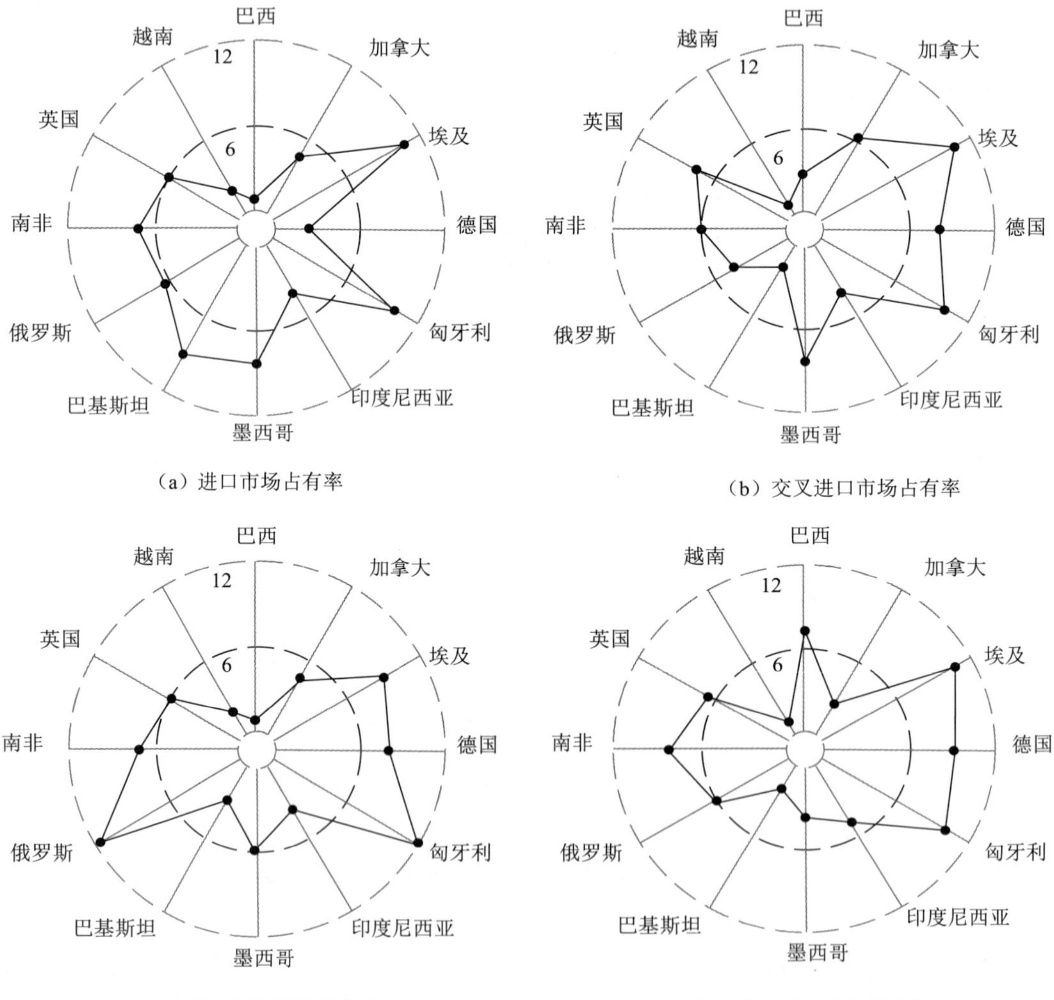

（a）进口市场占有率　（b）交叉进口市场占有率

（c）进口显示性比较优势　（d）交叉显示性比较优势

图 20-2　中国对 12 个主宾国关于食品饮料进口相关指标的雷达图

（基于 2016 年 1 月至 2018 年 3 月均值数据）

对比 4 个指标来看，巴西、巴基斯坦与越南的排名变动较小，基本稳定在前三的位置。因此，从进口的角度而言，中国与这些国家在食品饮料上可以适当加强贸易合作与交流。

图 20-3 显示了中国对 12 个主宾国关于食品饮料出口相关指标的雷达图。从出口市场占有率角度来看，印度尼西亚、俄罗斯与德国分列前三的位置。从交叉出口市场占有率角度来看，越南、印度尼西亚与巴基斯坦分列前三的位置。从出口显示性比较优势角度来看，印度尼西亚、俄罗斯与越南分列前三的位置。从交叉出口显示性比较优势角度来看，印度尼西亚、越南与巴基斯坦分列前三的位置。

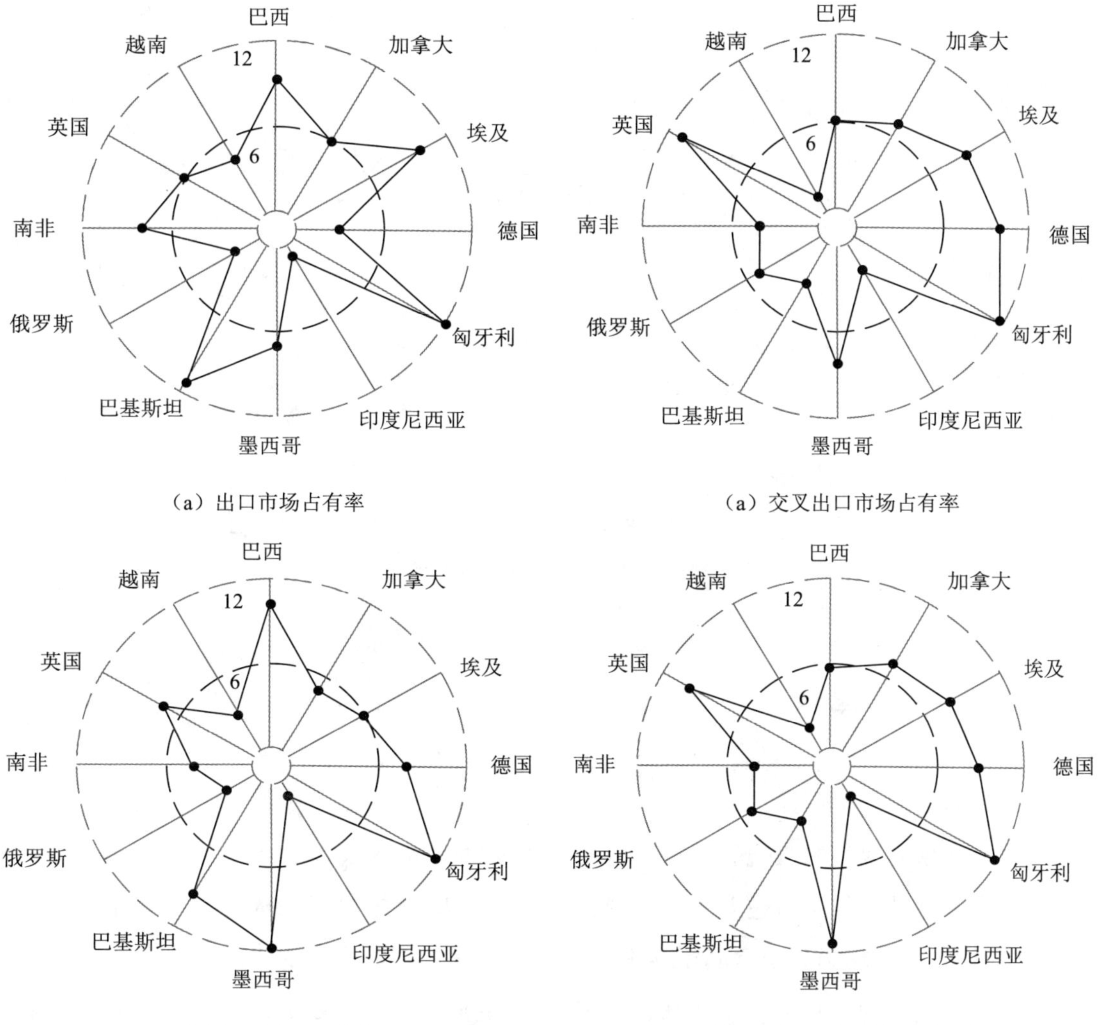

（a）出口市场占有率　　（a）交叉出口市场占有率

（c）出口显示性比较优势　　（d）交叉出口显示性比较优势

图 20-3　出口相关指标的雷达图（基于 2016 年 1 月至 2018 年 3 月均值数据）

对比4个指标来看，印度尼西亚、越南与巴基斯坦的排名变动较小，基本稳定在前三的位置。因此，从出口的角度而言，中国与这些国家在食品饮料上可以适当加强贸易合作与交流。

图20-4显示了中国对12个主宾国关于食品饮料进出口贸易相似性的雷达图。从进口贸易相似性角度来看，越南、巴基斯坦与巴西分列前三的位置。从出口贸易相似性角度来看，越南、印度尼西亚与巴基斯坦分列前三的位置。对比两个指标来看，越南与巴基斯坦的排名变动较小，基本稳定在前三的位置。因此，中国和越南与巴基斯坦在食品饮料上的进出口贸易互补程度较高。

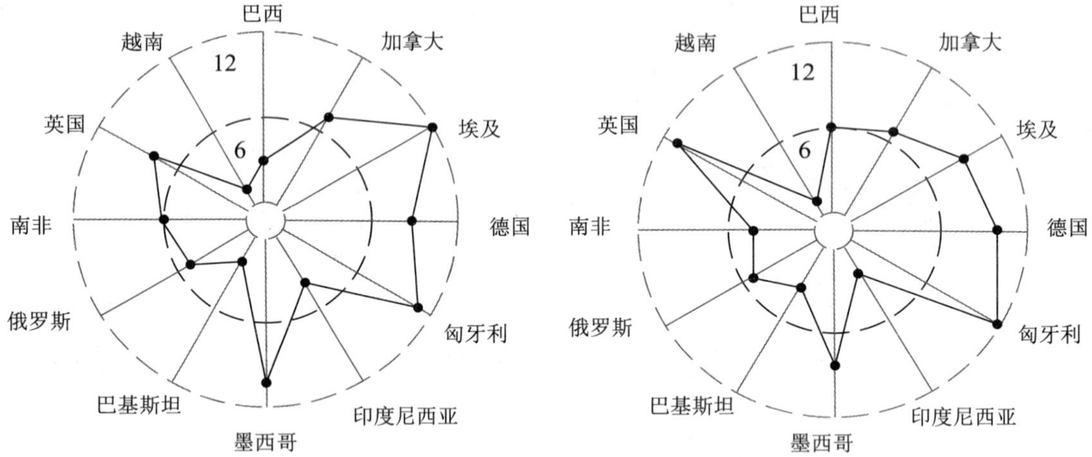

（a）进口贸易相似性　　（b）出口贸易相似性

图20-4　中国对12个主宾国关于食品饮料进出口贸易相似性

（基于2016年1月至2018年3月均值数据）

三、发展建议

综合前面的分析可得：

一是在食品饮料的双边贸易中，除个别时期外，中国长期基本保持着贸易顺差的态势。我国食品饮料贸易逆差主要来源国为巴西，应考虑提高我国食品饮料出口与巴西中国对12个主宾国关于食品饮料进口的互补程度，更好地实现双边贸易平衡。

二是从进口的核心指标角度来看，在12个主宾国中，巴西和越南的食品饮料在我国所占市场份额较高，且具有较大的比较优势。此外，巴西和越南出口食品饮料和我国进口该类产品的互补程度也较高。

三是从出口的核心指标角度来看，在 12 个主宾国中，我国的食品饮料在印度尼西亚和越南所占的市场份额比较高，且具有比较优势，印度尼西亚和越南进口食品饮料与我国出口该类产品的互补程度也较高。此外，我国出口的食品饮料在巴基斯坦具有一定的比较优势，且巴基斯坦进口食品饮料与我国出口食品饮料的互补程度也较高，但我国出口巴基斯坦的食品饮料贸易额较低，我国应考虑进一步加强与巴基斯坦之间的中国对 12 个主宾国关于食品饮料贸易，扩大贸易额。

第二十一章　矿产品

一、产品概况

矿产品主要包括：①盐、硫、石头、石灰和水泥等；②矿石、矿渣和矿灰；③矿物燃料、矿物油及其蒸馏产物等。

图 21-1 显示了中国与 12 个主宾国在矿产品上的进出口额。从进口额角度来看，曲线波动性较大，在 20 亿~60 亿美元波动；从出口额角度来看，数值较为稳定，几乎接近于 0；从进出口差额来看，我国在矿产品上始终保持逆差的状态。

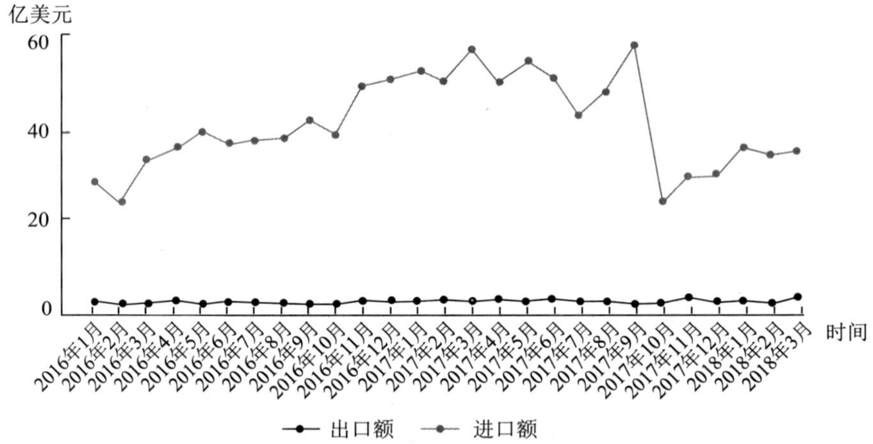

图 21-1　2016—2018 年中国与 12 个主宾国在矿产品上的进出口额

从出口额角度来看，中国向越南与印度尼西亚出口比较多；从进口额角度来看，中国从巴西、俄罗斯与印度尼西亚进口比较多；从进出口差额来看，中国与巴西、俄罗斯、南非与印度尼西亚在矿产品上的贸易处于逆差状态，与其他主宾国在矿产品上的贸易基本处于平衡状态。

二、贸易指数分析

图 21-2 显示了中国对 12 个主宾国关于矿产品进口相关指标的雷达图。从进口市场占有率角度来看，俄罗斯、巴西与印度尼西亚分列前三的位置。从交叉进口市场占有率角度来看，巴西、南非与越南分列前三的位置。从进口显示性比较优势角度来看，俄罗斯、南非与埃及分列前三的位置。从交叉进口显示性比较优势角度来看，墨西哥、南非与埃及分列前三的位置。

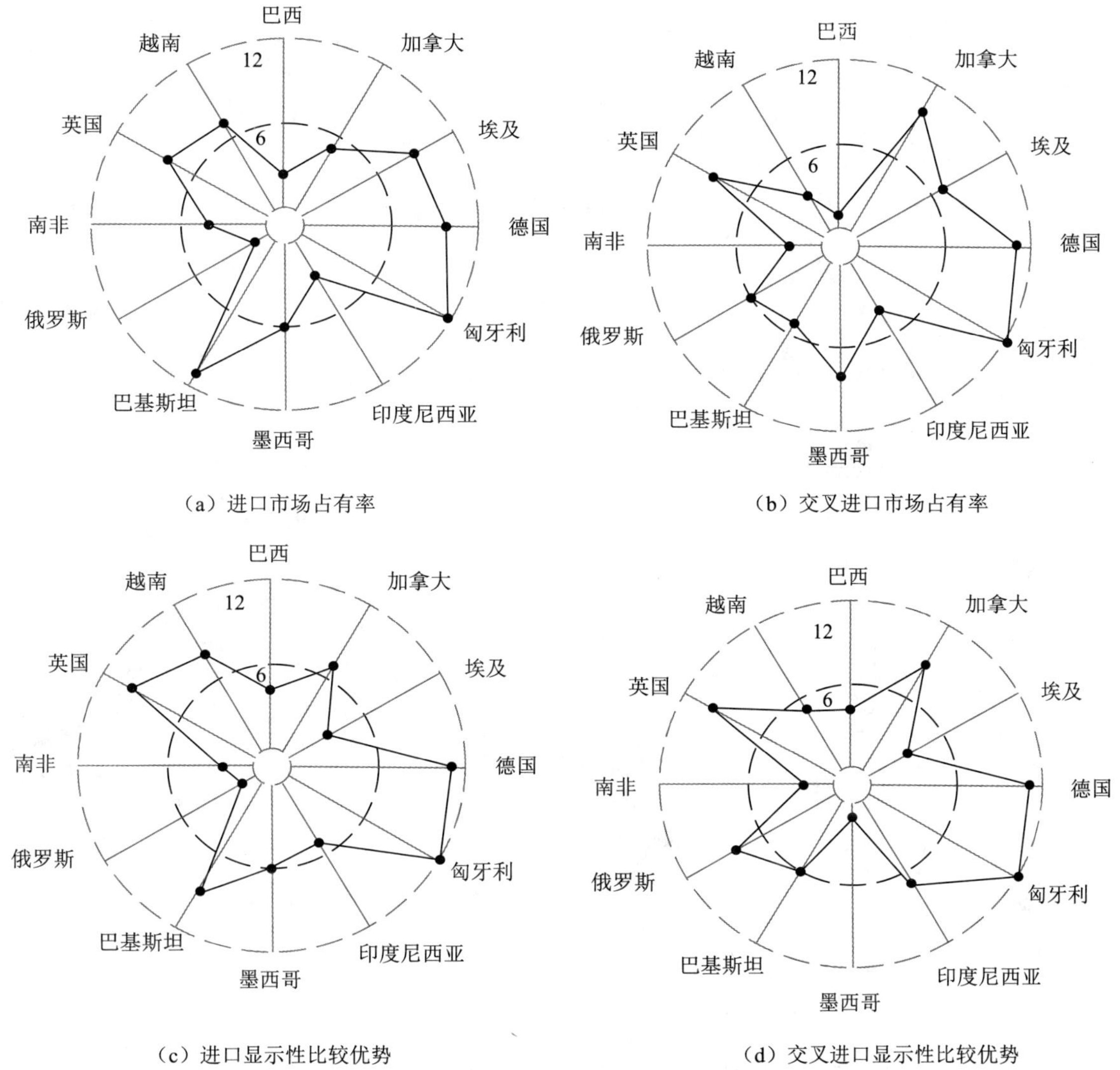

（a）进口市场占有率　（b）交叉进口市场占有率

（c）进口显示性比较优势　（d）交叉进口显示性比较优势

图 21-3　中国对 12 个主宾国关于矿产品进口相关指标的雷达图

（基于 2016 年 1 月至 2018 年 3 月均值数据）

对比 4 个指标来看，南非的排名变动较小，基本稳定在前三的位置。因此，从进口的角度而言，中国与南非在矿产品上可以适当加强贸易合作与交流。

图 21-3 显示了中国对 12 个主宾国关于矿产品出口相关指标的雷达图。从出口市场占有率角度来看，越南、印度尼西亚与巴西分列前三的位置。从交叉出口市场占有率角度来看，越南、俄罗斯与印度尼西亚分列前三的位置。从出口显示性比较优势角度来看，越南、印度尼西亚与南非分列前三的位置。从交叉出口显示性比较优势角度来看，越南、俄罗斯与印度尼西亚分列前三的位置。

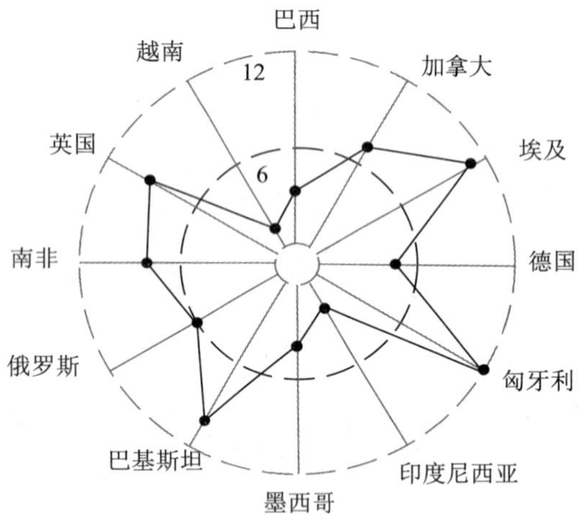

（a）出口市场占有率

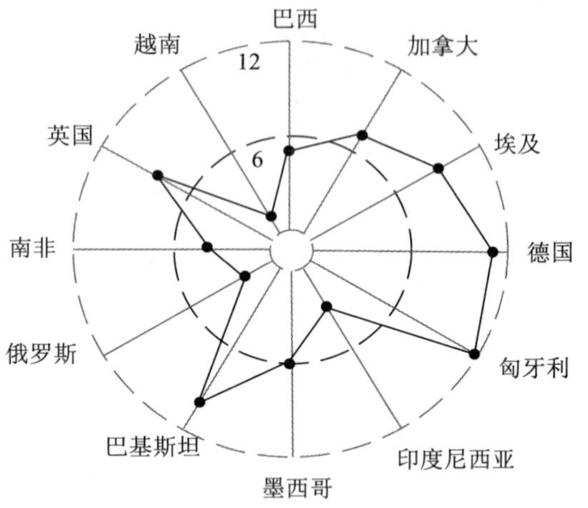

（b）交叉出口市场占有率

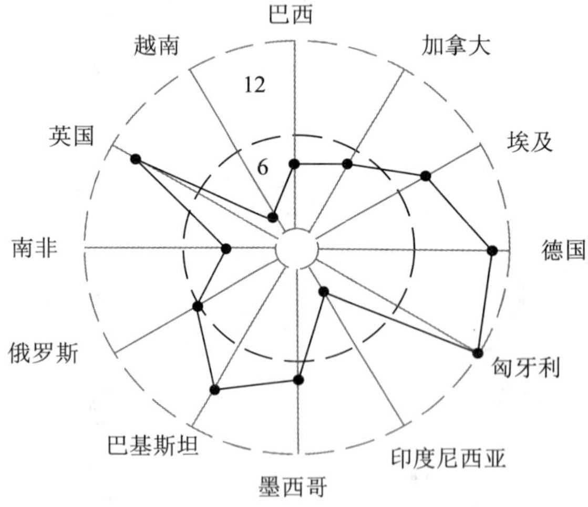

（c）出口显示性比较优势

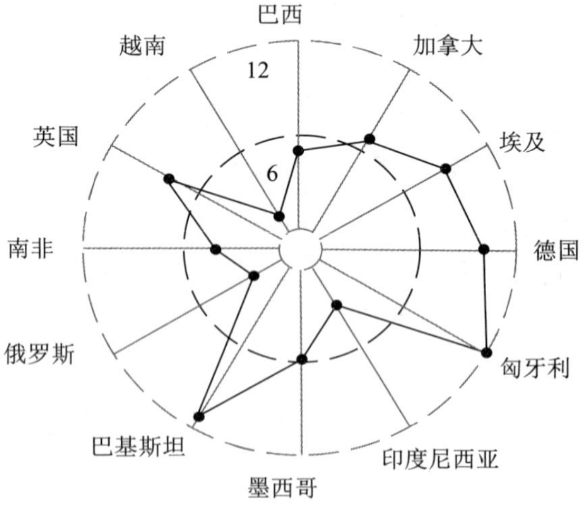

（d）交叉出口显示性比较优势

图 21-3　中国对 12 个主宾国关于矿产品出口相关指标的雷达图

（基于 2016 年 1 月至 2018 年 3 月均值数据）

对比 4 个指标来看，越南与印度尼西亚的排名变动较小，基本稳定在前三的位置。因此，从出口的角度而言，中国与越南、印度尼西亚在矿产品上可以适当加强贸易合作与交流。

图 21-4 显示了中国对 12 个主宾国关于矿产品进出口贸易相似性的雷达图。从进口贸易相似性角度来看，巴西、南非与越南分列前三的位置。从出口贸易相似性角度来看，越南、俄罗斯与印度尼西亚分列前三的位置。对比两个指标来看，越南的排名变动较小，基本稳定在前三的位置。因此，中国与越南在矿产品上的进出口贸易互补程度较高。

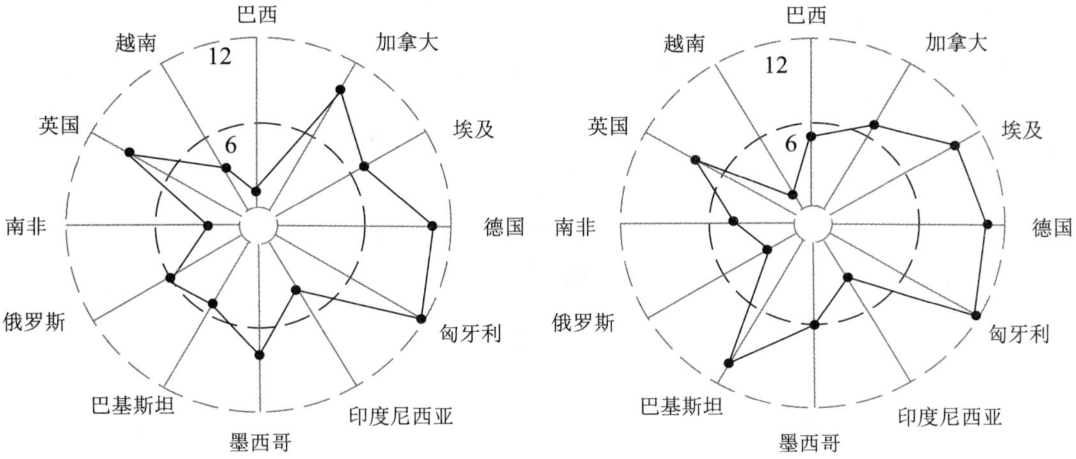

（a）进口贸易相似性　　　　（b）出口贸易相似性

图 21-4　中国对 12 个主宾国关于矿产品进出口贸易相似性的雷达图

（基于 2016 年 1 月至 2018 年 3 月均值数据）

三、发展建议

综合前面的分析可知：

一是在矿产品的双边贸易中，中国长期处于逆差状态，逆差主要来源于巴西与俄罗斯。

二是从进口的核心指标角度来看，在 12 个主宾国中，南非的矿产品在我国所占市场份额较高，且具有较大的比较优势。此外，南非出口矿产品和我国进口该类产品的互补程度也较高，但我国从南非进口矿产品的进口额相对较小。我国进口矿产品较多的国家还包括俄罗斯，应提高与该国的贸易互补程度。

三是从出口的核心指标角度来看，在 12 个主宾国中，我国的矿产品在越南和印度尼西亚所占的份额比较高，且具有较大的比较优势，越南和印度尼西亚进口矿产品与我国出口该类产品的互补程度也较高。我国应考虑进一步加强与越南和印度尼西亚之间的矿产品贸易合作。

第二十二章 化工产品

一、产品概况

化工产品主要包括以下 11 类商品：①无机化学品、金属、放射性元素等化合物；②有机化学品；③药品；④肥料；⑤鞣制、单宁、染料、油漆、油灰等；⑥精油、香水、化妆品或卫生间用品；⑦肥皂、洗涤剂、润滑剂、人造蜡等；⑧蛋白类物质、改性淀粉、胶水、酶；⑨炸药、烟火、火柴、自燃合金、某些可燃制剂；⑩摄影或摄影产品；⑪杂项化工产品等。

图 22-1 显示了中国与 12 个主宾国在化工产品上的进出口额。从进口额角度来看，曲线基本在 1 亿~5 亿美元，波动幅度较小；从出口额角度来看，数值在 10 亿美元上下波动；从进出口差额来看，我国在化工产品上长期处于顺差的状态。

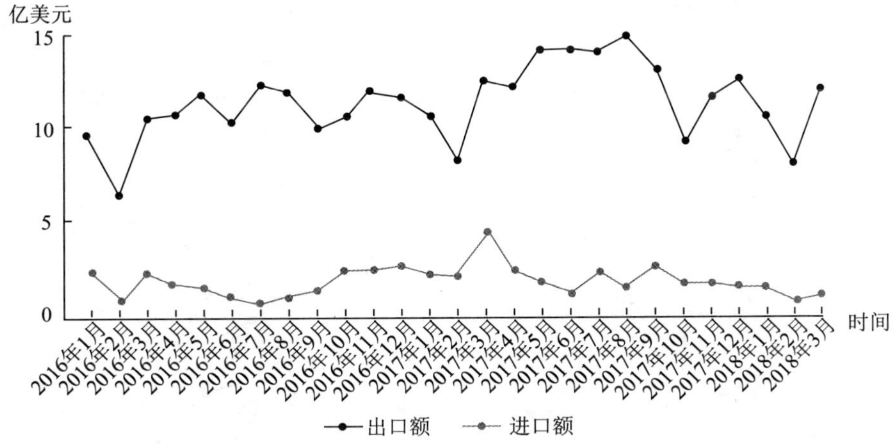

图 22-1　2016—2018 年中国与 12 个主宾国在化工产品上的进出口额

从出口额角度来看，中国向越南、巴西、印度尼西亚、俄罗斯与南非出口化工产品比较多；从进口额角度来看，中国从印度尼西亚、俄罗斯、越南、巴西与南非进口化工产品也比较多；从进出口差额来看，中国与上述 4 个国家在化工产品上的贸易处于顺差状态，中国与其他主宾国在化工产品上的贸易基本处于平衡状态。

二、贸易指数分析

图 22-2 显示了中国对 12 个主宾国关于化工产口进口相关指标的雷达图。从进口市场占有率角度来看，德国、英国与印度尼西亚分列前三的位置。从交叉进口市场占有率角度来看，印度尼西亚、越南与俄罗斯分列前三的位置。从进口显示性比较优势角度来看，英国、印度尼西亚与加拿大分列前三的位置。从交叉进口显示性比较优势角度来看，印度尼西亚、俄罗斯与加拿大分列前三的位置。

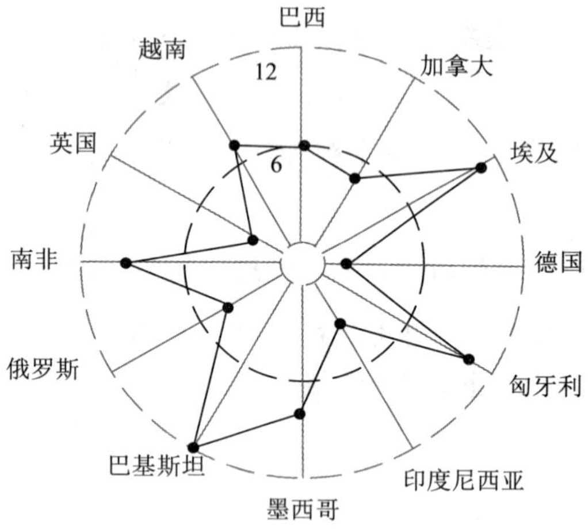

（a）进口市场占有率

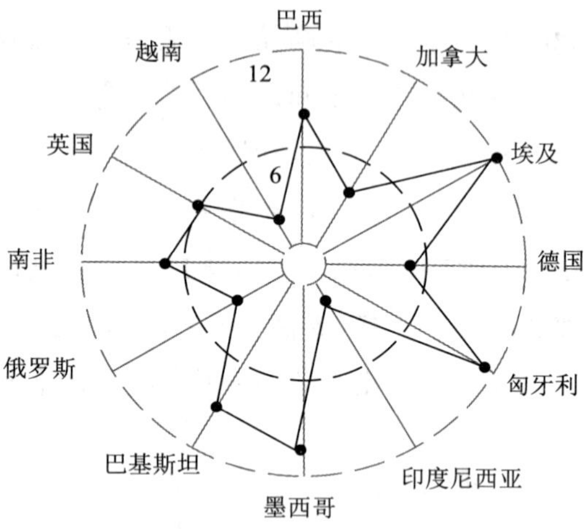

（b）交叉进口市场占有率

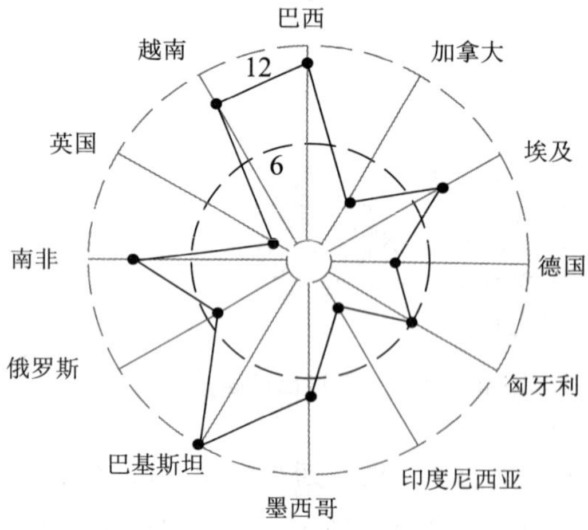

（c）进口显示性比较优势

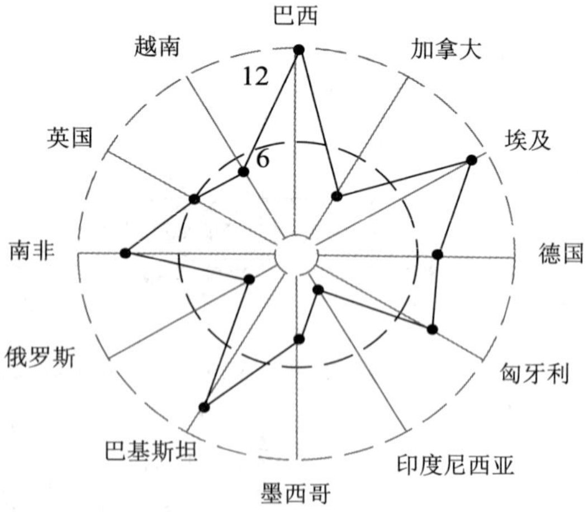

（d）交叉进口显示性比较优势

图 22-2　中国对 12 个主宾国关于化工产品进口相关指标的雷达图

（基于 2016 年 1 月至 2018 年 3 月均值数据）

对比 4 个指标来看，印度尼西亚的排名变动较小，基本稳定在前三的位置。因此，从进口的角度而言，中国与印度尼西亚在化工产品上可以适当加强贸易合作与交流。

图 22-3 显示了中国对 12 个主宾国关于化工产品出口相关指标的雷达图。从出口市场占有率角度来看，德国、巴西与印度尼西亚前三的位置。从交叉出口市场占有率角度来看，越南、巴基斯坦与印度尼西亚分列前三的位置。从出口显示性比较优势角度来看，巴基斯坦、巴西与印度尼西亚分列前三的位置。从交叉出口显示性比较优势角度来看，巴基斯坦、印度尼西亚与越南分列前三的位置。

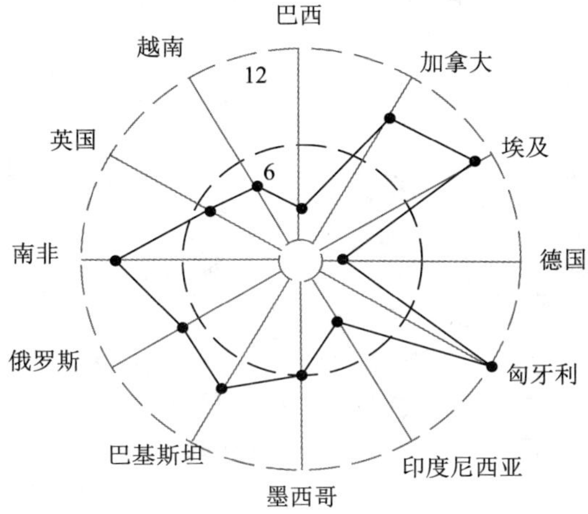

（a）出口市场占有率

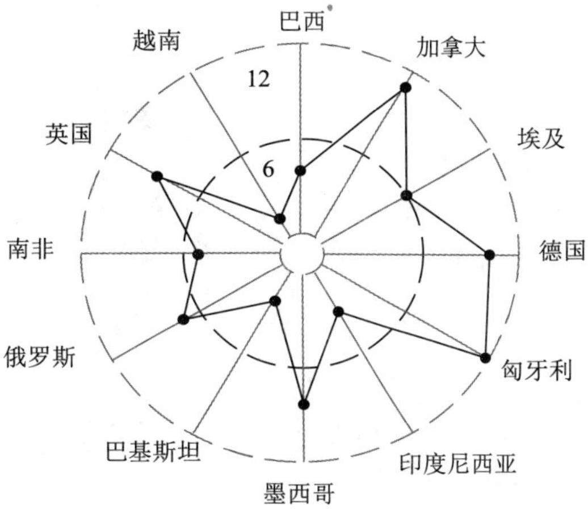

（b）交叉出口市场占有率

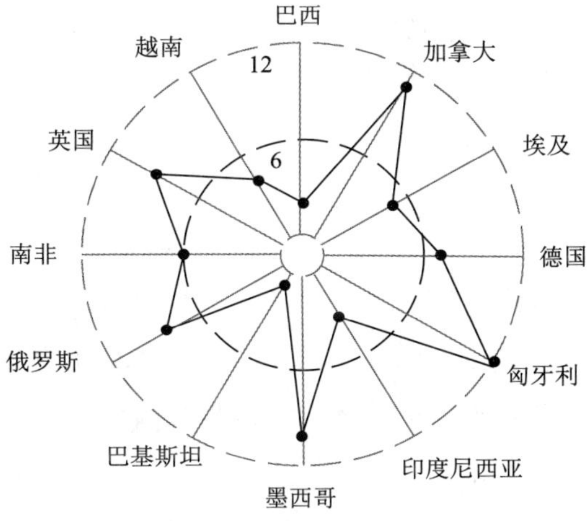

（c）出口显示性比较优势

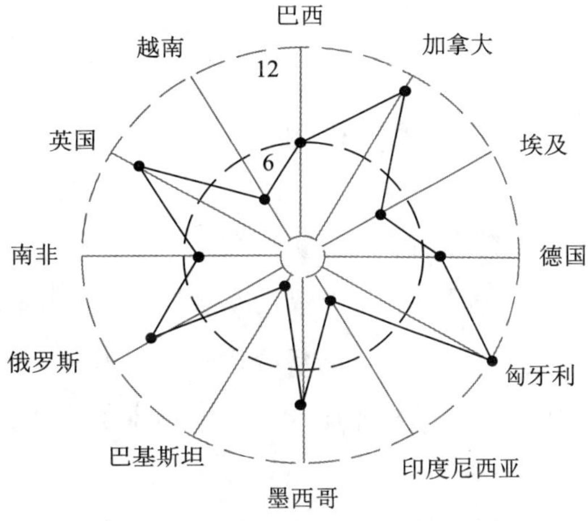

（d）交叉出口显示性比较优势

图 22-4　中国对 12 个主宾国关于化工产品出口相关指标的雷达图

（基于 2016 年 1 月至 2018 年 3 月均值数据）

对比4个指标来看，巴基斯坦与印度尼西亚的排名变动较小，基本稳定在前三的位置。因此，从出口的角度而言，中国与这些国家在化工产品上可以适当加强贸易合作与交流。

图22-4显示了中国对12个主宾国关于化工产品进出口贸易相似性。从进口贸易相似性角度来看，印度尼西亚、越南与俄罗斯分列前三的位置。从出口贸易相似性角度来看，越南、巴基斯坦与印度尼西亚分列前三的位置。对比两个指标来看，越南与印度尼西亚的排名变动较小，基本稳定在前三的位置。因此，中国与越南和印度尼西亚在化工产品上的进出口贸易互补程度较高。

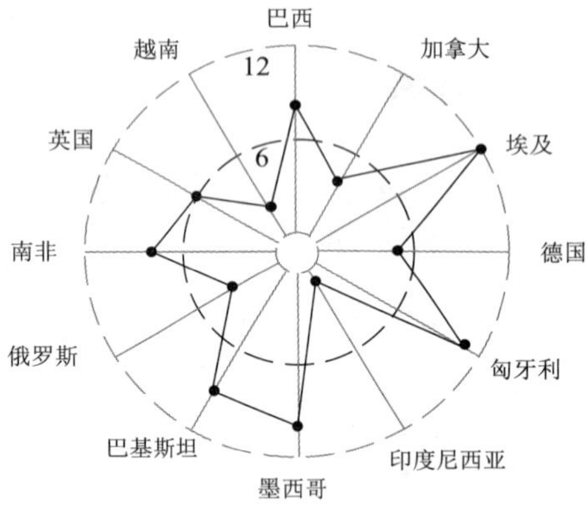

（a）进口贸易相似性

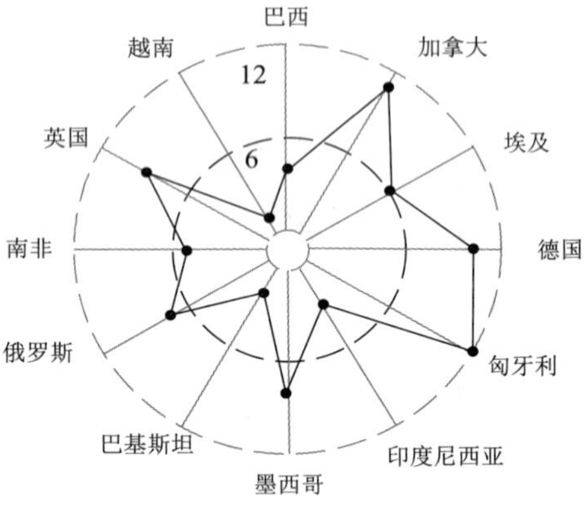

（b）出口贸易相似性

图22-4　中国对12个主宾国关于化工产品进出口贸易相似性的雷达图

（基于2016年1月至2018年3月均值数据）

三、发展建议

综合前面的分析可知：

一是在化工产品的双边贸易中，中国长期处于顺差状态。

二是从进口的核心指标角度来看，在12个主宾国中，印度尼西亚的化工产品在我国所占市场份额比较高，市场竞争力较强，且印度尼西亚化工产口出口与我国化工产口进口的互补程度也较高。

三是从出口的核心指标角度来看，在12个主宾国中，我国化工产品出口与巴基斯坦该类产品进口的互补程度较高，且我国出口的化工产品在巴基斯坦具有一定的比较优势和市场占有率，但我国与巴基斯坦在化工产品上的进出口贸易额都比较小。我国应考虑加强与巴基斯坦在化工产品方面的贸易合作。

第二十三章　塑胶制品

一、产品概况

塑胶制品主要包括：①塑料及其制品；②橡胶及其制品。

图 23-1 显示了中国与 12 个主宾国在塑胶制品上的进出口额。从进口额角度来看，数值在 2017 年 3 月达到峰值之后出现回落，基本在 2 亿~4 亿美元；从出口额角度来看，数值在每年 2 月会出现当年最低值，基本在 4 亿~8 亿美元；从进出口差额来看，我国在塑胶制品上保持顺差的状态。

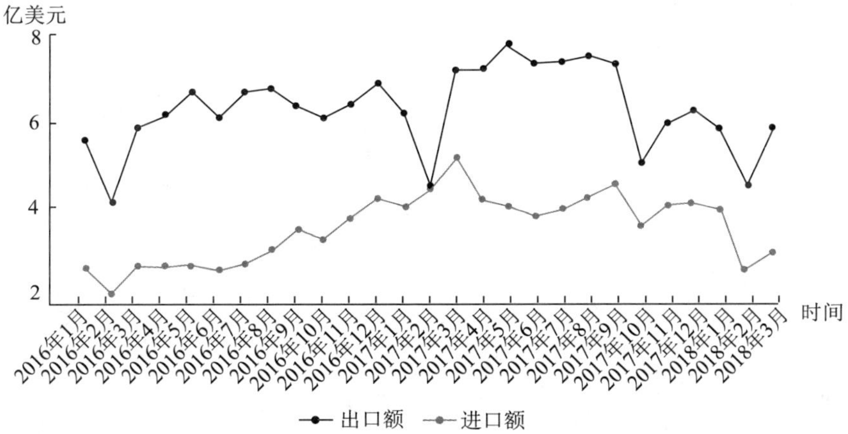

图 23-1　2016—2018 年中国与 12 个主宾国在塑胶制品上的进出口额

从出口额角度来看，中国向越南、印度尼西亚、巴西、俄罗斯与南非出口的塑胶制品较多；从进口额角度来看，中国从这些国家进口的塑胶制品也比较多；从进出口差额来看，中国与这 5 个国家在塑胶制品上的贸易处于顺差状态，与其他主宾国的贸易基本处于平衡状态。

二、贸易指数分析

图 23-2 显示了中国对 12 个主宾国关于塑胶制品进口相关指标的雷达图。从进口市场占有率角度来看，德国、越南与印度尼西亚分列前三的位置。从交叉进口市场占有率角度来看，越南、印度尼西亚与俄罗斯分列前三的位置。从进口显示性比较优势角度来看，越南、印度尼西亚与埃及分列前三的位置。从交叉进口显示性比较优势角度来看，越南、俄罗斯与墨西哥分列前三的位置。

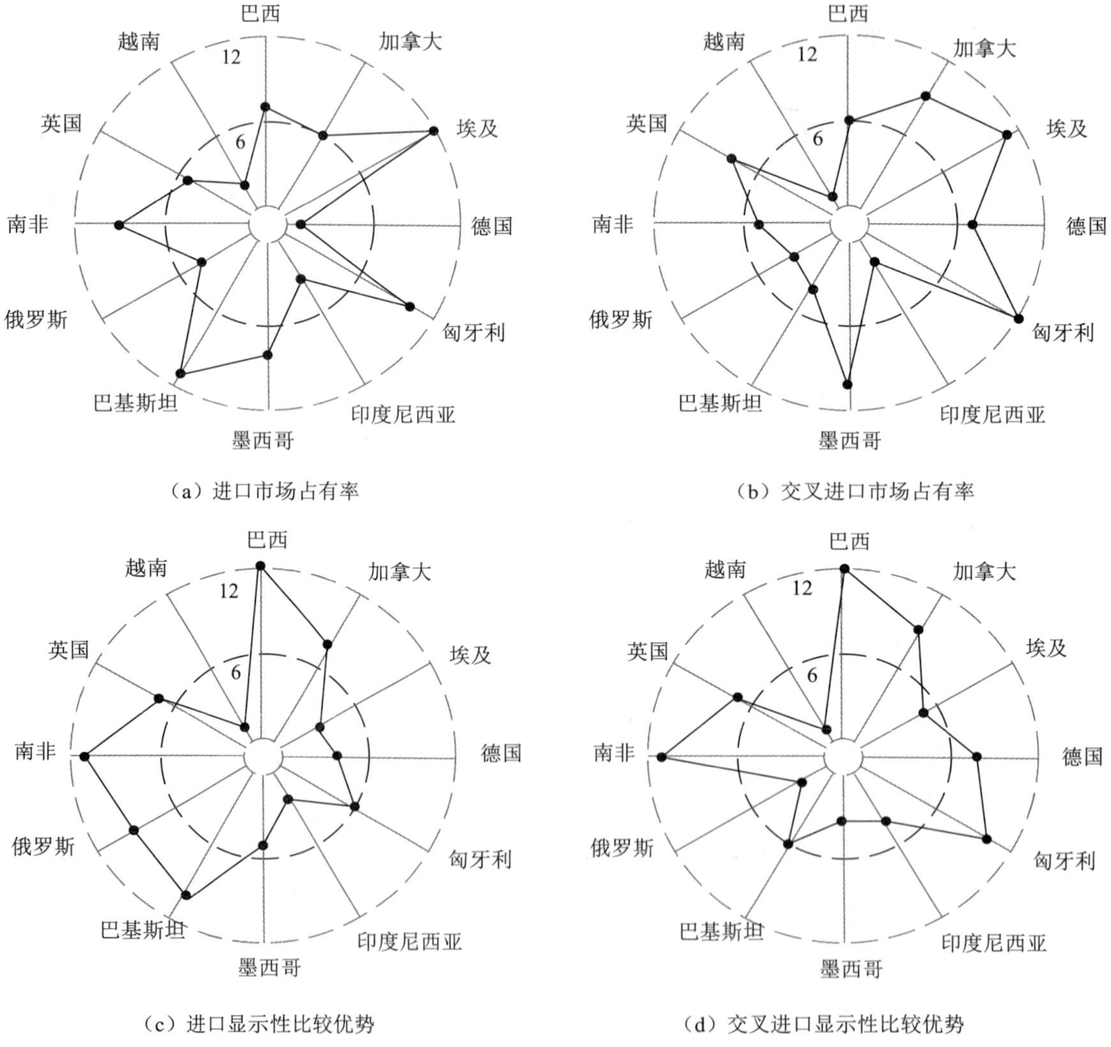

图 23-2 中国对 12 个主宾国关于塑胶制品进口相关指标的雷达图

(基于 2016 年 1 月至 2018 年 3 月均值数据)

对比 4 个指标来看，越南与印度尼西亚的排名变动较小，基本稳定在前三的位置。因此，从进口的角度而言，中国与这些国家在塑胶制品上可以适当加强贸易合作与交流。

图 23-3 显示了中国对 12 个主宾国关于塑胶制品出口相关指标。从出口市场占有率角度来看，德国、英国与墨西哥分列前三的位置。从交叉出口市场占有率角度来看，巴基斯坦、南非与越南分列前三的位置。从出口显示性比较优势角度来看，埃及、巴基斯坦与南非分列前三的位置。从交叉出口显示性比较优势角度来看，英国、南非与巴基斯坦分列前三的位置。

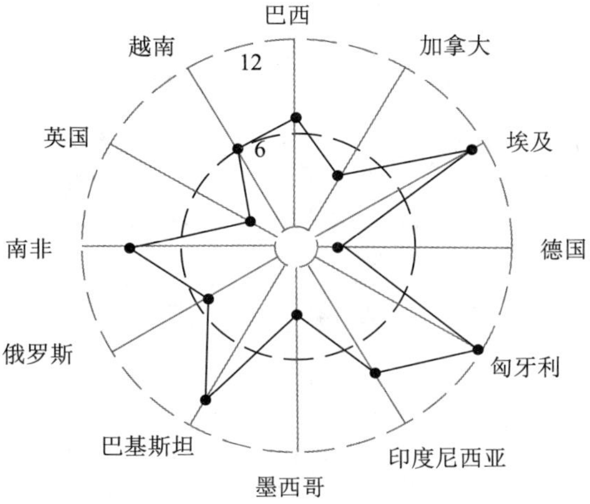

（a）出口市场占有率

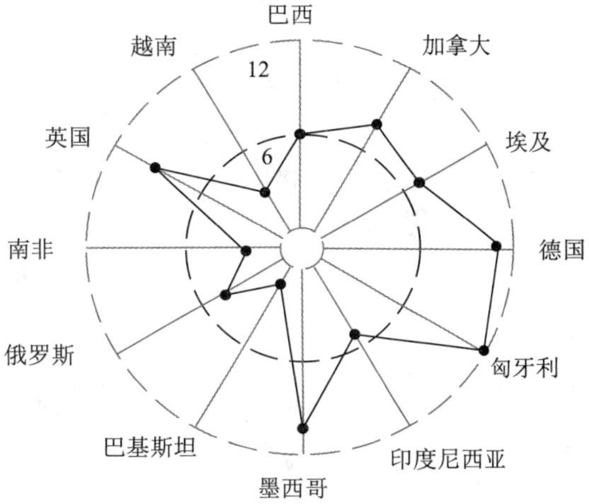

（b）交叉出口市场占有率

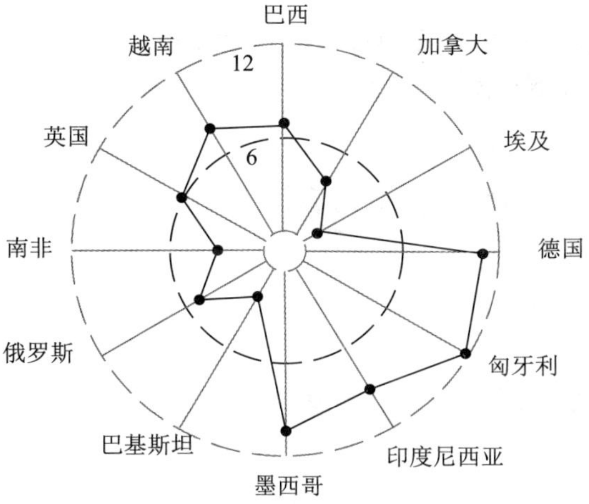

（c）出口显示性比较优势

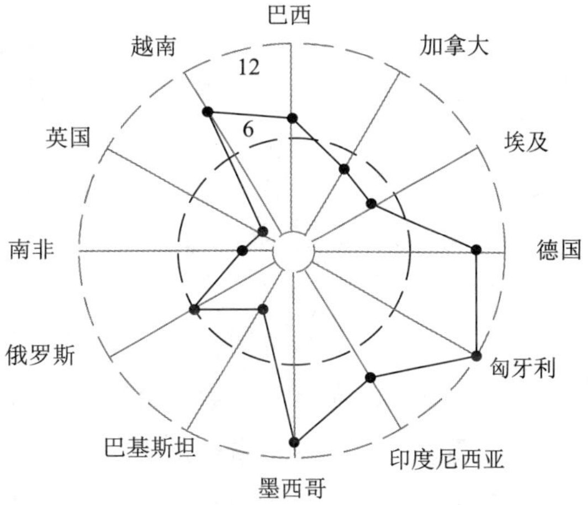

（d）交叉出口显示性比较优势

图 23-3 中国对 12 个主宾国关于塑胶制品出口相关指标的雷达图

（基于 2016 年 1 月至 2018 年 3 月均值数据）

对比 4 个指标来看，巴基斯坦与南非的排名变动较小，基本稳定在前三的位置。因此，从出口的角度而言，中国与巴基斯坦和南非在塑胶制品上可以适当加强贸易合作与交流。

图 23-4 显示了中国对 12 个主宾国关于塑胶制品进出口贸易相似性。从进口贸易相似性角度来看，越南、印度尼西亚与俄罗斯分列前三的位置。从出口贸易相似性角度来看，巴基斯坦、南非与越南分列前三的位置。对比两个指标来看，越南的排名变动较小，基本稳定在前三的位置。因此，中国与越南在塑胶制品上的进出口贸易互补程度较高。

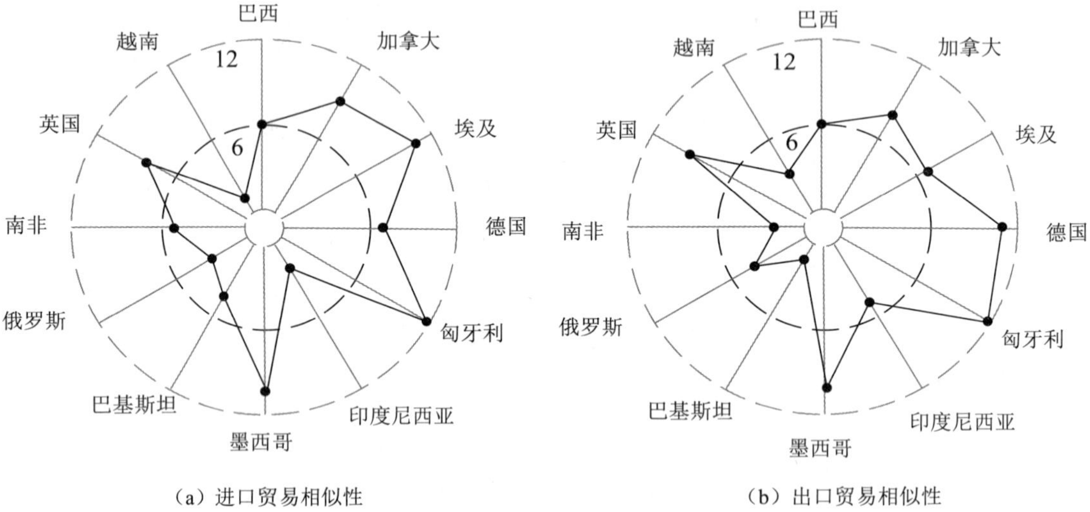

图 23-4　中国对 12 个主宾国关于塑胶制品进出口贸易相似性的雷达图

（基于 2016 年 1 月至 2018 年 3 月均值数据）

三、发展建议

综合前面的分析可知：

一是在塑胶制品的双边贸易中，中国长期处于顺差状态。

二是从进口的核心指标角度来看，在 12 个主宾国中，越南与印度尼西亚的塑胶制品在我国所占市场份额较高，具有一定的比较优势。越南出口塑胶制品与我国出口该类产品的互补程度较高。

三是从出口的核心指标角度来看，在 12 个主宾国中，我国的塑胶制品在巴基斯坦与南非所占市场份额较高，也具有一定的比较优势。

第二十四章　皮革制品

一、产品概况

皮革制品主要包括：①生皮（毛皮除外）和皮革；②皮革制品、旅行用品等；③毛皮、人造毛皮及其制品。

图 24-1 显示了中国与 12 个主宾国在皮革制品上的进出口额。从进口额角度来看，数值波动较为平稳，在 1 亿美元附近波动；从出口额角度来看，每年的第三、第四季度的数值高于第一、第二季度，数值基本在 1 亿~5 亿美元；从进出口差额来看，我国在皮革制品上保持顺差的状态。

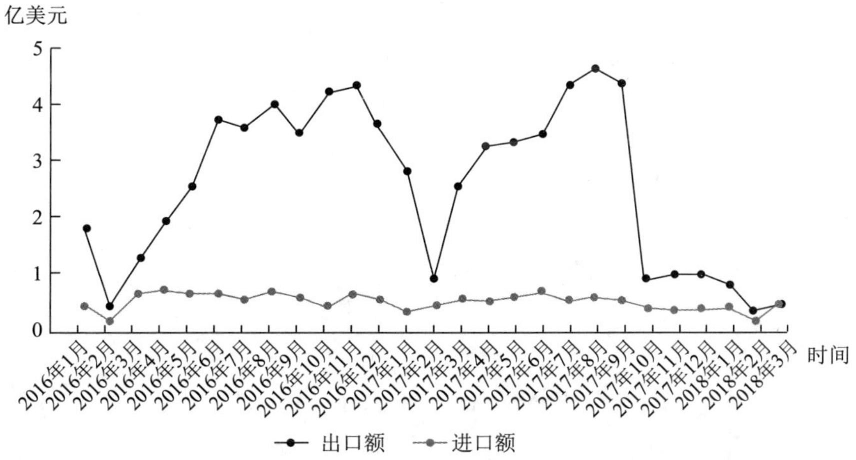

图 24-1　2016—2018 年中国与 12 个主宾国在皮革制品上的进出口额

从出口额角度来看，中国向俄罗斯、越南、巴西、印度尼西亚与南非出口皮革制品比较多；从进口额角度来看，中国从巴西与越南进口皮革制品比较多；从进出口差额来看，中国与俄罗斯、越南、印度尼西亚、南非在皮革制品上的贸易处于顺差状态，与其他主宾国基本保持贸易平衡。

二、贸易指数分析

图 24-2 显示了中国对 12 个主宾国关于皮革制品进口相关指标的雷达图。从进口市场占有率角度来看，巴西、加拿大与越南分列前三的位置。从交叉进口市场占有率角度来看，加拿大、巴西与南非分列前三的位置。从进口显示性比较优势角度来看，埃及、巴基斯坦与加拿大分列前三的位置。从交叉进口显示性比较优势角度来看，加拿大、埃及与墨西哥分列前三的位置。

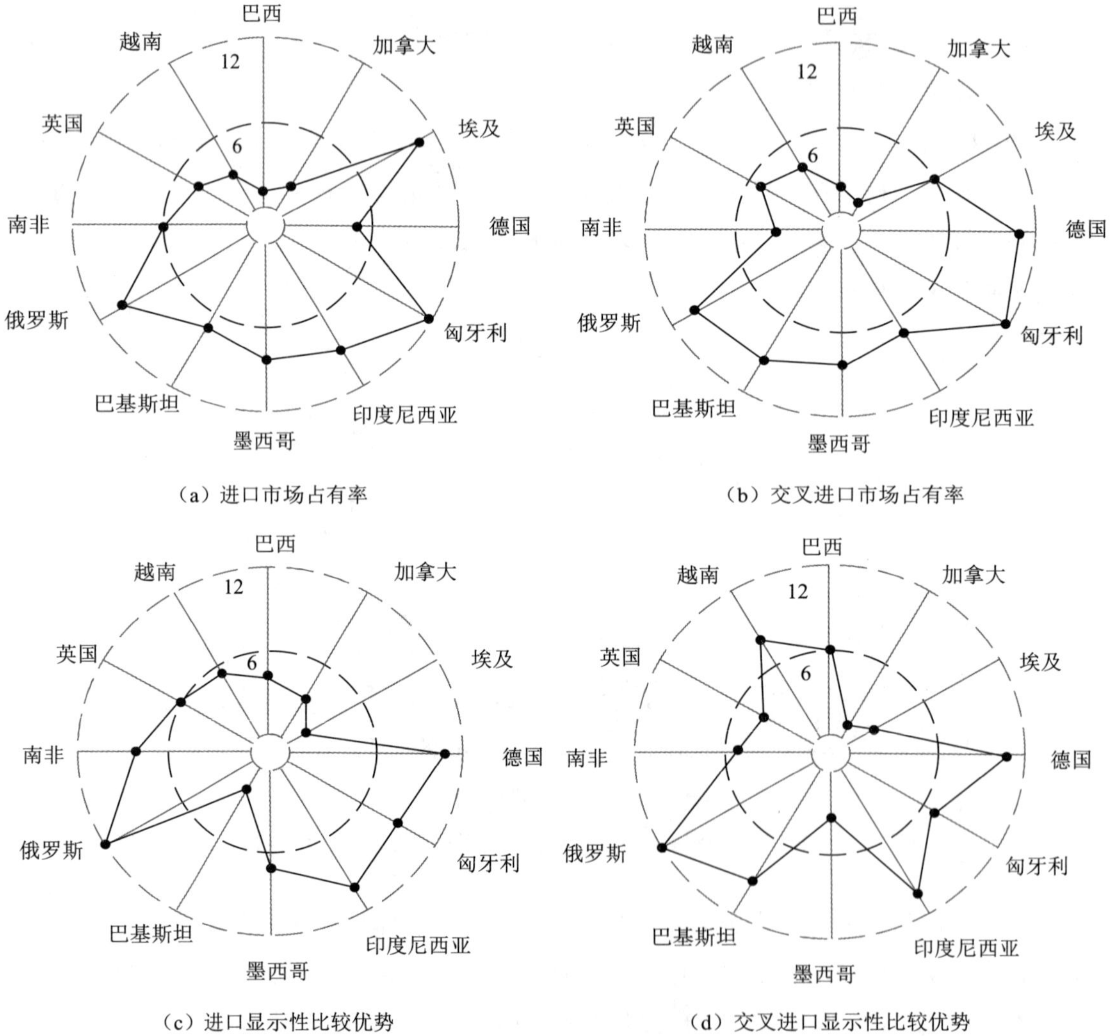

（a）进口市场占有率　（b）交叉进口市场占有率

（c）进口显示性比较优势　（d）交叉进口显示性比较优势

图 24-2　中国对 12 个主宾国关于皮革制品进口相关指标的雷达图

（基于 2016 年 1 月至 2018 年 3 月均值数据）

对比 4 个指标来看，加拿大的排名变动较小，基本稳定在前三的位置。因此，从进口的角度而言，中国与加拿大在皮革制品上可以适当加强贸易合作与交流。

图 24-3 显示了中国对 12 个主宾国关于皮革制品出口相关指标的雷达图。从出口市场占有率角度来看，德国、英国与加拿大分列前三的位置。从交叉出口市场占有率角度来看，巴西、埃及与南非分列前三的位置。从出口显示性比较优势角度来看，英国、加拿大与德国分列前三的位置。从交叉出口显示性比较优势角度来看，埃及、加拿大与巴西分列前三的位置。

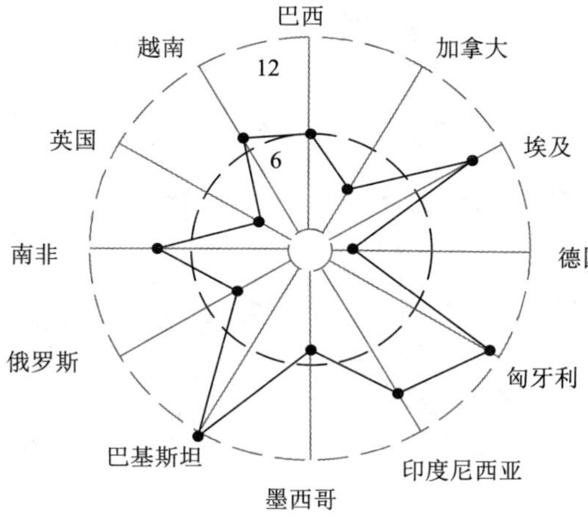

（a）出口市场占有率

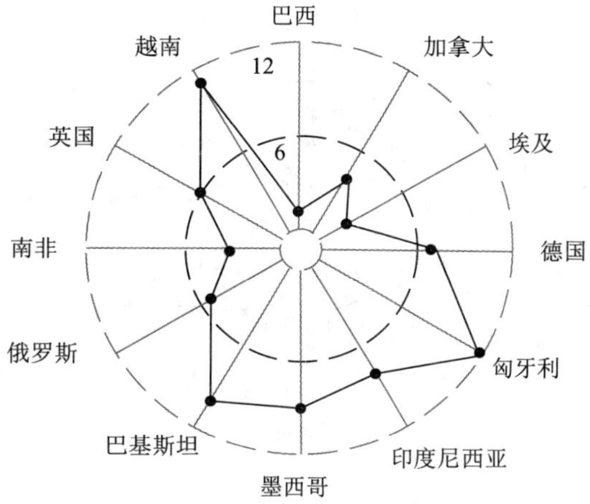

（b）交叉出口市场占有率

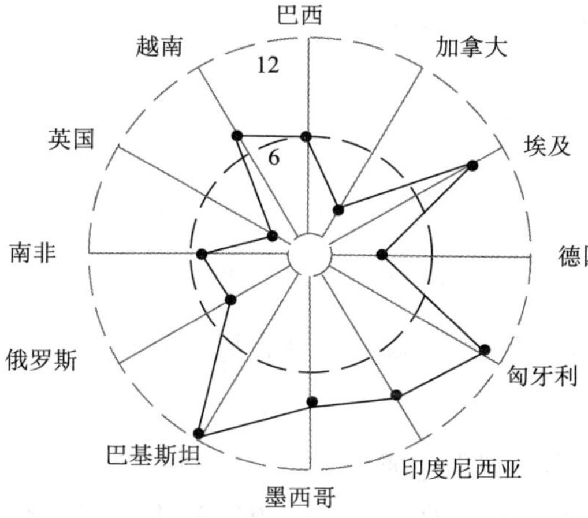

（c）出口显示性比较优势

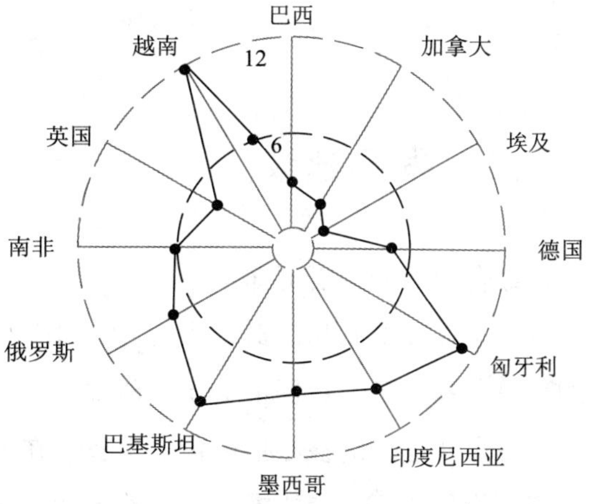

（d）交叉出口显示性比较优势

图 24-3　中国对 12 个主宾国关于皮革制品出口相关指标的雷达图

（基于 2016 年 1 月至 2018 年 3 月均值数据）

对比 4 个指标来看，加拿大的排名变动较小，基本稳定在前三的位置。因此，从出口的角度而言，中国与加拿大在皮革制品上可以适当加强贸易合作与交流。

图 24-4 显示了中国对 12 个主宾国关于皮革制品进出口贸易相似性的雷达图。从进口贸易相似性角度来看，加拿大、巴西与南非分列前三的位置。从出口贸易相似性角度来看，巴西、埃及与南非分列前三的位置。对比两个指标来看，巴西和南非的排名变动较小，基本稳定在前三的位置。因此，中国与巴西、南非在皮革制品上的进出口贸易互补程度较高。

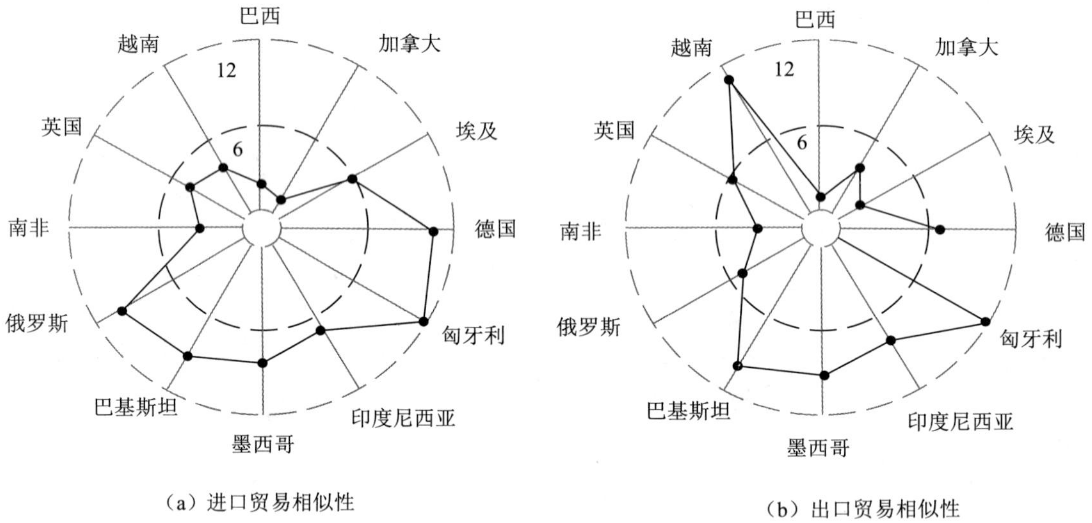

图 24-4　中国对 12 个主宾国关于皮革制品进出口贸易相似性的雷达图

（基于 2016 年 1 月至 2018 年 3 月均值数据）

三、发展建议

综合前面的分析可知：

一是在皮革制品的双边贸易中，中国长期处于顺差状态。目前，皮革制品在我国的出口贸易中已经占据了重要的地位。

二是从进口的核心指标角度来看，在 12 个主宾国中，加拿大的皮革制品在我国所占市场份额较高，与我国进口该类产品的贸易互补性不高，但该国出口的皮革制品在我国的比较优势还有待进一步提高。

三是从出口的核心指标角度来看，在 12 个主宾国中，我国的皮革制品在加拿大所占市场份额较高，但我国出口皮革制品与加拿大进口该类产品的贸易互补性不是很高，中国出口的皮革制品竞争力也不是很强，我国应考虑进一步提升皮革制品的竞争力。

第二十五章　木材及相关材料

一、产品概况

木材及相关材料主要包括：①木材和木制品、木炭；②软木和软木制品；③稻草等编织材料。

图 25-1 显示了中国与 12 个主宾国在木材及相关材料上的进出口额。从进口额角度来看，在 2017 年 10 月之前，数值基本在在 4 亿~6 亿美元波动，2017 年 10 月出现了较大幅度下降，随后数值基本稳定在 2 亿美元上下；从出口额角度来看，数值变化较为稳定，波动幅度较小，在 0.5 亿美元上下；从进出口差额来看，我国在木材及相关材料上处于逆差的状态。

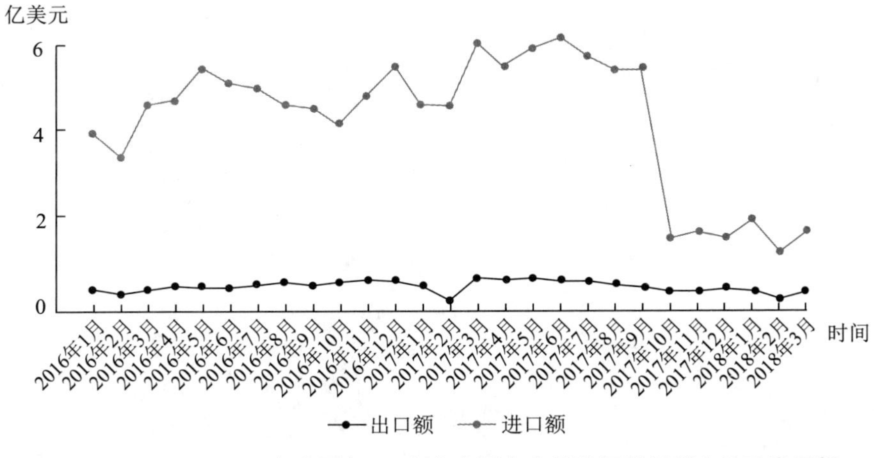

图 25-1　2016—2018 年中国与 12 个主宾国在木材及相关材料上的进出口额

从出口额角度来看，中国向越南、俄罗斯出口木材及相关材料比较多；从进口额角度来看，中国从俄罗斯、越南与印度尼西亚进口木材及相关材料比较多；从进出口差额来看，中国与俄罗斯、越南、印度尼西亚和巴西在木材及相关材料上的贸易处于逆差状态，中国与南非在木材及相关材料上的贸易处于顺差状态，与其他主宾国在木材及相关材料上的贸易基本处于平衡状态。

二、贸易指数分析

图 25-2 显示了中国对 12 个主宾国关于木材及相关材料进口相关指标的雷达图。从进口市场占有率角度来看，俄罗斯、加拿大与越南分列前三的位置。从交叉进口市场占有率角度来看，越南、俄罗斯与印度尼西亚分列前三的位置。从进口显示性比较优势角度来看，俄罗斯、加拿大与越南分列前三的位置。从交叉进口显示性比较优势角度来看，俄罗斯、越南与加拿大分列前三的位置。

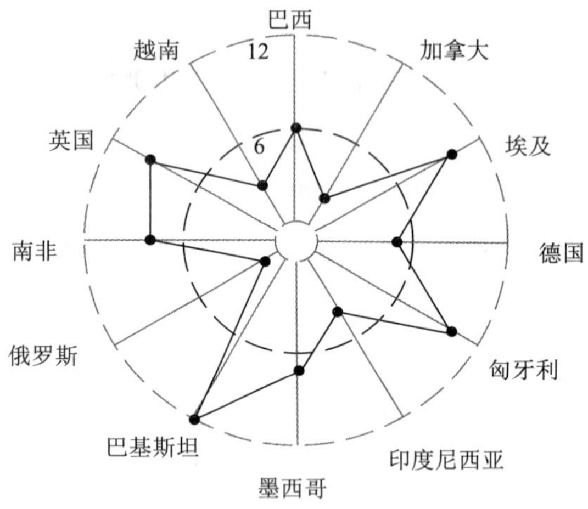

（a）进口市场占有率

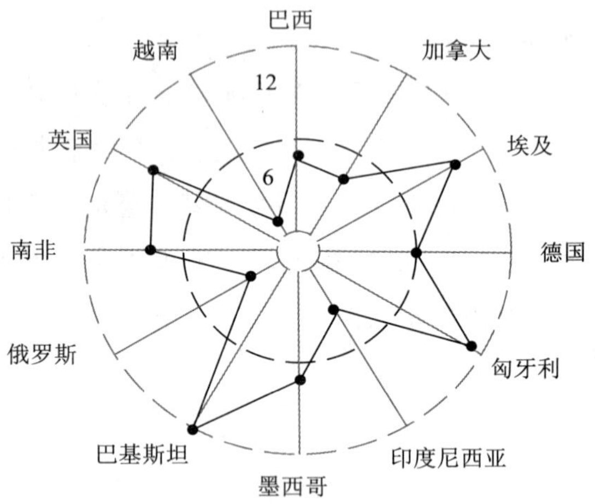

（b）交叉进口市场占有率

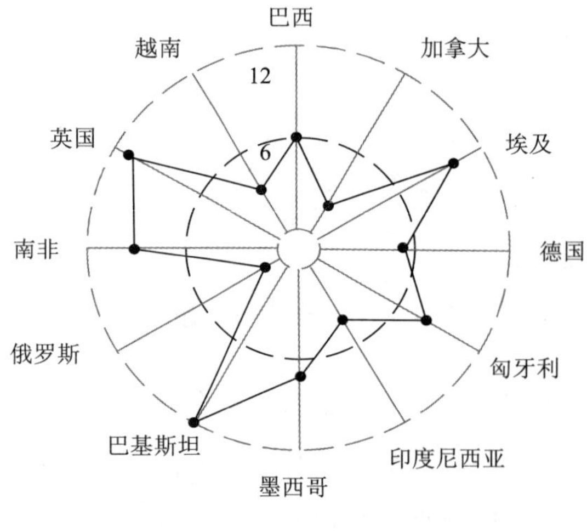

（c）进口显示性比较优势

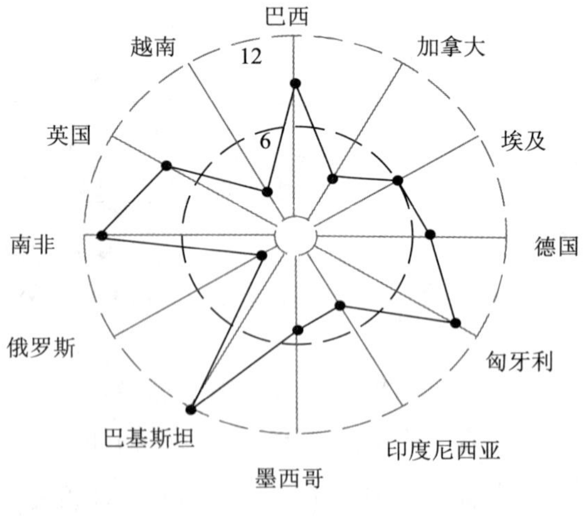

（d）交叉进口显示性比较优势

图 25-2　中国对 12 个主宾国关于木材及相关材料进口相关指标的雷达图

（基于 2016 年 1 月至 2018 年 3 月均值数据）

对比 4 个指标来看，俄罗斯与越南的排名变动较小，基本稳定在前三的位置。因此，从进口的角度而言，中国与这些国家在木材及相关材料上可以适当加强贸易合作与交流。

图 25-3 显示了中国对 12 个主宾国关于木材及相关材料出口相关指标的雷达图。从出口市场占有率角度来看，英国、加拿大与德国分列前三的位置。从交叉出口市场占有率角度来看，巴西、俄罗斯与印度尼西亚分列前三的位置。从出口显示性比较优势角度来看，埃及、英国与加拿大分列前三的位置。从交叉出口显示性比较优势角度来看，巴西、加拿大与英国分列前三的位置。

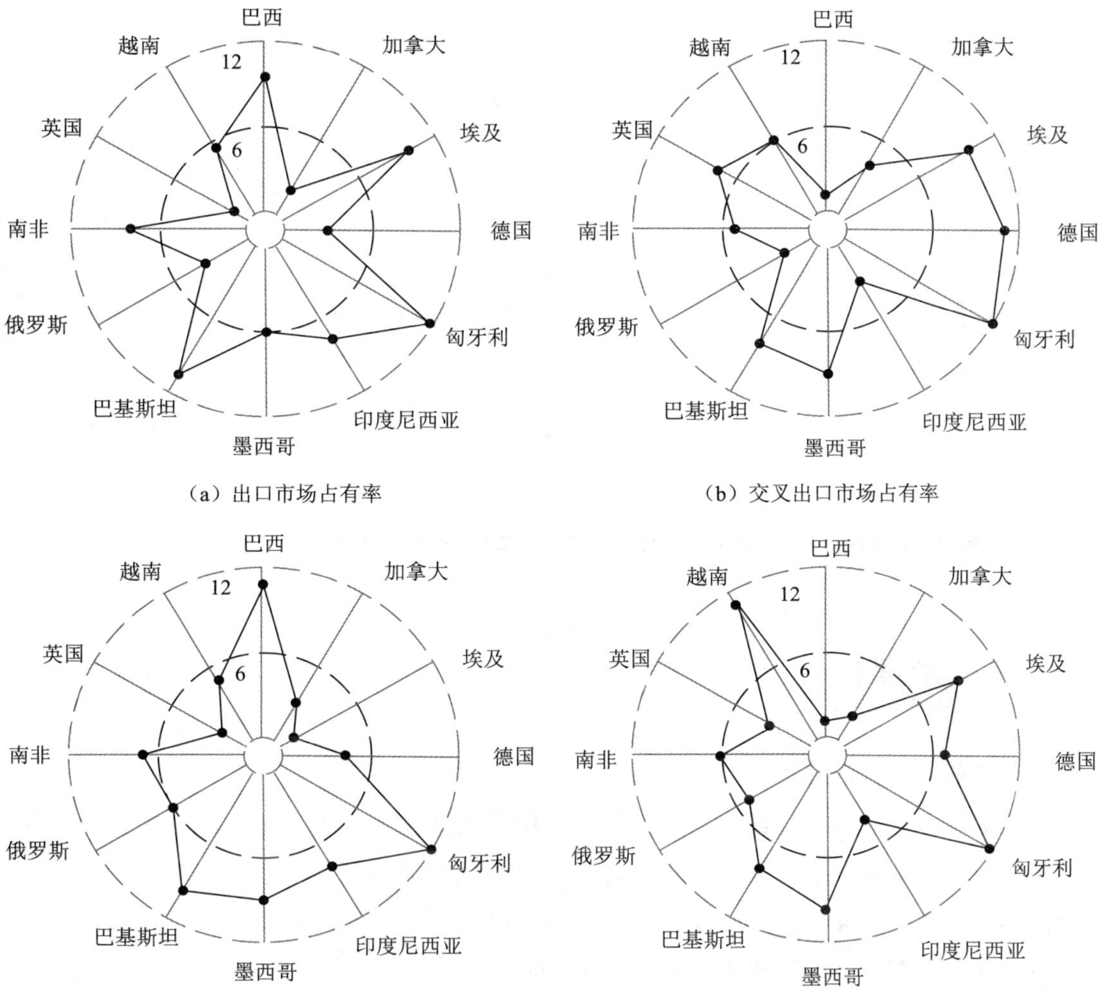

（a）出口市场占有率　（b）交叉出口市场占有率

（c）出口显示性比较优势　（d）交叉出口显示性比较优势

图 25-3　中国对 12 个主宾国关于木材及相关材料出口相关指标的雷达图

（基于 2016 年 1 月至 2018 年 3 月均值数据）

对比4个指标来看，英国与加拿大的排名变动较小，基本稳定在前三的位置。因此，从出口的角度而言，中国与这些国家在木材及相关材料上可以适当加强贸易合作与交流。

图25-4显示了中国对12个主宾国关于木材及相关材料进出口贸易相似性的雷达图。从进口贸易相似性来看，越南、俄罗斯与印度尼西亚分列前三的位置。从出口贸易相似性来看，巴西、俄罗斯与印度尼西亚分列前三的位置。对比两个指标来看，俄罗斯与印度尼西亚的排名变动较小，基本稳定在前三的位置。因此，中国与俄罗斯和印度尼西亚在木材及相关材料上的进出口贸易互补程度较高。

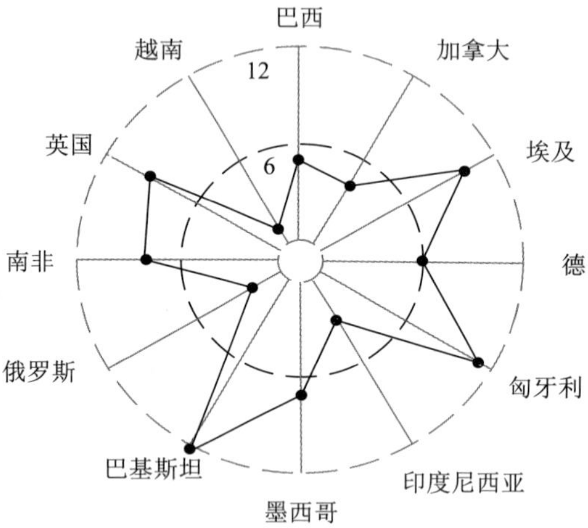

（a）进口贸易相似性

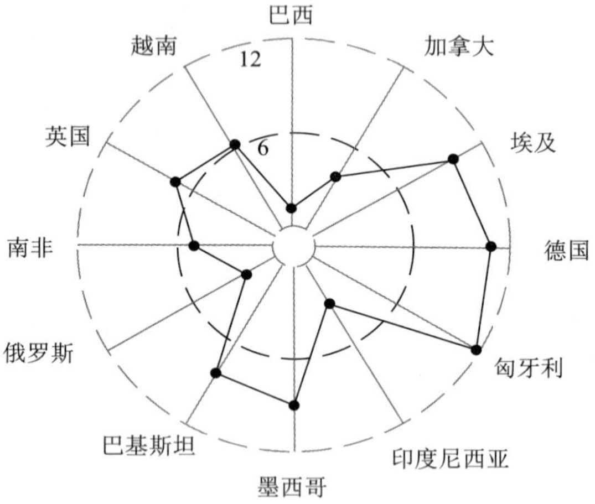

（b）出口贸易相似性

图25-4　进出口贸易相似性的雷达图（基于2016年1月至2018年3月均值数据）

三、发展建议

综合前面的分析可知：

一是在木材及相关材料的双边贸易中，中国长期处于逆差状态。随着我国城市化进程加快，大量棚户区的改造完成、贫困人口的减少以及就业机会的增加，国内对木材及相关材料的需求量急速增加，而我国目前已经停止了天然林的采伐，国内供应的木材量已经逐渐减少，导致我国木材进口量增加。

二是从进口的核心指标角度来看，在12个主宾国中，俄罗斯与越南的木材及相关材料在我国所占市场份额较高，具有一定的比较优势，且贸易互补程度也较高。

三是从出口的核心指标角度来看，在12个主宾国中，我国的木材及相关材料在英国与加拿大具有较大的竞争优势，但我国与英国和加拿大出口木材及相关材料的贸易额相对较低，且我国出口木材及相关材料与这两个国家进口该类产品的贸易互补程度较低，我国应考虑扩大与这两个国家的贸易合作。

第二十六章　木制品

一、产品概况

木制品主要包括：①纸浆、回收纸和纸板；②纸和纸板、纸浆；③印刷书籍、报纸、手稿等。

图 26-1 显示了中国与 12 个主宾国在木制品上的进出口额。从进口额角度来看，数值呈现出波动上升的态势，范围基本在 4 亿~7 亿美元；从出口额角度来看，数值较小，在 2 亿美元以下波动；从进出口差额来看，我国在木制品上保持逆差的状态。

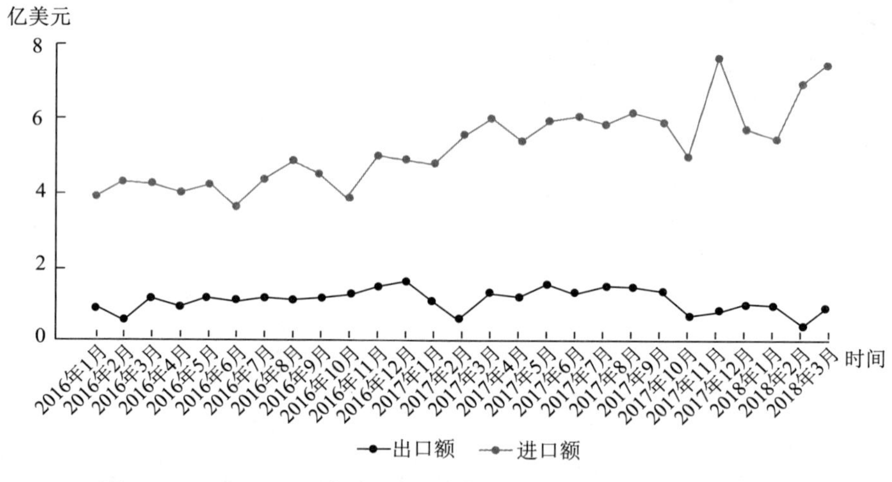

图 26-1　2016—2018 年中国与 12 个主宾国在木制品上的进出口额

从出口额角度来看，中国向越南与印度尼西亚出口木制品较多；从进口额角度来看，中国从巴西、印度尼西亚与俄罗斯进口木制品比较多；从进出口差额来看，中国与巴西、印度尼西亚、俄罗斯以及南非在木制品上的贸易处于逆差状态，与越南在木制品上的贸易处于顺差状态，与其他主宾国在木制品上的贸易基本处于平衡状态。

二、贸易指数分析

图 26-2 显示了中国对 12 主宾国关于木制品进口相关指标的雷达图。从进口市场占有率角度来看，加拿大、巴西与印度尼西亚分列前三的位置。从交叉进口市场占有率角度来看，巴西、俄罗斯与印度尼西亚分列前三的位置。从进口显示性比较优势角度来看，加拿大、印度尼西亚与巴西分列前三的位置。从交叉进口显示性比较优势角度来看，加拿大、俄罗斯与英国分列前三的位置。

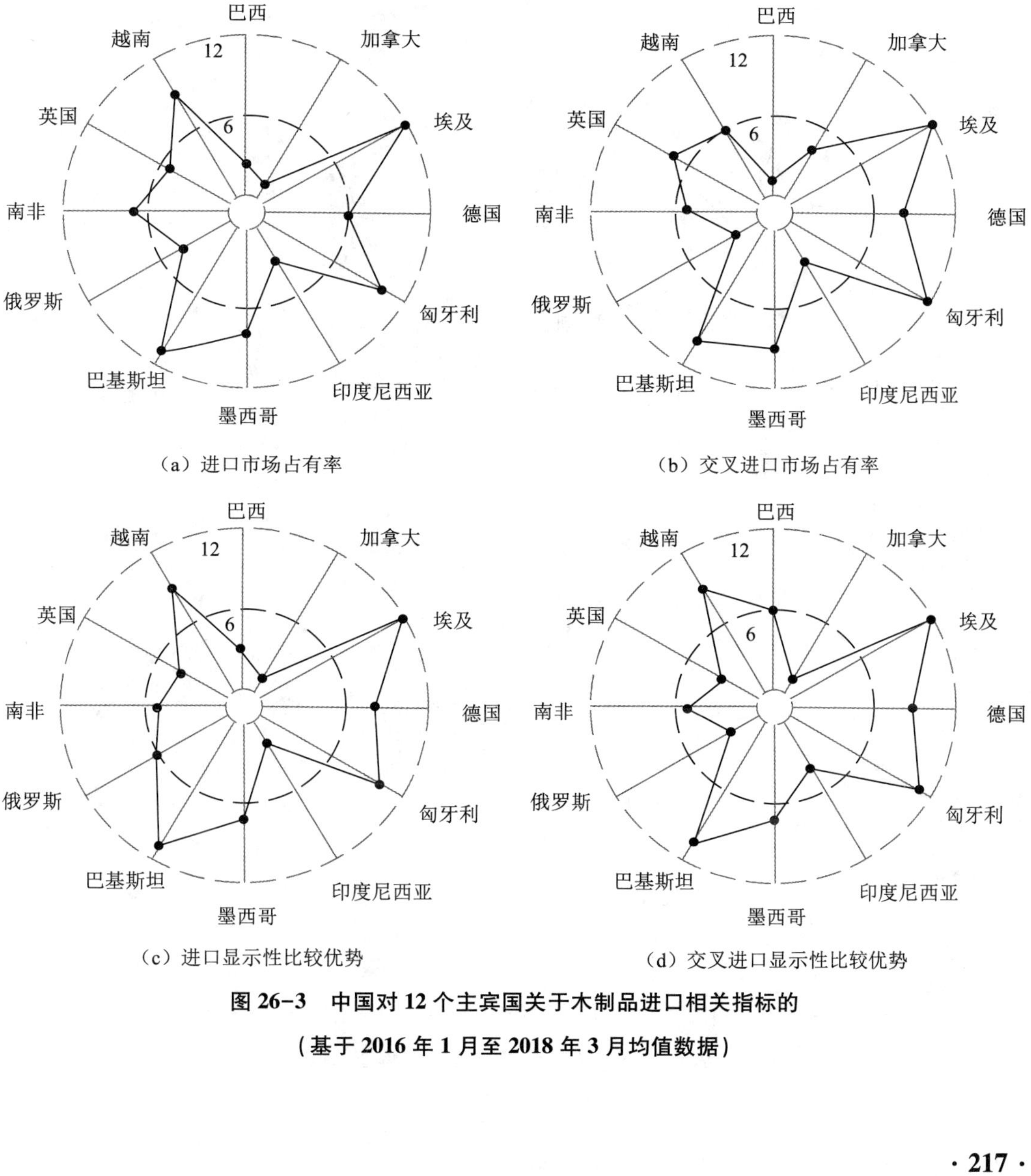

图 26-3 中国对 12 个主宾国关于木制品进口相关指标的

（基于 2016 年 1 月至 2018 年 3 月均值数据）

对比4个指标来看，印度尼西亚、巴西与加拿大的排名变动较小，基本稳定在前三的位置。因此，从进口的角度而言，中国与这些国家在木制品上可以适当加强贸易合作与交流。

图26-3显示了中国对12个主宾国关于木制品出口相关指标的雷达图。从出口市场占有率角度来看，英国、加拿大与德国分列前三的位置。从交叉出口市场占有率角度来看，越南、巴基斯坦与巴西分列前三的位置。从出口显示性比较优势角度来看，英国、加拿大与巴基斯坦分列前三的位置。从交叉出口显示性比较优势角度来看，英国、巴基斯坦与巴西分列前三的位置。

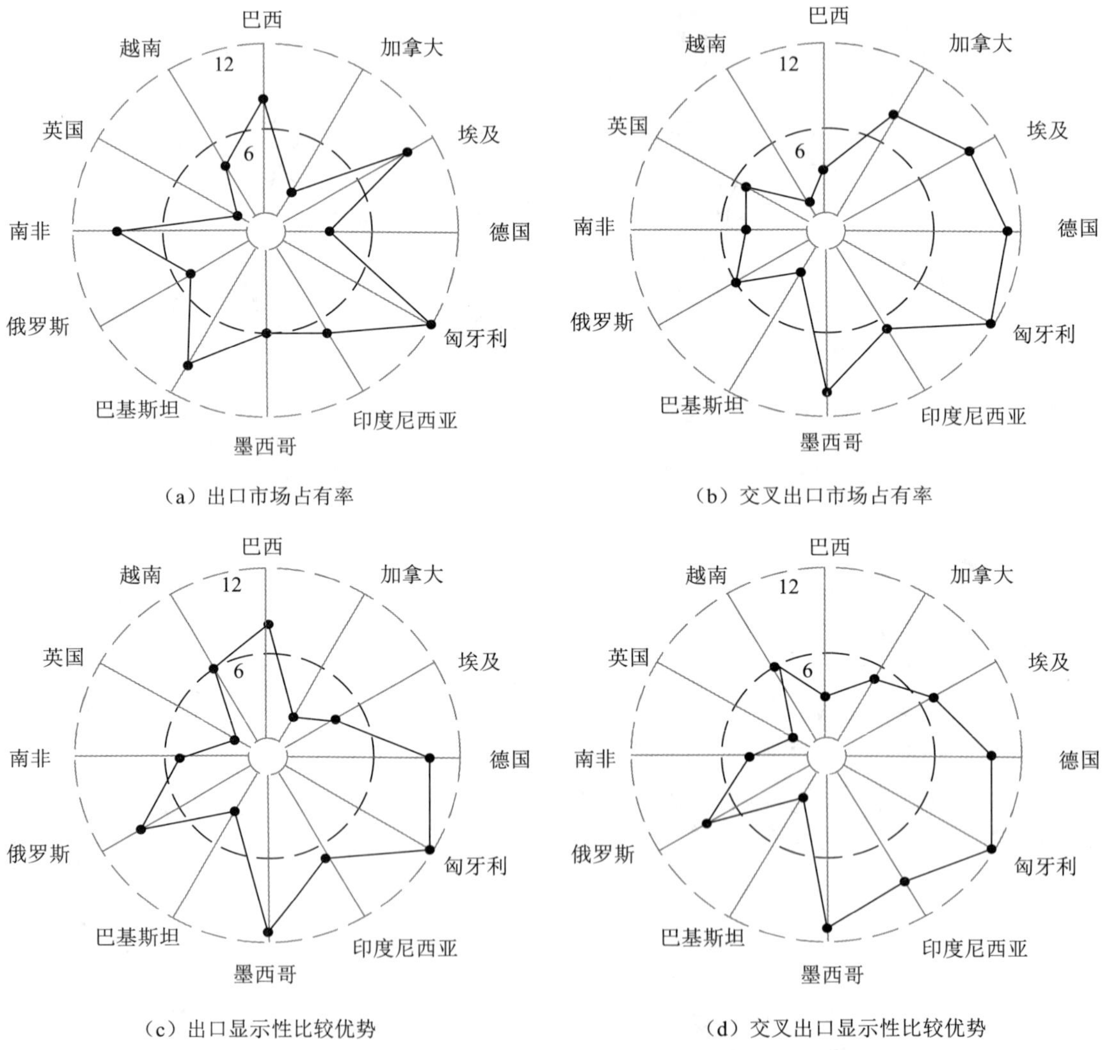

图26-3　中国对12个主宾国关于木制品出口相关指标的雷达图

（基于2016年1月至2018年3月均值数据）

对比4个指标来看，英国与巴基斯坦的排名变动较小，基本稳定在前三的位置。因此，从出口的角度而言，中国与英国和巴基斯坦在木制品上可以适当加强贸易合作与交流。

图26-4显示了中国对12个主宾国关于木制品进出口贸易相似性的雷达图。从进口贸易相似性角度来看，巴西、俄罗斯与印度尼西亚分列前三的位置。从出口贸易相似性角度来看，越南、巴基斯坦与巴西分列前三的位置。对比两个指标来看，巴西的排名变动较小，基本稳定在前三的位置。因此，中国与巴西在木制品上的进出口贸易互补程度较高。

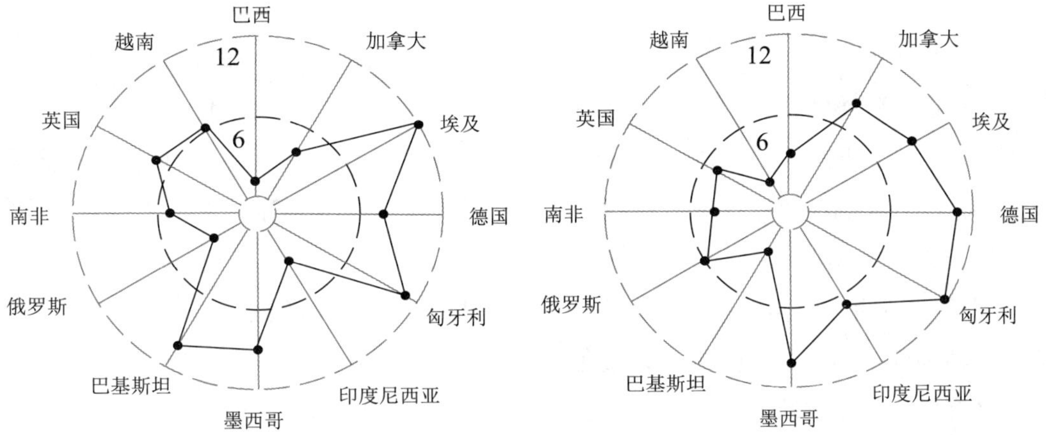

（a）进口贸易相似性　　（b）出口贸易相似性

图26-5　中国对12个主宾国关于木制品进出口贸易相似性的雷达图

（基于2016年1月至2018年3月均值数据）

三、发展建议

综合前面的分析可知：

一是在木制品的双边贸易中，中国长期处于逆差状态。近年来，我国木制品出口面临着原材料、人力成本上升以及出口标准日趋严格的压力，但经过产业结构优化升级，出口呈现平稳发展、稳中提升的良好态势。

二是从进口的核心指标角度来看，在12个主宾国中，巴西、加拿大和印度尼西亚的木制品在我国所占市场份额较高，具有一定的比较优势。

三是从出口的核心指标角度来看，在12个主宾国中，我国的木制品在英国与巴基斯坦所占份额相对较高，但我国出口的木制品在越南的比较优势相对不高，我国应考虑进一步提升该类产品的竞争力。

第二十七章　纺织品

一、产品概况

纺织品主要包括以下商品：①丝；②羊毛等动物毛、马毛纱和机织布；③棉；④其他植物纺织纤维、纸纱等；⑤人造丝；⑥人造短纤维；⑦填料、特殊纱线、绳索及其制品等；⑧地毯等纺织制品；⑨特种织物、簇绒纺织品、挂毯等；⑩浸渍、涂层、工业用途的纺织制品等；⑪针织或钩编织物；⑫针织或钩编的服装及衣着附件；⑬非针织或非钩编的服装及衣着附件；⑭其他纺织制品、碎布等。

图 27-1 显示了中国与 12 个主宾国在纺织品上的进出口额。从进口额角度来看，数值波动幅度较小，基本稳定在 2 亿美元左右；从出口额角度来看，数值在 20 亿美元上下具有较大幅度波动，每年 2 月会出现当年最低值，但仍高于 10 亿美元；从进出口差额幅度来看，我国在纺织品上保持顺差的状态。

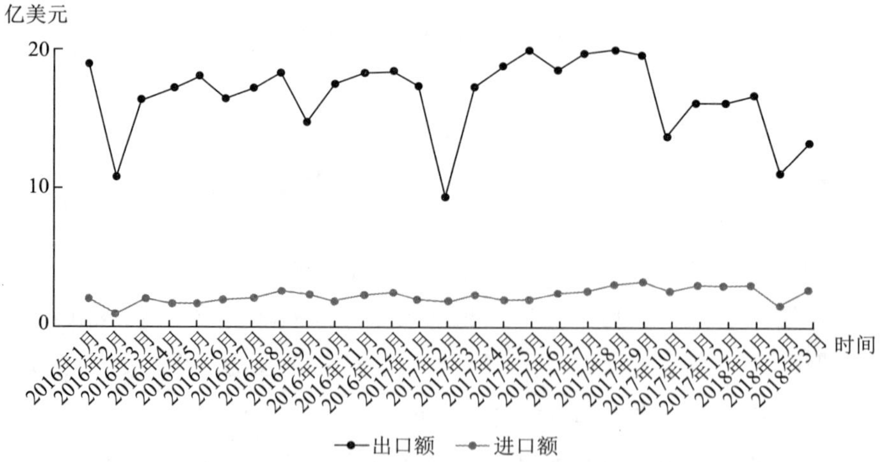

图 27-1　2016—2018 年中国与 12 个主宾国在纺织品上的进出口额

从出口额角度来看，中国向越南、俄罗斯、印度尼西亚、巴西与南非出口纺织品较多；从进口额角度来看，中国从越南、印度尼西亚进口纺织品较多；从进出口差额角度来看，中国与这些国家在纺织品上的贸易基本处于顺差状态。

二、贸易指数分析

图 27-2 显示了中国对 12 个主宾国关于纺织品进口相关指标的雷达图。从进口市场占有率角度来看，越南、巴基斯坦与德国分列前三的位置。从交叉进口市场占有率角度来看，南非、越南与巴基斯坦分列前三的位置。从进口显示性比较优势角度来看，巴基斯坦、埃及与越南分列前三的位置。从交叉进口显示性比较优势角度来看，南非、巴基斯坦与埃及分列前三的位置。

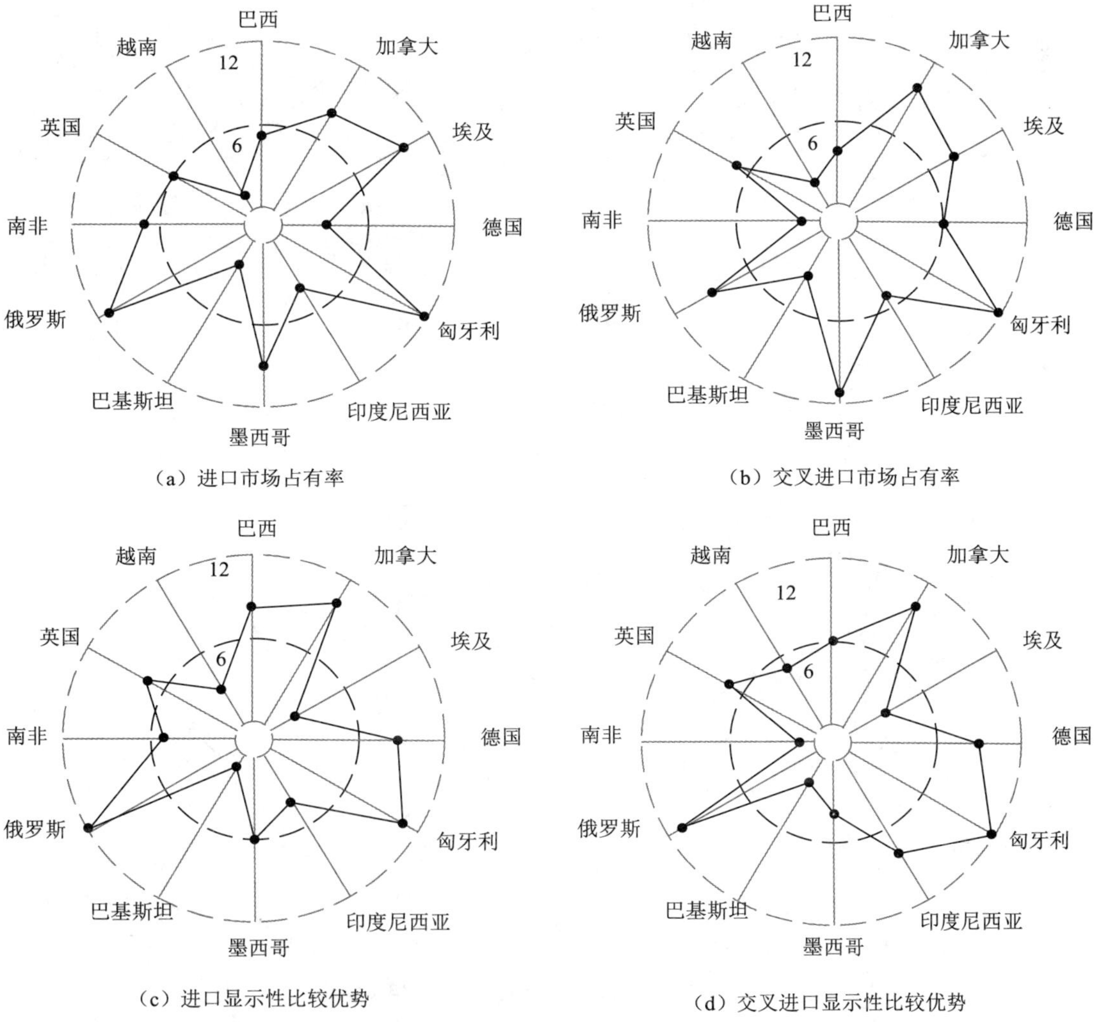

（a）进口市场占有率　（b）交叉进口市场占有率

（c）进口显示性比较优势　（d）交叉进口显示性比较优势

图 27-2　中国对 12 个主宾国关于纺织品进口相关指标的雷达图

（基于 2016 年 1 月至 2018 年 3 月均值数据）

对比 4 个指标来看，巴基斯坦与越南的排名变动较小，基本稳定在前三的位置。因此，从进口的角度而言，中国与这些国家在纺织品上可以适当加强贸易合作与交流。

图 27-3 显示了中国对 12 个主宾国关于纺织品出口相关指标的雷达图。从出口市场占有率角度来看，德国、英国与越南分列前三的位置。从交叉出口市场占有率角度来看，巴西、南非与埃及分列前三的位置。从出口显示性比较优势角度来看，埃及、越南与英国分列前三的位置。从交叉出口显示性比较优势角度来看，埃及、加拿大与巴西分列前三的位置。

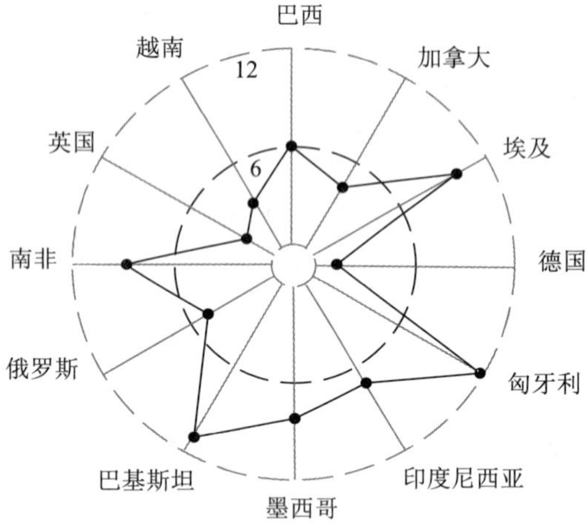

（a）出口市场占有率

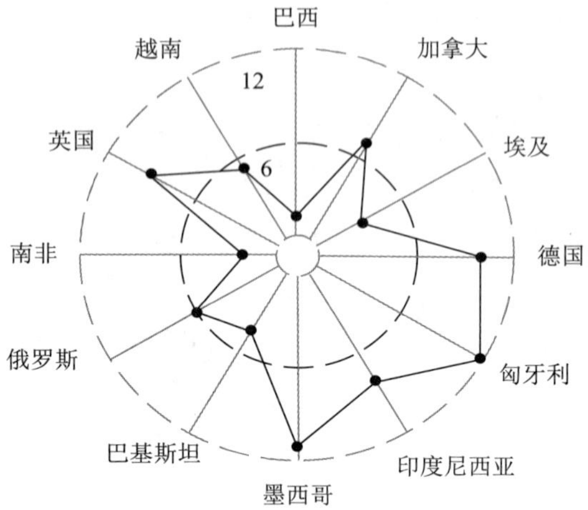

（b）交叉出口市场占有率

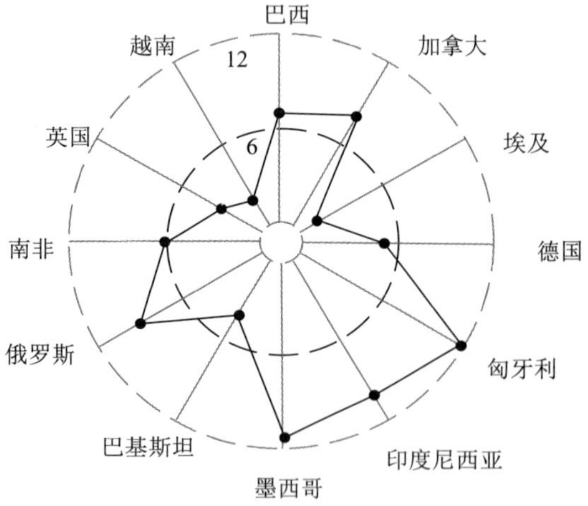

（c）出口显示性比较优势

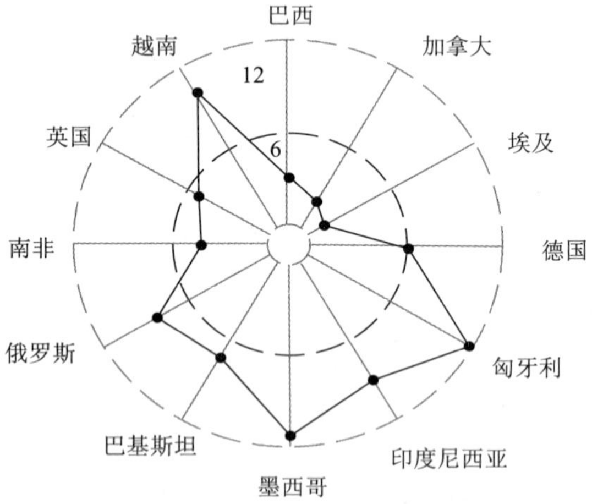

（d）交叉出口显示性比较优势

图 27-3　中国对 12 个主宾国关于纺织品出口相关指标的雷达图

（基于 2016 年 1 月至 2018 年 3 月均值数据）

对比 4 个指标来看，埃及的排名变动较小，基本稳定在前三的位置。因此，从出口的角度而言，中国与埃及在纺织品上可以适当加强贸易合作与交流。

图 27-4 显示了中国对 12 个主宾国关于纺织品进出口贸易相似性的雷达图。从进口贸易相似性角度来看，南非、越南与巴基斯坦分列前三的位置。从出口贸易相似性角度来看，巴西、南非与埃及分列前三的位置。对比两个指标来看，南非的排名变动较小，基本稳定在前三的位置。因此，中国与南非在纺织品上的进出口贸易互补程度较高。

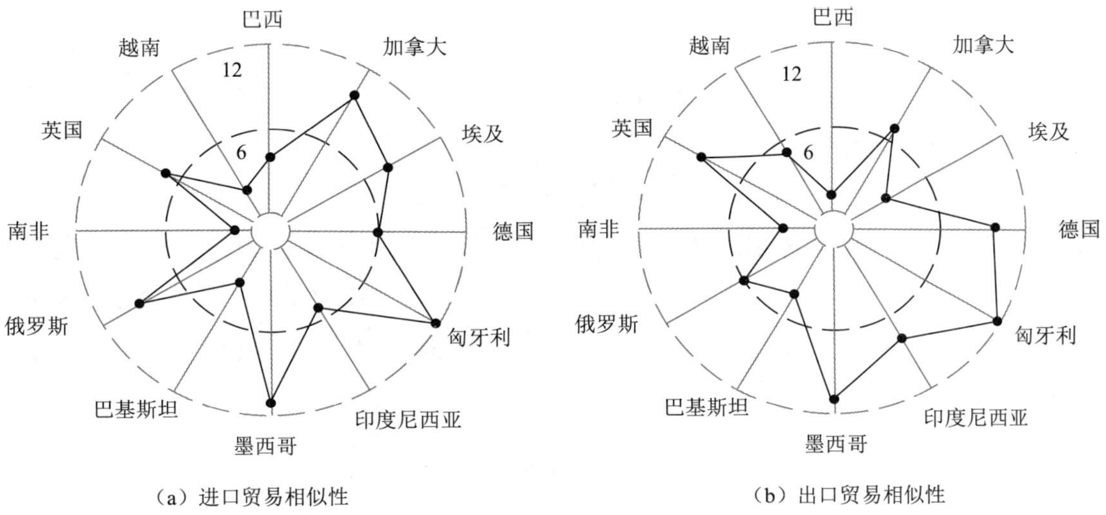

图 27-4　进出口贸易相似性的雷达图（基于 2016 年 1 月至 2018 年 3 月均值数据）

三、发展建议

综合前面的分析可知：

一是在纺织品的双边贸易中，中国基本处于顺差状态。纺织品是中国重要的传统支柱产业，纺织品的对外贸易对我国的经济发展有着重要的作用。改革开放以来，中国利用劳动力成本低廉的优势，对外贸易规模始终保持高速增长。

二是从进口的核心指标角度来看，在 12 个主宾国中，越南的纺织品在我国所占份额相对较高，具有一定的比较优势。

三是，从出口的核心指标角度来看，在 12 个主宾国中，我国出口的纺织品在埃及具有较大的竞争优势，贸易相似性也较高，但我国出口到埃及的纺织品贸易额较小，应考虑进一步加强与埃及的贸易合作。

第二十八章　鞋帽等产品

一、产品概况

鞋帽等产品主要包含以下 4 类商品：①鞋类、鞋子等；②帽类等头饰；③伞、手杖、马鞭等；④羽毛及其制品、人造花、头发物品等。

图 28. 1 显示了中国与 12 个主宾国在鞋帽等产品上的进出口额。从出口额角度来看，数值呈现出一定的波动性，2016 年 1 月到 2017 年 9 月，数值介于 2. 5 亿~5 亿美元，而从 2017 年 9 月开始，出口额急剧下降，开始在 1 亿~2 亿波动；从进口额角度来看，数值在 1 亿~2 亿美元波动；从进出口差额角度来看，我国在鞋帽等产品上基本保持顺差的状态。

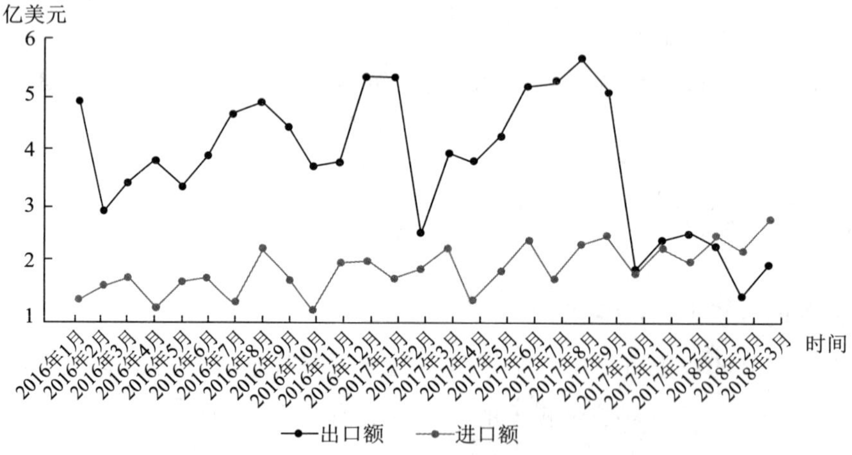

图 28-1　2016—2018 年中国与 12 个主宾国在鞋帽等产品上的进出口额

从出口额角度来看，中国向俄罗斯、南非、印度尼西亚、巴西以及越南出口鞋帽等产品比较多；从进口额角度来看，中国从印度尼西亚与越南进口鞋帽等产品也比较多；从进出口差额角度来看，中国与这些国家在鞋帽等产品上的贸易基本处于顺差状态。

二、贸易指数分析

图 28-2 显示了中国对 12 个主宾国关于鞋帽等产品进口相关指标。从进口市场占有率角度来看，越南、印度尼西亚与德国分列前三的位置。从交叉进口市场占有率角度来看，越南、印度尼西亚与加拿大分列前三的位置。从进口显示性比较优势角度来看，越南、印度尼西亚与英国分列前三的位置。从交叉进口显示性比较优势角度来看，越南、印度尼西亚与加拿大分列前三的位置。

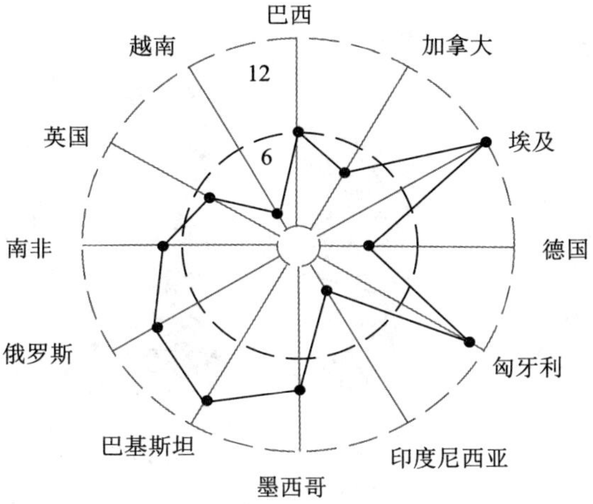

（a）进口市场占有率

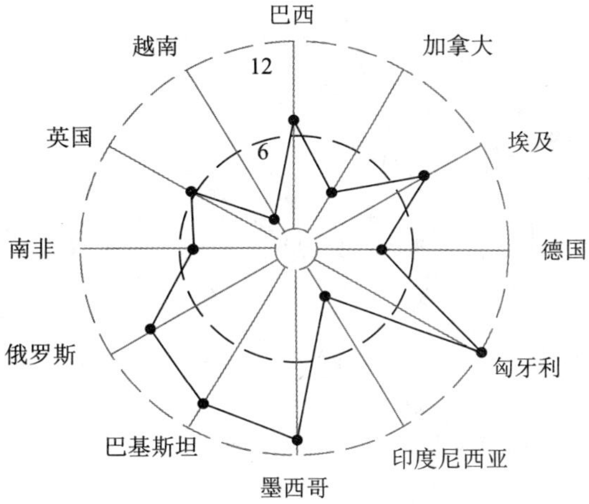

（b）交叉进口市场占有率

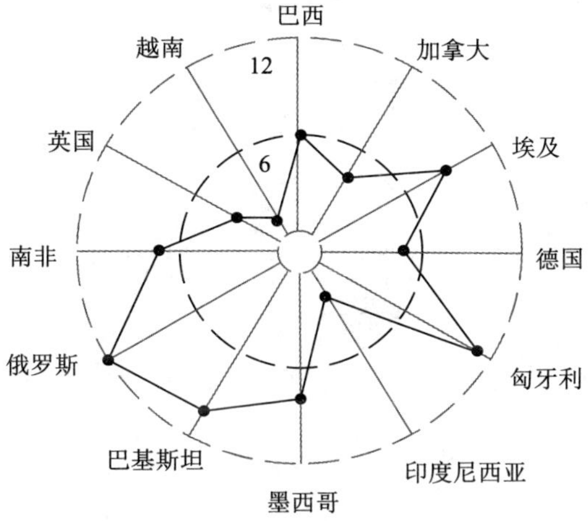

（c）进口显示性比较优势

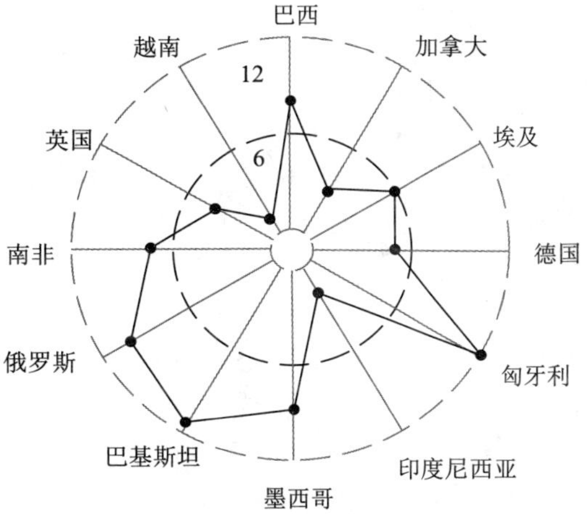

（d）交叉进口显示性比较优势

图 28-2　中国对 12 个主宾国关于鞋帽等产品进口相关指标的雷达图

（基于 2016 年 1 月至 2018 年 3 月均值数据）

对比4个指标来看，越南与印度尼西亚的排名变动较小，稳居前二的位置。因此，从进口的角度而言，中国与越南以及印度尼西亚在鞋帽等产品上可以适当加强贸易合作与交流。

图28-3显示了中国对12个主宾国关于鞋帽等产品出口相关指标的雷达图。从出口市场占有率角度来看，德国、英国、俄罗斯分列前三的位置。从交叉出口市场占有率角度来看，巴基斯坦、埃及与南非分列前三的位置。从出口显示性比较优势角度来看，俄罗斯、南非与英国分列前三的位置。从交叉出口显示性比较优势角度来看，埃及、加拿大与巴基斯坦分列前三的位置。

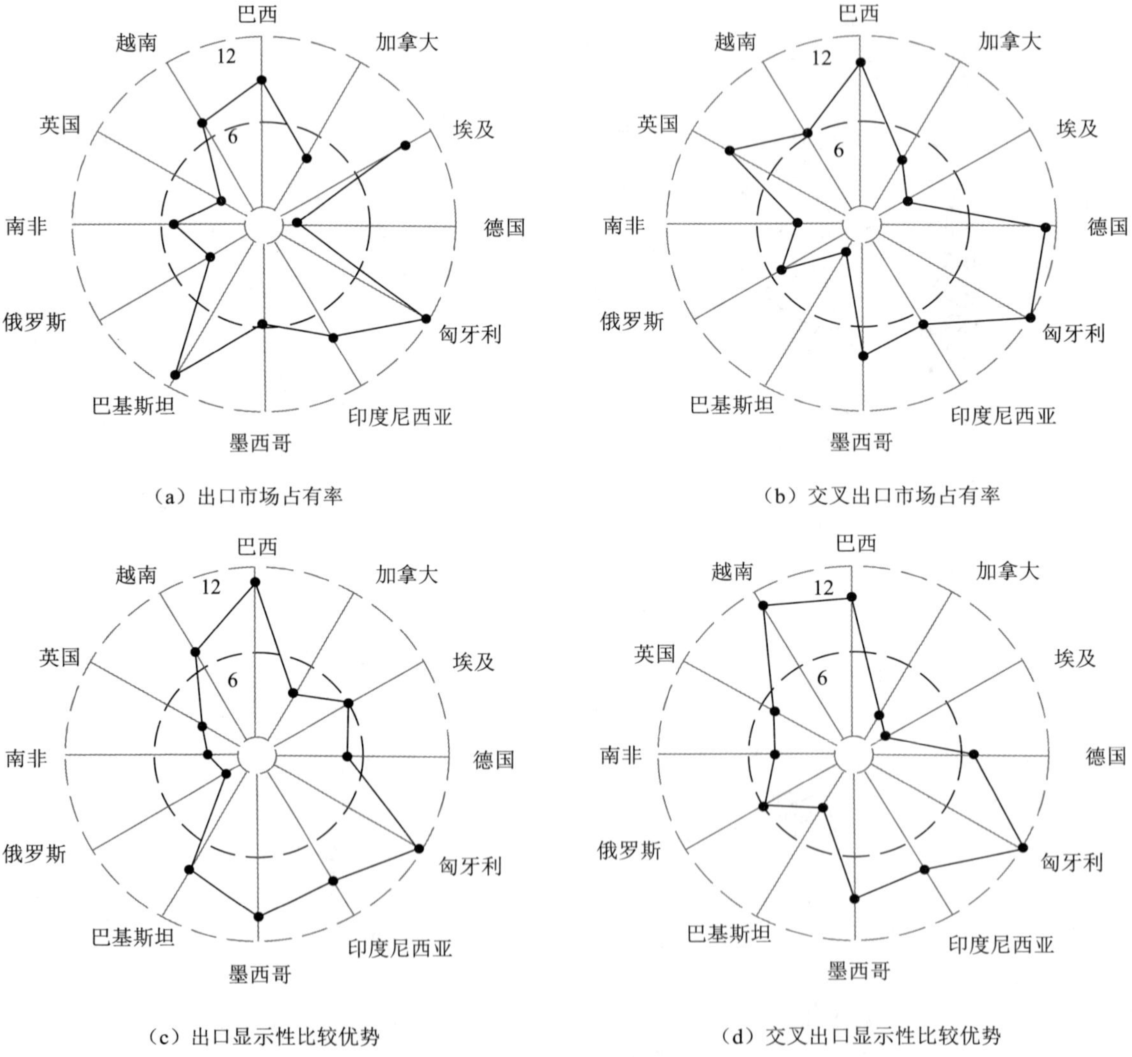

图28-3　中国对12个主宾国关于鞋帽等产品出口相关指标的雷达图

（基于2016年1月至2018年3月均值数据）

对比 4 个指标，从出口市场占有率和出口显示性比较优势角度来看，俄罗斯与英国的排名变动较小，基本稳居前三的位置；从交叉出口市场占有率和交叉出口显示性比较优势角度来看，埃及与巴基斯坦的排名变动较小，基本稳居前三的位置。因此，从出口的角度而言，中国与俄罗斯、英国、埃及以及巴基斯坦在鞋帽等产品上可以适当加强贸易合作与交流。

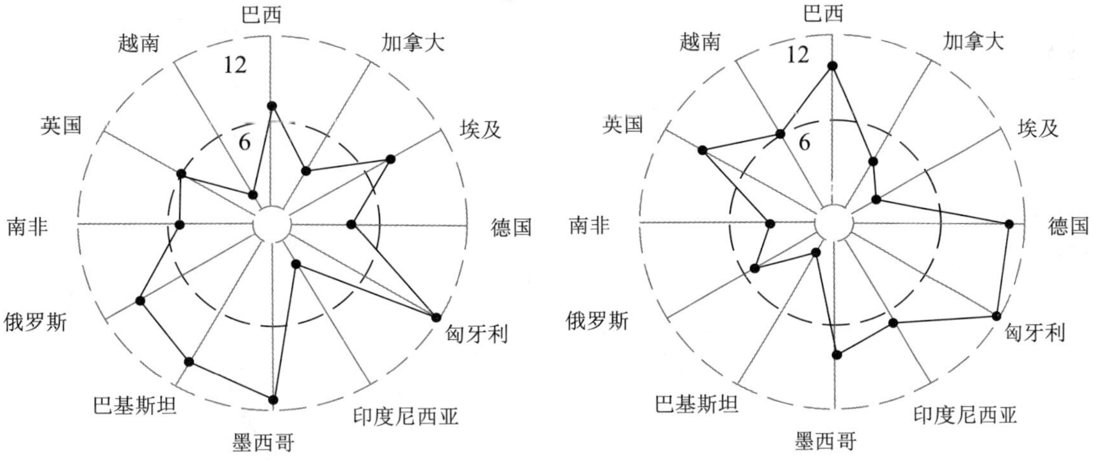

（a）进口贸易相似性　　（b）出口贸易相似性

图 28-4　中国对 12 个主宾国关于鞋帽等产品进出口贸易相似性的雷达图

（基于 2016 年 1 月至 2018 年 3 月均值数据）

图 28-4 显示了中国对 12 个主宾国关于鞋帽等产品进出口贸易相似性的雷达图。从进口贸易相似性角度来看，越南、印度尼西亚与加拿大分列前三的位置。从出口贸易相似性角度来看，巴基斯坦、埃及与南非分列前三的位置。对比两个指标来看，加拿大、南非与越南的排名变动较小，基本稳居前六的位置。因此，中国与加拿大、南非、越南在鞋帽等产品上的进出口贸易互补程度较高。

三、发展建议

综合前面的分析可知：

一是在鞋帽等产品的双边贸易中，中国长期处于顺差状态。目前，我国已是世界上主要的鞋帽等产品出口大国，鞋帽等产品在我国的出口贸易中占据了相当重要的地位。

二是从进口的核心指标角度来看，在 12 个主宾国中，越南与印度尼西亚的鞋帽等产品在我国所占份额较高，具有一定的比较优势。越南与印度尼西亚具有较低的劳动力成本，许多发达国家都将劳动密集型产品转移到这类国家，这使越南、印度尼西亚的鞋帽等产品具有较强的竞争优势。

三是从出口的核心指标角度来看，在12个主宾国中，我国的鞋帽等产品在俄罗斯与英国所占份额较高，也具有一定的比较优势。由于鞋帽等属于劳动密集型产品，我国可以适当加强与其他发展中国家的合作，借助其丰富的劳动力资源降低我国该类产品的生产成本。

第二十九章　石材水泥等产品

一、产品概况

石材水泥等产品主要包含以下 3 类商品：①石材、石膏、水泥、云母或类似材料；②陶瓷制品；③玻璃和玻璃器皿。

图 29-1 显示了中国与 12 个主宾国在石材水泥等产品上的进出口额。从进口额角度来看，数值不是很高，波动较为稳定，低于 1 亿美元；从出口额角度来看，曲线走势具有一定的波动性，每年 1 月到 2 月都呈下降趋势，总的来看，波动范围介于 2 亿~4 亿美元；从进出口差额角度来看，我国在石材水泥等产品上保持顺差的状态。

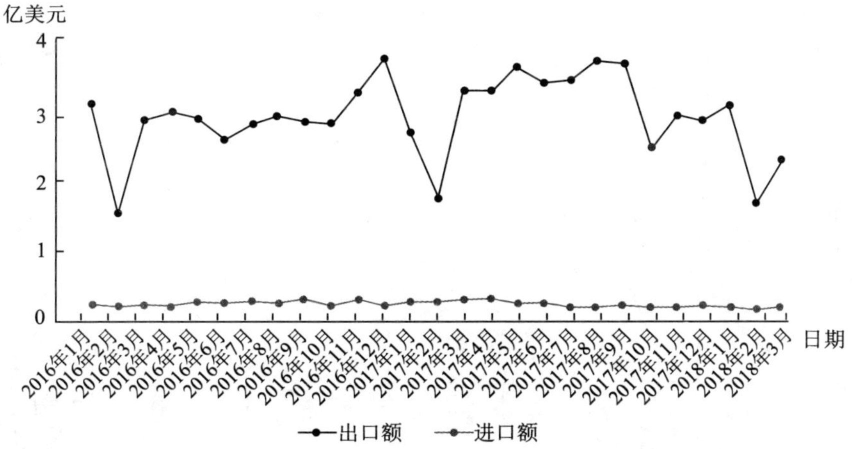

图 29-1　2016—2019 年中国与 12 个主宾国在石材水泥等产品上的进出口额

从出口额角度来看，中国向俄罗斯、南非、印度尼西亚、巴西与越南出口石材水泥等产品比较多；从进口额角度来看，中国从越南进口石材水泥等产品也比较多；从进出口差额角度来看，中国与这些国家在石材水泥等产品上的贸易基本处于顺差状态。

二、贸易指数分析

图 29-2 显示了中国对 12 个主宾国关于石材水泥等产品进口相关指标的雷达图。从进口市场占有率角度来看，德国、埃及与越南分列前三的位置。从交叉进口市场占有率角度来看，越南、埃及与德国分列前三的位置。从进口显示性比较优势角度来看，埃及、德国与匈牙利分列前三的位置。从交叉进口显示性比较优势角度来看，埃及、巴基斯坦与德国分列前三的位置。

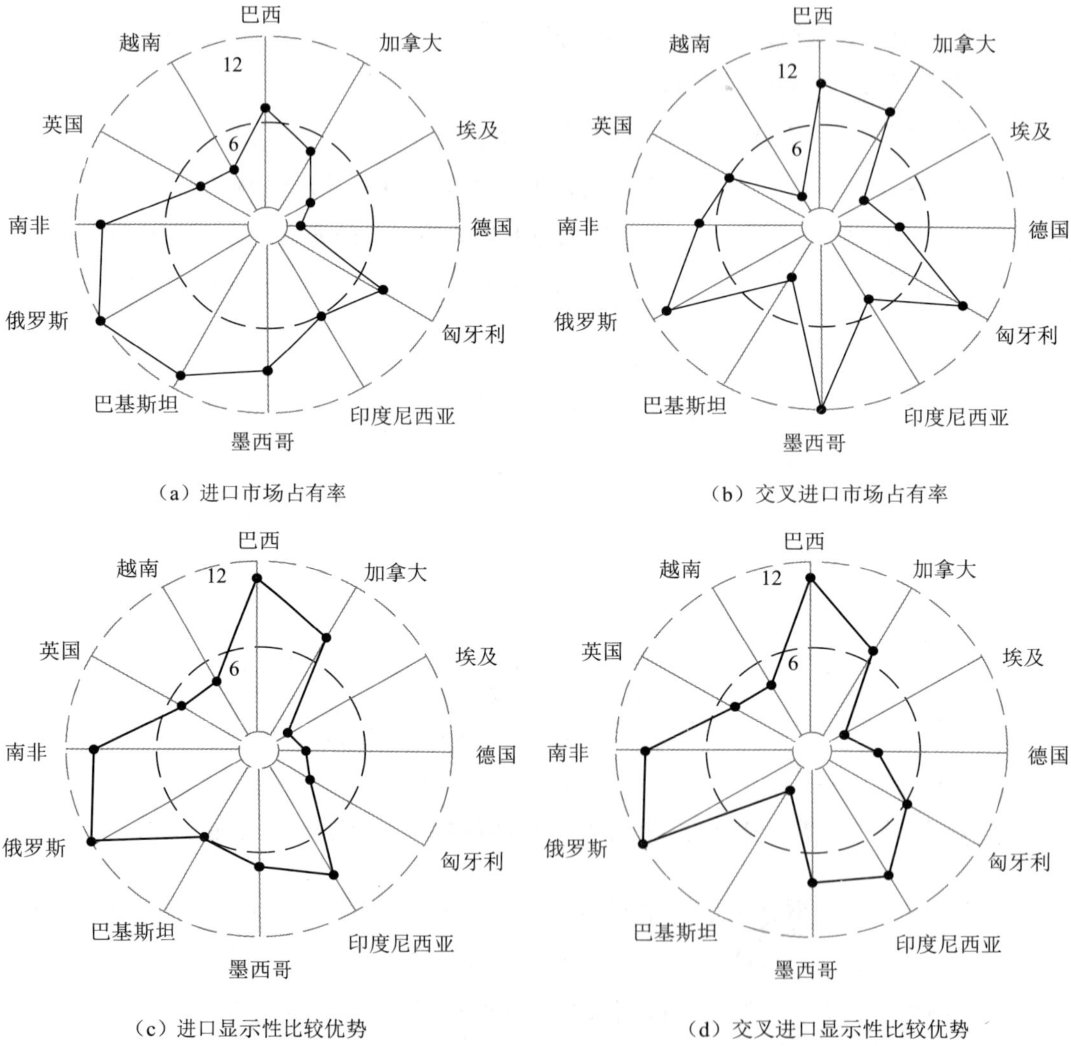

（a）进口市场占有率

（b）交叉进口市场占有率

（c）进口显示性比较优势

（d）交叉进口显示性比较优势

图 29-2　中国对 12 个主宾国关于石材水泥等产品进口相关指标的雷达图

（基于 2016 年 1 月至 2018 年 3 月均值数据）

对比 4 个指标来看，埃及与德国的排名变动较小，基本稳居前三的位置。因此，从进口的角度而言，中国与埃及、德国在石材水泥等产品上可以适当加强贸易合作与交流。

图 29-3 显示了中国对 12 个主宾国关于石材水泥等产品出口相关指标的雷达图。从出口市场占有率角度来看，德国、英国与加拿大分列前三的位置。从交叉出口市场占有率角度来看，巴基斯坦、印度尼西亚与越南分列前三的位置。从出口显示性比较优势角度来看，南非、巴基斯坦与埃及分列前三的位置。从交叉出口显示性比较优势角度来看，巴基斯坦、埃及与印度尼西亚分列前三的位置。

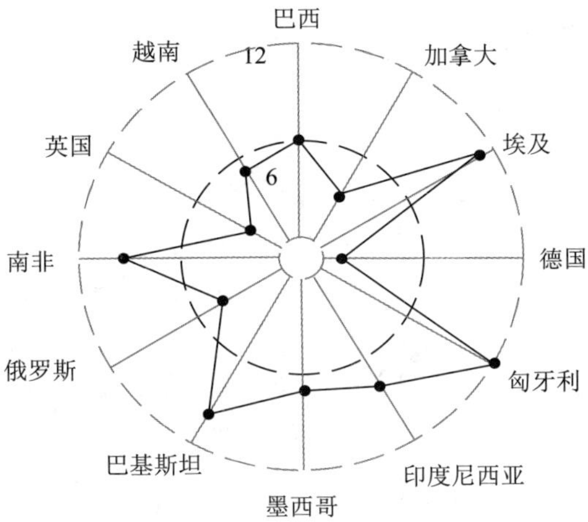

（a）出口市场占有率

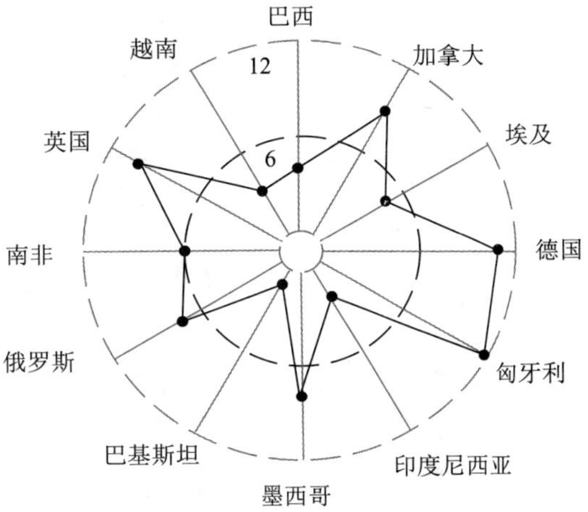

（b）交叉出口市场占有率

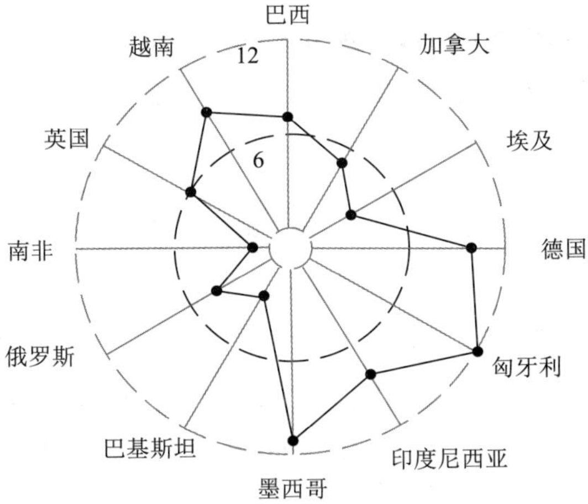

（c）出口显示性比较优势

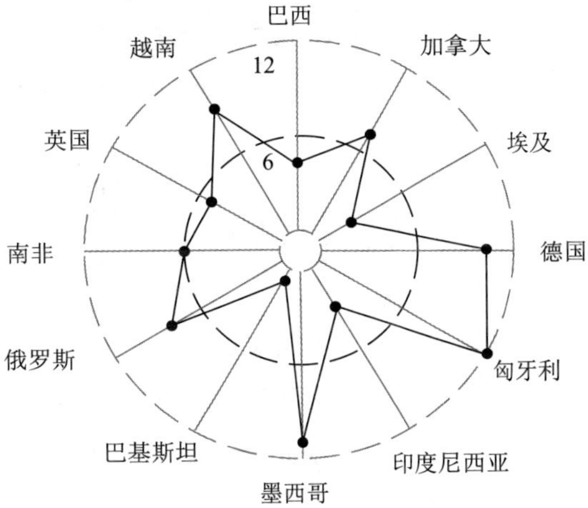

（d）交叉出口显示性比较优势

图 29-3　中国对 12 个主宾国关于石材水泥等产品出口相关指标的雷达图

（基于 2016 年 1 月至 2018 年 3 月均值数据）

对比 4 个指标来看，巴基斯坦的排名变动较小，基本稳居前六的位置。因此，从出口的角度而言，中国与巴基斯坦在石材水泥等产品上可以适当加强贸易合作与交流。

图 29-4 显示了中国对 12 个主宾国关于石材水泥等产品进出口贸易相似性的雷达图。从进口贸易相似性角度来看，越南、埃及与巴基斯坦分列前三的位置。从出口贸易相似性角度来看，巴基斯坦、印度尼西亚与越南分列前三的位置。对比两个指标来看，巴基斯坦与越南的排名变动较小，基本稳居前三的位置。因此，中国与巴基斯坦、越南在石材水泥等产品上的进出口贸易互补程度较高。

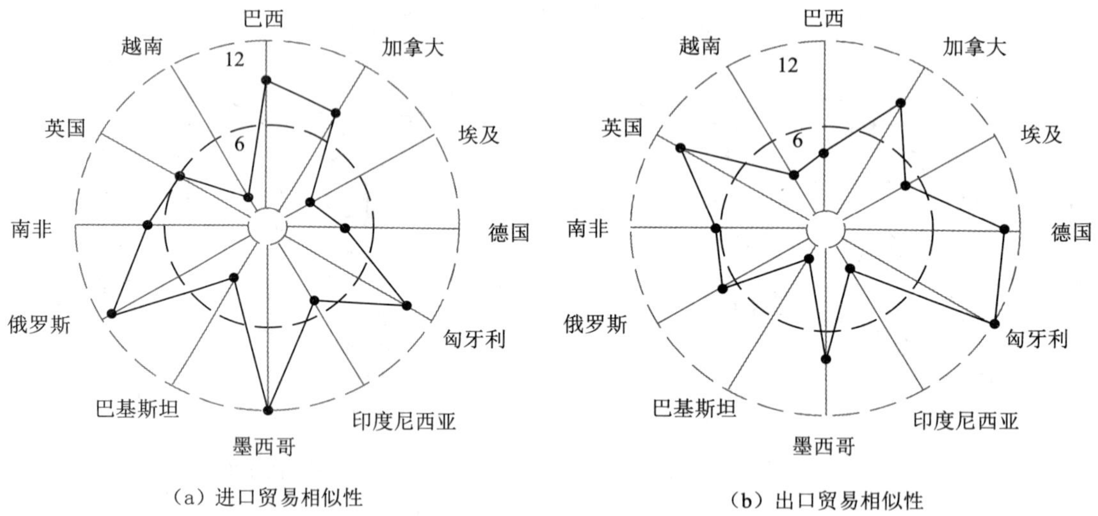

图 29-4　中国对 12 个主宾国关于石材水泥等产品进出口贸易相似性的雷达图

（基于 2016 年 1 月至 2018 年 3 月均值数据）

三、发展建议

综合前面的分析可知：

一是在石材水泥等产品的双边贸易中，中国长期处于顺差状态。目前，我国已是世界上主要的石材水泥等产品出口大国，石材水泥等产品在我国的出口贸易中占据了相当重要的地位。

二是从进口的核心指标角度来看，在 12 个主宾国中，埃及与德国的石材水泥等产品在我国所占市场份额较高，具有一定的比较优势。此外，巴基斯坦出口石材水泥等产品与我国进口该类产品的互补程度较高。

三是从出口的核心指标角度来看，在12个主宾国中，我国的石材水泥等产品在巴基斯坦所占市场份额较高，也具有一定的比较优势。此外，巴基斯坦与越南进口石材水泥等产品与我国出口该类产品的互补程度也较高。

第三十章　贵金属及其制品

一、产品概况

贵金属及其制品主要包含以下商品：珍珠、贵金属及其制品、珠宝等。

图 30-1 显示了中国与 12 个主宾国在贵金属及其制品上的进出口额。从进口额角度来看，数值呈现出一定的波动特征，在 2017 年 9 月之前，介于 3 亿~8 亿美元，但从 2017 年 9 月开始，急剧下降均低于 1 亿美元；从出口额角度来看，数值不大，均小于 1 亿美元；从进出口差额角度来看，我国在贵金属及其制品上基本处于逆差的状态。

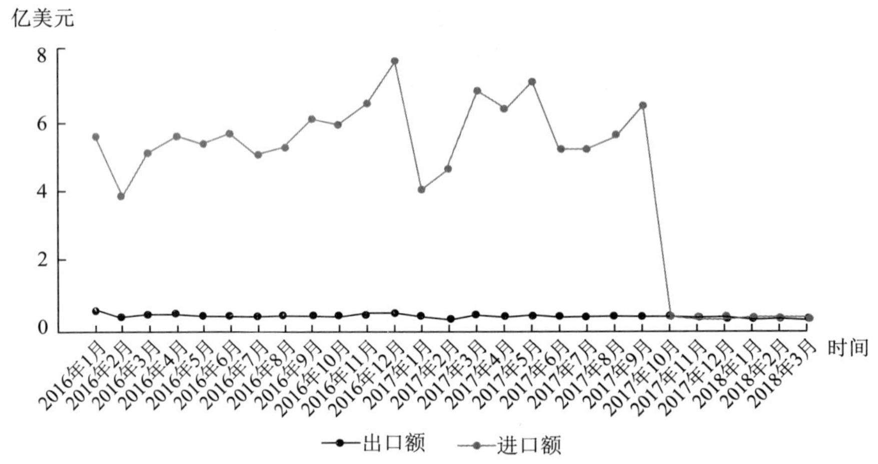

图 30-1　2016—2018 年中国与 12 个主宾国在贵金属及其制品上的进出口额

从出口额角度来看，中国向主宾国出口贵金属及其制品较少；从进口额角度来看，中国从俄罗斯与南非进口贵金属及其制品比较多，尤其是南非已经超过 40 亿美元；从进出口差额角度来看，中国与这些国家在贵金属及其制品上的贸易基本处于逆差状态。

二、贸易指数分析

图 30-2 显示了中国对 12 个主宾国关于贵金属及其制品进口相关指标的雷达图。从进口市场占有率角度来看，英国、德国与南非分列前三的位置。从交叉进口市场占有率角度来看，越南、英国与巴基斯坦分列前三的位置。从进口显示性比较优势角度来看，英国、南非与加拿大分列前三的位置。从交叉进口显示性比较优势角度来看，英国、巴基斯坦与德国分列前三的位置。

对比 4 个指标来看，英国的排名变动较小，稳居前三的位置。因此，从进口的角度而言，中国与英国在贵金属及其制品上可以适当加强贸易合作与交流。

图 30-3 显示了中国对 12 个主宾国关于贵金属及其制品出口相关指标的雷达图。从出口市场占有率角度来看，德国、英国与加拿大分列前三的位置。从交叉出口市场占有率角度来看，俄罗斯、埃及与巴基斯坦分列前三的位置。从出口显示性比较优势角度来看，英国、德国与加拿大分列前三的位置。从交叉出口显示性比较优势角度来看，埃及、俄罗斯与匈牙利分列前三的位置。

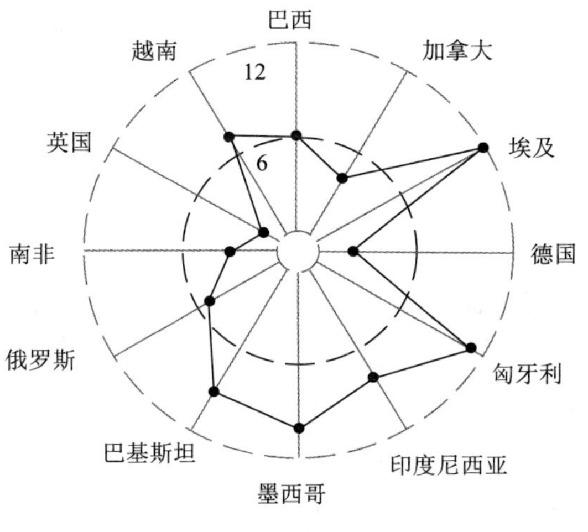

（a）进口市场占有率

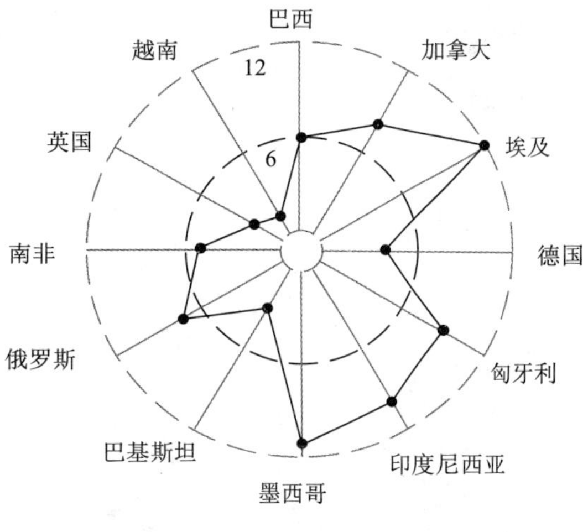

（b）交叉进口市场占有率

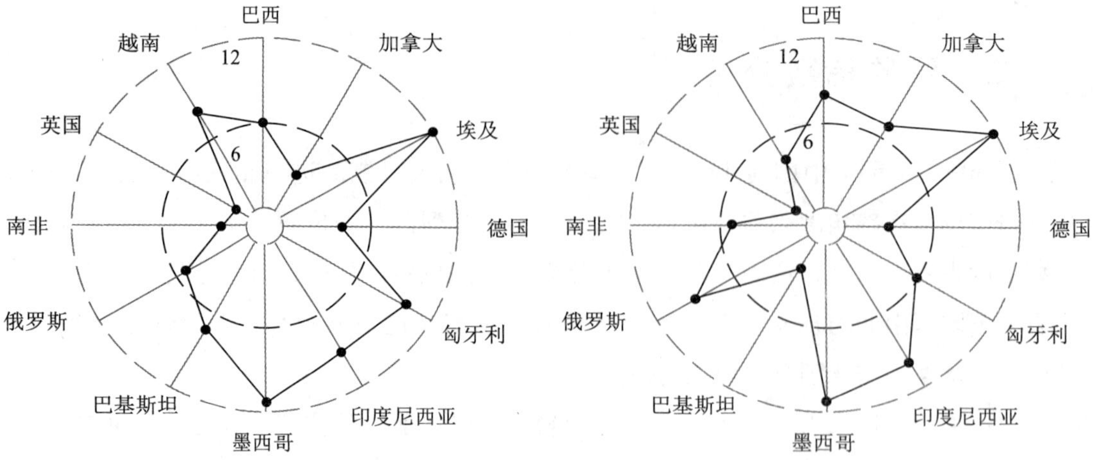

（c）进口显示性比较优势　　（d）交叉进口显示性比较优势

图 30-2　中国对 12 个主宾国关于贵金属及其制品进口相关指标的雷达图

（基于 2016 年 1 月至 2018 年 3 月均值数据）

对比 4 个指标，从出口市场占有率和出口显示性比较优势来看，德国与英国的排名变动较小，稳居前三的位置；从交叉出口市场占有率和交叉出口显示性比较优势来看，俄罗斯、埃及的排名变动较小，基本稳居前三的位置。因此，从出口的角度而言，中国与德国、英国、俄罗斯、埃及在贵金属及其制品上可以适当加强贸易合作与交流。

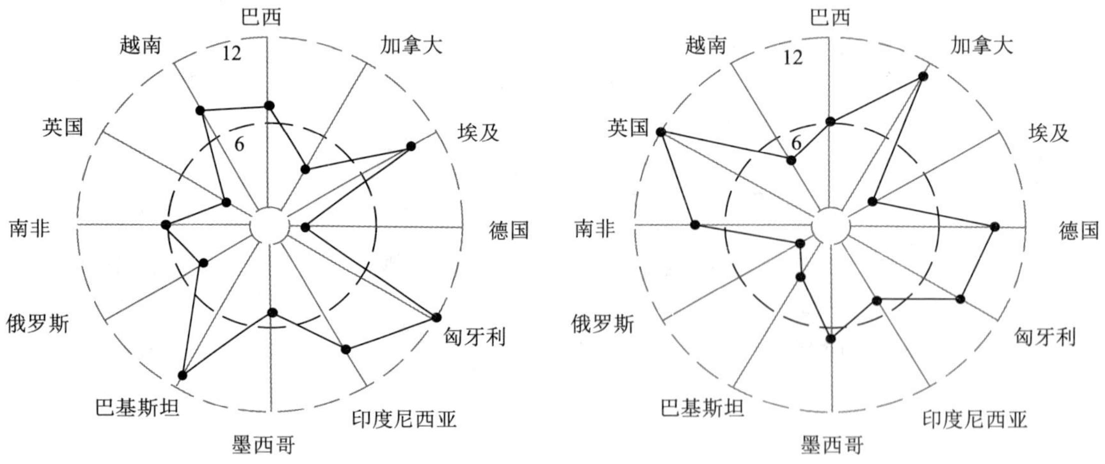

（a）出口市场占有率　　（b）交叉出口市场占有率

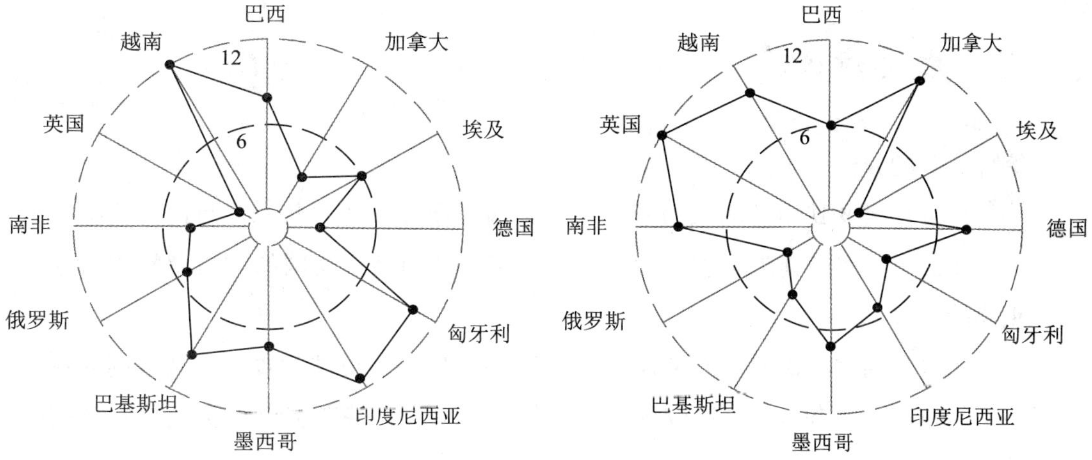

（c）出口显示性比较优势　　（d）交叉出口显示性比较优势

图 30-3　中国对 12 个主宾国关于贵金属及其制品出口相关指标的雷达图

（基于 2016 年 1 月至 2018 年 3 月均值数据）

图 30-4 显示了中国对 12 个主宾国关于贵金属及其制品进出口贸易相似性的雷达图。从进口贸易相似性角度来看，越南、英国与巴基斯坦分列前三的位置。从出口贸易相似性角度来看，俄罗斯、埃及与巴基斯坦分列前三的位置。对比两个指标来看，巴基斯坦的排名变动较小，稳居前三的位置。因此，中国与巴基斯坦在贵金属及其制品上的进出口贸易互补程度较高。

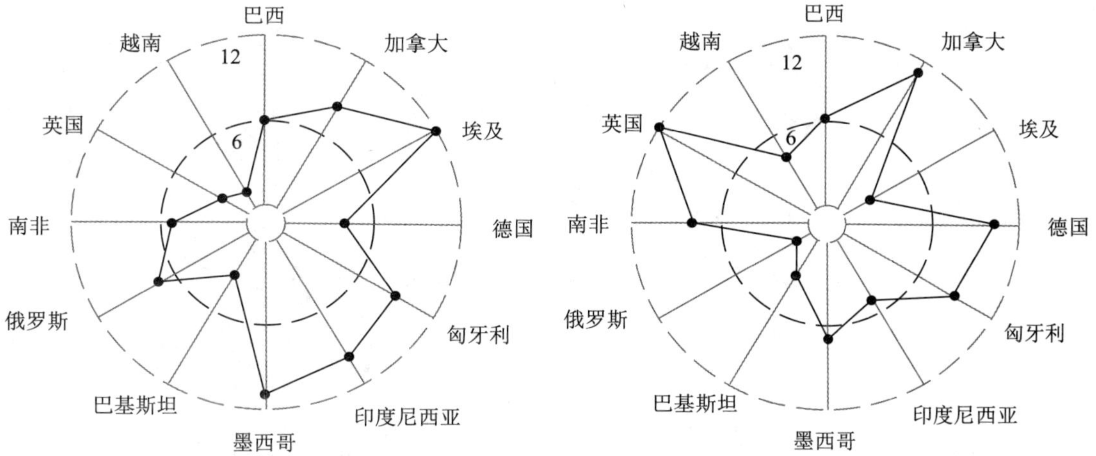

（a）进口贸易相似性　　（b）出口贸易相似性

图 30-4　中国对 12 个主宾国关于贵金属及其制品进出口贸易相似性的雷达图

（基于 2016 年 1 月至 2018 年 3 月均值数据）

三、发展建议

综合前面的分析可知：

一是在贵金属及其制品的双边贸易中，中国长期处于逆差状态。目前，我国已是世界上主要的贵金属及其制品进口大国，贵金属及其制品在我国的进口贸易中占据了相当重要的地位。

二是从进口的核心指标角度来看，在 12 个主宾国中，英国的贵金属及其制品在我国所占份额较高，具有一定的比较优势。此外，越南、巴基斯坦出口贵金属及其制品与我国进口该类产品的互补程度也较高。

三是从出口的核心指标角度来看，在 12 个主宾国中，我国的贵金属及其制品在德国与英国所占份额较高，也具有一定的比较优势。此外，俄罗斯进口贵金属及其制品与我国出口该类产品的互补程度较高。一般来说，交通运输基础设施是制约中国与这些国家贵金属及其制品贸易发展的主要因素。我国可以与这些国家在交通运输基础设施建设方面加强合作，加快贵金属及其制品交通运输基础设施的建设进度，为贵金属及其制品的贸易合作降低成本。

第三十一章　贱金属及其制品

一、产品概况

贱金属及其制品主要包含以下 11 类商品：①铁和钢；②钢铁制品；③铜及其制品；④镍及其制品；⑤铝及其制品；⑥铅及其制品；⑦锌及其制品；⑧锡及其制品；⑨其他贱金属、金属陶瓷及其制品；⑩贱金属工具、餐具等；⑪贱金属杂项。

图 31-1 显示了中国与 12 个主宾国在贱金属及其制品上的进出口额。从进口额角度来看，数值呈现出一定的波动特征，范围介于 2 亿~8 亿美元；从出口额角度来看，数值在 10 亿~20 亿美元波动；从进出口差额角度来看，我国在贱金属及其制品上保持顺差的状态。

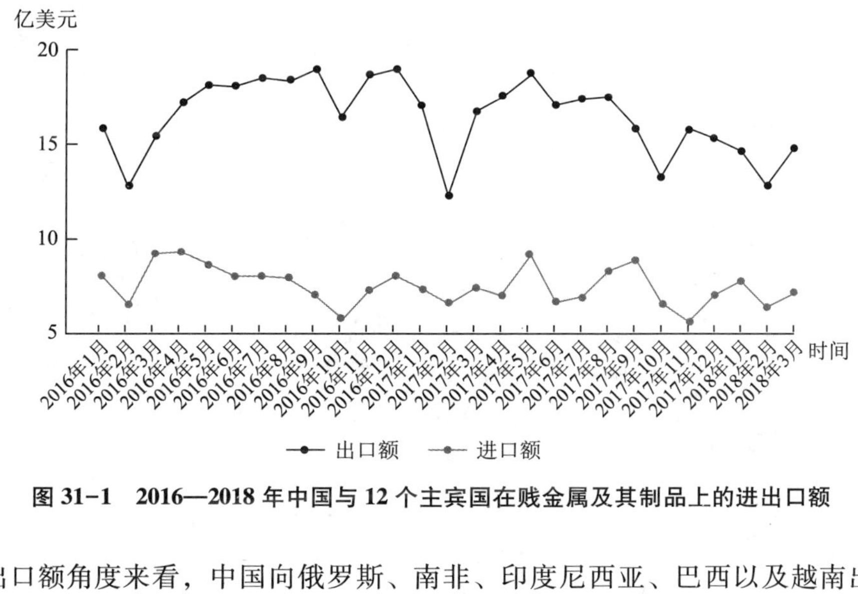

图 31-1　2016—2018 年中国与 12 个主宾国在贱金属及其制品上的进出口额

从出口额角度来看，中国向俄罗斯、南非、印度尼西亚、巴西以及越南出口贱金属及其制品比较多；从进口额角度来看，中国从俄罗斯、南非、印度尼西亚、巴西以及越南进口贱金属及其制品也比较多；从进出口差额角度来看，中国与这些国家在贱金属及其制品上的贸易基本处于顺差状态。

二、贸易指数分析

图 31-2 显示了中国对 12 个主宾国关于贱金属及其制品进口相关指标的雷达图。从进口市场占有率角度来看，德国、南非与英国分列前三的位置。从交叉进口市场占有率角度来看，南非、印度尼西亚与巴基斯坦分列前三的位置。从进口显示性比较优势角度来看，南非、墨西哥与英国分列前三的位置。从交叉进口显示性比较优势角度来看，墨西哥、英国与南非分列前三的位置。

对比 4 个指标来看，南非排名变动较小，基本稳居前三的位置。因此，从进口的角度而言，中国与南非在贱金属及其制品上可以适当加强贸易合作与交流。

图 31-3 显示了中国对 12 个主宾国关于贱金属及其制品出口相关指标的雷达图。从出口市场占有率角度来看，越南、德国与加拿大分列前三的位置。从交叉出口市场占有率角度来看，越南、巴基斯坦与南非分列前三的位置。从出口显示性比较优势角度来看，越南、印度尼西亚与埃及分列前三的位置。从交叉出口显示性比较优势角度来看，南非、巴基斯坦与英国分列前三的位置。

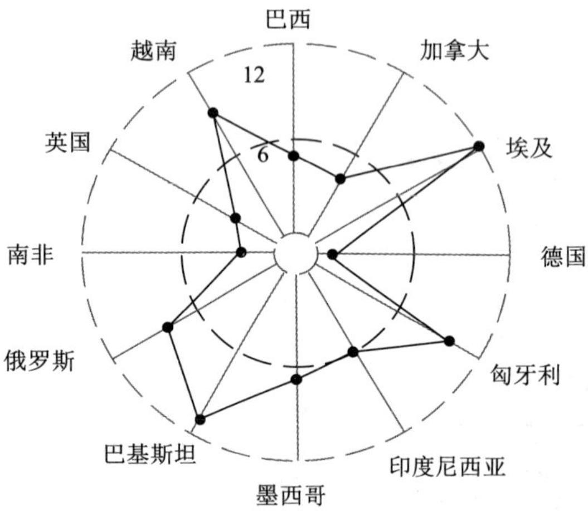

（a）进口市场占有率

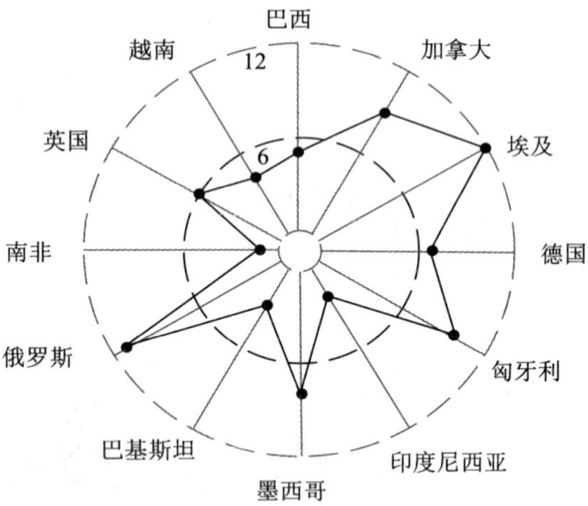

（b）交叉进口市场占有率

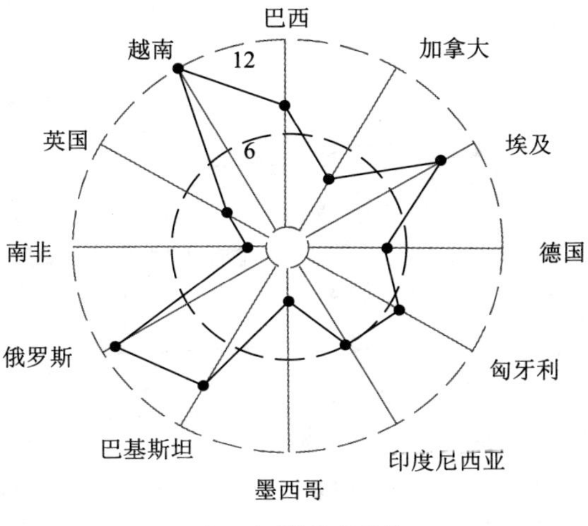

（c）进口显示性比较优势

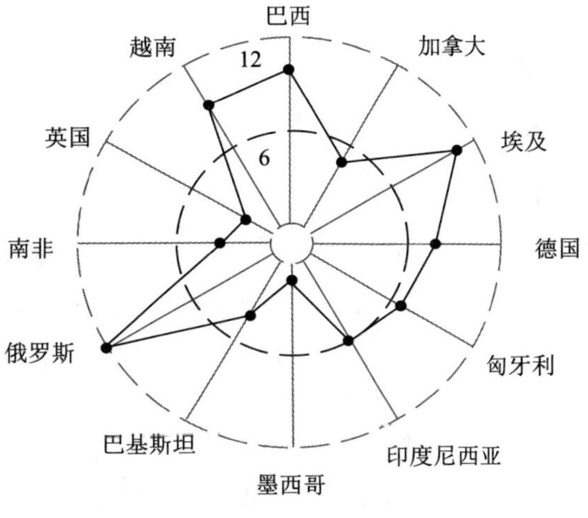

（d）交叉进口显示性比较优势

图 31-3　中国对 12 个主宾国关于贱金属及其制品进口相关指标的雷达图

（基于 2016 年 1 月至 2018 年 3 月均值数据）

对比 4 个指标来看，越南的排名变动较小，基本稳居前三的位置。因此，从出口的角度而言，中国与越南在贱金属及其制品上可以适当加强贸易合作与交流。

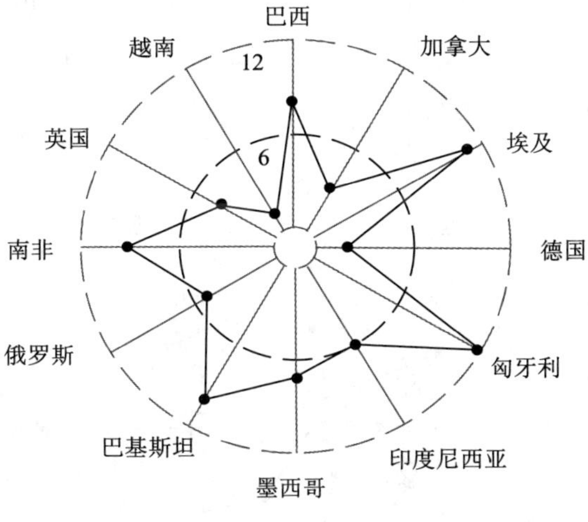

（a）出口市场占有率

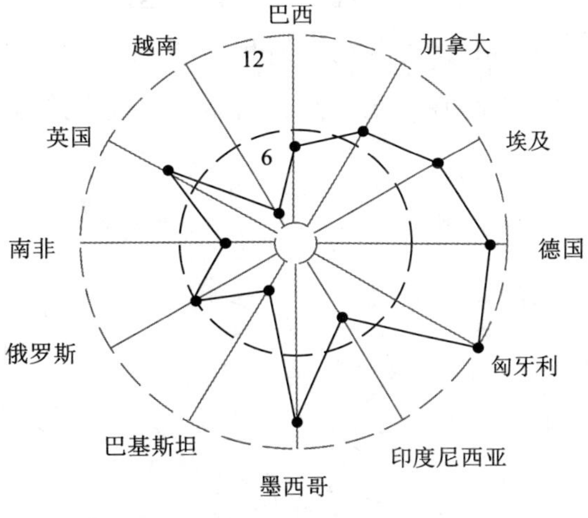

（b）交叉出口市场占有率

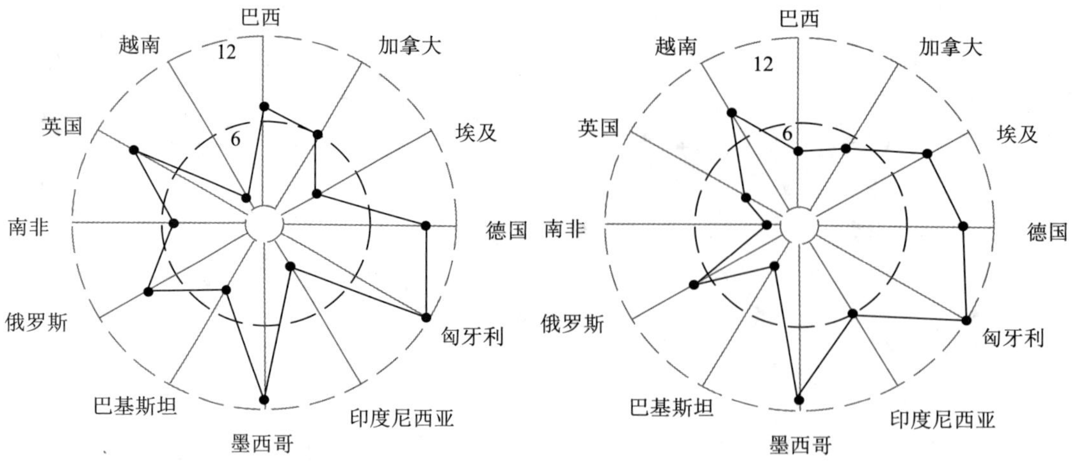

（c）出口显示性比较优势　　（d）交叉出口显示性比较优势

图 31-3　中国对 12 个主宾国关于贱金属及其制品出口相关指标的雷达图

（基于 2016 年 1 月至 2018 年 3 月均值数据）

图 31-4 显示了中国对 12 个主宾国关于贱金属及其制品进出口贸易相似性的雷达图。从进口贸易相似性角度来看，南非、印度尼西亚与巴基斯坦分列前三的位置。从出口贸易相似性角度来看，越南、巴基斯坦与南非分列前三的位置。对比两个指标来看，南非与巴基斯坦的排名变动较小，稳居前三的位置。因此，中国与南非、巴基斯坦在贱金属及其制品上的进出口贸易互补程度较高。

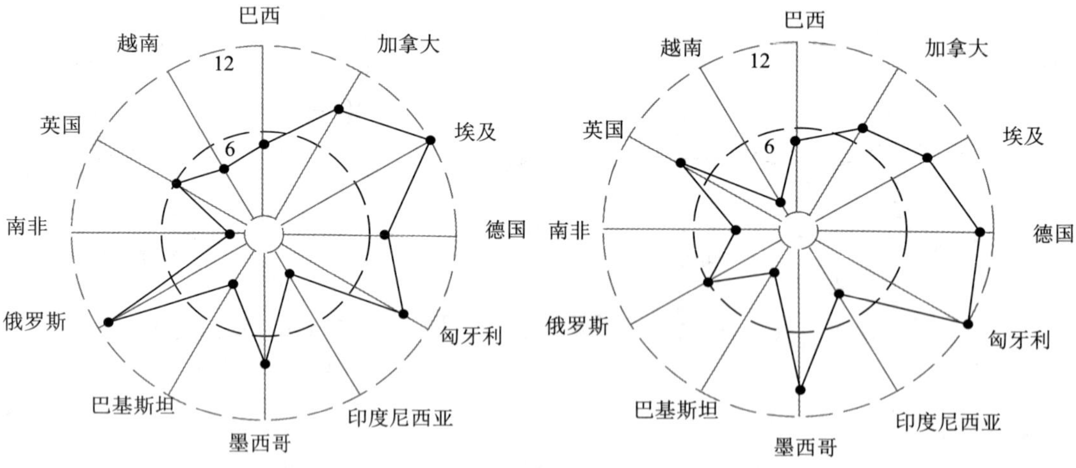

（a）进口贸易相似性　　（b）出口贸易相似性

图 31-4　进出口贸易相似性的雷达图（基于 2016 年 1 月至 2018 年 3 月均值数据）

三、发展建议

综合前面的分析可知：

一是在贱金属及其制品的双边贸易中，中国长期处于顺差状态。目前，我国已是世界上主要的贱金属及其制品出口大国，贱金属及其制品在我国的出口贸易中占据了相当重要的地位。

二是从进口的核心指标角度来看，在12个主宾国中，南非的贱金属及其制品在我国所占市场份额较高，具有一定的比较优势。此外，南非印度尼西亚、巴基斯坦出口贱金属及其制品与我国进口该类产品的互补程度较高。

三是从出口的核心指标角度来看，在12个主宾国中，我国的贱金属及其制品在越南所占市场份额较高，也具有一定的比较优势。此外，越南、巴基斯坦、南非进口贱金属及其制品与我国出口该类产品的互补程度较高。一般来说，交通运输基础设施是制约中国与这些国家贱金属及其制品贸易发展的主要因素。我国可以与这些国家在交通运输基础设施建设方面加强合作，加快贱金属及其制品交通运输基础设施的建设进度，为贱金属及其制品的贸易合作降低成本。

第三十二章 机械设备及其附件

一、产品概况

机械设备及其附件主要包含以下两类商品：①核反应堆、锅炉、机械设备及其零件；②电机、录音机、电视机及其零件和配件。

图 32-1 显示了中国与 12 个主宾国在机械设备及其附件上的进出口额。从进口额角度来看，在 2017 年 7 月之前，数值的变动较为稳定，但在 2017 年 7 月之后，数值急速变大，并在 2017 年 12 月达到了 40 亿美元左右，之后又回落到 20 亿美元左右；从出口额角度来看，数值具有一定的波动性，区间在在 30 亿~80 亿美元；从进出口差额角度来看，我国在机械设备及其附件上保持顺差的状态。

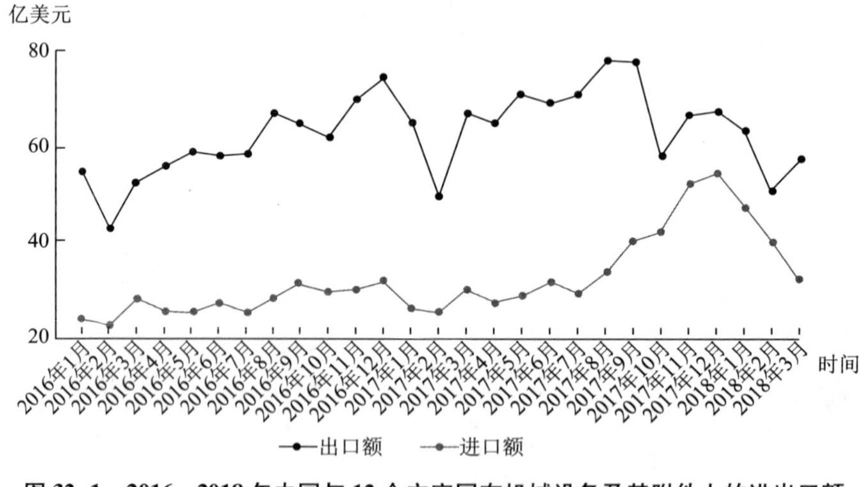

图 32-1 2016—2018 年中国与 12 个主宾国在机械设备及其附件上的进出口额

从出口额角度来看，中国向俄罗斯、南非、印度尼西亚、巴西与越南出口机械设备及其附件比较多；从进口额角度来看，中国从越南进口机械设备及其附件也比较多；从进出口差额角度来看，中国与这些国家在机械设备及其附件上的贸易基本处于顺差状态。

二、贸易指数分析

图 32-3 显示了中国对 12 个主宾国关于机械设备及其附件进口相关指标的雷达图。从进口市场占有率角度来看，德国、越南与英国分列前三的位置。从交叉进口市场占有率角度来看，越南、俄罗斯与德国分列前三的位置。从进口显示性比较优势角度来看，匈牙利、德国与越南分列前三的位置。从交叉进口显示性比较优势角度来看，德国、匈牙利与俄罗斯分列前三的位置。

对比 4 个指标来看，德国的排名变动较小，基本稳居前三的位置。因此，从进口的角度而言，中国与德国在机械设备及其附件上可以适当加强贸易合作与交流。

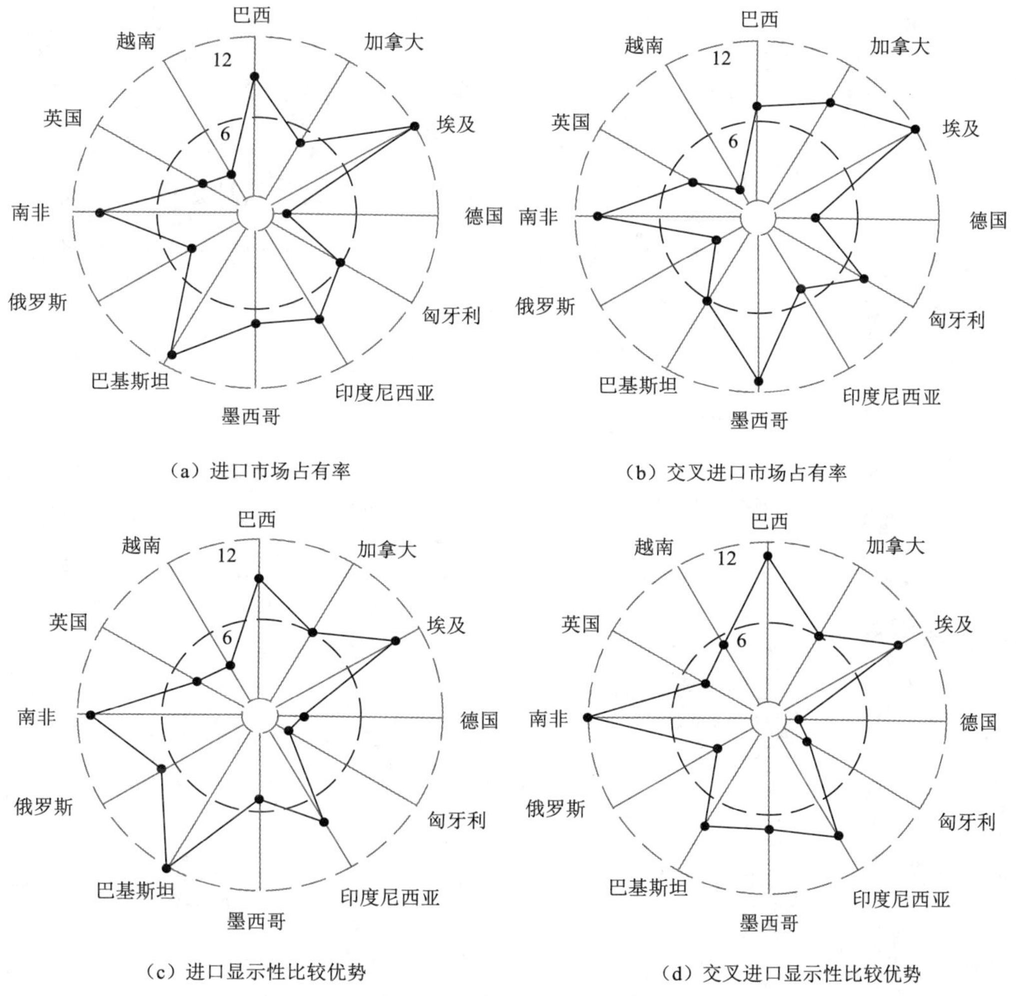

图 32-2　中国对 12 个主宾国关于机械设备及其附件进口相关指标的雷达图

（基于 2016 年 1 月至 2018 年 3 月均值数据）

图 32-3 显示了中国对 12 个主宾国关于机械设备及其附件出口相关指标的雷达图。从出口市场占有率角度来看，德国、墨西哥与加拿大分列前三的位置。从交叉出口市场占有率角度来看，巴基斯坦、越南与印度尼西亚分列前三的位置。从出口显示性比较优势角度来看，匈牙利、墨西哥与巴西分列前三的位置。从交叉出口显示性比较优势角度来看，巴基斯坦、埃及与匈牙利分列前三的位置。

对比 4 个指标来看，巴基斯坦、墨西哥和匈牙利的排名变动较小，基本稳居前六的位置。因此，从出口的角度而言，中国与巴基斯坦、墨西哥和匈牙利在机械设备及其附件上可以适当加强贸易合作与交流。

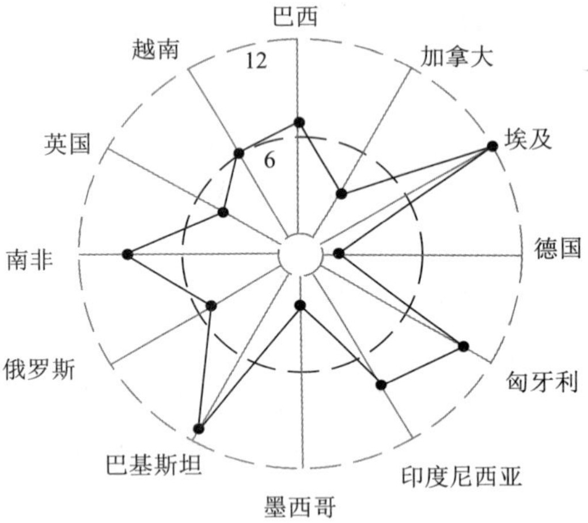

（a）出口市场占有率

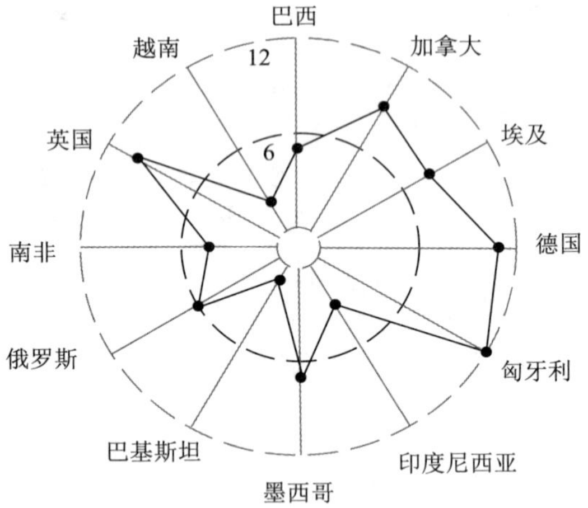

（b）交叉出口市场占有率

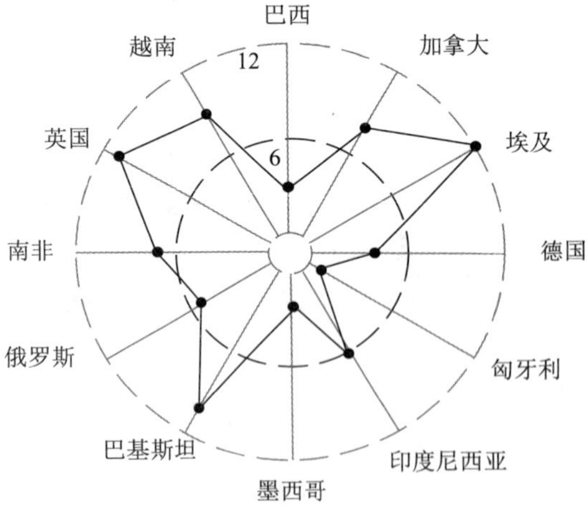

（c）出口显示性比较优势

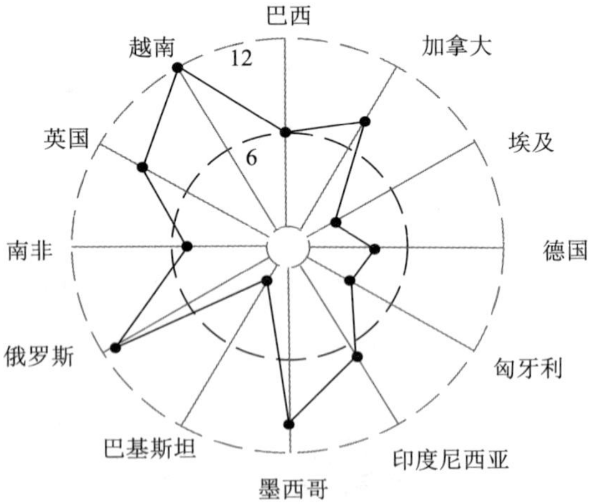

（d）交叉出口显示性比较优势

图 32-3　中国对 12 个主宾国关于机械设备及其附件出口相关指标的雷达图

（基于 2016 年 1 月至 2018 年 3 月均值数据）

图 32-4 显示了中国对 12 个主宾国关于机械设备及其附件进出口贸易相似性的雷达图。从进口贸易相似性角度来看，越南、俄罗斯与德国分列前三的位置。从出口贸易相似性角度来看，巴基斯坦、越南与印度尼西亚分列前三的位置。对比两个指标来看，越南的排名变动较小，稳居前三的位置。因此，中国与越南在机械设备及其附件上的进出口贸易互补程度较高。

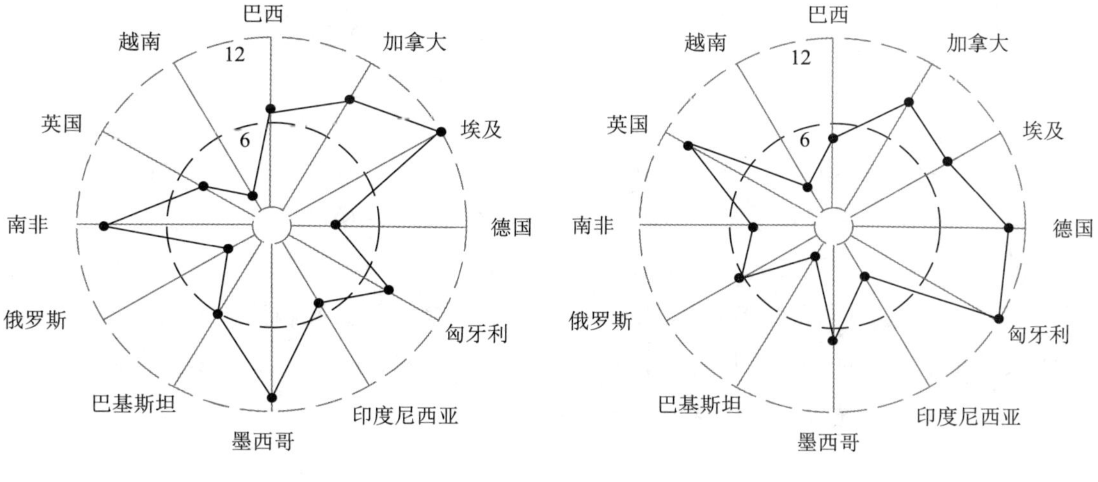

（a）进口贸易相似性　　　　（b）出口贸易相似性

图 32-4　中国对 12 个主宾国关于机械设备及其附件进出口贸易相似性的雷达图

（基于 2016 年 1 月至 2018 年 3 月均值数据）

三、发展建议

综合前面的分析可知：

一是在机械设备及其附件的双边贸易中，中国长期处于顺差状态。目前，我国已是世界上主要的机械设备及其附件出口大国，机械设备及其附件在我国的出口贸易中占据了相当重要的地位。

二是从进口的核心指标角度来看，在 12 个主宾国中，德国的机械设备及其附件在我国所占市场份额较高，具有一定的比较优势。德国的机械产业一直是该国的优势产业，这使德国的机械设备及其附件具有领先世界的水平。

三是从出口的核心指标角度来看，在 12 个主宾国中，我国的机械设备及其附件在巴基斯坦、墨西哥和匈牙利所占市场份额较高，也具有一定的比较优势。此外，越南与我国在机械设备及其附件进出口贸易方面的互补程度较高。

第三十三章　运输设备

一、产品概况

运输设备主要包含以下 4 类商品：①铁道车辆、交通信号设备及其零件；②其他车辆及其零件；③航空器、航天器及其零件；④船舶和浮动结构体。

图 33-1 显示了中国与 12 个主宾国在运输设备上的进出口额。从进口额角度来看，数值从 2016 年 1 月到 5 月出现了急剧下降的情况，之后的发展趋势较为稳定；从出口额角度来看，数值的发展趋势具有一定的波动性，范围介于 3 亿~8 亿美元；从进出口差额角度来看，我国在运输设备上保持顺差的状态。

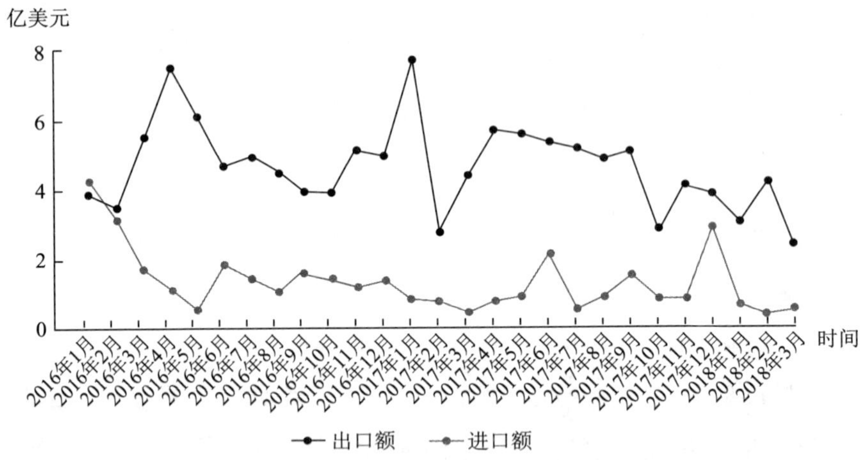

图 33-1　2016—2018 年中国与 12 个主宾国在运输设备上的进出口额

从出口额角度来看，中国向俄罗斯、南非、印度尼西亚、巴西以及越南出口运输设备比较多；从进口额角度来看，中国从俄罗斯、印度尼西亚、巴西以及越南进口运输设备也比较多；从进出口差额角度来看，中国与这些国家在运输设备上的贸易多处于顺差状态。

二、贸易指数分析

图 33-2 显示了中国对 12 个主宾国关于运输设备进口相关指标的雷达图。从进口市场占有率角度来看，德国、英国与墨西哥分列前三的位置。从交叉进口市场占有率角度来看，越南、德国与英国分列前三的位置。从进口显示性比较优势角度来看，德国、英国与墨西哥分列前三的位置。从交叉进口显示性比较优势角度来看，英国、德国与匈牙利分列前三的位置。

对比 4 个指标来看，英国与德国的排名变动较小，稳居前三的位置。因此，从进口的角度而言，中国与英国、德国在运输设备上可以适当加强贸易合作与交流。

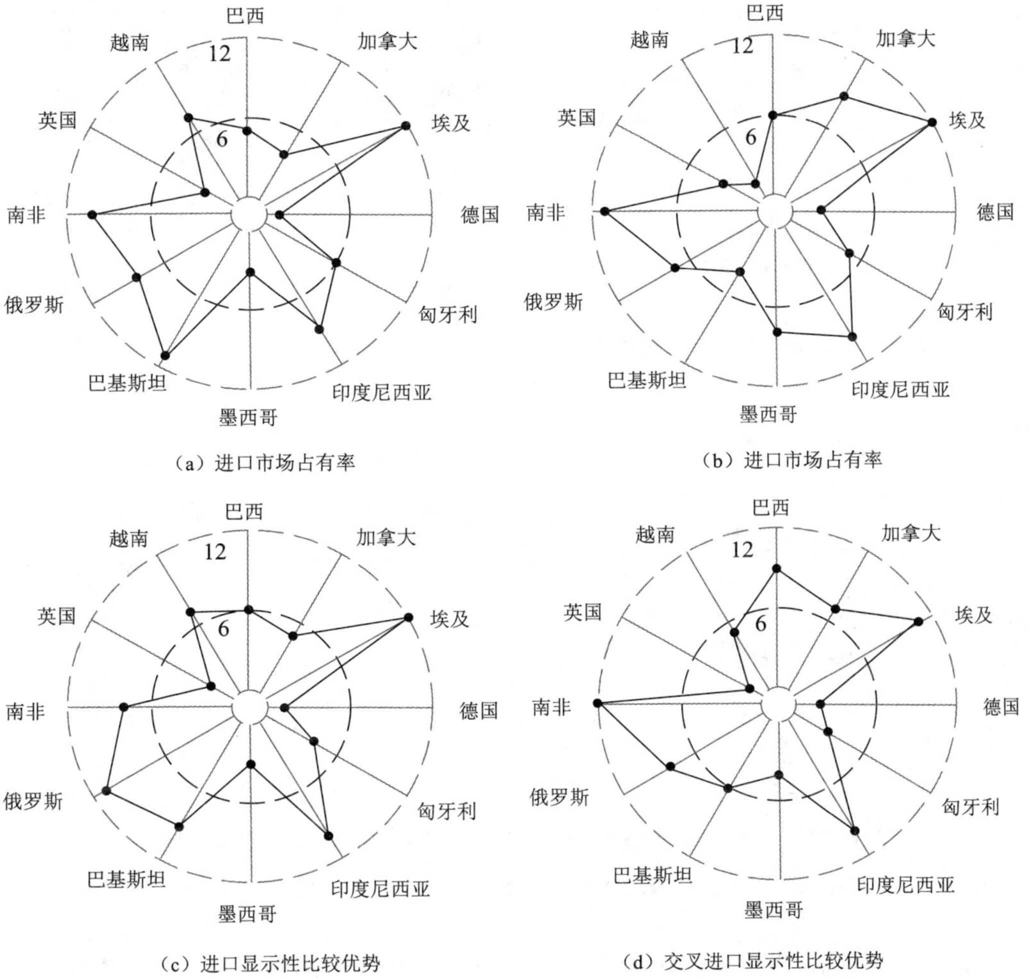

图 33-2　中国对 12 个主宾国关于运输设备进口相关指标的雷达图

（基于 2016 年 1 月至 2018 年 3 月均值数据）

图 33-3 显示了中国对 12 个主宾国关于运输设备出口相关指标的雷达图。从出口市场占有率角度来看，德国、俄罗斯与墨西哥分列前三的位置。从交叉出口市场占有率角度来看，越南、巴基斯坦与印度尼西亚分列前三的位置。从出口显示性比较优势角度来看，埃及、俄罗斯与德国分列前三的位置。从交叉出口显示性比较优势角度来看，埃及、越南与巴基斯坦分列前三的位置。

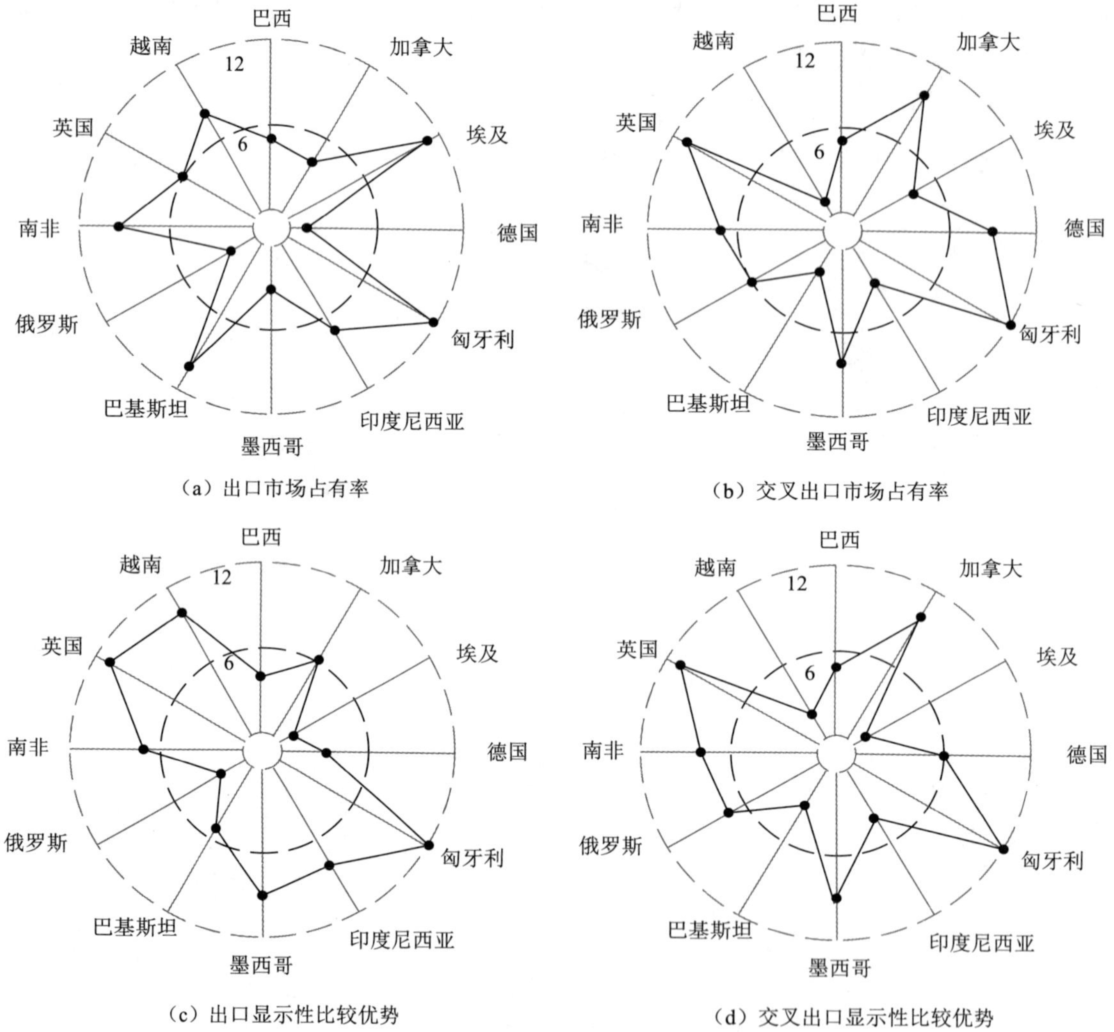

图 33-3 中国对 12 个主宾国关于运输设备出口相关指标的雷达图

(基于 2016 年 1 月至 2018 年 3 月均值数据)

对比 4 个指标，从出口市场占有率和出口显示性比较优势角度来看，德国、俄罗斯的排名变动较小，稳居前三的位置；从交叉出口市场占有率和交叉出口显示性比较优势角度来看，越南与巴基斯坦的排名变动较小，基本稳居前三的位置。因此，从出口的角度而言，中国与德国、俄罗斯、越南以及巴基斯坦在运输设备上可以适当加强贸易合作与交流。

图 33-4 显示了中国对 12 个主宾国关于运输设备进出口贸易相似性的雷达图。从进口贸易相似性角度来看，越南、德国与英国分列前三的位置。从出口贸易相似性角度来看，越南、巴基斯坦与印度尼西亚分列前三的位置。对比两个指标来看，越南的排名变动较小，稳居前三的位置。因此，中国与越南在运输设备上的进出口贸易互补程度较高。

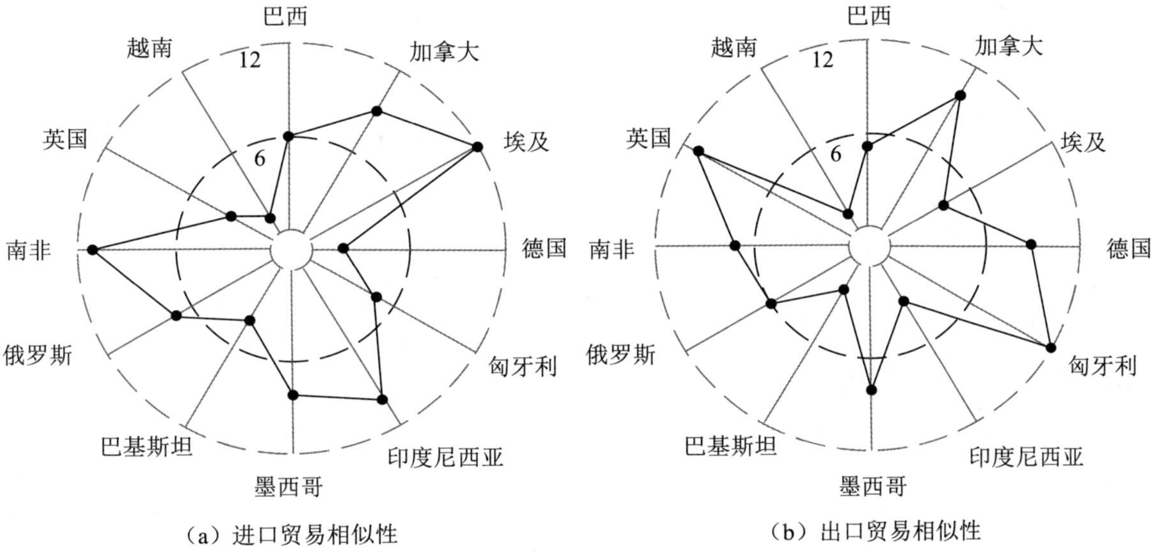

图 33-4　进出口贸易相似性的雷达图（基于 2016 年 1 月至 2018 年 3 月均值数据）

三、发展建议

综合前面的分析可知：

一是在运输设备的双边贸易中，中国长期处于顺差状态。目前，我国已是世界上主要的运输设备出口大国，运输设备在我国的出口贸易中占据了相当重要的地位。

二是从进口的核心指标角度来看，在 12 个主宾国中，德国、英国的运输设备在我国所占市场份额较高，并且具有一定的比较优势。德国、英国具有先进的运输设备的生产技术，这使两国的运输设备具有领先世界的生产水平。德国的汽车享誉全球，拥有奔驰、宝马、奥迪等众多高端品牌。

三是从出口的核心指标角度来看，在12个主宾国中，我国的运输设备在德国、俄罗斯所占市场份额较高，也具有一定的比较优势。此外，越南与我国在运输设备进出口贸易方面的互补程度较高。

第三十四章　精密仪器及其附件

一、产品概况

精密仪器及其附件主要包含以下3类商品：①光学仪器等设备及其零件；②钟表及其零件；③乐器及其零件和配件。

图34-1显示了中国与12个主宾国在精密仪器及其附件上的进出口额。从进口额角度来看，数值呈现出一定的波动性特征，波动范围介于0亿~3亿美元；从出口额角度来看，数值呈现出一定的波动性特征，波动范围介于2亿~6亿美元；从进出口差额角度来看，我国在精密仪器及其附件上保持顺差的状态。

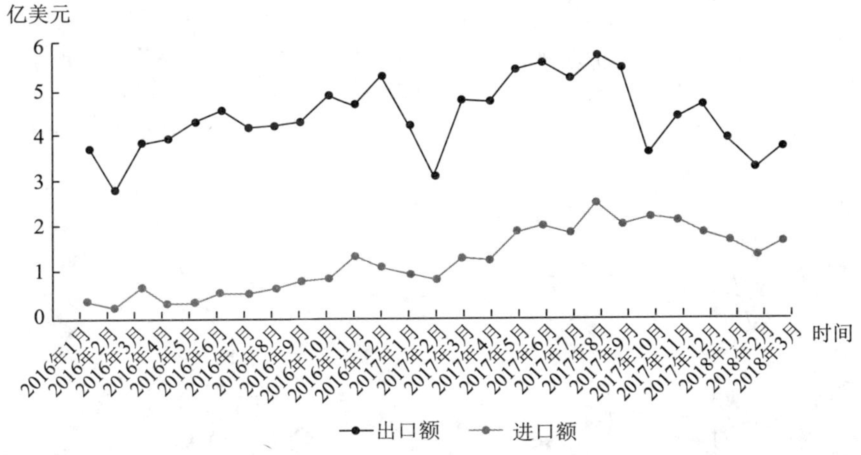

图34-1　2016—2018年中国与12个主宾国在精密仪器及其附件上的进出口额

从出口额角度来看，中国向俄罗斯、南非、印度尼西亚、巴西以及越南出口精密仪器及其附件比较多；从进口额角度来看，中国从俄罗斯、印度尼西亚以及越南进口精密仪器及其附件也比较多；从进出口差额角度来看，中国与这些国家在精密仪器及其附件上的贸易基本处于顺差状态。

二、贸易指数分析

图 34-2 显示了中国对 12 个主宾国关于精密仪器及其附件进口相关指标的雷达图。从进口市场占有率角度来看，德国、英国与越南分列前三的位置。从交叉进口市场占有率角度来看，越南、德国与俄罗斯分列前三的位置。从进口显示性比较优势角度来看，匈牙利、德国与英国分列前三的位置。从交叉进口显示性比较优势角度来看，匈牙利、德国与埃及分列前三的位置。

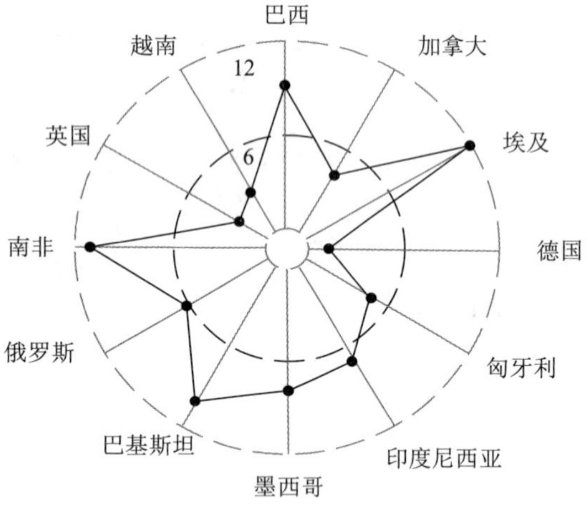

（a）进口市场占有率

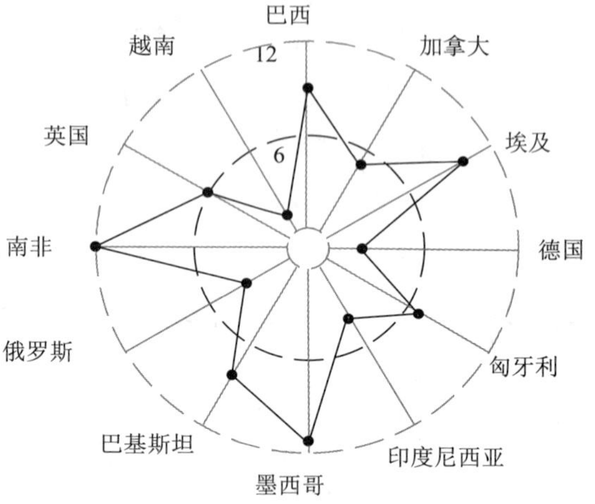

（b）交叉进口市场占有率

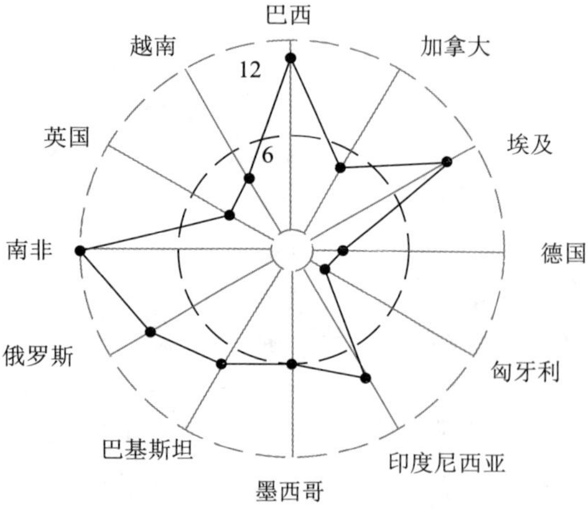

（c）进口显示性比较优势

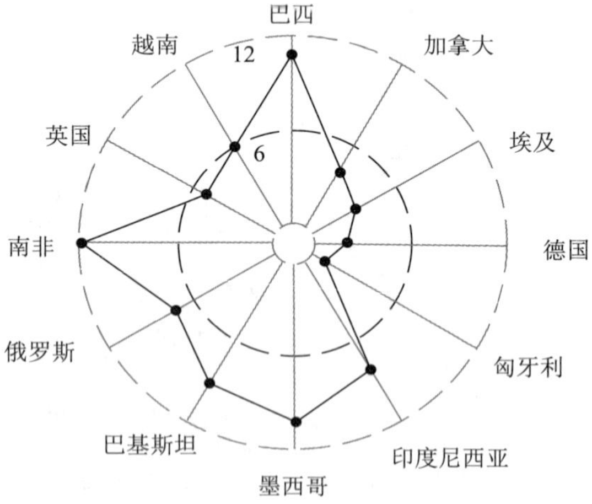

（d）交叉进口显示性比较优势

图 34-2　中国对 12 个主宾国关于精密仪器及其附件进口相关指标的雷达图

（基于 2016 年 1 月至 2018 年 3 月均值数据）

对比 4 个指标来看，德国的排名变动较小，稳居前三的位置。因此，从进口的角度而言，中国与德国在精密仪器及其附件上可以适当加强贸易合作与交流。

图 34-3 显示了中国对 12 个主宾国关于精密仪器及其附件出口相关指标的雷达图。从出口市场占有率角度来看，德国、墨西哥与英国分列前三的位置。从交叉出口市场占有率角度来看，巴基斯坦、墨西哥与越南分列前三的位置。从出口显示性比较优势角度来看，墨西哥、德国与巴西分列前三的位置。从交叉出口显示性比较优势角度来看，埃及、墨西哥与巴基斯坦分列前三的位置。

对比 4 个指标来看，墨西哥的排名变动较小，稳居前三的位置。因此，从出口的角度而言，中国与墨西哥在精密仪器及其附件上可以适当加强贸易合作与交流。

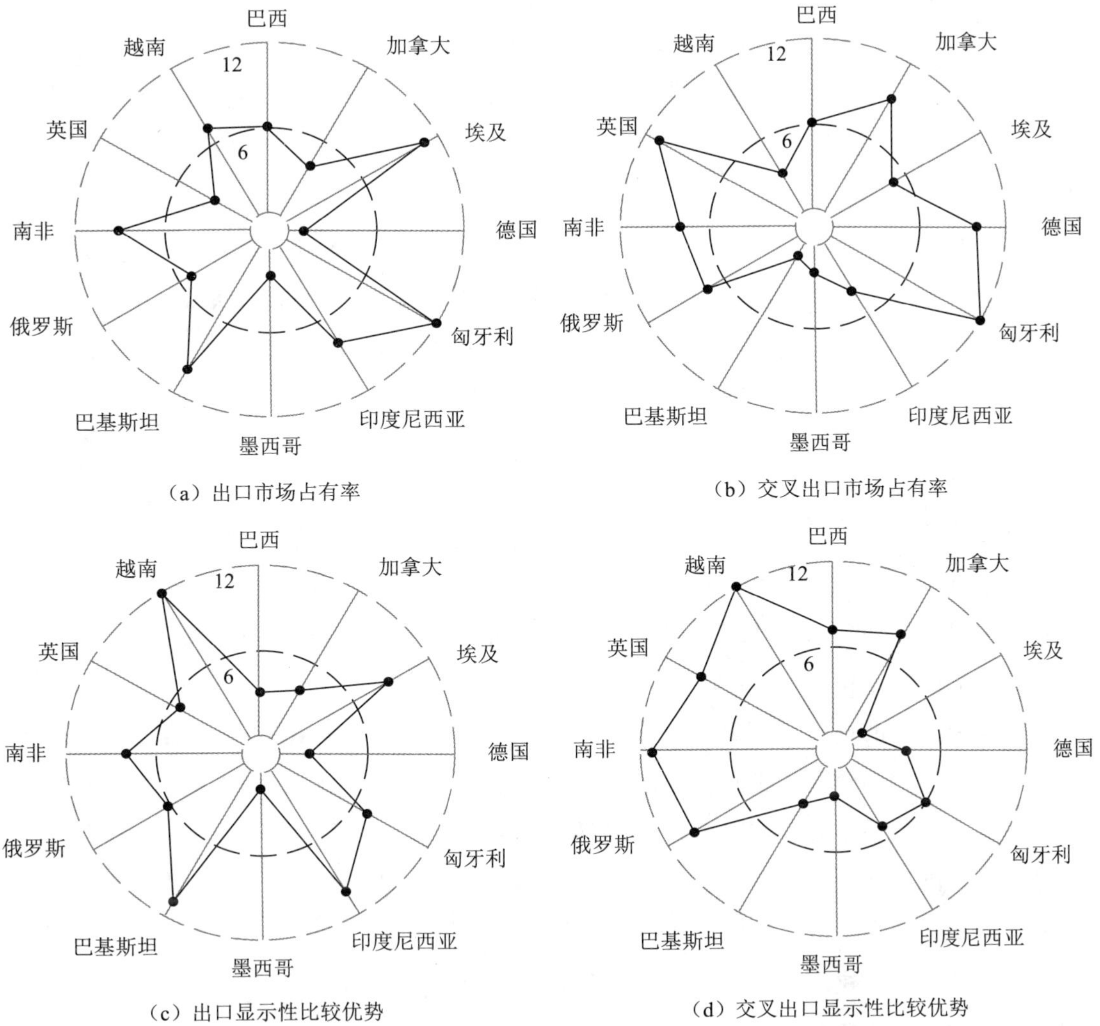

（a）出口市场占有率　（b）交叉出口市场占有率

（c）出口显示性比较优势　（d）交叉出口显示性比较优势

图 34-3　中国对 12 个主宾国关于精密仪器及其附件出口相关指标的雷达图

（基于 2016 年 1 月至 2018 年 3 月均值数据）

图 34-4 显示了中国对 12 个主宾国关于精密仪器及其附件进出口贸易相似性的雷达图。从进口贸易相似性角度来看，越南、德国与俄罗斯分列前三的位置。从出口贸易相似性角度来看，巴基斯坦、墨西哥与越南分列前三的位置。对比两个指标来看，越南的排名变动较小，稳居前三的位置。因此，中国与越南在精密仪器及其附件上的进出口贸易互补程度较高。

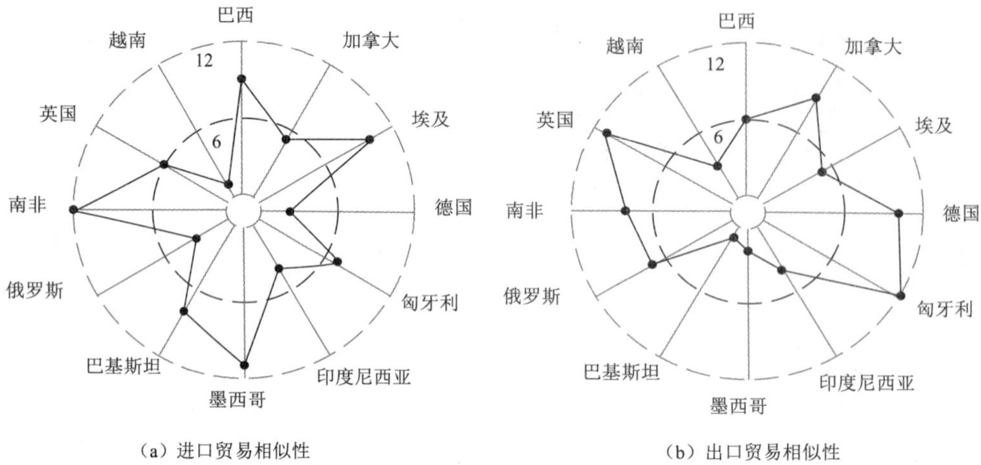

图 34-4　中国对 12 个主宾国关于精密仪器及其附件进出口贸易相似性的雷达图

(基于 2016 年 1 月至 2018 年 3 月均值数据)

三、发展建议

综合前面的分析可知：

一是在精密仪器及其附件的双边贸易中，中国长期处于顺差状态。目前，我国已是世界上精密仪器及其附件主要出口大国，精密仪器及其附件在我国的出口贸易中占据了相当重要的地位。

二是从进口的核心指标角度来看，在 12 个主宾国中，德国的精密仪器及其附件在我国所占市场份额较高，具有一定的比较优势。德国具有先进的精密仪器及其设备的生产技术，这使德国的精密仪器及其附件可以领先世界，德国的高端制造业在全球具有极好的口碑。此外，德国、越南、俄罗斯出口精密仪器及其附件与我国进口该类产品的互补程度较高。

三是从出口的核心指标角度来看，在 12 个主宾国中，我国的精密仪器及其附件在墨西哥所占市场份额较高，也具有一定的比较优势。此外，巴基斯坦、墨西哥、越南进口精密仪器及其附件与我国出口该类产品的互补程度较高。

第三十五章　杂项制品

一、产品概况

杂项制品主要包含以下 3 类商品：①家具和床上用品等；②玩具、游戏和运动用品等；③杂项制品。

图 35-1 显示了中国与 12 个主宾国在杂项制品上的进出口额。从进口额角度来看，数值的发展趋势较为稳定，大小低于 1 亿美元；从出口额角度来看，数值呈现出一定的波动性特征，范围在 2 亿~8 亿美元；从进出口差额角度来看，我国在杂项制品上保持顺差的状态。

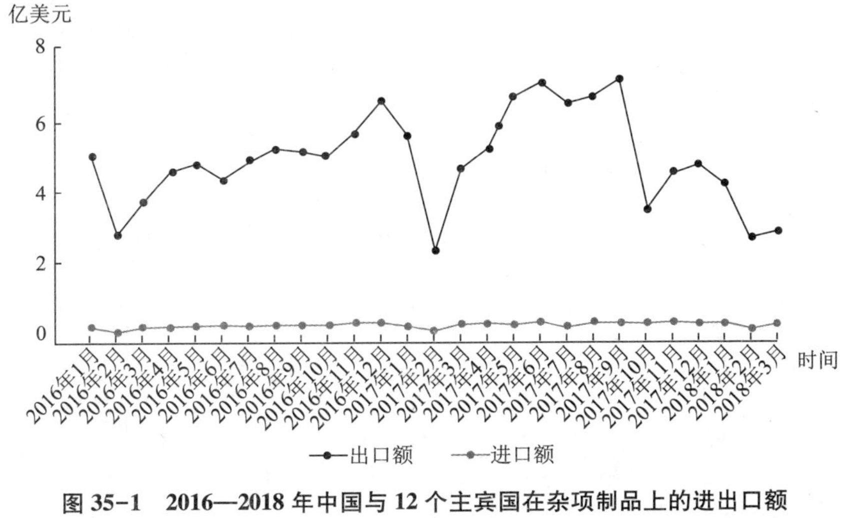

图 35-1　2016—2018 年中国与 12 个主宾国在杂项制品上的进出口额

从出口额角度来看，中国向俄罗斯、南非、印度尼西亚、巴西以及越南出口杂项制品比较多；从进口额角度来看，中国从印度尼西亚以及越南进口杂项制品也比较多；从进出口差额角度来看，中国与这些国家在杂项制品上的贸易基本处于顺差状态。

二、贸易指数分析

图 35-2 显示了中国对 12 个主宾国关于杂项制品进口相关指标的雷达图。从进口市场占有率角度来看，德国、越南与加拿大分列前三的位置。从交叉进口市场占有率角度来看，越南、德国与印度尼西亚分列前三的位置。从进口显示性比较优势角度来看，匈牙利、越南与埃及分列前三的位置。从交叉进口显示性比较优势角度来看，匈牙利、英国与埃及分列前三的位置。

对比 4 个指标来看，越南的排名变动较小，基本稳居前三的位置。因此，从进口的角度而言，中国与越南在杂项制品上可以适当加强贸易合作与交流。

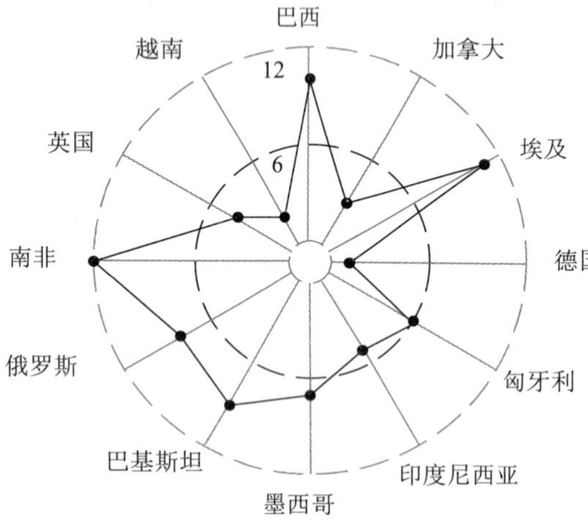

（a）进口市场占有率

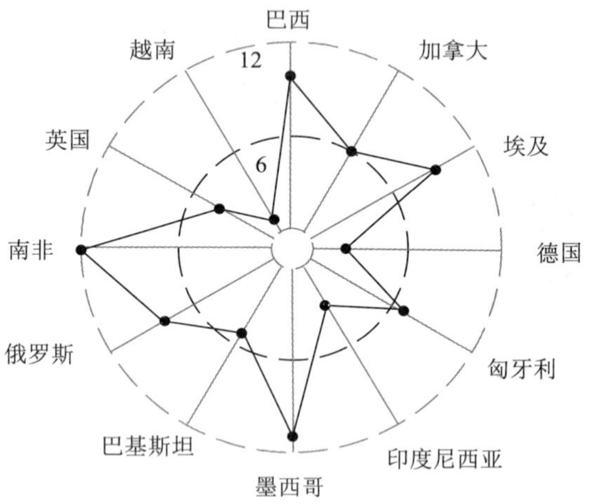

（b）交叉进口市场占有率

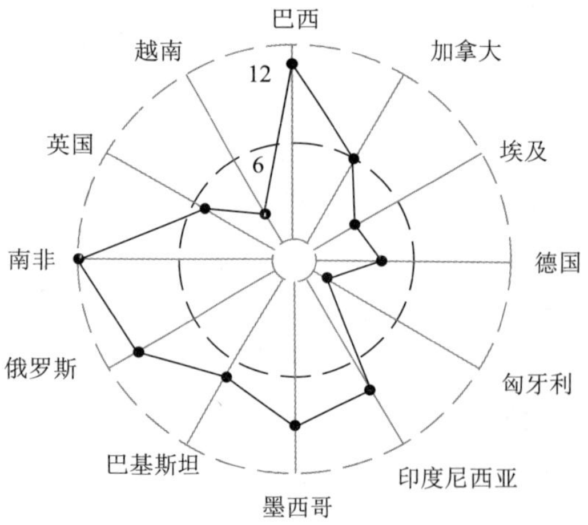

（c）进口显示性比较优势

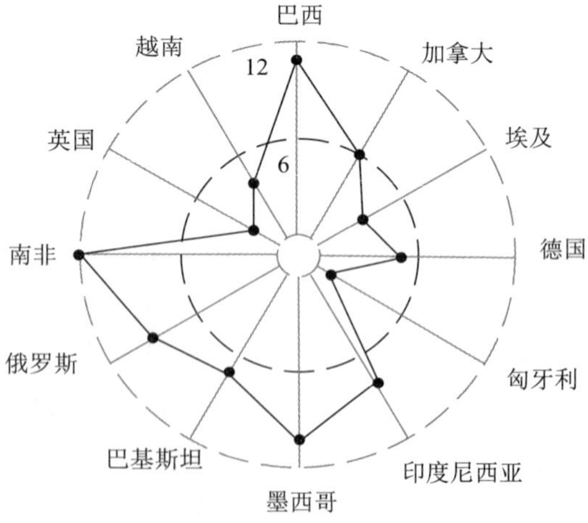

（d）交叉进口显示性比较优势

图 35-2　中国对 12 个主宾国关于杂项制品进口相关指标的雷达图

图 35-3 显示了中国对 12 个主宾国关于杂项制品出口相关指标的雷达图。从出口市场占有率角度来看，英国、德国与加拿大分列前三的位置。从交叉出口市场占有率角度来看，巴西、巴基斯坦与印度尼西亚分列前三的位置。从出口显示性比较优势角度来看，英国、加拿大与德国分列前三的位置。从交叉出口显示性比较优势角度来看，英国、埃及与加拿大分列前三的位置。

对比 4 个指标来看，英国与加拿大的排名变动较小，基本稳居前三的位置。因此，从出口的角度而言，中国与英国、加拿大在杂项制品上可以适当加强贸易合作与交流。

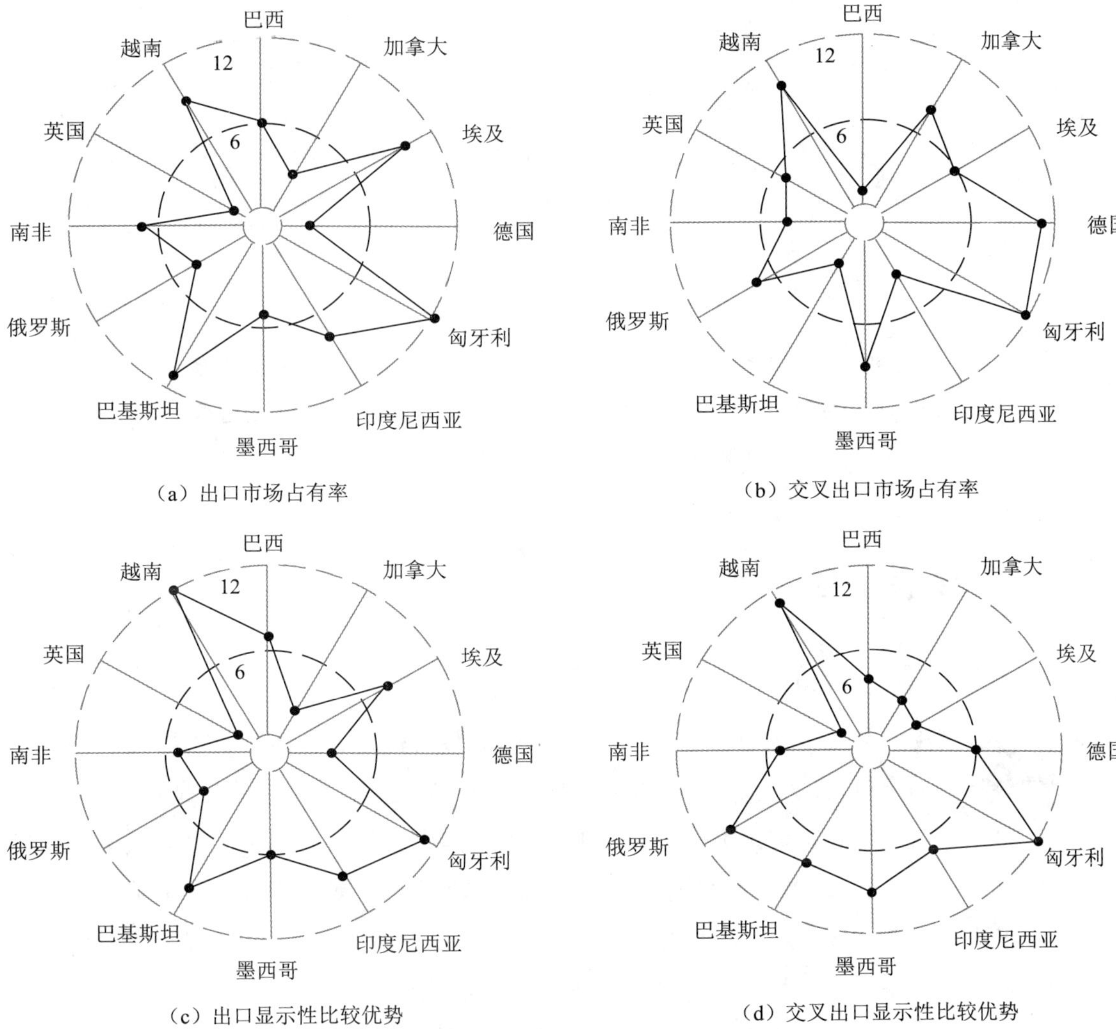

图 35-3 中国对 12 个主宾国关于杂项制品出口相关指标的雷达图

(基于 2016 年 1 月至 2018 年 3 月均值数据)

图 35-4 显示了中国对 12 个主宾国关于杂项制品进出口贸易相似性的雷达图。从进口贸易相似性角度来看，越南、德国与印尼西亚分列前三的位置。从出口贸易相似性角度来看，巴西、巴基斯坦与印尼西亚分列前三的位置。对比两个指标来看，印度尼西亚的排名变动较小，稳居前三的位置。因此，中国与印度尼西亚在杂项制品上的进出口贸易互补程度较高。

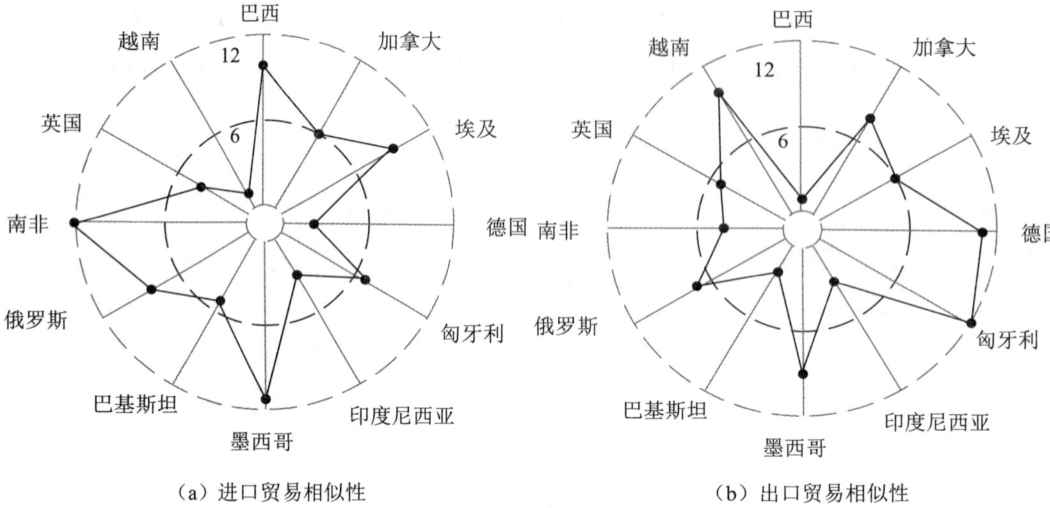

图 35-4　中国对 12 个主宾国关于杂项制品进出口贸易相似性的雷达图

（基于 2016 年 1 月至 2018 年 3 月均值数据）

三、发展建议

综合前面的分析可知：

一是在杂项制品的双边贸易中，中国长期处于顺差状态。目前，我国已是世界上主要的杂项制品出口大国，杂项制品在我国的出口贸易中占据了相当重要的地位。

二是从进口的核心指标角度来看，在 12 个主宾国中，越南的杂项制品在我国所占市场份额较高，且具有一定的比较优势。越南具有较低的劳动力成本，从事劳动密集型产业的人员较多，这使越南的杂项制品具有一定的竞争优势。此外，越南、德国、印度尼西亚出口杂项制品与我国进口该类产品的互补程度较高。

三是从出口的核心指标角度来看，在 12 个主宾国中，我国的杂项制品在英国与加拿大所占市场份额较高，也具有一定的比较优势。此外，巴西、巴基斯坦、印度尼西亚进口杂项制品与我国出口该类产品的互补程度也较高。

参考文献

［1］鲍晓华，朱钟棣．技术性贸易壁垒的测量及其对中国进口贸易的影响［J］．世界经济，2006（07）：1393-1413.

［2］陈沉，张军波，王磊，等．投资者情绪的一个研究综述［J］．现代管理科学，2017（8）：118-120.

［3］邓羽佳，秦放鸣．欧亚区域经济一体化背景下中国出口贸易效应及潜力研究［J］．世界经济研究，2015（12）：55-65.

［4］东艳，刘杜若．“进博会”的溢出效应和辐射效应［J］．人民论坛，2018（31）：44-45.

［5］耿伟．要素市场扭曲、贸易广度与贸易质量：基于中国各省细分出口贸易数据的实证分析［J］．国际贸易问题，2014（10）：14-22.

［6］高志刚，张燕．中巴经济走廊建设中双边贸易潜力及效率研究：基于随机前沿引力模型分析［J］．财经科学，2015（11）：101-110.

［7］贺书锋，平瑛，张伟华．北极航道对中国贸易潜力的影响：基于随机前沿引力模型的实证研究［J］．国际贸易问题，2013（8）：3-12.

［8］侯荣涛．经济活力评价体系构建及对福田区实证分析［J］．经济师，2015（06）：146-148.

［9］纪宏，任韬，阮敬．中国消费者信心分析：源自“海峡两岸消费者信心指数”［J］．经济学动态，2010（1）：53-55.

［10］金延杰．中国城市经济活力评价［J］．地理科学，2007（1）：9-16.

［11］孔庆峰，董虹蔚．“一带一路”国家的贸易便利化水平测算与贸易潜力研究［J］．国际贸易问题，2015，（12）：158-168.

［12］冷媛，孙俊歌，傅蕾，等．经济景气指数研究的比较与思考［J］．统计与决策，2017（2）：5-8.

［13］李军，李洁玲．“一带一路”倡议与中国对金砖国家贸易潜力研究［J］．亚太经济，2017（3）：58-62.

［14］刘海云，聂飞．金砖体系下中国双边出口效率及其影响因素分析：基于随机前沿引力模型的实证研究［J］．国际经贸探索，2015，1（1）：16-27.

［15］ 刘莉，黄建忠. 内向型管制的壁垒效应与服务贸易自由化［J］. 国际经贸探索，2014，30（8）.

［16］ 刘啟仁，黄建忠. 贸易自由化、企业动态与行业生产率变化：基于我国加入 WTO 的自然实验［J］. 国际贸易问题，2016（1）：27-37.

［17］ 刘永辉，刘冬平. 中国—中东欧贸易指数报告（2017）［M］. 北京：中国经济出版社，2018.

［18］ 刘永辉，周平，刘冬平，尚宇红，黄建忠. 中国—中东欧贸易指数系列研究报告［N］. 文汇报，2018-03-28.

［19］ 刘永辉，周昀. 中国—其他金砖国家贸易指数报告（2017）［M］. 北京：中国经济出版社，2019.

［20］ 刘永辉，周昀，张建新. "中国—中国国际进口博览会主宾国" 进口贸易指数研究报告［N］. 文汇报，2018-11-29.

［21］ 刘永辉，周平，张建新. 中国—中东欧进口贸易指数研究报告［N］. 文汇报，2018-10-30.

［22］ 刘永辉，周平，张建新. 中国—东盟贸易指数报告［M］. 中国经济出版社，2021.

［23］ 楼海淼，孙秋碧. 基于因子分析的我国各省经济活力评价研究［J］. 福州大学学报（哲学社会科学版），2005（03）：32-35.

［24］ 马述忠，任婉婉，吴国杰. 一国农产品贸易网络特征及其对全球价值链分工的影响：基于社会网络分析视角［J］. 管理世界，2016.

［25］ 毛群英. 衡量贸易竞争力的指标体系及评价方法探析［J］. 经济管理，2008，30（19）：11-15.

［26］ 孟亮. 新时代下中国构建开放型全球经贸新机制及效应分析：基于中国国际进口博览会视角［J］. 当代经济管理，2019，41（06）：66-71.

［27］ 秦元元. 我国地区经济发展活力的综合评价［J］. 中国统计，1998（12）：26-27.

［28］ 曲国明，路璐. 中国对 21 世纪海上丝绸之路沿线国家出口的影响因素及潜力研究［J］. 商业经济研究，2017，（10）：145-148.

［29］ 商务部国际贸易经济合作研究院等相关机构. 对外投资合作国别（地区）指南［R］. 报告来源：http：//fec. mofcom. gov. cn/article/gbdqzn/.

［30］ 尚宇红，高运胜. 中国与中东欧 10 国出口产品竞争力及结构效应研究：2002~2011年：基于 CMSA 模型的实证分析［J］. 世界经济研究，2014（4）：32-38.

［31］ 孙金彦. 基于引力模型的中澳双边贸易互补性及贸易潜力的实证研究［J］. 亚太经济，2015，（11）：85-90.

［32］孙金彦，刘海云．“一带一路”战略背景下中国贸易潜力的实证研究［J］．当代财经，2016（6）：99-106.

［33］唐宜红，俞峰．中国与其他金砖国家贸易竞合关系研究［J］．亚太经济，2017（3）：110-119.

［34］谭秀杰，周茂荣．21 世纪“海上丝绸之路”贸易潜力及其影响因素：基于随机前沿尹力模型的实证研究［J］．国际贸易问题，2015，2：3-12.

［35］汪胜兰，李丁，冶小梅，等．城市活力的模糊综合评价研究：以湖北主要城市为例［J］．华中师范大学学报（自然科学版），2013，47（03）：440-445+449.

［36］王艳，董国辉，王芳．宁波混合经济发展活力评价［J］．统计与决策，2005（14）：54-56.

［37］夏天然，陈宪．基于双向固定引力模型的服务贸易壁垒度量［J］．世界经济研究，2014，（10）：34-39.

［38］谢邦昌，魏瑾瑞，朱建平．两岸四地消费者信心指数的比较与启示［J］．台湾研究，2011（2）：26-31.

［39］徐永利．金砖国家非均衡性互补及产能合作研究［J］．亚太经济，2017（3）：80-87.

［40］叶作义，车春鹂．基于全球价值链视角下中国与中东欧贸易增加值的解析［J］．世界经济研究，2016（7）：87-97.

［41］易伟．经济活力研究文献综述［J］．合作经济与科技，2015（10）：38-39.

［42］余道先，刘海云．我国服务贸易结构与贸易竞争力的实证分析［J］．国际贸易问题，2008，（10）：73-79.

［43］张会清．中国与“一带一路”沿线地区的贸易潜力研究［J］．国际贸易问题，2017，7：85-95.

［44］张娟，沈玉良．发挥国际进口博览会效应，持续扩大我国进口［J］．国际贸易，2018（10）：45-51.

［45］张磊，徐琳．全球价值链分工下国际贸易统计研究［J］．世界经济研究，2013（2）：48-53.

［46］张晓涛．推动全球经贸发展的中国方案：首届中国国际进口博览会的意义与作用［J］．人民论坛，2018（31）：42-43.

［47］郑义，戴永务，刘燕娜．低碳贸易竞争力指数的构建及中国实证［J］．国际贸易问题，2015（1）：145-155.

［48］周茂荣，杜莉．中国与美国货物贸易互补性的实证研究［J］．世界经济研究，2006（9）：45-52.

附　录

产品分类表

类别序号	类别名称	细分产品
1	动物产品	活的动物
		肉和食用内脏
		鱼类等水生动物
		乳制品、鸡蛋和蜂蜜等
		动物来源产品
2	植物产品	活树、观赏树叶等
		食用蔬菜、根和块茎
		食用水果、坚果等
		咖啡、茶和香料
		谷物
		小麦、淀粉、菊粉等
		油籽、杂粮、秸秆和饲料等
		虫胶、树胶、树脂等提取物
		蔬菜编织材料等
3	油脂产品	动植物油脂及其裂解产物
4	食品饮料	肉、鱼等动物的制备品
		糖和糖果
		可可和可可制剂
		谷物、面粉、淀粉等制备品
		蔬菜、水果等植物制备品
		杂项食用制剂
		饮料、烈酒和醋
		食品工业的残留和废物、动物饲料
		烟草和烟草代用品的制品
5	矿产品	盐、硫、石头、石灰和水泥等
		矿石、矿渣和矿灰
		矿物燃料、矿物油及其蒸馏产物等

续表

类别序号	类别名称	细分产品
6	化工产品	无机化学品、金属、放射性元素等化合物
		有机化学品
		药品
		肥料
		鞣制、单宁、染料、油漆、油灰等
		精油、香水、化妆品或卫生间用品
		肥皂、洗涤剂、润滑剂、人造蜡等
		蛋白类物质、改性淀粉、胶水、酶
		炸药、烟火、火柴、自燃合金、某些可燃制剂
		摄影或摄影产品
		杂项化工产品
7	塑胶制品	塑料及其制品
		橡胶及其制品
8	皮革制品	生皮（毛皮除外）和皮革
		皮革制品、旅行用品等
		毛皮、人造毛皮及其制品
9	木材及相关材料	木材和木制品、木炭
		软木和软木制品
		稻草等编织材料
10	木制品	纸浆、回收纸和纸板
		纸和纸板、纸浆
		印刷书籍、报纸、手稿等
11	纺织品	丝
		羊毛等动物毛、马毛纱和机织布
		棉
		其他植物纺织纤维、纸纱等
		人造丝
		人造短纤维
		填料、特殊纱线、绳索及其制品等
		地毯等纺织制品
		特种织物、簇绒纺织品、挂毯等
		浸渍、涂层、工业用途的纺织制品等
		针织或钩编织物
		针织或钩编的服装及衣着附
		非针织或非钩编的服装及衣着附件
		其他纺织制品、碎布等

续表

类别序号	类别名称	细分产品
12	鞋帽等产品	鞋类、鞋子等
		帽类等头饰
		伞、手杖、马鞭等
		羽毛及其制品、人造花、头发物品等
13	石材水泥等产品	石材、石膏、水泥、云母或类似材料
		陶瓷制品
		玻璃和玻璃器皿
14	贵金属及其制品	珍珠、贵金属及其制品、珠宝等
15	贱金属及其制品	铁和钢
		钢铁制品
		铜及其制品
		镍及其制品
		铝及其制品
		（为将来可能在协调系统中使用）
		铅及其制品
		锌及其制品
		锡及其制品
		其他贱金属、金属陶瓷及其制品
		贱金属工具、餐具等
		贱金属杂项
16	机械设备及其附件	核反应堆、锅炉、机械设备及其零件
		电机、录音机、电视机及其零件和配件
17	运输设备	铁道车辆、交通信号设备及其零件
		其他车辆及其零件
		航空器、航天器及其零件
		船舶和浮动结构体
18	精密仪器及其附件	光学仪器等设备及其零件
		钟表及其零件
		乐器及其零件和配件
19	武器、弹药及其零件、附件	武器、弹药及其零件、附件
20	杂项制品	家具和床上用品等
		玩具、游戏和运动用品等
		杂项制品
21	艺术品	艺术品、收藏品和古董